Daniel Escandell Montiel

Escrituras para el siglo XXI

Literatura y blogosfera

NUEVOS HISPANISMOS

Dedicada a la producción crítica hispanista
a ambos lados del Atlántico, esta serie se propone:

• Acoger prioritariamente a la nueva promoción de hispanistas que, a
comienzos del siglo xxi, hereda y renueva las tradiciones académicas
y críticas, y empieza a forjar, gracias a su vocación dialógica,
un horizonte disciplinario menos autoritario y más democrático.

• Favorecer el espacio plural e inclusivo de trabajos que,
además de calidad analítica, documental y conceptual, demuestren
voluntad innovadora y exploratoria.

• Proponer una biblioteca del pensar literario actual dedicada
al ensayo reflexivo, las lenguas transfronterizas,
los estudios interdisciplinarios y atlánticos, al debate
y a la interpretación, donde una generación de relevo crítico despliegue
su teoría y práctica de la lectura.

Daniel Escandell Montiel

ESCRITURAS PARA EL SIGLO XXI LITERATURA Y BLOGOSFERA

IBEROAMERICANA - VERVUERT - 2014

Derechos reservados

© Iberoamericana, 2014
Amor de Dios, 1 – E-28014 Madrid
Tel.: +34 91 429 35 22
Fax: +34 91 429 53 97

© Vervuert, 2014
Elisabethenstr. 3-9 — D-60594 Frankfurt am Main
Tel.: +49 69 597 46 17
Fax: +49 69 597 87 43

info@iberoamericanalibros.com
www.ibero-americana.net

ISBN 978-84-8489-751-4 (Iberoamericana)
ISBN 978-3-95487-304-3 (Vervuert)

Depósito Legal: M-3967-2014

Impreso en España

Diseño de cubierta: Carlos Zamora

Este libro está impreso íntegramente en papel ecológico sin cloro.

ÍNDICE

Agradecimientos

Me gustaría dedicar una breve nota de agradecimiento a las personas que han hecho posible este libro, junto a mi familia y allegados. Deseo empezar con Fernando Rodríguez de la Flor (maestro en la universidad y amigo dentro y fuera de ella) y continuar con Milagros Pierna, que me enseñó qué era la Literatura. Gracias a los colegas que me han ayudado e impulsado a seguir con la labor investigadora que ha conducido hasta este libro: Julio Ortega, Adélaïde de Chatellus, Fernando Broncano, Francisca Noguerol, José Manuel Lucía, Remedios Zafra, José Antonio Cordón y bastantes más, que sabrán perdonar mi poca pericia al no hacer más extensa la lista. La nota quedaría igualmente incompleta sin mencionar a los compañeros de esta y otras aventuras: Miriam Borham, Juan Carlos Cruz, Beatriz Leal, David A. Castillo, María Pizarro, Fabio de la Flor y tantos otros.

1. Introducción

*Los blogs son espacios que
se consideran rigurosos y serios.*

J. Sánchez Lobato

La esfera digital como espacio de virtualidad hiperconectado se ha integrado progresivamente en los diferentes ámbitos culturales y sociales en un proceso que, aunque está todavía en marcha, ha logrado establecer cambios paradigmáticos en los medios de expresión artística. El cambio de soporte, de formato de plasmación del objeto cultural, en conjunción con las novedades tecnológicas asociadas, induce una serie de alteraciones con respecto al paradigma previo: los cambios tecnológicos influyen en la creación de las obras artísticas.

La tecnología ha tenido su impacto a lo largo de la historia de la literatura y en el propio pensamiento en torno a los procesos de creación y escrilectura. Los métodos de escritura[1] y reproducción de la obra han cambiado desde el uso de la pluma y el manuscrito del copista hasta la imprenta, pero también en el ámbito privado del autor con la llegada de la estilográfica, el bolígrafo, la máquina de escribir y el

---

[1] No debemos omitir en ningún momento la relevancia que el uso de la escritura y su normalización en la sociedad mediante los mecanismos industriales de producción del libro ha tenido a la hora de constituir los procesos cognitivos del ser humano. Para Olson, «nuestros sistemas gráficos no sólo conservan la información; también proporcionan modelos que nos permiten ver el lenguaje, el mundo y nuestra mente de un modo nuevo» (1994: 286).

ordenador; y, con el ordenador, la llegada de los procesadores de texto visuales (capaces de mostrar una representación visual fidedigna de cómo será el folio impreso) o la conexión a internet. Ya en 1924 Sigmund Freud reaccionaba ante una renovación técnica plasmada en un producto conocido como *Wunderblock*[2] —traducido desde entonces en el artículo como *block maravilloso*—, y que el pensador describía de esta manera:

> Es una lámina de resina o cera de color oscuro, encuadrada en un marco de papel y sobre la cual va una fina hoja transparente, sujeta en su borde superior y suelta en el inferior. Esta hoja es la parte más interesante de todo el aparato. Se compone, a su vez, de dos capas separables, salvo en los bordes transversales. La capa superior es una lámina transparente de celuloide, y la inferior, un papel encerado muy delgado y translúcido. Cuando el aparato no es empleado, la superficie interna del papel encerado permanece ligeramente adherida a la cara superior de la lámina de cera. (1924: 2809)

Lo importante no reside en la pormenorizada definición que Freud le dedica a este objeto, sino en las reflexiones que le suscita el mismo en referencia a su potencial influencia en las estructuras de pensamiento por la no permanencia de lo escrito en ese ítem (aunque quedaba siempre un trazo difuso por la imposibilidad del borrado absoluto) frente a los otros sistemas de escritura que son, para él, «dispositivos con los cuales sustituimos nuestra memoria» (2808). Estos objetos fijadores de la memoria, irremediablemente, deben renovarse, porque la escritura sobre ellos es permanente: o se compran nuevos instrumentos —libretas— de escritura o se destruyen las anotaciones, pues sus espacios están ocupados permanentemente. No sucede así en esa pizarra de la que, en muchos sentidos, serán epígonos los sistemas de escritura digital. Si en la pantalla la escritura es alterable o eliminable sin *consecuencias*, a voluntad, señala Freud que con la tecnología de su pizarra «la escritura desaparece cada vez que suprimimos el contacto

---

[2] Juguete infantil que se comercializó en el mercado norteamericano con el nombre de *The Mystic Writing Pad* o *Magic Slate* (con variantes múltiples) y que en el mercado español venden compañías como Tomy o Bizak bajo las marcas *Megasketcher* o *Pizarra Mágica*, aunque con materiales diferentes a los empleados en la versión que se diseñó a principios del siglo xx.

entre el papel receptor del estímulo y la lámina de cera que guarda la impresión» (2810). La tecnología, como decíamos, desde el cincel hasta la pantalla, y desde las tablillas de arcilla hasta el archivo binario, ha influido en cómo se lee —recibe— y cómo se escribe —produce— la literatura; la penetración de los sistemas electrónicos y digitales en los paradigmas de creación personal e industrial de textos es un nuevo paso en la relación entre evolución técnica y artística.

La creación literaria no es, desde luego, una extraña en el espacio digital, sobre todo si tenemos en cuenta que la computadora es, desde hace años, la herramienta de escritura más habitual, si bien se trata de un proceso acelerado en los últimos años que se inició, en líneas generales, en las últimas décadas del siglo xx. Afirma Moreno que

> Es en la década de los ochenta y noventa, cuando las relaciones entre literatura, lectura y tecnología se hacen más explosivas. Hace diez años, la prensa se planteaba la terrible pregunta de si el multimedia llegaría a asesinar el libro. Naturalmente, lo planteaban quienes procedían de la aristocracia del espíritu humanista que veían en la tecnología la destrucción absoluta del humanismo, procedente de la palabra [...].
>
> En ese contexto, se manejaban afirmaciones desternillantes tales como asegurar que «el libro tiene los días *contados* frente a criaturas cibernéticas llamadas CD-Rom, CDI o Internet».
>
> Para unos, el futuro estaba aquí, y nada ni nadie podrían evitarlo. Para otros, el futuro era ya pasado, pero nada sustituiría al libro tradicional. (2009: 67-68)

Probablemente no importa en qué *lado* de la frontera digital se esté: en la actualidad, imaginarnos a un autor usando una máquina de escribir y papel carbón para obtener copias de su obra nos inspira más ideas de excentricidad que de creación. Hay, sin duda, una relación que puede ser fetichista con el objeto material de escritura, la herramienta de plasmación de la palabra impresa en un soporte determinado, en la medida en que lo que se puede plasmar sobre una hoja con una Parker no es igual que lo que se obtendrá tecleando en una Underwood, imprimiendo un archivo generado en Word, o visitando con el navegador web un sitio colgado en un hospedaje en internet. Si bien es cierto que la tecnología informática actual permite imitar con notable fidelidad esos trazos de estilográfica o la tipografía de cualquier máquina de escribir.

El desarrollo de las creaciones artísticas hipermedia establece no solo un nuevo espectro literario, sino también nuevas corrientes creativas en las que los elementos multimedia se adhieren al uso directo de la palabra. Esto genera corrientes literarias paralelas que se suman a los usos tradicionales de la industria literaria, en ocasiones estableciéndose relaciones de retroalimentación entre ambas vertientes. Con todo, no podemos obviar el hecho de que el libro como objeto físico impreso —dotado de sustancia— mantiene todavía una posición dominante como *meta* última para un autor literario, aun cuando muchas obras nuevas son solo posibles en el espacio de la pantalla.

Sin embargo, el proceso de creación implica que en la actualidad se parta de un original digital que es trasvasado a la hoja impresa, a la celulosa entintada, en un proceso de adaptación y conversión desde el mundo de los *bytes*. Por otro lado, cobra cada vez más fuerza el interés de las editoriales por ofrecer las versiones digitales de los libros de sus autores más destacados, pues no deja de ser un nuevo mercado en el que elementos como el almacenamiento de *stock*, la distribución física y los intermediarios de los puntos de venta dejan de entrar en consideración en el balance fiscal. El libro digital[3] muestra claros síntomas de crecimiento en los mercados internacionales, algo que han reflejado estudios como el publicado por el Ministerio de Educación, Cultura y Deporte bajo el título *Situación actual y perspectivas del libro digital en España II. La producción española de libros digitales y su distribución y venta en la Red* (2012). Según los datos aportados en ese estudio, en España el porcentaje de lectores digitales ha crecido desde un 48,6% de consumidores habituales de libros a principios de 2010 hasta un 52,7% a finales de 2011; además, un 17,9% del total de libros editados lo fue en formato digital, un incremento del 55% con respecto

---

[3] Un libro digital puede leerse en plataforma web, sin descargarse, mediante servicios de lectura específicos como los que ofrece Amazon para sus libros digitales de Kindle o mediante la carga del contenido del archivo de texto en el navegador de la misma manera que una página web puede guardarse en la caché de nuestro navegador de internet, pero ninguno de los dos supuestos se corresponde con el uso mayoritario que se hace de esos formatos. En situaciones en las que la compañía controla el dispositivo de lectura, la tienda y los procesos de edición —como Amazon— se puede forzar remotamente la actualización de contenidos e incluso eliminarlos. De todos modos, si el usuario no tiene conexión a internet, el dispositivo no podrá ser accesible remotamente para este tipo de tareas.

a los datos de 2010. El eje principal de la industria literaria sigue siendo el papel, pero hay un proceso de penetración del libro digital que avanza hacia lograr cifras más que significativas. Este proceso es el obvio resultado de la imparable penetración de la era tecnológica como sucesora de la era eléctrica, la de los ya tradicionales medios de masas, en la construcción de la aldea global de McLuhan (1962). Es ahí donde reside el nuevo poder: «en los códigos de información y en las imágenes de representación en torno a los cuales las sociedades organizan sus instituciones» (Castells 1998: 463), que han entrado ya en la globalidad de la red. El espacio de representación, a su vez, experimenta un *efecto barroco* que

> Está deviniendo máquina que se autoproduce: interiorizando —o más bien extendiéndose hasta ocupar— toda exterioridad [...] estableciendo bucles aperiódicos que abarcan su totalidad imaginaria, sistémica. (Brea 1991: 39)

Estas informaciones, sin embargo, vienen dadas específicamente en referencia al sector del libro digital[4] y forman parte de la traslación del paradigma tradicional de la hoja impresa a la *e-ink* o *tinta electrónica*[5]. Mediante ese formato se ofrecen obras pensadas en realidad para

---

[4] También *libro electrónico, eBook, e-book, ecolibro,* o *ciberlibro* (*libro-e* es poco común). Es una versión electrónica o digital de un libro. El término es ambiguo, ya que se refiere tanto a una obra individual en formato digital, como a un dispositivo electrónico utilizado para leer libros en formato digital. Los *e-books* nacieron en 1971 de mano de Michael Hart, quien lidera el proyecto Gutenberg, que busca digitalizar libros y ofrecerlos gratis. Sin embargo, no fue hasta 1993 cuando Zahur Klemath Zapata registró el primer programa para lectura de libros digitales, *Digital Book v.1*, y se publicó el primero: una edición de *On Murder Considered as one of the Fine Arts*, de Thomas de Quincey. Hubo que esperar hasta 1998 para que llegaran al mercado los dos primeros dispositivos específicos de lectura de libros electrónicos, Rocket eBook y Softbook. El Rocket eBook fue comercializado por NuvoMedia hasta el año 2000, cuando la empresa fue adquirida por Gemstar que, a su vez, la fusionó con SoftBook Press. Lanzaron un nuevo lector electrónico bajo el nombre de RCA eBook Reader o RBE 1100 en 2001 que apenas introdujo variaciones ni en funciones ni en diseño. El Rocket eBook se vendió en dos versiones: una estándar con 4 MB de memoria interna y una versión Pro con 16 MB. Utilizaba su propio formato de archivos y solo tenía soporte oficial para inglés. Su pantalla era en blanco y negro sin escala de grises con una resolución de 106 puntos por pulgada, de tipo táctil y retroiluminada.

[5] Tecnología de pantallas empleada en los lectores de libros digitales actuales sustituyendo las pantallas de cristal líquido (LCD) de los primeros modelos. No precisa

un modelo estático que, sin embargo, puede beneficiarse de opciones adicionales como permitir al lector modificar el tamaño de letra, hacer anotaciones, búsquedas en diccionarios integrados, etc., que varían en función tanto del formato de archivo empleado —ePub, mobi, etc.— como del dispositivo de lectura —por ejemplo, el popular Kindle de Amazon en sus diferentes modelos—. La conocida como tinta electrónica concierne, insistimos en ello, a textos que no se aprovechan de lo hipermedia de manera profunda o no tienen en los rasgos hipermedia uno de sus pilares fundamentales. Tanto el formato del libro digital como el PDF permiten la integración de hipervínculos, y este último, de hecho, está preparado para permitir la inserción de vídeo, audio y otros componentes multimedia. Los lectores electrónicos habituales, los de tinta electrónica, en cambio, no están tan preparados por la propia tecnología de su pantalla para la reproducción de esos contenidos o para la integración de componentes externos que sí son factibles en la web y, consecuentemente, en dispositivos orientados a la misma, ya sean ordenadores, tabletas u otros. Esto desaloja al libro electrónico de una mayor potencialidad hipermedia, al menos mientras se perpetúe su concepción actual, dado que esta se sitúa en una instancia superada por la mayor potencia y capacidad de experiencias interactivas y de conexión a la red.

---

retroiluminación (por lo que se puede leer sin problemas bajo luz natural), y el consumo energético se limita al momento de representar la imagen en pantalla (por lo que es muy reducido). Su escaso grosor le permite cierto grado de flexibilidad, pero esto apenas se ha usado en prototipos hasta el momento. La ventaja principal, por tanto, junto a su bajo consumo es que la sensación ocular del lector es similar a la de la lectura en papel. En septiembre de 2012 Amazon presentó el modelo Kindle Paperwhite, equipado con iluminación LED distribuida mediante una capa de nanorreflectores para permitir leer en la oscuridad sin emitir una luz tan potente como la de las pantallas retroiluminadas tradicionales y mejorar el contraste de la imagen en situación de luz solar o directa, por lo que mantiene las ventajas oculares de la tinta electrónica permitiendo la lectura también en situaciones de baja iluminación. Esto se consigue al situar la capa de iluminación en la zona superior (por encima de la de tinta electrónica y la táctil) apuntando hacia abajo y no hacia la zona exterior, de manera que la luz no se proyecta hacia los ojos, sino hacia el texto. La ventaja en cuanto a descanso ocular se deriva, en realidad, de que las pantallas tradicionales tienen un refresco de la imagen, es decir, hay un parpadeo cada vez que la imagen se regenera nuevamente en la pantalla, lo que puede suceder en un número variable de veces por segundo, considerándose —según el medio en reproducción— ideal de 30 a 60 imágenes por segundo. Una pantalla de tinta electrónica dibuja el contenido de la pantalla una vez y se mantiene, sin refresco y, en consecuencia, sin parpadeo, lo que es menos estresante para los ojos del lector.

En cualquier caso, la materialización de un número creciente de libros en formato electrónico no sería suficiente como para hablar de una penetración real en la esfera digital del ámbito literario. Los autores —noveles y no tanto— componen su espacio en internet, todavía en grados variables de interés y compromiso, con su presencia virtual en redes sociales y otros medios o soportes digitales. Es fácil prever un choque generacional, en el que autores jóvenes encuentran en la red un espacio de publicación en el que dar salida a sus creaciones (no obstante, siguen teniendo como meta final alcanzar el papel), y autores consolidados que se muestran reacios, por multitud de razones, a que sus obras se distribuyan también en formato digital y, más si cabe, a establecer relaciones con el público mediante el uso de redes sociales u otras herramientas digitales orientadas, en estos casos, a tareas publicitarias y relaciones públicas.

Eso no implica necesariamente que los autores establecidos, aquellos que ya se han labrado un nombre y una carrera, no participen de la realidad literaria que se mueve tras las pantallas de los ordenadores[6], tanto de manera activa, como autor, como en la semipasividad del lectoautor, figura factible en la práctica solo a través de la posibilidad de interacción que ofrecen los canales comunicativos de internet y algunos formatos concretos de publicación en la misma, como el blog[7].

---

[6] En el terreno físico, en los ordenadores se ha impuesto el formato panorámico en proporciones 16:9 o 16:10 tras un periodo de transición desde el clásico 4:3, como sucedió en el sector de los televisores. En las tabletas hay diferentes proporciones y tamaños (7 pulgadas con proporción 16:10 en el caso del Google Nexus 7 y 9,7 pulgadas con proporción 4:3 en el caso del iPad, por ejemplo), al igual que en móviles. Cada pantalla tiene, además, su resolución y su densidad de píxeles por pulgada como variables adicionales. El propio Kindle se ha distribuido en varios formatos, siendo el más extendido el modelo de 6 pulgadas, pero el modelo Kindle DX ofrece pantalla de 9,7 pulgadas. Por tanto, un desarrollo de software multiplataforma debe estar preparado para adaptarse a las diferentes pantallas y esto se aplica también a los libros digitales, donde la utilización de formatos fijos frente a dinámicos o variables (*líquidos*, si queremos) dará problemas en la traslación a otros dispositivos. Aunque esto puede responder a una voluntad específica (una decisión estética y formal muy concreta), en líneas generales no prepara el libro digital para su adaptabilidad a diferentes pantallas. Pretender un diseño fijo y estático es, en buena medida, una herencia de la materialidad de la página que no siempre tiene un lugar cómodo en la mutabilidad de la pantalla que se da en el mercado actual. Pese a todo, es también legítimo perseguir el control absoluto sobre qué y cómo está viendo un lector el texto que se produce, pues puede influir en experiencias estéticas como las de la poesía visual.

[7] El término nace como abreviatura de *weblog* en 1999, cuando Peter Merholz acuña la palabra y la coloca, con cierta intención humorística, en el lateral derecho de su

Este espacio ha evolucionado sustancialmente desde sus intenciones fundacionales hasta la actualidad, algo que señaló acertadamente García Gómez:

> Lo que empezó siendo un sistema para publicar notas personales, a modo de diario personal, ha ido mutando hasta convertirse en un fenómeno con diversas caras: informativa, formativa o recreativa. (2005: 1)

Frente a la creación de un perfil de usuario en redes sociales o un blog, la publicación de una página web desde cero puede exigir, en la práctica, una tarea titánica al usuario lego en la materia. Los factores técnicos y las destrezas que deben aprenderse son incluso superiores en volumen (y complejidad, por la cantidad de variables que se derivan de la estructura de internet) a los que harían falta para publicarse un libro. Es decir, si queremos autoeditar un libro y hacerlo realmente desde cero, debemos aprender a manejar un programa de maquetación, como los costosos —aunque profesionales— InDesign o QuarkXpress (partiendo del supuesto de que hay un dominio previo del ordenador a nivel de usuario, incluyendo los conocimientos ofimáticos básicos para la creación de un documento de texto en cualquier procesador estandarizado), y una vez estuviese listo el diseño del mismo se puede decir que la única opción viable pasa por costear su traslación al papel a través de una imprenta.

En el ámbito digital, el usuario que quiera crear una página web tendrá, igualmente, que dominar la maquetación, aunque esta vez sobre la pantalla, y será siempre aconsejable conocer diferentes lenguajes informáticos y herramientas para conseguir la representación visual de lo que tiene en mente y haya plasmado en sus bocetos. Esto significa pasar por un editor web (como la solución profesional DreamWeaver), y según la complejidad del proyecto conocer, como decíamos, herramientas del tipo Flash, y lenguajes como PHP y JavaScript, así como gestión de base de datos, entre otros subsistemas. Y eso manteniéndonos en un nivel incluso básico para los estándares actuales de la web. A

---

weblog, *Peterme.com*, haciendo el juego de palabras «we blog», que es, a su vez, contracción de la sentencia completa «we blog because we weren't very popular in high school and we're trying to gain respect and admiration without actually having to be around people».

eso habrá que añadir los costes de un servidor para el alojamiento de los contenidos, pagar un dominio (dirección), etc. Es decir, que el paso básico —tener lista la maquetación (en este caso, sobre pantalla)— es incluso más costoso que hacerlo sobre papel. Ante la creciente complejidad de la creación de páginas web que sean capaces de retener al visitante no solo siendo visualmente atractivas, sino también estando estructuradas adecuadamente para su correcta navegación (a lo que debe sumarse el coste asociado a su alojamiento y mantenimiento), cobran fuerza las soluciones gratuitas. Por supuesto, conseguir un hospedaje de tamaño limitado (varios *megabytes*) sin más no es una solución, pues todavía habría que solventar el proceso de aprendizaje de las herramientas necesarias para poder presentar los contenidos, y luego la producción de la web misma, y en ese sentido el blog que se ha desvelado como una solución de autopublicación y autoedición en la red de una popularidad creciente. La otra alternativa, menos flexible, pero de mayor facilidad si cabe es el registro en servicios de redes sociales que responden a parámetros de microblogueo[8] o nanoblogueo[9].

---

[8] Frente al nanoblog, el microblog permite textos de mayor tamaño que pueden estar limitados por el sistema, pero en todo caso de mayor extensión. *Facebook* <http://www.facebook.com/>, por ejemplo, permitió comentarios con un límite de 500 caracteres durante mucho tiempo; restricción que no está vigente en estos momentos. Sin embargo, siguen esperándose textos no demasiado largos (algunos párrafos como máximo) como medida habitual. Otro formato de publicación no restringido por el sistema, pero sí por el uso generalizado de los usuarios, es Tumblr. Los microblogs están típicamente orientados a compartir contenido multimedia o textual, aunque de mayor extensión, pero en ningún caso se espera de ellos mensajes extensos. Como en el nanoblogueo, el microblogueo se integra también en sistemas de redes sociales, como en el ya citado caso de Facebook, y su recuadro «¿Qué estás pensando?», reservado a que el usuario ponga una pequeña sentencia, o contenido micromedia, que se mantendrá hasta que realice una nueva actualización o pase una cantidad de tiempo determinado y se considere caducado.

[9] Variante de publicación en blog que permite al usuario enviar textos sencillos y breves (en línea con los SMS de los teléfonos móviles) o incluso pequeños contenidos multimedia (como fotografías o pequeños cortes de audio) a los que se les llama *micromedia*. Los contenidos pueden ser vistos por los usuarios, y crear un diálogo entre autor y lectores. Los mensajes pueden transmitirse al servicio desde mensajes de texto de teléfono móvil, correo electrónico, o desde el propio navegador de internet. A diferencia de lo que sucede en los blogs tradicionales, su menor tamaño y simpleza fuerzan que se utilicen habitualmente frases únicas, y en ocasiones sus actualizaciones son más frecuentes («actualizaciones de estado»), donde el usuario informa sobre qué hace en un momento concreto. En la actualidad se emplean también por empresas como

El formato weblog nace oficialmente el 1 de abril de 1997, cuando Dane Winer publica la primera entrada de contenidos de *Scripting News* (Festa 2003), como bien narró en un artículo especial para *El País* José Luis Orihuela (2007) con motivo del décimo aniversario del nacimiento de esta plataforma[10]. Esta celebración es, sin embargo, discutida: el propio Winer ha defendido la postura de que, estrictamente, el primer weblog es, de hecho, el primer sitio web: *What's New in '92*, en el que Tim Berners-Lee fue contando la marcha del proyecto World Wide Web. No debe omitirse tampoco (si no aceptamos esta regresión extrema) que ya en 1994 se dieron antecedentes de esta idea con páginas como *Webring.com*[11], donde se ofrecía la opción de crear un «diario en línea». De opciones limitadas, permitía a los usuarios contar sus experiencias vitales, con el uso completamente generalizado de un diario personal expuesto al público.

No fue hasta 1997 cuando Jorn Brager acuñó el término *weblog* (Wortham 2007) como resultado de unir los conceptos *web* y *log* (*diario* o *registro*, en castellano), aunque hay que tener en cuenta que esos primeros weblogs mantenían un sistema de actualización y ordenación manual, es decir, que era necesario redibujar y recomponer los contenidos en cada actualización (lo que se conoce como sitios web estáticos[12] en oposición a la web dinámica[13]). Curiosamente, la complejidad

---

método de comunicación y publicidad a través de servicios populares de microblogueo como Twitter <https://twitter.com/>.

[10] Debemos señalar, sin embargo, que el hito es difícil de demostrar, pues surgen en fechas similares diversas iniciativas parecidas. En cualquier caso, Winer es considerado unánimemente uno de los primeros blogueros de la historia.

[11] Surgida a raíz de la tecnología desarrollada por Denis Howe en 1994, la página, como tal, no existe en la actualidad. En términos generales, un anillo de webs o *webring* es una colección de sitios web vinculados en una estructura de enlaces circular, con el objetivo de redirigir visitantes entre las diferentes páginas web que lo conforman y, al mismo tiempo, mejorar la presencia y posición de estas en buscadores.

[12] Un sitio web estático es uno que tiene contenido que no se espera que cambie frecuentemente y que se mantiene manualmente por alguna persona o personas que usan algún tipo de programa editor, de tipo textual o visual.

[13] En referencia a sitios web que están construidos sobre alguno de los múltiples lenguajes informáticos posibles (Perl, PHP, ASP…) asociados a bases de datos y que se generan directamente en el ordenador del lector, en oposición a las estáticas. La página dinámica puede cambiar en respuesta a diferentes contextos, y se dibuja en pantalla en cada ocasión, por lo que los contenidos no deben ser formateados de nuevo cada vez que se actualiza. En estos últimos casos, el navegador solicita la información, el intérprete la procesa y genera la página web, que es presentada finalmente ante el cliente.

interna de los mecanismos y lenguajes que hacen dinámica una página web implica que su uso básico sea mucho más sencillo, creando una paradoja tecnológica, al hacer mucho más difícil gestionar desde cero una web (o un weblog montado desde cero) aunque mucho más fácil utilizar cualquiera de los múltiples servicios gratuitos, *prefabricados*, que nos ofrece la red.

No es de extrañar que el blog se haya convertido en uno de los medios de comunicación, publicación y autoedición en línea, por su combinación de accesibilidad, estandarización del formato y demás características que lo han hecho estandarte del periodismo ciudadano, apto para campañas de empresas, pequeños proyectos web y, también, claro, para que escritores lo utilicen como plataforma tanto de cara a una mayor proyección literaria, como para un fin último. Desde luego, pese a su todavía corta existencia, *Technorati.com*[14] incluía en sus registros para 2008[15] más de 133 millones de blogs indexados, y la cifra crece día a día, según las propias estimaciones del sitio web en su estudio para ese mismo año. Las cifras arrojadas entonces en torno a la actividad cotidiana de los blogs indicaban:

- 133 millones de blogs indexados desde 2002 hasta 2008
- 7,4 millones de blogs con publicaciones en los últimos 120 días
- 1,5 millones de blogs con publicaciones en los últimos 7 días
- 900.000 blogs con publicaciones en las últimas 24 horas

---

[14] Un buscador (como pueden serlo las webs *Google* o *Yahoo*) especializado en indexar el contenido de los blogs, incluyendo funciones de *trackback*. Es uno de los sistemas de promoción de blogs más fuertes, sobre todo en el ámbito anglosajón.

[15] Recurrimos aquí a datos de 2008 debido a que en los análisis de la blogosfera publicados en años posteriores se han centrado en quién y cómo usa el blog, su vinculación con medios sociales como Twitter, la penetración corporativa en el espacio bloguero y la temática general de los weblogs registrados, más que en ofrecer datos absolutos sobre el volumen de bitácoras compiladas. En todo caso, hay que tener en consideración que, pese a la importancia de la blogosfera anglosajona, Technorati exige como requisito imprescindible que las bitácoras de su catálogo estén en inglés o que el inglés sea la lengua principal. Podemos asumir que los datos son extrapolables debido a la internacionalidad de la web y su uso por blogueros de todo el mundo, pero no pueden ser tomados como representativos con exactitud de la totalidad de la blogosfera ni tampoco de la blogosfera específica hispana, que trataremos específicamente en el capítulo 6, prestando especial atención al perfil del bloguero hispano como aspecto diferencial clave del ámbito hispánico de la comunidad digital.

En ese mismo estudio se destacaba que el blog no solo funciona como modelo de publicación en línea, sino que representa un modelo de negocio viable capaz de sostenerse gracias a la integración de publicidad, lo que puede convertirlo en una fuente de ingresos regular en la medida en que la bitácora consiga una masa crítica determinada de lectores habituales. Incluso, como señala el informe, los usuarios que optan por no tener publicidad en su blog probablemente decidan darle cabida cuando este haya crecido, salvo que el sistema de alojamiento no lo permita. De hecho, los datos del estudio *State of the Blogosphere 2011* <http://technorati.com/social-media/article/state-of-the-blogosphere-2011-introduction/>mostraron que solo el 14% de los blogueros[16] cobran por esa actividad, con unos ingresos medios de 24.086 dólares anuales como trabajadores independientes; los que bloguean para compañías tienen un salario medio de 33.577 dólares anuales. En estos casos, el modelo de pago por servicio no está vinculado al cobro por mensaje (o *post*[17]), pero en los casos en los que se opta por este tipo de compensación económica la opción mayoritaria es de 25 dólares o menos por publicación; en este tipo de remuneración el volumen de ingresos mayoritario es inferior a 1.000 dólares anuales. En cuanto a ingresos por publicidad en sus diferentes formas, los blogs corporativos prescinden mayoritariamente de la misma (un 60%). En cambio, esa es la principal fuente de ingresos de los blogueros no afiliados a empresas. Este mismo tipo de bloguero tiene en su propio sueldo su mayor gasto fijo de forma mayoritaria, notablemente por encima del pago a otros trabajadores del blog, gastos técnicos, publicidad y mantenimiento del servidor.

Desde luego, la combinación de gastos limitados (escasos requisitos para el alojamiento, uso de recursos externos gratuitos para alojar imágenes y contenidos pesados, como vídeos, y, en definitiva, la posi-

---

[16] Del inglés *blogger*. Autor de un weblog, también se emplean las formas castellanizadas *bloguer*, *blóguer* y *bitacorero*. La RAE introdujo el término *bloguero* en la revisión de 2013 del *DRAE* como avance a su 23ª edición: <http://lema.rae.es/drae/?val=bloguero>.

[17] Mensaje publicado (*colgado*) en un sistema de comunicación digital, habitualmente en foros y blogs. Convive con normalidad con la traducción española *mensaje* en la mayoría de los espacios digitales en los que el español es la lengua de comunicación dominante. Como sucede con otros vocablos ingleses de uso general en internet, en español el término equivalente mantiene su connotación general, mientras que la voz inglesa se restringe.

bilidad de construirlo íntegramente sobre herramientas gratuitas) con ingresos por publicidad —incluso si estos son relativamente discretos— abre las puertas a una dedicación al blog mucho más allá del simple pasatiempo, aun cuando las opciones reales de éxito en el océano de la web no son tan optimistas como podía parecer en el momento del *boom* del blog como auge de los medios independientes e individualistas. Dicho de otra manera: la esclavitud ante el editor puede desaparecer para el escritor que haga una apuesta firme por el blog y consiga una base de lectores fiel, pero esto no implicará de manera necesaria una viabilidad como negocio en todos los casos, aun cuando hay ejemplos suficientes de éxito empresarial en este terreno. De hecho, según el anteriormente citado de Technorati, el 36% de los blogueros que deciden no insertar publicidad en su bitácora lo hacen porque, simplemente, no les interesa monetizar la web, mientras que el 38% no lo hace porque es consciente de que no tienen suficiente volumen de visitas como para conseguir rentabilidad mediante la publicidad. El 52%, simplemente, no quiere saturar el blog con anuncios.

Y no solo eso: el blog, como vocero de autores de todo tipo, desde el adolescente que cuenta sus intimidades, hasta el político que lo emplea —él o su gabinete de prensa o un grupo de especialistas en relaciones humanas o responsables de comunidades virtuales (los conocidos como *community managers*)— en busca de réditos electorales, pasando por el pensador diverso, puede, por su propia condición, constituir:

> El primer paso hacia un discurso intelectual en Internet, esto es, desde Internet, sólo pueden [sic] ser los *blogs*, ya que se configuran en torno a su creador, y el espacio interactivo está fijado en torno a él. Tal vez sea exagerado pensar que la herramienta de difusión del artista, ya literario, visual o incluso sonoro, está en Internet. (Martínez Sánchez 2007)

La potencia creciente del medio, por tanto, unida a su diversificación en múltiples vertientes de índole audiovisual y vías de comunicación (voz, texto, vídeo…) parecen invitarnos a creer, sin exigirnos grandes actos de fe, que va a ir teniendo una importancia creciente. No obstante, eso implicará también, como veremos, un reto, y es que también Martínez Sánchez ya nos adelanta en ese mismo artículo que

> El blog no tiene temporalidad cerrada, se está continuamente escribiendo, en un juego interactivo donde la capacidad de respuesta del interlocutor

en cierto modo amenaza las posibilidades creativas de ese espacio. Es destacable este carácter de «*continuum*» del blog en el tiempo y en su espacio concreto que es Internet, que es el lugar, para definirlo de una manera precisa y suspicaz, donde todo se actualiza constantemente: toda la información, la cultura y la doxa (espacio este último que podría atribuirse a los foros[18], chats, y, en última instancia, a los blogs).

Es decir, que el autor va a tener que enfrentarse a un entorno cambiante, que está en un perpetuo estado de mutación y traslación que se constituye, después de todo, en una abstracción carente por completo de soporte físico, donde lo voluble es la constante única en la que puede confiar. Por tanto, el camino de la creación del espacio y la identidad propios será más complejo para el escritor que busque establecer una entidad creativa en el espacio virtual.

En consecuencia, el desarrollo de una voz propia dentro del campo literario puede ser una tarea dura en la que, además, deberá competir con las miríadas de blogs que nacen cada día. Explorar los géneros literarios tradicionales y su adaptación e integración en el formato weblog, así como desarrollar los géneros (o, lo que es lo mismo, investigar y fomentar las variaciones específicas de los ya existentes para adaptarlos con éxito a las peculiaridades de este espacio creativo) es una tarea todavía en evolución que nos marca el camino de la blogonovela[19] y las nuevas relaciones que se establecen entre autor y lectores.

---

[18] En estos sistemas se invita a los usuarios a discutir o compartir información relevante a la temática del sitio (la información no vinculada se denomina, según terminología anglosajona, *off-topic*) a través de discusiones característicamente informales (aunque no es raro encontrar hoy foros de temas científicos o vinculados a ámbitos donde sí se mantiene un tono formal) formando una comunidad en torno a un interés común. Es habitual que exista la figura del moderador, destinado a regular que se cumpla la normativa propia del sistema web y, también, los modales. Entre las opciones de moderación es habitual la expulsión (temporal o definitiva) de quienes utilizan los foros de manera inapropiada (por ejemplo, insultando a los demás miembros de la comunidad). Se definen como una aplicación web que da soporte a discusiones u opiniones en línea que deriva de los Bulletin Board System, sistema creado en 1978 por Ward Christensen (y puesto en marcha en febrero de 1979), que no se sustentaban en el formato web.

[19] La blogonovela puede ser entendida, a un nivel básico, como la más nueva encarnación de la novela por entregas o folletinesca, debido a su carácter de publicación regular y construcción dilatada en el tiempo, dándose a conocer ante el lector durante el desarrollo del mismo proceso creativo, y no cuando la obra ya ha concluido y el autor la da por cerrada, como expone, entre otros, Ferreras (1972).

Como veremos, la blogonovela, además, instaura unas líneas narrativas propias que van a situarla a medio camino entre el diario personal, la novela epistolar, y el folletín, nutriéndose no solo de la previsible tradición literaria canónica, sino también de la nueva necesidad compulsiva de autoexposición pública de la privacidad, o, lo que es lo mismo, la extimidad[20], la transformación de lo doméstico en público y más incluso, como adelantaba Javier Echeverría:

> La principal novedad de la organización telepolitana estriba en haber transformado el ámbito doméstico en algo público, aunque sólo sea de manera unidireccional. Gran parte de lo que pasa a ser público en las plazas de Telépolis ha sido elaborado para ser consumido en las casas. La invasión de lo privado por lo telepúblico, siendo un fenómeno ampliamente extendido, puede traspasar en los próximos años un nuevo umbral, llegando a los ámbitos estrictamente íntimos, ya no sólo privados. (1994: 161)

La blogonovela ha dado un nuevo impulso a ese estilo, y el apoyo aportado por el formato es capital para posibilitar que el autor juegue con el *yo*, fingiendo más que nunca la unidad de autor, narrador y protagonista; si consigue engañar al lector, haciendo que este asuma que los tres entes son el mismo, según estableció Philippe Lejeune (1991: 47-62), el lector creerá que es una obra autobiográfica: esa es la mascarada digital del avatar como ente literario en las ficciones en blog, sustentadas en la generación de entes demiúrgicos, avatáricos, que asumen el papel de bloguero.

Observamos en consecuencia que la exhibición pasa por el maquillaje de la misma realidad, deformándola al gusto del bloguero para proyectar la imagen deformada de sí mismo que le pueda interesar, controlando así el reflejo del espejo de feria que es el blog y que lanza su imagen a, potencialmente, la inmensidad de internautas. Aunque

---

[20] Concepto que ha sido usado más habitualmente por psicólogos que, como deja intuir el juego de palabras, significa hacer pública la propia intimidad a través de un medio de comunicación de masas, ya sea la televisión con los *reality-shows* (y afines), o Internet con los blogs y las redes sociales, documentado, entre otros, en el artículo de *El País* «Tu "extimidad" contra mi intimidad», 24 de marzo de 2009 <http://www. elpais.com/articulo/sociedad/extimidad/intimidad/elpepusoc/20090324elpepisoc_1/ Tes> [1-8-12]. El término ha sido aplicado por psicólogos y psiconanalistas como Serge Tisseron (2001) a partir de la conceptualización lacaniana.

la exposición pública está a la orden del día, hay una labor de baile de máscaras en la misma en, al menos, parte importante de quienes optan por ponerse en la picota. Son espectáculos en sí mismos que presentan una intimidad, sí, pero esta puede estar ficcionalizada, filtrada por espejos deformantes —conscientes o no— que son los que proyectan finalmente la imagen de ese usuario a la red. Debe plantearse, por tanto, cuánta mentira hay en cada narración vital; sin embargo, lo cierto es que dado el fuerte componente anónimo, la barrera y distanciamiento adicional del autor tras la pantalla de su computadora, en la mayoría de las ocasiones solo nos quedará la duda.

En múltiples ocasiones, blogonovelas construidas sobre el concepto de avatar con gran solidez, han sido descubiertas, y en otras ha sido el autor quien finalmente *ha confesado*. La cantidad de obras de pura ficción que hay colgadas en la red y que tomamos por reales (y a la inversa) es virtualmente imposible de estimar, del mismo modo que por el ritmo de creación (y eliminación) de contenidos en internet, y su sempiterna indexación, tan solo podremos ser conscientes de las obras cuyos autores den a conocer, durante el proceso creativo o tras el final de este, mediante las diversas herramientas de promoción, o las que los propios lectores destapen. Paralelamente, el formato blog se hace hueco también en la novela impresa tradicional[21] como muestra no solo su vigencia y presencia más allá de lo especializado para penetrar en el conocimiento general y mayoritario —*mainstream*—, sino también como prueba de que puede convivir y retroalimentarse del mundo editorial clásico.

Sea como fuere, estamos ante el momento de reconocer al blog en el ámbito de la literatura en línea y hacerlo como formato legítimo a través de su estudio y analizar el fenómeno que representa, no solo a nivel social, sino también cultural. No creemos que su estado académico esté tan en la cuerda floja como insinúa Francisco Polo cuando nos dice que a nuestro alrededor vemos «Universidades de mente es-

---

[21] Como, por ejemplo, la novela de Lorenzo Silva, *El blog del Inquisidor* (Barcelona: Destino, 2008), donde nos cuenta la historia de una historiadora que encuentra un blog bajo el nombre de *Cuaderno del Inquisidor*, y ella misma narra en su blog sus indagaciones y la relación, que finalmente logra establecer, con el autor de la misteriosa bitácora. Las entradas aparecen clasificadas por día y título, como en un blog real, y Silva adopta el papel de editor-traductor del texto, recurriendo al clásico truco de alegar que él solo ha encontrado dicha documentación, esta vez *online*, emulando a un Cervantes-personaje encontrando casualmente legajos quijotescos.

trecha que premian el conformismo y castigan a quien escribe fuera de los márgenes» (2007: 15), pero es bien cierto que en los estudios literarios actuales sigue marginándose el blog, considerándolo, con suerte, foco de intentos de subproductos literarios que no tienen opción de alcanzar los estándares de calidad impuestos.

No es tampoco un problema que se limite al ámbito de los estudios llevados a cabo por hispanistas, pues incluso George Landow apenas dedica unas páginas al formato blog en la última revisión de su manual[22], considerado uno de los textos fundacionales de los estudios literarios en la red y su penetración en los nuevos ámbitos tecnológicos. Defiende al blog como generador de nuevas prosas ensayísticas, pero a nivel estrictamente literario apenas reconoce la figura del lectoautor y el concepto de autoría múltiple en el blog, haciendo una completa radiografía del comportamiento de la fauna de internet en estos, aunque sin contemplarlo abiertamente jamás como un soporte de creaciones literarias[23].

George Landow, considerado como uno de los padres del conocido como *paradigma hipertextual*[24], no presta, por tanto, excesiva atención a este medio de publicación en internet, y no es de extrañar que esto tenga un impacto en los estudios actuales. En España se preguntan Romero López y Sanz Cabrerizo si «¿es literatura la blognovela?» (2008: 19), aceptándola de manera muy tangencial, solo a través de unos supuestos en los que, sin embargo, se critica duramente al forma-

---

[22] Landow (2006). Como indica el título (*Hipertexto 3.0.*) mediante terminología informática, es la tercera gran revisión del texto original.

[23] G. Landow intenta diseccionar y analizar —aunque con éxito limitado— el comportamiento de los usuarios (así como las jerarquías creadas entre los mismos y los moderadores) a través de *Slashdot*, servicio de blogs de cierta popularidad, atendiendo a los mecanismos de autocontrol, la valoración del usuario, cómo se reconoce la *calidad* de las aportaciones, y describe —someramente— la figura del lector-escritor (2006: 440-442).

[24] El hipertexto es un elemento alfabético que en la pantalla del ordenador lleva a otro texto relacionado a través de hipervínculos o referencias automáticas cruzadas. Eso sí, la red de uniones por hipervínculos no se limita a elementos textuales y pueden emplearse elementos audiovisuales para la navegación. El término *hipertexto* —al igual que *hipermedia*— fue acuñado por Ted Nelson en 1963. Nelson es el responsable de Xanadú, proyecto fundado en 1960. Fue el primer desarrollo hipertextual, pero no logró ser aplicado (y solo parcialmente) hasta 1998. Su objetivo consistía, entre otros, en la construcción de una red de ordenadores bajo interfaz simplificada. El concepto de hipertexto que implantó sí se aplicó antes, siendo su mayor éxito el alcanzado en 1992, cuando se lanzó la World Wide Web.

to y, con esto, a los escritores que están explorando sus posibilidades, concediendo que

> Parece que sí en cuanto que el discurso de la blognovela no pretende informar de nada, sin embargo los elementos literarios de este género son escasos: su lenguaje permanece en el nivel lingüístico estándar, próximo al grado cero de escritura, no usa figuras literarias, el protagonista es un ser normal y corriente que suele introducir los pensamientos angustiados —o humorísticos— de la mentalidad postindustrial, los hechos que suceden no tienen por qué ser ficticios, sino que pertenecen a la inmediatez del autor. (19)

Se da una respuesta afirmativa limitada por múltiples condicionantes y objeciones que muestran cómo el prejuicio sigue dejando el blog fuera del campo, salvo cuando se le concede un buen grado de condescendencia y aceptamos que está en el más bajo nivel de la creación literaria (quizás junto al *best-seller* de turno, con la salvedad de que este responde al modelo industrial clásico, por lo que no importa tanto crear distinciones entre *alta literatura* y *llana no-ficción*) no atendiendo a la calidad de la obra publicada en dicho formato, sino al formato mismo. Es este un criterio que no compartimos, pues entre otras razones no se llega a establecer realmente cuáles son los rasgos definitorios de la blogonovela.

Quien sí hace una aproximación a la cuestión en esos términos es Hernán Casciari, que tiene además el honor de ser prolífico autor de blogonovelas en español, cuando en 2005 analiza las obras publicadas desde un punto de vista argumental y estético:

> En términos argumentales, la blogonovela (como género literario) es una historia de largo aliento escrita en capítulos inversos, atomizados, narrados en primera persona, con una trama que ocurre en tiempo real, en donde el protagonista es consciente del formato que utiliza y en el que la realidad afecta al devenir de los acontecimientos. En términos estéticos, la blogonovela es un arte conjunto en el que predominan tres elementos que poseen idéntico valor: la escritura tradicional, el diseño multimedia y la programación informática. (2005: 95)

Desde esa perspectiva, la delimitación de la blogonovela es puramente estructuralista, aunque nosotros veremos y definiremos todos sus rasgos esenciales. La cuestión fue retomada por Arranz Lago para analizar este género, quien finalmente señala que la blogonovela no ha madurado todavía, situándola de este modo en fase embrionaria, subdesarrollada, y como no es constituyente de un género literario, a la espera de que «sus autores dejen de descuidar los aspectos de arquitectura básicos [...] y de abandonar sus creaciones a su suerte en el despiadado océano de la red» (Arranz 2008: 253), como si no fuera posible encontrar ejemplos válidos (o, más bien, como si no hubiese novelas lamentables en formato impreso), si bien deja abierta esa puerta a «honrosas excepciones» (253).

Igualmente estamos todavía en proceso de establecer de manera firme y definitiva una categorización formal del blog, cuestión abierta sobre la que arrojó luz José Luis Orihuela (2006: 45-51) en su análisis estructural del weblog. En realidad, el trabajo de Orihuela es exhaustivo y los puntos que establece como distintivos se han consolidado en la blogosfera[25], aunque la evolución tecnológica y estética hace que sea difícil fijar un retrato robot preciso del blog. Orihuela dejó fuera dos aspectos esenciales en su intento por responder a qué es un weblog y qué no: la funcionalidad de ordenación del articulado, y la glorificación del individualismo a través de la presencia máxima del *yo* por parte de autor.

Los datos muestran de manera indiscutible que hay una gran cantidad de blogs, tanto en activo como en estado de relativa hibernación (aquellos que llevan meses sin actualizar sus contenidos), completamente privados (accesibles solo a lectores seleccionados) y que el archivo histórico de los mismos (esto es, la inclusión en el montante final de aquellos blogs desaparecidos en estos momentos) es difícilmente abarcable. La diversidad temática es, por tanto, igualmente significativa, en la medida en que como medio de exaltación del *yo* pueden orbitar principalmente en torno a los intereses particulares de

---

[25] También *blogalaxia* y *blogsfera* (del inglés *blogosphere*). Bajo el término se agrupa la totalidad de weblogs en referencia a la extendida costumbre de conexión entre los diferentes blogs mediante enlaces, comentarios, históricos y demás, retroalimentándose. Mientras que los blogs por sí mismos son solo un formato en la web, la interconexión de estos es un fenómeno social: al verlos como un todo se pueden determinar claramente tendencias, gustos, popularidad de sitios, objetos, productos, música, películas, libros, como si fueran un ente colectivo. El término original inglés fue creado por Brad L. Graham el 10 de septiembre de 1999 como una broma. En el año 2001 William Quick retoma su uso, pero de forma seria, popularizándose.

cada bloguero, estando la literatura dentro de los mismos en cualquiera de sus diferentes expresiones, como creación, crítica o incluso didáctica. Sabemos que hay millones de blogs, y que su creación (y destrucción) es continua, en un constructo canónico imposible de fijar. La bitácora, por su pulsión extimista de enardecimiento del *yo*, es un formato hipermoderno, esto es, propio de

> Una sociedad liberal, caracterizada por el movimiento, la fluidez, la flexibilidad, más desligada que nunca de los grandes principios estructuradores de la modernidad, que han tenido que adaptarse al ritmo hipermoderno para no desaparecer. (Lipovetsky y Charles 2004: 27)

Sociedad en la que nace el nuevo ególatra, ya que es la era de «un Narciso que se tiene por maduro, responsable, organizado y eficaz, adaptable, y que rompe así con el Narciso de los años posmodernos, amante del placer y las libertades» (27). Este narcisismo choca frontalmente con la cultura de la colaboración que describe Henry Jenkins en su exploración de la sociedad contemporánea en dos libros originarios de 2006 *Convergence Culture*. *La cultura de la convergencia de los medios de comunicación* (2006a) y *Fans, blogueros y videojuegos. La cultura de la colaboración* (2006b). Para Jenkins:

> La cultura participativa no es hoy en absoluto marginal ni clandestina. Las obras de ficción de los fans resultan accesibles en asombrosas cantidades y variedades para cualquiera que sepa navegar por Google. Los productores mediáticos siguen los foros de Internet [...], lanzando globos sonda para comprobar la respuesta de los espectadores, para medir la reacción a giros argumentales controvertidos. Las empresas de videojuegos facilitan el acceso del público a sus herramientas de diseño[26], promocionan los mejores resultados y contratan a los mejores programadores aficionados. El subtitulado y la circulación *amateur* de anime[27] contribuyó posiblemente a abrir el mercado a las importaciones culturales asiáticas. (2006b: 11)

---

[26] Los kits de desarrollo (el conjunto de herramientas que compone el SDK concreto de cada juego) son en ocasiones publicados tal cual —las mismas herramientas que han utilizado los creadores profesionales del videojuego— o adaptadas para que resulten más simples, como kit de modificación, para que los aficionados creen sus propios contenidos.

[27] Producciones de animación de origen japonés.

Y, como apuntó él mismo años antes, esto conduce a una masa elástica en la que «los escritos de los fans se basan en las prácticas interpretativas de la comunidad de fans, y toman el metatexto colectivo como base a partir de la cual generan una gran variedad de historias relacionadas con los medios» (1992: 183). Para autores como Clay Shirky esta es, en última instancia, una era de creatividad y generosidad gracias a la interconexión de la red (2010). No podemos despreciar tampoco la construcción no solo de una base de conocimientos colectiva, sino la propia memoria compartida que se deriva de la conexión generalizada a los nodos de internet, una *nemótica* (como la denominó Antonio Rodríguez de las Heras) con la que «tenemos ante nosotros la empresa estimulante de construir una nueva máquina de memoria, una nueva memoria exenta, a partir de unos medios técnicos muy potentes» (R. de las Heras 2008: 144), una memoria-almacén que será de traslación de lo analógico para su preservación por desmaterialización en *bytes* (por la multiplicación que esto mismo implica) como nativa digital.

Más allá de la colectividad, la comunidad colaborativa puede dar pábulo a grandes egos y, desde luego, los Narcisos buscarán el apoyo social que se puede obtener de las mismas, pero en una relación simbiótica: ni el Narciso se aísla ni la comunidad elimina los egos, pues del florecimiento de los mismos la colectividad también se puede beneficiar. Del choque de ambas tendencias surgen las producciones colectivas en diferentes aspectos de la cibersociedad como los que ha expuesto Jenkins. No en vano, se asume abiertamente que en internet el creador de contenidos más destacado es el propio público gracias a los millones de blogs, tuits, perfiles en redes sociales, vídeos, fotomontajes, *podcasts*, etc., que se generan desde el mundo amateur «not in the sense of inexperienced, but in the sense of an Olympic athlete» (Lessig 2004: 44), cuestión que desarrolla extensamente David Casacuberta en *Creación colectiva. En internet el creador es el público* (2003). La colectivización, en todo caso, no puede asimilarse automáticamente a lo gratuito ni lo abierto, ya que los espacios digitales son espacios de empresas:

> Aunque el «input» de la nueva web son los propios usuarios, esto no quiere decir, sin embargo, que la posesión de esos enormes almacenes de imágenes, vídeos, etc., que su contribución colectiva genera sea abierta. Si bien en su mayoría son utilizables libremente, la propiedad, sin embargo, es de la propia empresa que la gestiona así como la potestad de qué hacer con ella en el futuro. (Martín Prada 2007: 67)

Más allá de las consecuencias que se puedan derivar de políticas draconianas por parte de las empresas que son, en realidad, dueñas de los espacios 2.0, por sus características no se puede limitar ni impedir que cualquier persona con acceso a la red y una alfabetización —también tecnológica— mínima se convierta en autor. Que haya muchas personas escribiendo sin filtros o regulaciones externos que apliquen distintos criterios de calidad no puede bajo ninguna circunstancia desmerecer a los autores que están haciendo una carrera literaria en el blog (o incluso en la literatura de internet en general), frente a los que ya han sido dignificados con el beneplácito de la crítica de suplemento literario (asentada muchas veces en un *establishment* respaldado por corrientes tradicionalistas), que a veces no entiende correctamente estos movimientos sociales y culturales. Sin embargo,

> Son muchos los que ven en esta hegemonía cada vez mayor de lo «amateur» un peligro, considerando el modelo cultural y estético de la «Web 2.0» como el de una oclocracia[28], es decir, como un gobierno de la muchedumbre, como una de las formas específicas de degeneración de la democracia. Posicionamientos en los que subyacería aquella sospecha acerca de que la gente, pese a tener a su disposición todos lo medios, no tenga nada que decir, o, lo que es peor, que sea «incapaz el necesario uso social de ellos». (Martín Prada 2007: 70)

Del mismo modo, salvo por tímidos intentos, sigue sin establecerse una tipología clara de los rasgos característicos de la blogonovela y la creación blogofictiva. Se critica la calidad literaria de narraciones publicadas en espacios bitacóricos sin apenas atender a si realmente estamos ante una blogonovela (que no es lo mismo que una *novela en blog*), porque, una vez más, el formato se impone sobre el género en los estudios aparecidos hasta el momento. Nosotros estableceremos los rasgos definitorios de la blogonovela como género vinculado a este formato de publicación, haciendo propias las características técnicas del mismo, y dando un nuevo papel al autor que se esconderá, ya no tras el personaje o el seudónimo, sino tras el avatar.

---

[28] En la tradición del término aplicado por Thomas Hobbes para referirse a la voluntad única en oposición a las múltiples voluntades del pueblo.

1.1. El blog en la más nueva tradición crítica

Aunque los todavía escasos e incipientes estudios sobre este tipo de creación digital están radicados principalmente en el ámbito anglosajón y el escandinavo, en España se han editado ya diversos manuales en los que se aborda el tema desde diferentes perspectivas, conviviendo el enfoque negativista con el reivindicador, tanto desde editoriales universitarias como comerciales, en ocasiones con el respaldo de fundaciones y entidades vinculadas mucho más al entorno tecnológico que al filológico, como Fundación Telefónica o Fundación France Telecom. En todos estos casos, a los que habría que sumar las ocasionales apariciones de temas vinculados en revistas culturales, como *Quimera* o *Estudios visuales*, principalmente, apenas se sobrepasa la discusión sobre si debe o no contemplarse el estudio de la blogonovela y apenas se profundiza en los rasgos de la misma.

Sin embargo, debemos prestar atención en este momento al espacio que ocupa la literatura digital en las historias literarias más actuales. Debemos comprender, ante todo, que el fenómeno es relativamente temprano desde la perspectiva de análisis crítico y de fijación de corpus que suelen asumir las obras historicistas; no obstante, son ya varias las obras que no han temido afrontar la literatura absolutamente coetánea de carácter impreso. En la editorial Ariel nos encontramos la impresión de 2008 de *La teoría literaria contemporánea* firmada por Raman Selden, Peter Widdowson y Peter Brooker, texto que nace, a su vez, de la cuarta edición del texto original inglés *A Reader's Guide to Contemporary Literary Theory*. Se trata, ante todo, de un texto teórico que incorpora las teorías posmodernistas, poscolonialistas y gais, lesbianas y *queer* como las más actuales, pero no contempla en momento alguno a lo largo de su redacción el estudio de la literatura digital, a la que, de hecho, no se hace referencia en ningún momento en todo el libro.

La extensa historia literaria española de la editorial Crítica que dirige José-Carlos Mainer ha dedicado dos tomos a la literatura contemporánea: el séptimo volumen, publicado en 2011, bajo el título de *Derrota y restitución de la modernidad. 1939-2010*, que firman Jordi Gracia y Domingo Ródenas, y el mucho más general *Las ideas literarias. 1214-2010*, volumen dirigido a su vez por José María Pozuelo Yvancos, y también aparecido en 2011 como parte de la *Historia de la literatura española* de la citada editorial. Este caso es representativo debido a que la calidad de la obra está fuera de cuestión y el tomo firmado por Gracia y Ródenas no es ni mucho menos una excepción. En ella se habla de una literatura multimedia asociada a «escritores vocacionales» (2011: 965), reconociendo que hay en ella

> Mestizaje de géneros y discursos y una instintiva voluntad de expresión contemporánea que exhibe las marcas de una formación multimedia y transcultural sin renunciar a una heterogénea cultura literaria ni tampoco al reflejo del cosmopolitismo y las experiencias viajeras. (966)

La nómina de autores citados incluye a Lolita Bosch, Andrés Barba, Pablo Sánchez, Kiko Amat, Pablo Tusset y Julián Rodríguez Marcos, autores que, aunque tratan aspectos como tecnología, virtualidad y digitalidad, en sus creaciones, no han cultivado la creación de una literatura digital: no se distingue entre una cuestión temática (internet y la tecnología como tema recurrente) y una formal (el espacio de creación y publicación es la pantalla). El texto insiste en ello cuando afirma que «está cambiando con la integración de nuevas tecnologías, la desjerarquización y la globalización cultural» (970) en referencia a textos de autores como Agustín Fernández Mallo, Vicente Luis Mora, Eloy Fernández Porta o Jorge Carrión. De hecho, en este recorrido por la literatura absolutamente contemporánea, la nómina de autores recogidos en una decena de páginas es considerable, aunque no se habla en ningún momento de una creación literaria digital, de ciberliteratura en cualquiera de sus formas, ni tampoco de los blogs o espacios web que muchos de esos autores recogidos actualizan regularmente, y eso que el epígrafe se titula «Últimos compases y la literatura multimedia» (965-974), con el que se cierra el aparato crítico-historicista del volumen antes de dar paso al corpus de textos literarios recogidos. En este sentido, la obra cierra su trazo de la historia literaria como la había empezado: asociado al libro como objeto físico descartando los formatos de publicación digital, que no son contemplados en ningún momento.

Desde una visión más teórica, en el texto dirigido por Pozuelo Yvancos leemos que «la última literatura comparada desarrollada en España está siendo sensible al desafío de internet y los medios electrónicos conocidos como *cibercultura*» (2011: 709), si bien se admiten las limitaciones de un estudio de esas características y en este momento histórico para afrontar con garantías un análisis formal en el contexto de la obra: «es un dominio tan extenso y con tal efervescencia que nos falta la perspectiva necesaria y somos conscientes de que cuanto se diga ahora puede quedar obsoleto en pocos años» (709), lo que justifica su aproximación superficial —pero existente— a la cuestión, destacando la creación de un corpus teórico sobre la cibercultura relativamente generoso y de calidad que «quizá se deba a que en España hubo muy tempranamente aproximaciones desde la filosofía» (710), citando el trabajo de autores como Javier Echeverría, Darío Villanueva o Manuel Castells, entre otros, refiriéndonos a diversos trabajos teóricos que serán citados en múltiples ocasiones a lo largo de estas páginas mostrando que, en efecto, se ha realizado una aproximación acertada pese a la cautela con la que se introducía este tema. Sin embargo, como en el caso del volumen *Derrota y restitución de la modernidad*, el espacio cedido a la digitalidad es escasísimo: en este caso, apenas las tres últimas hojas del desarrollo teórico del libro. El recorrido por la segunda edición de *Historia de la crítica literaria* de David Viñas Piquer (2007) es, por su parte, un retrato de ausencias en cuanto a la literatura digital.

Pozuelo Yvancos aporta a este catálogo el libro *Ventanas de la ficción. Narrativa hispánica, siglos XX y XXI*, publicado en 2004, lo que —claro— no deja mucho espacio al siglo XXI. Es, por tanto, un texto anterior a los otros supervisados o coordinados por el catedrático. El recorrido por la literatura hispánica del XXI incluye a Camilo José Cela, Teresa Mendoza, Luis Mateo Díez, Javier Cercas y Enrique Vila-Matas (Pozuelo 2004: 193-286). El *auténtico* siglo XXI se recoge en el epígrafe «Última narrativa española (años 2001-2003)», último del libro, donde se cataloga a Antonio Soler, Miguel Sánchez-Ostiz, Juan José Flores, Xuan Bello, Luis Landero, Arturo Pérez Reverte, Gustavo Martín Garzo, José Jiménez Lozano, Francisco Casavella, Andrés Ibáñez y repiten presencia también aquí Vila-Matas y Mateo Díez. No hay en ningún caso referencias a literatura digital ni a las webs o blogs de ninguno de los autores.

En 2007 firman Ángel L. Prieto de Paula y Mar Langa Pizarro el *Manual de Literatura Española actual* para la colección Castalia Universidad que dirige Pablo Jauralde. Sin consideración alguna sobre la poesía o el teatro de producción hipermedia, la única referencia que

—sospechamos— puede referirse a la potencialidad del futuro de la narrativa es que

> En los inicios del tercer mileno, los debates sobre la calidad y las perspectivas de futuro de la novela española actual han llegado a ser encarnizados. Con la cautela con que debemos pronunciarnos en un mundo de contornos tan borrosos y de cambios tan raudos, cabe pensar que si los lectores no renuncian al placer de la lectura, si las nuevas generaciones de escritores siguen persiguiendo caminos personales, y si continúa habiendo editoriales capaces de usar la intuición y la buena gestión para apostar por el talento, la vigencia de la novela española estará asegurada. No es sólo una esperanza, sino la certidumbre que proporcionan los datos económicos y los mundos ya irrenunciables, y colonizados por nuestro espíritu, que nunca se podrían haber vislumbrado sin la narrativa de ficción. (216)

En textos que podrían ser considerados de menor vocación canónica, se repiten las ausencias. Pueden ser ejemplos representativos dos volúmenes colectivos de la editorial Iberoamericana-Vervuert en los que se trata también la literatura contemporánea. No tienen como objetivo ser obras de referencia, como sucede con la *Historia* de Ariel, sino que persiguen compilar artículos de especialistas sobre temas determinados, no de carácter general o historicista. Así, ni en *Miradas oblicuas en la narrativa latinoamericana contemporánea* (2009), ni en *Contornos de la narrativa española actual (2000-2010). Un diálogo entre creadores y críticos* (2011) hay espacio para la creación digital. Sin embargo, en la misma editorial, tanto en *Nuevos hispanismos interdisciplinarios y trasatlánticos* (2010) como *Nuevos hispanismos. Para una crítica del lenguaje dominante* (2012), ambos dirigidos por Julio Ortega, sí ha habido una voluntad evidente para incluir varios capítulos sobre ciberliteratura en diferentes vertientes.

En 2011 se edita por parte de Taurus el libro *Historia de la lectura en el mundo occidental*, dirigido por Guglielmo Cavallo y Roger Chartier. Aunque el libro carece en realidad de un capítulo centrado en la cuestión de la literatura digital, su prólogo, firmado por Chartier, sí aborda la cuestión. Lo hace, en todo caso, desde la perspectiva de una eventual muerte del libro. Según Chartier,

> Las evidencias y las estadísticas no bastan para apaciguar las ansiedades frente a la posible desaparición del libro tal y como lo conocemos y,

por ende, la desaparición de las prácticas de lectura y la definición de la literatura que espontáneamente vinculamos con este objeto específico, diferente de todos los otros objetos de la cultura escrita, que es el libro, *nuestro* libro, con sus hojas, sus páginas, sus tapas. (2011: 13)

En el prólogo, frente a las visiones funestas del futuro del libro, se hace eco también de la consideración de que «la pantalla no es una página, sino un espacio de tres dimensiones, que tiene profundidad y en el que los textos alcanzan su superficie iluminada» (2011: 20), conclusión a la que llega a partir de los planteamientos de Antonio Rodríguez de las Heras. Para Chartier, así pues, «la lectura del texto electrónico debe pensarse, entonces, como un despliegue del texto o, mejor dicho, una textualidad blanda, móvil e infinita» (20). El despliegue del epílogo le lleva a concluir, simplemente, que la digitalidad supone

Un profundo desafío tanto a las categorías que fundamentaron el orden del discurso que es todavía nuestro (por ejemplo, propiedad intelectual, originalidad de la obra, o individualización de la escritura) como a la relación con la cultura escrita, siempre plasmada hasta la aparición del ordenador por la inseparable vinculación entre el texto y el objeto, la obra y el libro, los artículos y la revista o el periódico. (23)

Sin embargo, en la revisión del texto, estos conceptos no se desarrollan a lo largo de su extenso articulado. En el caso de *Teoría de la novela. Antología de textos del siglo XX*, libro editado por Enric Sullà para Crítica, se publica una edición actualizada en 2001 en la que, sin embargo, sigue percibiéndose la ausencia total de estudios sobre textos digitales. En este caso, puede atribuirse a lo cercano a la década de los noventa del texto, con una primera edición fechada en 1996, pero no debe olvidarse que en ese año se habían publicado ya diversos trabajos sobre la cuestión tanto en España como en el resto del mundo.

De hecho, estas ausencias se repiten de manera generalizada cuando no se trata de obras que giren específicamente en torno al estudio de diferentes formas de creación literaria digital. Las obras historiográficas o de vocación general dejan al margen casi por completo el conjunto literario digital, e incluso cuando se aborda se hace de forma incompleta. Dentro de este campo de estudio, muchas veces dejado al margen (incluso cuando el argumento de la novedad o lo excesivamente contemporáneo no tiene hueco en obras que estudian abiertamente la literatura hasta hace tan solo unos años, cuando no meses), nuestro objetivo es construir un marco de estudio para el análisis del blog como un formato de publicación para obras literarias digitales, accesibles y abiertas. Asimismo, en el ámbito de la blogoficción, estableceremos los rasgos principales de la blogonovela como género propio y exclusivo de la plataforma weblog frente a otras formas narrativas en blog de carácter serializado, atendiendo al análisis de características propias de una bitácora y su conceptualización como espacio virtual: tiempo, narrador, y un concepto de autoría muy concreto, que se desvelarán como rasgos definitorios principales. Así, pretendemos marcar los cimientos de la correcta concepción y entendimiento de la composición fictiva de las narrativas en blog desde el punto de vista del estudio literario, y señalar igualmente su importancia en este ámbito cultural, dado que la mayoría de los estudios formales que se han hecho sobre las bitácoras se han centrado casi por completo en la vertiente periodística o de diario personal del mismo, dejando de lado los usos creativos que ya se pueden rastrear en la red.

No pretendemos rechazar la funcionalidad y potencia como nanomedio[29] del blog a la hora de establecer nuevas vías de comunicación con intencionalidad periodística, pero frente a una corriente dominante en los estudios de las narrativas digitales (centrados muy especialmente en los hipermedia, por la fascinación que puede suponer para los filólogos no familiarizados con las vías tradicionales de entretenimiento interactivo, esto es, el videojuego) en la que se rechaza y condena en el blog, consideramos que su potencial literario es —al menos— equiparable al de esos hipermedia.

A tales efectos, definiremos los aspectos esenciales de la ciberliteratura como ha sido estudiada hasta ahora de forma generalizada, para

---

[29] Medios de comunicación de pequeña escala orientados típicamente a públicos concretos y centrados en temáticas muy determinadas, próximos en este sentido a las revistas especializadas. El término fue acuñado por John Downing y Mojca Pajnik para reflejar el impacto de los formatos de publicación digital de fácil acceso, esencialmente blogs, como elementos descentralizadores del poder comunicativo que, de manera tradicional, habían retenido las grandes corporaciones de medios de comunicación. Su existencia es posible gracias al acceso generalizado a internet y la posibilidad de crear webs sin coste económico ni grandes requisitos en cuanto a conocimientos técnicos específicos. Esto los vincula con el auge de la plataforma blog, que aprovechan para alejarlo del carácter extimista de los mismos para darles uso como pequeño —y muchas veces independiente— medio de comunicación especializado.

poder proceder posteriormente a la exposición de las características y posibilidades del blog, por un lado, y la blogonovela, por otro, así como las relaciones que están dándose entre esta nueva creación y las editoriales tradicionales. En ese sentido, expondremos los elementos principales que detractores y defensores esgrimen para, por último, centrarnos en la exposición del rasgo principal de la narrativa blogo-novelística, la creación del personaje-avatar, y cómo influye de manera definitiva en la relación entre el escritor y sus lectores, así como las implicaciones que se derivan de esto a la hora de adaptar estas obras a la hoja impresa, con varios ejemplos ilustrativos de las diferentes corrientes que se están dando en el campo editorial.

2. LA CULTURA DE/EN LA RED

La cibercultura representa un factor creciente en el espacio humano de relaciones sociales, institucionales, corporativas... El mundo interconectado de virtualidad se expande sobre las esferas del tangible y resulta inevitable que en los entornos culturales expuestos se encuentre el segmento de los escritores y, por extensión, la industria editorial, los lectores y los agentes activos. Esto, como hemos visto, está siendo asumido ya por obras de estudio literario de carácter general (no especializadas en ciberliteraturas), aunque hay todavía un debate cultural vigente. Esta controversia se percibe sobre todo en el ámbito de la crítica literaria desde la que, en ocasiones, se hace notable un rechazo frontal de los movimientos de la literatura digital, así como de los estudios en su órbita, con independencia de la calidad que pueda llegar a atribuirse a esas obras, tanto de la creación como del ensayo. En referencia a la confrontación surgida en este debate cultural, apunta Hesse que

> Los sorprendentes paralelismos entre los debates culturales de finales del XVIII y finales del XX sugieren que a lo que estamos asistiendo en la reelaboración del «moderno sistema literario» a finales de este siglo no es tanto una revolución tecnológica (que ya se ha producido) cuanto a la reinvención pública de la comunidad intelectual en su *despertar.* (1996: 34)

Es decir, podemos afirmar que en el mundo industrializado hemos dado el paso hacia la sociedad de la información (y, cada vez más, hacia la sociedad del conocimiento, como quiere señalar la creciente popularidad de esta etiqueta) gracias a la implantación generalizada de las tecnologías de la información y la comunicación (TIC). Esta nueva revolución posindustrial abre el camino hacia un nuevo modelo de bienestar del que Kofi Annan afirmó, en el World Summit on the Information Society de Ginebra en 2003 que

> A technological revolution is transforming society in a profound way. If harnessed and directed properly, Information and Communication Technologies (ICTs) have the potential to improve all aspects of our social, economic and cultural life. ICTs can serve as an engine for development in the 21st century, and as an effective instrument to help us achieve all the goals of the Millennium Declaration —the landmark document adopted by a record number of leaders when they met for the Millennium Summit to address the key challenges of our time.

Aunque estamos inmersos en la vorágine de las TIC, su aplicación y penetración en diferentes estratos sociales y educativos va muy por detrás. La revolución que se deriva del proceso de reinvención del vigente sistema literario gracias al silicio ya está en marcha, no solo a nivel de producción literaria, sino también con la creciente digitalización de los fondos bibliográficos, pero la sociedad entra en red a distintas velocidades, no solo entre países, sino también entre los ciudadanos de una misma región del mundo. Es un proceso de cambio dilatado en el tiempo por la asincronía social marcada por diferencias geográficas, generacionales y educativas, entre otros factores que pueden estar entrando en juego en cada caso concreto. En este sentido, puede resultar más problemático combatir percepciones neoluditas[1] y tecnofóbicas que se dan en determinados segmentos poblacionales y que, consecuentemente, les impide abrazar la digitalidad. Un caso prototípico lo expone Moreno al rememorar las ideas de Alain Finkielkraut, quien

> Venía a decir que, si en otros momentos la técnica había servido para librarse del oscurantismo, ahora, en cambio, era su misma esencia. Con

---

[1] Derivado del ludismo obrero surgido en Inglaterra en el siglo XIX, el neoludismo (término acuñado en 2006 por Steven Jones en *Against Technology: From the Luddites to Neo-luddism*) surge como movimiento opositor a la inteligencia artificial y, con esta, de todo avance científico vinculado, apoyado o sustentado en la informática, en ocasiones partiendo de las tesis de Theodore Kaczynski, conocido como Unabomber, a raíz de su manifiesto.

una retórica impropia de quien se ha pasado la vida cortejando a los clásicos que, afirman, inspiran tanto sosiego y ponderación, se mostraba aterrado ante «lo que se le viene encima al mundo con estas cosas». (Moreno 2009: 68)

La tecnofobia tiene cierta presencia en estratos de la esfera de la cultura[2] y no parece que haya intención de cambiar eso, pues los propios implicados no perciben como un problema no estar en contacto con el mundo digital o de la sociedad de la información, que es descrita por Echeverría como un tercer entorno en oposición a los entornos sociales anteriores nacidos de los espacios sociales previos (naturaleza y ciudad), que generan un entorno primario (agrario, ganadero, etc.) y uno secundario (mercantil, industrial); sin embargo, como apuntaba Heidegger, son entornos complementarios, lo que ilustra claramente en su artículo «La pregunta por la técnica» (1954) al recurrir al ejemplo de la «la central hidroeléctrica [que] está emplazada en la corriente del Rin» (17), pues sus turbinas giran y crean energía por la intervención de la naturaleza en ella. Los entornos industriales y naturales no pueden ignorarse entre sí, dado que la técnica actúa sobre lo ya existente. En cualquier caso, es todavía habitual encontrarnos con individuos cultos en el segundo entorno, pero que no cuentan con esas destrezas en el tercer entorno del que hablaba Echeverría. Esa persona

Puede ser analfabeta en el tercer entorno, e incluso discapacitada, caso de que rechace las interfaces[3] correspondientes (teléfono, ordenador,

---

[2] Desde luego, los discursos antitecnológicos en general y abiertamente contrarios a la democratización al acceso cultural (temiendo, sobre todo, que esto implique un detrimento en la calidad del ideal de alta cultura que han construido) siguen vigentes todavía hoy, pero en múltiples ocasiones parecen responder a una escasa capacidad de adaptación o incomodidad ante lo que no se comprende más que como resultado de una reflexión profunda y formada sobre las consecuencias reales del desarrollo de la esfera digital. Es digno de ser destacado el ensayo de Nicholas Carr, *The Shallows. How the Internet is Changing the Way We Think, Read and Remember* (2010), en el que el autor defiende que el uso de las TIC ha producido ya alteraciones en la estructura física del cerebro que, por supuesto, son de carácter involutivo. La posición contraria es ampliamente defendida por los trabajos de Katherine Hayles, Derrick de Kerckhove (1997; 2010), Clay Shirky (2010), Henry Jenkins (1992; 2006a; 2006b) y otros autores que aparecerán citados a lo largo de estas páginas.

[3] Medio con el que el usuario se comunica con un ordenador o dispositivo electrónico, abarcando todos los puntos de contacto entre el usuario y el equipo. En un ordenador,

tarjeta de crédito, multimedia, consola de videojuegos, etc.) o sea incapaz de usarlas mínimamente. (2003: 16)

A esta discapacidad no siempre se le intenta poner solución porque no se percibe como relevante para el establecimiento de unas habilidades culturales (o por ideales neoluditas puros), y también porque el proceso de adaptación requiere una normalización tecnológica y de adquisición de conocimientos nuevos que no siempre se está dispuesto a asumir o, peor, no se cuenta con el acceso a los recursos educativos necesarios para la inclusión en la sociedad de la información y el conocimiento.

Esto puede constituir un problema significativo, pues se define una nueva estructura y funcionamiento de la esfera social diferenciada de lo que habíamos conocido hasta ahora, lo que implica una serie de riesgos sociales a raíz de la incapacidad de individuos notables en los otros dos entornos de formar parte del tercero, sobre todo porque la sociedad de la información se ha visto típicamente marcada por el autodidactismo de los usuarios[4].

En el ámbito literario y lingüístico, lo cierto es que muchos de estos temores se sustentan en los prejuicios derivados de la firme creencia de que el lenguaje se deteriora por su uso en la red (como si esta fuera la culpable de fondo), pero esto no tiene por qué darse; y, por otro lado, por un normativismo clasicista y quizás demasiado anclado

---

por ejemplo, serían el teclado y el ratón, aunque también la imagen proyectada en el monitor, siendo esta la interfaz gráfica de usuario (en inglés *graphic user interface*, abreviado *GUI*). La interfaz gráfica de usuario es la general del sistema operativo del dispositivo informático, pero también la de cada una de sus aplicaciones y cómo se comunica con el usuario (sonidos, mensajes, iconos, descriptores, etc.).

[4] No ha llegado todavía la primera generación de individuos adultos en la que las interfaces propias de la sociedad de la información hayan formado parte de su realidad cotidiana desde la cuna de forma plena, y su integración educativa haya sido asumida. Todavía somos inmigrantes del mundo digital (en diferentes grados) y está por consolidarse la primera generación nativa. Con todo, Katherine Hayles publicó en 2012 *How We Think. Digital Media and Contemporary Technologies* (Chicago: The University of Chicago Press), donde se analiza la percepción visual y los procesos cognitivos en la nueva era de la imagen o, como apuntó Rodríguez de la Flor, «este inminente —o ya perceptiblemente presente— "giro visual" de la cultura, al desplazar la zona central de expresión de lo social desde el *logos* a la *imago*» (2009: 88) que, en la sociedad red, se da mediante la proliferación de las pantallas y el peso de lo visual, incluso en el composición textual.

en parámetros obsoletos. Jacques Ellul ya temía en su libro *La Parole humiliée* (1981) que la influencia excesiva de la técnica repercute en la capacidad de análisis, asimilación y exégesis profunda del texto; pero no solo es la técnica la que causa esa superficialidad en el proceso de recepción, sino que también se banaliza la palabra misma, que se vierte en discursos vacuos (lo que no les impide ser imposturas engoladas y verborreicas) condicionados por un aparato cultural que está copado por lo tecnológico y su filtro deformante: la potencialidad del sistema técnico anula los campos de influencia de las otras dimensiones humanas para dar prioridad absoluta a una potencia y eficacia que no siempre resultan en las mejores soluciones. Sea como fuere, que la literatura en internet haya podido tardar —relativamente— en surgir en español no significa que sea un fenómeno tan reciente, más en un mundo globalizado, pues debemos tener presente que

> En diciembre de 1989 se marcó una fecha importante en el mundo del Internet y de la literatura coreana. El autor coreano Lee Seong-Soo (1968) empezó a escribir una novela de ciencia ficción llamada *Atlantis Rhapsody* en el espacio de comunicación de Cholian de Internet. (Choi 2006)

Dicho de otro modo, tenemos ya no solo la perspectiva, sino también un corpus suficiente como para evaluar si realmente se produce un deterioro idiomático y cómo este, si se diere, puede influir en la literatura. Para ello, sin embargo, nos detendremos antes en una evaluación sobre el alfabetismo digital y los rasgos propios del consumo digital de la cultura (y la cultura digital en sí misma), para componer una perspectiva general de esta, con especial atención al sector editorial que, consideramos, es uno de los pilares de la industria cultural.

Con todo, es imprescindible detenerse antes en el papel de las TIC como recurso —pero también requisito— para la formación del ciudadano. No en vano, estas tecnologías demandan un proceso de real-fabetización[5], así como una voluntad por parte del usuario-ciudadano

---

[5] Aunque es habitual la etiqueta de *nuevos alfabetismos* (y ha sido empleada por reputados investigadores) consideramos más acertada en el contexto actual la denominación propuesta aquí de *alfabetismos digitales*, dado que, en realidad, son tecnologías que ya están en fase de madurez e integradas en el día a día de multitud de países

para establecerse como individuo inscrito en el espacio virtual. Debe generarse, así, una esfera de presencia propia, avanzando así hacia la ciudadanía digital. No en vano, la penetración de la digitalidad en lo cotidiano es una realidad, tal y como se percibe mediante simple observación:

> Cada vez más, tanto las Administraciones públicas como las instituciones privadas ofrecen servicios en línea en ámbitos como el laboral (ofertas de empleo), el formativo (cursos en línea), el político (participación digital) o, incluso, el terreno del ocio. (Robles 2009: 62)

Esto debería ser un incentivo —entiéndase como voluntario o no— más que suficiente como para adaptarse al mundo digital. El concepto de *ciudadanía digital* está cada vez más extendido, pero no tanto en el sentido de una vinculación a la concepción política de los sistemas de redes sociales y otros medios en la red[6], sino como reconocimiento de la importancia del usuario en el entorno Web 2.0[7].

---

occidentales y asiáticos en estratos oficiales y administrativos, lo que implica el requisito necesario de dominio suficiente del campo tecnológico-digital para la autonomía individual en diversos trámites gubernamentales.

[6] Como ejemplo de construcción política en entornos virtuales, la compañía islandesa CCP, desarrolladora de videojuegos, integra en 2007 a través de una actualización, un completo sistema político democrático dentro del mundo virtual de su videojuego *EVE Online* <http://www.eveonline.com>, un juego masivo en línea de pago por suscripción lanzado originalmente en mayo de 2003. A través del proceso electoral interno del videojuego se seleccionó un comité externo a la propia compañía con capacidad de decisión sobre el destino del videojuego (Schiesel 2007). En un entorno más alejado a priori de la fantasía, como la red Facebook, la votación de los usuarios (el servicio es gratuito) se ha empleado en ocasiones para aprobar democráticamente las políticas de derechos y responsabilidades del servicio, a raíz de una polémica en torno a términos draconianos que otorgaban a la empresa la propiedad en exclusiva y a perpetuidad de todos los contenidos subidos y compartidos por los usuarios (Riveiro 2009).

[7] Se refiere a lo que se ha considerado la segunda generación del desarrollo de formatos y diseños web, caracterizándose por facilitar la intercomunicación entre lectores, compartir información, e interoperar. Su enfoque, centrado en las herramientas comunitarias y en dar mayor importancia al lector-usuario, ha llevado a la constitución de comunidades (redes sociales), aplicaciones web, y sistemas de promoción/evaluación, donde los usuarios son quienes generan los contenidos de la web mediante diferentes sistemas democráticos, como *Digg* <http://digg.com/> o la española *Menéame* <http://www.meneame.net/>. Los núcleos principales de los formatos de la Web 2.0 son los blogs, las wikis, y los servicios de redes sociales o para compartir contenidos (vídeos, fotos, etc.), en la línea de las webs *YouTube* <https://www.youtube.com/>, *Flickr* <http://www.flickr.com/> o *Pinterest* <http://pinterest.com/>. En

Del mismo modo, su vinculación no está tampoco tan próxima a la aplicación de los derechos humanos y de ciudadanía en el contexto digital de la sociedad de la información, como a la persona que tiene la capacidad de manejar, expresarse y desenvolverse en el mundo digital a través del conjunto de habilidades necesarias para ello. Esta última consideración es mucho más laxa y vinculada a la alfabetización digital y, por tanto, a la comprensión del medio, paso previo imprescindible para poder empezar a hablar de una ciudadanía digital normalizada. Para ello deben darse unos procesos que Robles identifica en el siguiente listado:

1. Extensión de la penetración del uso de Internet en la sociedad.
2. Desarrollo de la población con nivel medio-alto de alfabetización digital.
3. Percepción de utilidad de Internet.
4. Evolución de los servicios y herramientas ofrecidos a través de Internet, principalmente en relación con actividades políticas, sociales, administrativas y legales.
5. Tratamiento legal y regulado de las relaciones entre ciudadanía y representantes, ciudadanía y Administración, ciudadanía y empresas, y entre la propia ciudadanía.
6. Apropiación de Internet por parte de la ciudadanía como ámbito para la acción social y política. Comunidades virtuales (percepción subjetiva de la utilidad política de Internet). (2009: 66-67)

Por supuesto, los tres primeros puntos todavía no se han alcanzado de manera general, aunque son considerados los principios básicos de la ciudadanía digital. Por otro lado, hay aspectos que se han desarrollado, aunque de forma aislada: nos recuerdan Gilles Lipovetsky y Jean Serroy, en relación a la política digital, que «en 2007, Suecia abrió la primera embajada virtual del mundo» (2007: 286), algo mucho más importante y significativo que un candidato haga campaña en internet, tanto en mundos sintéticos como los de *Second Life* como en blogs o redes sociales. Y, sin embargo, es el mismo Lipovetsky quien también

---

líneas generales, entendemos que los núcleos principales de los formatos de la Web 2.0 son los blogs, los wikis, y los servicios de red social y para compartir contenidos (vídeos, fotos, etc.). En palabras de Tim O'Reilly: «Web 2.0 is the business revolution in the computer industry caused by the move to the Internet as a platform, and an attempt to understand the rules for success on that new platform» (2006).

señala que «acabada la utopía política que prometía "cambiar la vida", nos queda, en régimen de hipermodernidad, el juego, el juego virtual de llevar "una doble vida"» (288), que es la virtual-avatárica, como veremos. Así pues, es todavía necesario que los puntos señalados por Robles sean superados e integrados en la normalidad de la sociedad. Esto se conseguirá con una penetración generalizada de los hábitos de uso de las TIC, lo que será posible únicamente cuando se hayan superado los problemas de las limitaciones de las infraestructuras, uno de los factores principales de la llamada *brecha digital*[8], entendida como la diferencia socioeconómica entre las comunidades (o grupos sociales estratificados por diversos parámetros, pero principalmente el económico y de edad, así como el formativo) que tienen acceso a internet y a otras TIC, y las que no. Esta nueva fractura social tiene sus raíces asentadas en diferencias previas; en este sentido, el nivel de alfabetización digital es un elemento adicional que se suma a la capacidad tecnológica disponible en la comunidad.

Esta fractura en la sociedad digital es palpable, pues los datos de *Internet Word Usage*, recogidos en 2009 por Miniwatts Marketing Group[9] indicaban que había 1.668.870.408 usuarios mundiales de internet con una penetración del 24,7% de la sociedad mundial en 2009. Entonces, la penetración del uso de internet mostraba un incremento del 362,3% con respecto a los datos de 2000. Las diferencias entre las regiones industrializadas resultan evidentes: en Norteamérica la penetración es del 73,9%, en Oceanía de un 60,1%, y en Europa del 50,1%; sin embargo, Latinoamérica y el Caribe tienen una penetración del 30%, Oriente Medio del 23,7%, Asia del 18,5% y África del 6,7% (aunque

---

[8] Del inglés *digital divide*, posiblemente acuñado por Simon Moores o Lloyd Morriset, ambos consejeros de la administración presidencial de Bill Clinton en EE. UU. (1993-2001). Aunque esa es la forma más extendida, se tiende a considerar más apropiada en castellano la expresión *fractura digital*. El concepto fue desarrollado por Herbert Schiller y William Wresh a mediados de la década de los noventa, aunque es Pippa Norris quien establece tres variantes esenciales: la global (entre países), la social (dentro de una nación) y la democrática (entre los que participan de los asuntos públicos en línea, y los que no). Jan van Dyjk, por su parte, identifica cuatro dimensiones en el acceso: la motivación para acceder; el acceso material; las competencias para el acceso; y el acceso para usos avanzados, siendo parámetros en constante evolución, por lo que la brecha, en realidad, es móvil y puede afectar por estancamiento a quienes en un principio no lo estaban (Van Dyjk y Hacker 2000).

[9] En estos casos son datos que cuentan con el respaldo de la auditoría de Nielsen.

en Oriente Medio el crecimiento desde 2000 ha sido del 1.360,2% y en África, del 1.359,9%). De la zona Latinoamericana, los países hispanohablantes (Argentina, Bolivia, Chile, Colombia, Costa Rica, Cuba, República Dominicana, Ecuador, El Salvador, Guatemala, Honduras, México, Nicaragua, Panamá, Paraguay, Perú, Puerto Rico, Uruguay y Venezuela) tienen una penetración del 28,1%, con una población total de 370.473.542 hablantes, estando 104.322.939 conectados.

En 2010 las cifras muestran una población mundial de 1.966.514.816 internautas, esto es, una penetración del 28,7% y un crecimiento total en la década desde 2000 del 444,8%. Los datos específicos para España son más favorables, con una penetración del 62,6% en 2010 (para un total de 29.093.984 internautas). La realidad del español en internet es que con los datos con auditoría más recientes para Hispanoamérica (diciembre de 2009) hay que sumar a esa cifra otros 110,7 millones de hablantes nativos de español más, por lo que se sitúa a las puertas de los 140 millones de internautas que tienen el español como potencial lengua materna[10].

Los aportados por la misma organización para el 31 de diciembre 2011 (los últimos anuales completos en el momento de redacción) muestran un crecimiento del peso europeo en internet, de manera que la región (entendida a efectos estadísticos por la Unión Europa y varios territorios anexos y próximos, incluyendo países como Rusia o Turquía) representa un 22,1% del total de usuarios conectados: con un 11,8% de la población humana del mundo, esto representa una penetración en la ciudadanía europea de un 61,3% (la media mundial es del 32,7%). Si atendemos específicamente a los países miembros de la Unión Europea, la representación global se reduce hasta un 15,9% del total, pero se incrementa sensiblemente el porcentaje de penetración:

---

[10] Pese a todo, debemos tener en cuenta que por los datos nacionales no se puede diferenciar a los residentes extranjeros de esos países ni a los que no tienen el español como L1 (de la misma manera que no pueden identificarse, por ejemplo, los hablantes nativos de español residentes en otros países que usan conexión a internet), que bien pudieran haberla aprendido junto a otra lengua en situaciones de bilingüismo. Entendemos que en este segundo supuesto su competencia lingüística en español será similar a la de su otra lengua, mientras que en el primero lo más probable es que sea estadísticamente anecdótico. Además, si extrapolamos estos datos con relación a un análisis similar de las demás lenguas por países, nos encontraríamos con las mismas dificultades en la interpretación de datos, por lo que son variables que no hemos tenido en cuenta.

un 71,5% de los habitantes de la Unión Europea tiene conexión a internet. En ambos casos, la mayoría de los europeos ya están conectados a la red. El crecimiento de España es evidente, pese a la recesión económica mundial, y los datos indican que España está ligeramente por debajo de la media de la UE, con una penetración de internet del 65,6% de la población nacional (30.654.678 usuarios), representando un 8,6% del total de usuarios de la Unión Europea.

La presencia de usuarios de países americanos de habla hispana estimada a 31 de diciembre de 2011 es de 151.682.518 internautas (de una población virtual total de 2.267.233.744 personas conectadas a la red), destacando la fuerte penetración de internet en Argentina, con un 67% de la población, frente a Nicaragua, en el otro extremo, con un 11,7%. México, uno de los países hispanos con más internautas (42 millones), cuenta con una penetración de la red del 36,9%. Brasil es uno de los países con más representación, con 79.245.740 internautas para una población estimada de 203.429.773 personas. Si en 2009 el total de internautas hispanohablantes se podía estimar en casi 140 millones, en 2011 la cifra aumentó hasta los 182,3 millones de internautas.

No podemos suponer, sin embargo, que ese grupo de 182,3 millones de internautas sea homogéneo en sus conocimientos, dada la democratización creciente del acceso a internet en el primer mundo, pero sí podemos establecer una definición de los alfabetismos: «formas socialmente reconocidas de generar, comunicar y negociar contenidos significativos por medio de textos codificados en contextos de participación en Discursos (o como miembros de Discursos)» (Lankshear y Knobel 2003: 74), que en este sentido de novedad implica nuevas sustancias técnicas materializadas en el dominio de un *software* determinado, asimilación de interfaces de usuario diversas, e incluso realización de actividades socioculturales concretas (uso de wikis[11], chats[12], blogs, etc., dentro de la Web 2.0), aunque también nuevas con-

---

[11] Sitio web cuyas páginas pueden ser editadas por múltiples voluntarios, pudiendo crear, modificar o borrar un mismo texto que es compartido y, a su vez, público. Por su carácter colaborativo, la autoría de los artículos queda en segundo plano, si bien es normal encontrar historiales de edición que permiten reconstruir la historia de cada cambio y aportación (sea positiva o negativa).

[12] Comunicación escrita realizada de manera instantánea a través de internet entre dos o más personas. Originalmente vinculado a programas que empleaban servidores específicos (IRC), hoy en día se utiliza en programas de mensajería privada o personal

cepciones de autoría y comunidad. Es así como el conocimiento puede ser compartido, colectivizado, desde otro punto del rizoma de la red de las TIC. Es así como el conocimiento que no poseemos —tanto en el sentido intelectual como en el capitalista— nos es igualmente accesible mediante otros individuos o instituciones que ejerzan su libertad para verter datos en la virtualidad: son inteligencias en conexión (Kerckhove 1997).

En cuanto a la presencia directa en la web visual, el volumen de sitios web en todas las lenguas que Google estimó en 2009 rondaba los 16.460 millones, siendo 675 millones de ellas en español[13], es decir, porcentualmente un 4,1% del total. Es el tercer idioma en volumen absoluto por detrás del inglés (9.780 millones) y el chino (886 millones) (Rojo y Sánchez 2010: 116). El peso relativo del español con respecto al inglés en la web se sitúa en un 6,89% en Google, aunque los datos son más optimistas en otros buscadores (hasta un 10,16% en Altavista) (121), razón por la que el español se sitúa en una tercera posición en la red, entre el chino y el japonés, en términos de volumen de presencia digital (123).

En términos absolutos de páginas, Google informó en julio de 2008 de que había alcanzado la cifra de un billón de páginas únicas[14] indexadas:

> The first Google index in 1998 already had 26 million pages, and by 2000 the Google index reached the one billion mark. Over the last eight years, we've seen a lot of big numbers about how much content is really out there. Recently, even our search engineers stopped in awe about just how big the web is these days — when our systems that process links on the web to find new content hit a milestone: 1 trillion (as in 1,000,000,000,000)[15] unique URLs on the web at once! (2008)

(MSN Messenger, Google Talk, iChat/iMessage...), integrado en páginas web, dentro de redes sociales, etc.

[13] Las cifras, sin embargo, son inseguras. La mayor parte de la web no está indexada en ningún buscador (las estimaciones indican que quizás apenas supere el 30%), y las estimaciones varían en función de las modificaciones de los algoritmos que emplean para gestionar la información que rastrean.

[14] Es importante notar la diferencia entre páginas web únicas (cada una de las páginas que componen un sitio) y una web o sitio web (conjunto de páginas agrupadas bajo una dirección).

[15] Recordemos que el *trillion* se usa en inglés estadounidense —y en el británico desde 1974— de acuerdo a la convención de la *échele courte* por lo que, como muestra la representación numérica, es un billón de URL únicas.

Otros análisis, como el de Maurice de Kunder (2007), estiman que podría haber hasta 8,1 billones de páginas únicas indexadas. En definitiva, resulta imposible obviar el peso creciente de internet en el conjunto del tejido social.

2.1. Consumo cultural en el espacio de la red

El consumo cultural dentro del entorno virtualizado de internet está vinculado a una percepción diferente de la del espectador o receptor cultural y artístico en los medios tradicionales, lo que, en cierto modo, se acentúa más si cabe en el campo literario, pues se pierde el elemento sacralizador del objeto real, esto es, el referente físico del libro que otorga un envoltorio que cataliza respeto y veneración, aun cuando es inmerecido. El acto mismo de publicación convierte en importante un libro, ya que se le atribuye un correcto proceso de filtrado o un interés inherente que le ha hecho merecedor del honor de ser impreso, distribuido y vendido (y, a ser posible, comprado y leído):

> Un libro publicado, por malo que fuese, siempre era un libro evaluado por instancias supuestamente competentes; parecía legítimo, a veces sacralizado, por haber sido evaluado, seleccionado, consagrado. Hoy, todo puede ser lanzado al espacio público y ser considerado, al menos por algunos, como publicable, con lo que alcanza el valor clásico, virtualmente universal, incluso sacro de la cosa publicada. Esto puede dar lugar a toda clase de engaños y, de hecho, es algo ya evidente, incluso para mí que tengo muy poca experiencia en Internet. (Derrida 1999: 33-34)

Como hemos visto, Derrida apunta muy acertadamente al elemento sacralizador del libro impreso, incluso cuando se editan solo en España varias decenas de miles de títulos diferentes. A continuación presentamos el estudio estadístico de la Federación de Gremios de Editores de España (FGEE) que comprende los datos de 2005 a 2010:

	2005	2006	2007	2008	2009	2010
Número de agentes editoriales privados	2.781	2.673	2.803	2.892	3.032	2.994
Número de agentes editoriales públicos	615	563	597	580	532	529
Porcentaje de la producción editorial de instituciones públicas (títulos inscritos en ISBN)	11,9%	11,5%	12,6%	11,2%	14,9%	15,2%
ISBN concedidos	76.265	77.330	82.559	104.223	110.205	114.205
Títulos vivos en catálogo	325.808	346.706	369.588	393.012	414.727	439.991
Títulos editados en edición de bolsillo	5.378	5.232	6.392	6.608	6.425	6.001
Ejemplares editados	321.469.155	338.086.000	357.560.000	367.460.000	329.830.000	302.631.000
Ejemplares vendidos	230.626.086	228.220.878	250.860.500	240.660.000	236.197.000	228.230.000
Porcentaje de títulos que son traducciones de otros idiomas distintos al español	25,8%	28,02%	24,7%	24,8%	22,9%	22,1%
Valor de las ventas de libros en el mercado interior (millones de euros)	2.933,20	3.014,54	3.123,17	3.185,50	3.109,58	2.890,80
Valor de las exportaciones de libros (miles de euros)	452.894	557.052	554.934	545.982	442.367	457.792
Tirada media de ejemplares por título (número de ejemplares)	4.619	4.905	5.475	5.035	4.328	3.790
Precio medio del libro (euros)	12,72	13,21	11,75	13,26	13,17	12,67
Distribución por materias de la cifra global de facturación por ventas en el mercado interior						
Literatura	7	21,1%	21,2%	21,7%	22,9%	22,3%
Texto no universitario	23,8%	24,4%	25,7%	28,2%	27,2%	28,3%
Científico/técnico	6,5%	5,4%	5,6%	5,0%	5,0%	5,3%
Infantil y juvenil	9,6%	10,7%	10,6%	10,3%	11,3%	12,1%
Divulgación general	7,2%	8,2%	9%	8,2%	8,8%	8,3%
Diccionarios/enciclopedias	7,6%	5,4%	4,8%	4,6%	3,7%	3,0%
Ciencias Sociales y Humanidades	10,5%	12,1%	11,4%	11,9%	11,0%	11,5%
Libros prácticos	6,1%	6,4%	5,9%	5,3%	5,2%	4,4%
Cómics	3,4%	2,8%	2,5%	2,7%	2,6%	2,9%
Otros	3,8%	3,4%	3,3%	2,2%	2,4%	1,8%

Fig. 1. Datos de edición en España de 2005 a 2010 (FGEE).

Los datos proporcionados en el mismo estudio de la FGEE señalan que el 45,1% de los españoles son lectores frecuentes (lo que implica que leen al menos una vez por semana), porcentaje que en los datos de 2012 del Barómetro de Hábitos de Lectura se incrementa hasta el 63% (todavía lejos del 70% de la media europea). Esto muestra que, pese a la fluctuación en los volúmenes de edición y ventas de libros en el país, el volumen de lectores se ha incrementado. A su vez, la lectura en dispositivos digitales se incrementó en 2012 hasta el 58% (un incremento de diez puntos en dos años), aunque tan solo el 32% afirma pagar por las descargas. Esto no implica necesariamente unas descargas *piratas*, ya que hay multitud de repositorios de libros gratuitos repletos de clásicos literarios internacionales. En cualquier caso, el 68% de las personas que leen en formato digital no se gastan dinero en adquirir libros para este soporte: son lectores, pero no destinan presupuesto a este hábito al menos en su vertiente electrónica.

Desde el Instituto Nacional de Estadística <http://www.ine.es/jaxi/menu.do?type=pcaxis&path=/t12/p401/a2011&file=pcaxis> se aportan informaciones que no son coincidentes, tradicionalmente, con los de la FGEE, fijando en sus análisis un total de una cifra récord de 86.330 en 2008, 74.251 en 2009 y volviendo a subir en 2010 con 76.206 títulos editados. En 2011 la cifra bajó nuevamente con un total de 74.244 títulos (66.773 libros), de los cuales 69.537 fueron primeras ediciones (62.187 en el caso de los libros) (fig. 2).

El acierto de Derrida es también traer a colación la consideración, en ocasiones extendida sin argumentaciones desarrolladas, de que los libros publicados digitalmente no son merecedores de ser considerados como tales. El problema, asimismo, reside en que parte de los agentes culturales sigue ignorando o despreciando una publicación por no ser impresa, dando pie a una situación contradictoria en sí misma: por un lado, se sacralizan (no siempre justificadamente) creaciones debido a la necesidad (o deseo) de establecer —o erigirse como— modelos; por otro, se ignora completamente la creación en la esfera digital, o, peor incluso, se la trata con condescendencia. Por no entrar a considerar, por supuesto, que entre la creación constante y la imposibilidad de delimitar físicamente el ámbito de la red, cantidades ingentes de información son desconocidas para nosotros, sobre todo porque su proyección es mayor cuanto mayor es la expansión y normalización de la ciudadanía digital.

Producción editorial de libros 2011
Libros editados en España

Número de títulos por categorías de tema y publicación, tipo de edición y libros/folletos.
Unidades:Número de títulos

	Total de títulos			Primeras ediciones			Reediciones		
	Total	Libros	Folletos	Total	Libros	Folletos	Total	Libros	Folletos
Total	74.244	66.773	7.471	69.537	62.187	7.350	4.707	4.586	121
1 Generalidades	2.227	1.976	251	2.153	1.905	248	74	71	3
2 Filosofía, psicología	4.291	4.139	152	3.561	3.435	126	730	704	26
3 Religión, teología	2.812	2.594	218	2.471	2.263	208	341	331	10
4 Sociología, estadística	1.557	1.441	116	1.504	1.391	113	53	50	3
5 Ciencias políticas, ciencias económicas	3.626	3.236	390	3.411	3.026	385	215	210	5
6 Derecho, administración pública, previsión y asistencia social, seguros	4.609	4.374	235	3.651	3.420	231	958	954	4
7 Arte y ciencia militar	242	189	53	238	185	53	4	4	.
8 Educación, enseñanza, formación, distracciones	2.367	2.212	155	2.210	2.061	149	157	151	6
10 Etnografía, antropología cultural (costumbres, folklore...)	1.194	1.134	60	1.137	1.077	60	57	57	.
11 Matemáticas	760	735	25	663	640	23	97	95	2
12 Ciencias naturales	2.151	1.956	195	1.951	1.763	188	200	193	7
13 Ciencias médicas, sanidad	4.102	3.446	656	3.771	3.127	644	331	319	12
14 Ingeniería, tecnología, industrias, oficios	1.556	1.489	67	1.445	1.379	66	111	110	1
15 Agricultura, silvicultura, ganadería, caza, pesca	640	580	60	580	525	55	60	55	5
16 Ciencia doméstica	1.256	1.119	137	1.150	1.016	134	106	103	3
17 Gestión, administración y organización	2.610	2.402	208	2.386	2.182	204	224	220	4
18 Acondicionamiento del territorio, urbanismo, arquitectura	916	837	79	879	802	77	37	35	2
19 Artes plásticas y gráficas, fotografía	3.716	3.037	679	3.602	2.936	666	114	101	13
20 Música, artes del espectáculo, teatro, películas y cine	1.645	1.496	149	1.552	1.404	148	93	92	1
21 Juegos y deportes	1.300	1.234	66	1.188	1.122	66	112	112	.
22 Filología, idiomas, lingüística	2.024	1.941	83	1.937	1.854	83	87	87	.
23 Literatura, historia y crítica literaria	22.882	19.735	3.147	22.807	19.664	3.143	75	71	4
24 Geografía	1.783	1.665	118	1.566	1.452	114	217	213	4
25 Historia, biografía	3.978	3.806	172	3.724	3.558	166	254	248	6
CATEGORÍA DE PUBLICACIÓN: a)LIBROS DE TEXTO	2.280	2.160	120	1.988	1.875	113	292	285	7
CATEGORÍA DE PUBLICACIÓN: b)PUBLICACIONES PARA NIÑOS	4.205	1.654	2.551	4.148	1.613	2.535	57	41	16
CATEGORÍA DE PUBLICACIÓN: c)PUBLICACIONES OFICIALES	7.581	6.569	1.012	7.426	6.424	1.002	155	145	10

Notas:
1) Se destacan las siguientes categorías de publicación ya incluidas en las veinticinco categorías de tema y publicación (clasificación UNESCO) anteriores:
a) Libros de texto
b) Publicaciones para niños
c) Publicaciones oficiales
Fuente: Instituto Nacional de Estadística

Fig. 2. Datos de producción editorial española en 2011 según el Instituto Nacional de Estadística, aportada en el estudio *Producción editorial de libros 2011* <http://www.ine.es/jaxi/menu.do?type=pcaxis&path=/t12/p401/a2011&file=pcaxis>.

Como no puede ser de otro modo, ese colectivo demanda información, ocio y cultura, entre otros servicios. Sin embargo, el consumo cultural se presenta como mucho más vinculado en la actualidad para participar en interacciones sociales sobre referentes populares:

Antes era necesario atender a la prestanza [sic] léxica y riqueza idiomática de la prosa de un Delibes o de un Cela, en cambio leer hoy parece más voluntad de no quedarse rezagados en cualquier conversación que genere expectativas sobre *El código Da vinci*, *La catedral del Mar*, *La sombra del viento*... o cualquiera de los productos *lights* hechos con las prisas que impone el medio. Las infames listas de libros más vendidos y demás parafernalia canonizadora no parecen quitar la razón. (Tortosa 2009: 9)

La cultura es un elemento más de la sociedad consumista, y como tal es esperable que ocupe un espacio en internet dentro de una serie de parámetros y que, por lo tanto, produzca tanto objetos de cuestionable calidad, como otros dignos de mención, dentro de los parámetros propios del medio digital. De hecho, los datos para 2011 aportados por el Ministerio de Educación, Cultura y Deporte muestran que, pese al descenso de la publicación en papel, la edición digital sigue en proceso ascendente, considerando 2011 como el año en el que «se inicia el despegue del libro digital en España» (5), aun cuando porcentualmente su peso en el mercado cultural español no es tan grande como en otras regiones.

El consumo de cultura es un importante motor económico en las sociedad posindustrial e incluso en el periodo previo a 2009 mostró tener más resistencia a la recesión que otros segmentos industriales y de consumo, no solo en su concepción más estricta como negocio en sí mismo, sino también como vía de ocio no vinculada necesariamente con el gasto económico. Por ejemplo, las visitas a las bibliotecas de Barcelona crecieron un 11% durante el año 2008, lo que implica 5,7 millones de usuarios más; en consecuencia, los préstamos de libros crecieron un 12%. El teatro, según datos aportados por Daniel Martínez, director del grupo Focus, experimentó también en Barcelona un incremento del 20% debido a la presencia de musicales en los escenarios; las salas alternativas aumentaron su público en un 30% en 2008. Los teatros convencionales registraron 2,6 millones de espectadores. Si las bibliotecas y el teatro crecieron, la compra de libros (y apertura de nuevas librerías) no fue a la zaga, y según Núria Cabutí, la directora de la editorial DeBolsillo (Random House Mondadori) las ventas de libros de bolsillo aumentaron un 17% durante el año 2008. Es más, Antonio María Ávila, director del Gremio de Editores, afirmaba que aunque había bajado el índice global de lectura en un 2,3%, el de lectores frecuentes pasó en 2008 de un 22% a un 37% (Massot 2009).

En los últimos años, sin embargo, la situación para la industria literaria no ha sido finalmente tan positiva como se había previsto en relación a otros modelos de negocio, como puede mostrar el cierre de editoriales entre 2010 y 2012: el cese de DVD Ediciones tras 16 años, Ars Épica, NGC y Grupo AJEC (especializadas en literatura de género), Editorial El Maquinista... y también proyectos web como Leqtor[16] (librería digital) y 36L Books (distribuidora de contenidos digitales). Josep M. Terré, responsable de ambas, afirmó entonces que

> Quan vam néixer el 2009, pensàvem que l'oferta de continguts es desenvoluparia molt més ràpid. En canvi, avui encara és molt petita, sobre els 10.000 o 12.000 títols en català i castellà. Nosaltres no tenim el control sobre els continguts. El mercat es mou molt a poc a poc i en la indústria no hi ha unanimitat en el projecte digital. En els propers anys possiblement aquest mercat continuarà estancat i el retorn de beneficis a llarg termini és fins i tot dubtós. Per tot això, els socis no volen seguir invertint. (citado en Serra 2012)

Es decir, que a una situación financiera compleja se añade una lenta aceptación del formato digital del *ebook*[17] por parte de las editoriales responsables. Con todo, en este tiempo han surgido también modelos alternativos de consumo literario como el que representa la empresa 24symbols <http://www.24symbols.com> y el modelo de lectura por suscripción, que ha asumido también Planeta a través del sello Círculo de Lectores, que lanzó en 2012 la plataforma Booquo <http://www.booquo.com>. Se trata de la aplicación de un modelo que ha funcionado en el sector musical con Spotify <http://www.spotify.com>:

> El modelo Spotify es el que implica una suscripción para acceder a un catálogo de contenidos sobre el que se tiene barra libre, si bien no se trata de un acceso por descarga y posesión de los mismos, sino a su reproducción desde internet mediante tecnología de *stream*[18]. Estos servicios

---

[16] Leqtor fue, además, la plataforma escogida por el autor Lorenzo Silva para la distribución en exclusiva —temporal— de las ediciones digitales de sus libros, prescindiendo de restricciones técnicas por gestión de derechos digitales (DRM) con un precio medio de venta de 4 euros por obra.

[17] Que entendemos, ante todo, como «una traslación bastante literal de los libros impresos a una representación digital» (Furtado 2007: 33), es decir, como una conversión de la hoja impresa a la pantalla sin que esto implique una alteración de los conceptos tradicionales de desarrollo de la escritura.

[18] Tecnología de emisión digital de contenidos audiovisuales que reproducen desde el navegador o una aplicación específica, según se descargan los datos, lo que puede

incluyen en muchas ocasiones una modalidad gratuita (Spotify lo hace) con algunas limitaciones, como el tiempo de música —en este caso— que se puede escuchar como máximo o la inclusión de publicidad que convive con una suscripción (mensual, trimestral, anual…) en la que se obtienen ventajas adicionales que incluyen típicamente la eliminación de la publicidad y el acceso a los contenidos sin límites. Se trata de políticas *freemium*[19] que vemos extendidas también cada vez más en videojuegos masivos en línea, donde hay opciones de pagar por contenidos sueltos que nos interesen de manera especial o bien hacer frente a una suscripción de carácter regular. (Escandell 2012b)

El modelo aplicado por 24symbols aplica una filosofía tecnológica de sencillez: emplear estándares y recurrir al HTML5, dejando de lado aplicaciones específicas, Flash y cualquier otro complemento. Esto garantiza la interoperabilidad del sistema en ordenadores, tabletas Android y en iPad, y, en definitiva, en cualquier aparato que cuente con un navegador relativamente moderno capaz de integrar las características fundamentales del estándar actual de la web visual. Su sistema nos permite leer múltiples libros de su colección de manera gratuita. Es capaz de recordar hasta dónde llegamos y así retomarla en el mismo punto más tarde e incluso en otro dispositivo. Esto lo equipara en este terreno a la lectura interplataforma del Kindle y su sincronización (entre lectores Kindle, lectura en web, lectura en aplicación de iPhone y iPad, y lectura en aplicación de ordenador). En este caso, la lectura está encadenada a la disponibilidad de conexión a internet y a la exposición a publicidad. Estas dos limitaciones desaparecen si somos usuarios suscriptores de pago (en vertientes mensual, trimestral y anual), lo que elimina esos inconvenientes, aporta

---

incluir emisiones de radio, televisión o alquiler de películas y series de televisión. La calidad de las emisiones es variable y puede adaptarse a la capacidad de la conexión del usuario que recibe los datos o a la saturación general de la red o el servidor emisor.

[19] Crasis de los términos ingleses *free* (gratis) y *premium* (de pago). Modelo de negocio basado en la gratuidad de los servicios ofrecidos, al menos en una modalidad básica, pero con calidad profesional. Pueden presentar servicios adicionales de pago, optativos en cualquier caso. El sistema fue introducido por Fred Wilson en 2006 mediante la siguiente propuesta: «Ofrezca su servicio en forma gratuita, posiblemente apoyado por publicidad pero tal vez no, adquiera a muchos clientes gracias al boca a boca, a través de recomendaciones y referidos, marketing de buscadores, etc., y luego ofrezca servicios pagados de valor añadido o una versión potenciada de su servicio a su base de clientes» (23-3-2006).

algunas funciones más y, sobre todo, nos da acceso a varios libros que no están disponibles para todos los usuarios. Así se consigue, en un movimiento de mercadotecnia heredado también de algunos servicios *freemium* en otros sectores de entretenimiento, tentar al usuario con servicios añadidos y ventajas adicionales. Entendemos que los libros no disponibles para todo el mundo son novedades y que gradualmente el catálogo va haciéndolos disponibles para todo el mundo, dando paso así a novedades de acceso restringido a suscriptores de pago. Con todo, es importante señalar el cambio fundamental en el modelo de propiedad: el consumidor no es propietario de los libros, sino usufructuario de los mismos. No compra y adquiere sus derechos de consumidor sobre los mismos, sino que le son cedidos bajo unas cláusulas determinadas (siendo la más evidente la de mantenerse como usuario de este servicio en línea).

Este modelo de consumo se ha empleado de manera mucho más habitual en la industria audiovisual, tanto en vídeo como en música bajo demanda. En el caso de España no se ha dado la entrada en el mercado nacional de gigantes como Netflix[20] <http://www.netflix.com>, pero sí se ofrecen en formato de alquiler o venta en línea[21] a través de los servicios digitales de videoconsolas u otros dispositivos de ocio. Sin embargo, sí han surgido empresas y propuestas nacionales, como Youzee <https://youzee.com/es>. El mayor vendedor de contenidos digitales es Apple, gracias a la integración de música, televisión y cine (alquiler y venta), libros y aplicaciones a través de los diferentes servicios integrados en iTunes, y está ya plenamente implantado en España, ofreciendo todo tipo de contenidos (no siempre de manera simultánea con respecto a su debut estadounidense), mostrando la viabilidad de los modelos de pago por compra, alquiler o suscripción junto a Spotify o Last.fm <http://www.lastfm.es>.

---

[20] La compañía inició en 2011 su desembarco europeo, con España como uno de los países objetivo. Sin embargo, en febrero de 2012 se anunció la renuncia a su implantación en España. La compañía sumaba entonces 25 millones de usuarios en todo el mundo.

[21] El coste de alquiler varía en función del tipo de contenido, pudiendo pagar por consumo (por cada vídeo solicitado) o por suscripción (cuota fija periódica). El archivo se descarga completamente, o se ve sobre la marcha por *stream* (es decir, por emisión digital). Pasado el tiempo de alquiler, el archivo se vuelve inútil, o ya no es posible retomar la emisión digital.

En el ámbito literario, sin embargo, no hay un modelo de negocio tan fuerte debido a que las lecturas sobre página web de pago no son comparables en volumen a las de otras industrias culturales (o son muy recientes, como las anteriormente citadas Booquo y 24symbols). A ese paradigma debe sumarse el de la edición bajo demanda, tanto física como digital, que ofertan empresas como Bubok <http://www. bubok.com>, permitiendo el envío de originales y encargar copias tanto impresas como digitales, en función de lo que el responsable del texto haya decidido. De la misma manera, desde la implantación de la popular Amazon en España <http://www.amazon.es> y la iBookStore de Apple se han introducido modelos de autoedición con venta asociada a esas tiendas digitales, aunque en este caso bajo estricto paradigma digital.

Las ventas de libros digitales se asocian a menos costes en manufacturación (por la ausencia de objeto físico), distribución y mantenimiento lo que —a veces, aunque no siempre— se traduce en precios más asequibles para el consumidor, en caso de que se decida trasladar la potencial reducción de gastos al cliente. De hecho, gracias a la descentralización que suponen las herramientas de autoedición o la venta directa mediante tiendas digitales como la de Amazon o Apple, puede difuminarse la conglomeración y uniformidad propia de los modelos industrializados establecidos que conducen a apreciaciones como las que hicieron Adorno y Horkheimer, para quienes los segmentos de creación cultural deben asumir que son un negocio —una industria—, lo que, en definitiva, «les sirve de ideología que debe legitimar la porquería que producen deliberadamente» (1944: 166) como sometimiento ante el mercado de consumo para mantenerse en pie y garantizar su viabilidad.

La independencia del autor como ente ajeno a los modelos industriales del consumo cultural facilita también el auge de propuestas y nuevos modelos de negocio. Así, Juan Gómez-Jurado lanzó la iniciativa conocida como 1 libro 1 euro <http://1libro1euro.com/>, de carácter solidario[22]. Este autor, además, se ha caracterizado por reducir

---

[22] Iniciativa que surgió tras una discusión mediante la red social Twitter con el cantante Alejandro Sanz, quien le recriminó su afirmación «la piratería no existe», que dio título a un artículo publicado en el medio digital Alt 1040 <http://alt1040. com/2011/01/la-pirateria-no-existe> [4-8-12].

paulatinamente el precio de sus libros en venta digital, marcando una fluctuación de su valor para el cliente determinada por la variante del grado de novedad. Igualmente, en otro ejemplo de autor saliéndose de las vías tradicionales de la industria, Lorenzo Silva financió mediante micromecenazgo —el conocido como *crowdfunding*[23]— la edición de su novela, nacida en un blog, *Los trabajos y los días* a través de la web *Libros.com* <http://libros.com/>, estrenando así su plataforma de donaciones para mecenazgo de libros físicos o digitales[24].

En internet los núcleos de emisión cultural (y, sobre todo, de industria cultural) tradicionales (Madrid y Barcelona en el caso español) no pueden mantener el feudo debido a la deslocalización natural del ambiente digital, del mismo modo que no tiene sentido centrarse en los modelos contrastados de negocio, pues este no se sustenta sobre las mismas bases. De esta manera, si en el mundo impreso había una bonanza editorial, esta

> Es debida a la recuperación del prestigio de la novela como género en el final del siglo pasado, incluida estratégica puesta de moda de etiquetado «nueva narrativa española» (manifiesto caso de forzamiento del decurso histórico de una narrativa autóctona inserta en su tradición). (Tortosa 2009: 10)

Dicha situación generó una posterior caza y captura del *best-seller*, eje de la industria literaria. Esto produce un encorsetamiento del objeto de venta para cumplir con los cánones que se considera que generarán mayores ventas entre el público potencial. En este contexto, Tortosa considera que la poesía, como consecuencia, rebaja su nivel para llegar

---

[23] Conocido también como *financiación en masa*, *microfinanciación* o *financiación colectiva*, consiste en la recaudación de fondos —típicamente en pequeñas cantidades a partir de múltiples donaciones— para la realización de un proyecto. Se considera habitual que las webs orientadas a este tipo de recaudación obtengan el dinero de los mecenas solo si se han conseguido los objetivos de recaudación indicados en el tiempo marcado originalmente, eliminando el factor de riesgo para los que decidan donar el dinero. Asimismo, aunque pueden ser donaciones sin mayor intención, es práctica habitual que a cambio del dinero dado se obtengan diferentes recompensas. En el caso de un libro, estas pueden ir desde la presencia del mecenas en los agradecimientos hasta la obtención de un ejemplar del libro, un ejemplar autografiado, etc.

[24] Hay que tener en cuenta, sin embargo, que el éxito de prácticas como esta puede depender no solo de las recompensas que se otorguen a los mecenas que realicen donaciones, sino también de la fama y reputación del autor candidato a obtener esos fondos.

a mayor público, mientras el teatro se deforma también para satisfacer a ese público potencial mayoritario. Por eso, la libertad del creador ante internet abre estéticas y caminos que habían sido fagocitados por esas corrientes literarias concretas que devoraban todo el espacio literario. La ausencia del filtro mercantilista (y de cualquier otro filtro, de hecho) promueve la libertad del autor frente al proceso de «macdonalización de la cultura» (11) de consumo de ámbito general, con lo que eso conlleva: espectacularización del acto cultural, creación de iconos y no de autores, y, en general, la mercadotecnia como parte inseparable de la producción cultural para buscar su rentabilidad.

En la misma medida, la narrativa de *best-seller* tiene entre sus objetivos el de no turbar al lector y, de hecho, está cada vez más extendida la novela que busca hacer que el lector se sienta inteligente, pero las obras literarias que se generan en estos momentos en el ámbito digital no se ven necesariamente afectadas por imposiciones mercantilistas como la señalada, pues no es ese su campo de acción: es una creación literaria que surge ajena a lo masivo, fuera de la influencia de la cultura *mainstream* y, por tanto, no está sujeta a las normas del arte comercial, no tan fáciles de etiquetar y con la capacidad de impugnar los cánones vigentes.

Asimismo, deben ser tenidos en consideración los cambios dados en el paso de la sociedad posindustrial a la sociedad de la información y los servicios teniendo en el consumo y los consumidores uno de sus ejes principales: los centros de consumo son centros de ocio, lo que se une a los cambios nacidos de la revolución tecnológica informacional, con sus cambios en el modelo productivo, orientándose hacia la acumulación de conocimientos: es el capitalismo informacional (Oleza 2009: 40-42), lo que afecta a muchas industrias, incluyendo la cultural: el consumo musical ha cambiado con el declive del Walkman[25] y el auge del iPod[26] (y más que el cambio en el formato físico, lo destaca-

---

[25] Sony mantiene vigente la marca a través de reproductores musicales de formato MP3 y también a través de teléfonos móviles, aunque ya alejados del reproductor de cintas de audio personal con el que nació el nombre comercial.

[26] Aunque el reproductor musical —y ahora multimedia— de Apple no es, ni mucho menos, el primero, su modelo de negocio, alta capacidad de almacenamiento, y fuerza como marca, lo han convertido en el referente actual de los reproductores personales de contenidos multimedia en la actualidad, desplazando como referente del colectivo de productos que representa al Walkman de Sony.

ble es el modelo de venta digital por canciones), de manera similar a como está cambiando el consumo de películas (el alquiler digital ahora y la explosión de la compra de películas con el DVD antes), a lo que hay que sumar la irrupción de la telefonía móvil con sus terminales y servicios como receptores de todo tipo de contenido audiovisual, tanto pasivo como interactivo (videojuegos).

Además, estos dispositivos no son solo receptores: son también emisores de información conectados a la red, con los que es posible la comunicación oral, escrita, la grabación y envío de vídeos, fotografías, etc., que acompañan al individuo potencialmente en todo momento, lo que no hace sino potenciar la cultura de la imagen y el espectáculo en la que, retomando la ironía de Debord, «lo que aparece es bueno, lo que es bueno aparece» (1967: 3) que, eso sí, responde bien a los medios jerarquizados (como la televisión) pero que no funciona en la red, abierta y con un número de emisores de información potenciales igual al número de receptores por el papel dual del usuario en internet: cada persona es un nodo de información siguiendo el modelo de rizomas[27], pese a los intentos de acotación y control del flujo de la información que han surgido, con mayor o menor éxito, desde organizaciones y gobiernos. El modelo en el consumo cultural reside en que

> El usuario pierde la conciencia de que lo que toma de Internet ha sido pensado, escrito, musicado, filmado por alguien. Los productos culturales (los films, las piezas musicales, las fotos, las obras literarias o científicas) están al alcance de quien sepa acceder a ellos para su libre disposición. Todo es susceptible de apropiación, sin cuestionarse ni la legitimidad de la fuente de donde se toma prestado, ni el rigor y la calidad con que han sido elaborados, ni si disfrutan legalmente de derechos de autor. (Oleza 2009: 51)

Esto hace que se entre en el proceso de cuestionar el concepto de la propiedad intelectual privada, pues la tendencia es hacia la creación colectiva o hacia la posesión colectiva, siendo el colectivo, por tanto, el

---

[27] Estructura en red no jerarquizada y sin un centro, opuesto al modelo del árbol de Porfirio, por lo que cualquier elemento puede afectar o incidir en cualquier otro, de acuerdo al modelo epistemológico establecido por Gilles Deleuze y Félix Guattari (1976) y que ha sido aplicado a internet como modelo de la construcción física de la red, y también a la relación existente entre usuarios.

que produce y reproduce, al tiempo que ese grupo no se limita a unos pocos individuos por la proyección que implica internet, lo que hace que se afirme incluso que «el fundamento de la concepción moderna clásica de propiedad privada ha quedado hasta cierto punto disuelto en el modo postmoderno de producción» (Hardt y Negri 2000: 325), lo que provoca reacciones de lo más exagerado en defensa de modelos de *copyright* que no responden a las necesidades y situaciones surgidas en el contexto de la esfera digital.

Como hemos señalado en páginas anteriores, uno de los problemas que deben afrontar las TIC y, con ellas, las formas de expresión artística y, por tanto, la creación literaria, es la frontera misma que impone su exposición y existencia digital, incluso cuando esta traspasa el mundo inmaterial para pasar al atomista: y es que no solo se da el proceso de conversión de «átomos en bytes»[28] (Negroponte 1995: 27) como proceso de digitalización, sino también el camino inverso. Cuando el referente cultural se genera de manera natural en la esfera digital, las barreras técnicas y los prejuicios neoluditas mantienen alejados todavía a parte de los agentes culturales; cuando pasan del bit al átomo existe el prejuicio, personal o derivado de sus lugares de trabajo, que no son sino los creadores de opinión establecidos, que, a su vez —como los denominó Sterling— son medios *dinosaurios*, incapaces de adaptarse con eficiencia al entorno tecnológico posmoderno (Sterling 1995). En cualquier caso, la percepción de que los medios tradicionales son dinosaurios no es una metáfora exclusiva de Sterling, pues Kline también recoge la sensación de blogosfera al señalar,

---

[28] Esta confrontación, sin embargo, conlleva la oposición entre lo material y lo inmaterial y puede ayudar a reforzar la idea de lo intangible en la red, sobre todo mediante la integración de servicios de almacenamiento remoto de datos (e incluso la ejecución remota de programas): la conocida como *nube*. No podemos dejarnos llevar por esta simplificación: los bits de la nube no están bajo el teclado del portátil, o en un cajón al alcance de nuestra mano, sino en algún gran centro de datos, en una de las conocidas como *granjas* de servidores y conllevan, por supuesto, un consumo energético y ocupan un espacio físico real en instalaciones. Desde esas *granjas* se realiza un consumo energético que es cada vez mayor y las compañías responsables de ellas no suelen buscar medidas compensatorias. La huella de la *granja* es una demanda energética que obviamos porque no se refleja en nuestra factura de la luz, pero el bit, tanto si está en nuestro ordenador o dispositivo (disco duro, memoria sólida…), en un sistema de almacenamiento extraíble (como un disco) o en un servidor remoto gracias a la *nube*, tiene una entidad física bien definida.

a raíz de la tira cómica *Rat's Book Signing* del artista gráfico Stephan Patis, que este

> Took an ironic and well-timed poke at the current notion, popular in some blogging circles and even among a few establishment pundits, that the nation's established print and television media are going the way of the dinosaur as growing numbers of young people turn to blogs, podcasts, Google search, text messaging, niche TV programming, and other new and customized media. (Kline 2005: 237)

Por su parte, los agentes culturales dispuestos y capacitados para abrazar la cultura que se genera en el mundo digital muestran, quizás por la percepción todavía *marginal* de su tarea en el amplio espectro del arte, una tendencia a la retroalimentación endogámica (y en ocasiones nepotista) del colectivo al que pertenecen, lo que se potencia por su doble papel como agentes culturales y como creadores culturales.

Los agentes culturales deberían enfrentarse a la nueva tecnología de distribución de la información o, mejor, integrarse y dominarla, así como asumir que el concepto de cultura es una noción débil y evanescente del pensamiento social, del mismo modo que se avanza hacia el dominio del *cibernántropo* (Lefebvre 1967). Este se encuentra inmerso en su lucha de la red contra la armadura, o lo que es lo mismo, en la constitución del espacio del autor en el ámbito inmaterial frente a la necesidad subyacente del apoyo material que se consideraba indispensable para el lenguaje mismo, pues las esferas sociales en las que vivimos dentro del espacio real se convierten en inmateriales a través del espacio virtual. Así pues, resulta necesaria una nueva reconciliación entre la esfera de virtualidad y la mental del autor en un proceso que cobra una importancia creciente en la sociedad moderna con una hegemonía que trasciende incluso la macrovisión supranacional (Lefebvre 1974: 401-414). Simultáneamente, la microvisión local deja de ser estrictamente ese elemento de oposición, pues modifica su percepción limitada a través de la emisión de mensajes sin barreras físicas mediante la distribución digital de la información: sigue siendo localista, empero lo local se hace universal.

Los medios personalizables, la configuración directa de la propia recepción cultural (sobre todo, la cultura popular), pueden ser uno de los elementos que más echen atrás a los críticos artísticos y literarios, como parte clave del colectivo de agentes culturales, pues la configuración personalizada de la recepción (escoger qué, cuándo y cómo mediante la oferta a la carta para medios audiovisuales) puede restarles parcelas de interés. Es más: la difusión de multitud de opiniones consideradas entre iguales a través de la red sitúa en una esfera de legitimación debilitada potencialmente a los críticos y reseñistas en lo que en ocasiones se percibe como una ausencia de filtro. El autor Eugenio Tisselli, sin embargo, defendió en el I Congreso de Jóvenes Investigadores en Humanidades, en el contexto de la mesa «Creación en la pantalla: nuevas sendas literarias para un mundo conectado», que «de hecho, el sistema de recomendación y revisión por pares de la red (las opiniones de todas las personas que la habitan) es en realidad el mayor de los filtros posibles» (citado en Escandell 2012c). Esta profusión de criterios y la opción de componer filtros de calidad propios basados en grandes grupos de opinión (lo que conlleva también la consecuencia del grado de sesgo que se desee, por supuesto), hiere directamente el posicionamiento acrítico que con cierta frecuencia se da en grandes medios, un acto de conservadurismo que

> Ha llevado en nuestro país a que gran parte de esos reseñistas apoltronados pretendan perpetuar unas maneras, un estilo y un enfoque de la literatura que si bien ellos reivindicaron en su momento como punta de lanza de movimientos desconocidos en España, se hayan convertido hoy en día en símbolo indiscutible del *establishment*, de lo canónico e indiscutible bajo pena de excomunión literaria. Apoltronarse, como es bien sabido, conlleva una absoluta falta de cuestionamiento, y no sólo desinterés sino incluso desprecio por todo aquello que pueda poner en peligro, siquiera a nivel teórico (o sea, en el terreno del gusto), el estatus del que ocupa la poltrona o púlpito en cuestión. (Trejo 2009: 376)

Esto genera un rechazo radical a lo nuevo que se enlaza con la visión de Groys sobre el canon occidental y la búsqueda de lo nuevo como medio de progreso cultural, en la que el canon es entendido como el archivo cultural sobre el que se constituye el conjunto de referencias que se manejan. Estas, sin embargo, son al mismo tiempo volubles y están sometidas a un estrés continuo que lo tensa en la búsqueda de lo nuevo, ya que

> La producción de lo nuevo es la exigencia a la que todo el mundo debe someterse para encontrar en la cultura el reconocimiento al que aspira —en caso contrario no tendría ningún sentido ocuparse de los asuntos de

la cultura—. [...] Primar lo antiguo sobre lo nuevo significa, a su vez, hacer un gesto cultural nuevo: quebrar las reglas culturales que exigen la continua producción de lo nuevo, para producir, con ello, lo nuevo radical. [...] Lo nuevo es insoslayable, inevitable, irrenunciable. No hay ningún camino que saque de lo nuevo, porque, si lo hubiera, sería un camino nuevo. No hay posibilidad alguna de romper las reglas de lo nuevo, porque esa ruptura es precisamente lo que las reglas exigen. (Groys 1992: 16-17)

La importancia de la aparición de lo nuevo reside en el proceso forzoso de regeneración al que se ve sometido el archivo cultural, siendo este un mecanismo de renovación que se acelera en la actualidad. Estos cambios en el archivo cultural crean, a su vez, una sensación de ofuscación y obsolescencia en los agentes culturales —de toda índole— que pueden no adaptarse al vertiginoso cambio que se deriva del proceso de aceleración de nuestra era. Esto los deja en una difícil posición (pero de gran reivindicación propia) de anacronismo, tejiendo un campo de obstaculización que implica que sea «más difícil hacer pronósticos a corto plazo, porque los factores involucrados en ellos se han multiplicado» (Koselleck 2000: 95), no solo en cuanto a la aceleración y expansión, sino también en cuanto a los obstáculos y variantes imprevistas. Igualmente, debemos tener en cuenta que lo nuevo implica una revisión del concepto de lo antiguo también como parte del archivo cultural en constante cambio. Lo antiguo debe ser reinventado en cada época, y esto hace que, junto a lo nuevo, se componga una doble fuente de extrañamiento ante la regeneración cultural, que no deja de ser una carrera hacia lo superficial: «en todos los ámbitos de la cultura moderna funcionan los mismos mecanismos de innovación» (Groys 2000: 18) que tienen como objetivo privar a la obra de arte de su importancia externa, lo que le otorga mayor valor representativo, y, al mismo tiempo, crea un rechazo por negación de lo nuevo y rechazo a la etiqueta de lo antiguo entre agentes culturales. En el proceso de magnificación de la presencia digital, el choque se genera por la oposición entre lo atomista y el bit. Esta renovación de modos y costumbres derivados de la integración de los componentes informáticos en los procesos de ejecución creativa no se limita solo a los espacios literarios, pues aporta una renovación de flujos de trabajo de la praxis artística, cuyas manifestaciones

No pueden ser conceptualizadas meramente como algo que es «expuesto» o distribuido empleando este medio sino, ante todo, como un conjunto de exploraciones creativas y experimentaciones críticas de la propia red y de sus tecnologías. De hecho, la intención principal de sus propuestas más relevantes ha sido la de promover un pensamiento crítico sobre Internet, acerca de sus códigos (tanto técnicos como culturales), sus usos y las formas en las que éstos se nos imponen, en una clara oposición a lo promovido y generalizado por los intereses económicos y políticos dominantes en ella. (Martín Prada 2012: 9)

A la aceleración de los procesos de renovación cultural y la consecuente dislocación de los agentes culturales, debemos añadir los intereses creados por los grupos mediáticos, que controlan indistintamente canales de difusión cultural (en este caso, editoriales) y canales de creación de opinión (periódicos o suplementos culturales). La consecuencia directa de esta concentración de *poder* (el de la construcción cultural y la generación de opinión) es algo que Ignacio Echevarría sufrió en el año 2004 y que expuso en una carta abierta que publicó con motivo de su despido *de facto* del periódico *El País*. Según Echevarría, esto se produjo como consecuencia de una crítica negativa a cierta novela de Bernardo Atxaga que había sido publicada por una de las editoriales del grupo empresarial al que pertenece el rotativo. Echevarría concluye que

> La crítica no se sustrae al patrón neoliberal que [...] viene transformando y rebajando de forma creciente la producción y el consumo cultural de nuestra sociedad. Nada de lo que se diga en torno a la crítica, en torno a sus márgenes de actuación y en torno a su independencia, tendrá alcances reales si previamente no se deja bien clara una cosa: por lo general, el crítico se halla en una situación de dependencia con respecto a un apartado de producción (y de re-producción) que no le pertenece. Su trabajo es siempre filtrado y en definitiva sancionado por ese aparato. (2009: 340)

La crítica, por tanto, no puede ser considerada libre ni imparcial, sino sometida a los designios económicos de las empresas que pagan al ejecutor de la crítica y sus intereses creados en torno a obras concretas. Una crítica negativa puede afectar a las ventas de un libro, y eso no es deseable cuando quien hace el negocio con ese libro es parte de la empresa que publica la reseña en sus páginas o en un suplemento que, por cuestiones peregrinas, puede haber conseguido cierta reputación y validez entre sus lectores fieles y también ocasionales. Es

cínico intentar culpar a los medios como responsables de las críticas
cuya única intención es, en realidad, la publicitaria mediante la exaltación de las virtudes y omisión deliberada de los rasgos empobrecedo-
res: es la legitimación del mecanismo industrial —mediante el control
de la percepción de calidad con estrategias publicitarias— que referían
Adorno y Horkheimer y a lo que hicimos referencia en el epígrafe anterior. Por supuesto, en este modelo de control y legitimación debe
comprenderse también que el peón —el asalariado— debe asegurarse
el sustento y no está siempre dispuesto a pasar por el calvario del si-
lencio administrativo y la pérdida de ingresos que experimentó Echevarría. La crítica, en definitiva, está condicionada a los intereses empresariales que impone la industria cultural (pues es eso, industria), y
esos intereses pasan por publicitar lo propio, lo que tiene como consecuencia muchas veces la exclusión de lo que les es ajeno o no puede
dar réditos económicos o de prestigio (para luego dar más valor a las
críticas condicionadas por intereses puramente comerciales), de manera que la cultura popular se deja ver en formas agradables y como vía
de construcción de imagen de marca y reputación; lo mismo se aplica
a la literatura en línea, alejada en su mayor parte del circuito comercial
de la cultura, y por tanto de los intereses empresariales, por lo que a la
incomprensión desde esa jerarquía de los agentes culturales debe sumarse el nulo interés o, peor, su percepción como algo que distraerá al
lector de *consumir* (esto es, comprar) su lectura.

No sería justo pretender que los únicos atrapados en la incapacidad de adaptación al entorno digital y los cambios que de él se derivan son los vinculados a la vertiente empresarial del consumo cultural, pues las instituciones educativas y científicas no han mostrado en
muchas ocasiones comprensión ante el mundo digital, al que también
contemplan, por desgracia, desde la distancia y el miedo, como expuso
Tötösy al tratar la integración de los investigadores de Humanidades
en los medios digitales. Desde algunos frentes se hace referencia a que
«some scholars still doubt that the electronic text has much of a role
in humanities, and particularly literary scholarship» (Warwick 2001:
49), lo que choca con la concepción de las universidades y sus editoriales como infraestructuras culturales de importancia que deben operar en el mundo digital, como sucede ya en el negocio de venta de libros digitales, las bibliotecas digitales y otros proyectos. Desde luego,
las universidades están realizando una integración digital, en algunos

casos, a pasos agigantados, como la creciente disponibilidad de artículos en *Dialnet* <http://dialnet.unirioja.es/> y otros repositorios institucionales, universitarios e, incluso, abiertos y públicos. Son almacenes digitales limitados en cantidad, pero están creciendo y cobrando importancia, reforzando la legitimidad que les otorga el respaldo de las instituciones que están detrás. Esto no significa necesariamente que los humanistas se integren en estos sistemas al mismo ritmo que los estudiosos de otras áreas, en parte porque a diferencia de lo que sucede en otras ciencias «las humanidades pertenecen a la cultura del investigador solitario» (Tötösy 2008: 57) que no requiere —en apariencia— de una colaboración necesaria con otros, ni un factor interdisciplinar tan marcado: es la soledad del humanista. No obstante, el problema no surge tanto de los propios investigadores como de la rentabilidad económica que se puede obtener de una publicación en línea.

Hay un problema endémico en las revistas de investigación filológica y humanística en general: la financiación, lo que afecta lógicamente a la distribución. Esto no es un problema de relevancia en la publicación en red, pero la situación de esas publicaciones en formato digital no parece equiparable a las de otras disciplinas, algo que para Tötösy resulta evidente a través de su propia experiencia:

> Como editor de la revista en línea y de acceso abierto, *CLCWeb: Comparative Literature and Culture* [http://clcwebjournal.lib.purdue. edu], revista de investigación en humanidades de la Universidad de Purdue, tengo amplia experiencia en estos temas y puedo contar algunas anécdotas. Por ejemplo, en 2003 hubo tres investigadores que retiraron sus propuestas de publicación porque su jefe de departamento o algún otro colega influyente les había aconsejado en contra de las publicaciones en línea. En su opinión tales publicaciones no se considerarían lo suficientemente serias cara a la obtención de titularidades y promociones incluso, como resulta ser el caso, de que la publicación sea revisada por pares. Es también cuanto menos curiosa la aparente falta de interés por las revistas de humanidades en línea que muestra la página web de la Biblioteca del Congreso de los Estados Unidos, donde hay una gran cantidad de vínculos a editoriales científicas en la Red mientras que no hay ni un solo editor listado en humanidades. Y sin embargo, la comunidad científica de los Estados Unidos se organiza a través de bibliotecas digitales en universidades o centros independientes que operan con fondos gubernamentales o con apoyo privado. (2008: 58-59)

La situación ha ido mejorando progresivamente desde entonces, aunque sigue habiendo una notable diferencia entre la proyección y reconocimiento de las revistas digitales entre las científicas y las humanistas, pues se señala a los propios estamentos superiores (y también a los iguales que están buscando publicar sus artículos) como los primeros que prejuzgan la publicación en línea situándola por debajo de la impresa, algo que no se puede defender bajo ningún criterio objetivo, tampoco por las instituciones que, de hecho, menosprecian ese formato de publicación:

> Las posibilidades de utilización de la World Wide Web como herramienta para la presentación de la investigación y para la transferencia de conocimiento se subestiman frecuentemente entre los investigadores en humanidades, una falta de interés y de atención que no resulta en absoluto trivial ni para la investigación y la publicación intelectual ni en lo que se refiere a la enseñanza de las humanidades. (60)

Incluso el ISI (Institute for Scientific Information Arts and Humanities Citation Index) estadounidense requirió un proceso anómalamente largo (cuatro años) para la aceptación de la revista digital *CLCWeb*, pese a que esta cumplía con todas las condiciones previas: su existencia como formato digital era el obstáculo que les costó años superar, frente a los seis meses establecidos como plazo estándar por la normativa de la institución.

No puede extrañarnos, por tanto, que se refuerce, en el caso del humanista que forma parte del viejo paradigma, el estereotipo del hombre decrépito y huraño que es incapaz de operar en el mundo digital. Se refuerzan los prejuicios que en ocasiones operan desde entes de cultura hacia la producción intelectual humanista del entorno digital. Aun cuando resulta notablemente exagerado, es cierto que desde determinados estamentos todavía se ralentiza la aceptación de las publicaciones científico-humanistas en línea, embruteciendo su avance. Lo digital y tecnológico no es percibido en estas situaciones como el paso a más opciones —un nuevo mundo, pese a las connotaciones utópicas que la expresión conlleva—, sino como un obstáculo (posiblemente, afortunado desde su perspectiva) que cierra la puerta a un mundo intangible que genera recelos y que, por tanto, se desprecia desde una actitud conformista.

Frente a esos movimientos tradicionalistas, son ya muchos los estudiosos de renombre que apoyan cada vez con más fuerza la realización de revistas de investigación abiertas, de libre acceso, disponibles a través de la red, y sin perder la calidad que se exige a una publicación de dichas características, manteniendo la revisión de pares y los criterios de calidad que deben exigirse en una publicación impresa de prestigio[29]; estas revistas digitales no deben diferenciarse en términos de calidad y exigencia de las impresas, salvo por su canal de distribución y coste. Lo mismo debe aplicarse al negocio editorial de libros: el consejo editorial no puede perder importancia, aunque la ejecución física, impresa, del libro no debería otorgar un estatus superior al compuesto por hojas sobre el compuesto por *bytes*.

Sería injusto omitir, pese a todo, que una parte del prejuicio contra el texto digital en sus diferentes formas puede surgir de las torpezas que acompañaron a los primeros proyectos y experimentaciones, pese a que se tratan de lógicos pasos con dudas y errores propios de recorrer nuevos caminos por explorar frente a las sendas ya andadas. Esto sucedía, por tanto, sobre todo en los primeros pasos del texto electrónico, cuando apenas había una incipiente y lejana intención comercial o intelectual. Se trata de la época en la que los repositorios digitales se nutrían ante todo de publicaciones de textos clásicos, liberados de derechos de autor, en los que no se aportaban los datos necesarios para identificar la edición, había erratas, faltaban fragmentos, y, en definitiva, no había un proceso de calidad y seriedad en la edición de la palabra proyectada en el monitor:

> The early non-commercial, enthusiasts who produced electronic text on the web were often careless about the quality of the text they produced. Not only was it impossible to tell what edition the text was, it also might not be proof-read, or even complete. This has made users justifiably wary of the editions of the etexts they use, and consequently has lead to an increased interest in choice of editions in electronic text. (Warwick 2001: 50)

---

[29] Así, en el ámbito nacional español se encuentran publicaciones veteranas y asentadas como *Telos* <http://sociedadinformacion.fundacion.telefonica.com/DYC/TELOS/> (Fundación Telefónica) o *Espéculo* <http://www.ucm.es/info/especulo/> (UCM), que conviven con propuestas más recientes como *Caracteres* <http://revista caracteres.net/> (Delirio).

Debe haber, por tanto, un proceso de control de calidad y cuidado en la gestión y publicación de los contenidos, sean estos originales o reproducciones, pues en el proceso de emisión de la información del mundo digital los filtrados son potencialmente menores: si en el libro impreso las erratas están a la orden del día, en el sector digital —si no hay unos procesos de control y revisión tan presuntamente exhaustivos como los del sector impreso— hay más posibilidades de que se den errores tipográficos, faltas de ortografía por parte del creador del texto y diferentes problemas adicionales de edición y maquetación. Todos esos controles de calidad son parte del sector editorial y, aunque fallen en ocasiones, sirven para depurar el texto. En un ámbito en el que la autoedición es fácil, rápida y económica —gratuita en la mayoría de los casos—, el trabajo de las editoriales debe sustentarse en ofrecer un sello de calidad y distinción mediante el trabajo de edición puro, pero también mediante la selección de la nómina de autores (y no solo en poder ofrecer al escritor de turno cierto impulso mercadotécnico).

Alvin Kernan dio por muerta la literatura en los años noventa a lo largo de su texto *The Death of Literature* (1992), ya que, según afirma, se han dado una serie de perturbaciones que han alterado definitivamente el ecosistema literario: Kernan es un humanista que se percibe fuera de sitio —temeroso del izquierdismo— para quien la pérdida de valores modernistas y románticos en la literatura es un desastre para la misma. Pese a lo que se pueda opinar sobre su visión de la industria literaria, tiene mucha razón al considerar que el proceso editorial ha desplazado al autor: le relega a un plano secundario y se le despoja de autoridad. Tras él, señala, caen el lenguaje y la crítica. En cierta matización a Kernan, Sven Birkerts defiende que los valores humanistas han resurgido, «pero en una forma degradada. No se han extinguido, pues nuestra cultura siempre necesitará aparentar que los tiene en cuenta, pero han sido convertidos en algo seguro, nostálgico e irrelevante» (1994: 236).

Para Birkerts, el capitalismo cultural es el motor principal de la literatura, con el escritor provocador relegado a ser algo anacrónico, un ente del pasado, cuando, si acaso, el escritor provocador tiene más capacidad de proyectarse que nunca si juega bien sus cartas en el mundo digital al constituirse como *marca* él mismo. Y es que, donde antes se comenzaba «mendigando un editor y, cuando lo encuentra, suplica que le haga algo de caso» (236), el autor actual puede prescindir de dicha figura, tanto por deseo propio como por necesidad, ya que «los editores se muestran menos deseosos de arriesgarse» (236). Mientras la publicación opta por la promulgación de valores populares para acercarse al mayor público posible (lo que le sirve para argumentar la muerte de la literatura en la línea de Kernan), el campo digital le abre las puertas del público y a la pérdida de los condicionantes externos, como el editor y la editorial, que habían anulado al autor como ente de referencia de la obra escrita.

Los circuitos literarios donde se están moviendo esos autores provocadores son, por tanto, los intangibles *bytes* de internet frente a los cafés literarios y otros grupúsculos. Además, los textos de estos círculos intangibles no se ven afectados —desde luego, no en la misma medida que los impresos— por el peso del crítico, pues su distribución entre los lectores se realiza mediante la red rizomática que es internet, sin la jerarquía de los mecanismos publicitarios que se imponen sobre la crítica tradicional. Esto no implica una pérdida de fuerza: en un campo tan amplio como la red (donde no hay barreras), el conocimiento es inabarcable, y el filtro crítico es necesario para orientar al lector, ya sea a través de publicaciones especializadas en línea, como mediante redes sociales y otros mecanismos de la Web 2.0 donde los consejos sobre qué leer se dan (presuntamente, pues tiene mucho sentido recurrir a la publicidad viral[30] integrando a publicistas —que no críticos— en estas redes) entre iguales.

El libro, como producto físico obtenido tras el trabajo industrial de edición y fabricación, puede quedar relegado al estado secundario del libro como obra literaria-intelectual, esto es, el libro como la serie de palabras (e imágenes u otros contenidos) que lo conforman, no como el soporte que lo alberga. Este proceso de obsolescencia del libro como aglutinamiento de papel impreso dependerá de la velocidad

---

[30] Conjunto de técnicas de mercadotecnia que intentan explotar redes sociales y otros medios electrónicos para fomentar el conocimiento de una marca. Se asocia habitualmente a campañas encubiertas en internet en las que se imita a los usuarios mediante *flogs*, vídeos impostados y otros movimientos falsamente populares para producir que la replicación de la campaña se produzca por ingeniería social (pues quienes pasan la información no saben que es un acto publicitario empresarial). Frecuentemente, el objetivo de las campañas de publicidad viral es generar cobertura mediática —incluso en medios generalistas— mediante historias curiosas o extrañas. Cuando la campaña se extingue, no siempre los que la han recibido acaban siendo conscientes del acto publicitario, y no es extraño que pasen a formar parte de chistes populares, como ha sucedido en ocasiones con lemas publicitarios.

de implantación —y aceptación global más allá de las cifras totales de penetración en el mercado— de los lectores digitales. Y eso seguirá sin suponer necesariamente su desaparición del ecosistema: nostalgia, conveniencia y una multitud de factores que entran en juego garantizan la supervivencia del formato libro durante todavía muchos años, más allá del futuro objeto puramente fetichista de anticuario. El peso romántico de las estanterías llenas y del pasar de las hojas no debe subestimarse, aunque hay un cambio en la capacidad de *auctoritas* del objeto: volviendo a Birkerts, este afirma que ya sus estudiantes otorgan más veracidad a la pantalla de su ordenador que a la hoja impresa; esta confianza puede estar vinculada al proceso de aprendizaje y a la actualización y revisión de los textos digitales, frente a los textos impresos, fijos en el tiempo. Sea como fuere:

> La hoja impresa es ya una cosa disminuida. Se ve como algo opaco, finito, en absoluto conectada con lo que postulamos como la totalidad trascendental de la base de datos. El libro termina en nosotros, mientras que la pantalla es como una compuerta que se abre al estrato colectivo, el lugar donde todos los hechos se conocen y donde se codifica la sabiduría. (Birkerts 1994: 242)

El libro, por tanto, pierde su peso específico como pilar cultural por el hecho de ser impreso; la sublimación de la palabra impresa se desintegra. Mas no así la de la palabra: no puede asociarse realmente la desaparición del libro como producto físico al declive de la literatura, pues el libro, como concepto, seguirá existiendo en forma digital (ya sea en formatos contenedores descargables para su lectura en dispositivos o en formatos abiertos para su lectura desde el navegador, gratuitos o previo pago en ambos casos). Si hubiere un declive literario este se debería a lo que demanda el público —o lo que le ofrecen los agentes culturales— y lo que se opta por ignorar.

Las editoriales, en definitiva, pueden apostar por modelos de diversificación en los que se apueste por el modelo digital (que, a su vez, permite múltiples formatos[31]) para subsistir deberán seguir un proceso

---

[31] No solo en cuanto a multiplicidad de formatos informáticos para el lector electrónico —mobi, ePub, PDF y varios tipos de archivo específicos para lectores concretos—, sino en cuanto a diversidad de concepciones de qué es un libro digital.

de diversificación en el que apuesten por el modelo digital y el tradicional para la publicación y distribución de los textos, y no solo eso: el audiolibro[32], y cualquier otro formato, es un negocio viable y en crecimiento. Esto implica, eso sí, cambios en los flujos de trabajo e incluso en la concepción industrial: de la fabricación de un objeto se pasa a ofrecer servicios y consumo de contenidos de producción multimedia o hipermedia. Lo que no cambia, como hemos apuntado anteriormente, es que el trabajo de base sigue siendo esencialmente el mismo: mantener el consejo editorial y otorgar al libro valor intrínseco por encima del valor físico, sobre todo en un ámbito en el que cualquier autor puede ser su propio editor, impresor (digital), distribuidor y publicista si domina las herramientas necesarias para ello. El usuario no será solo consumidor, pues resulta previsible que tenga un conocimiento interdisciplinar de la red y sus herramientas, ya que «la aproximación multimedia tiende ineluctablemente a la multidisciplinareidad» (180), pero no solo de la narración y la disolución de sus fronteras, como señala Birkerts. Tanto el autor como el editor deben aceptar que el libro ya no se cierra de la manera tradicional, puesto que

> Se percibe que la máquina editorial, el mercado del libro, el impresor, incluso la biblioteca, en una palabra, el mundo antiguo, desempeñan hoy todavía la función de elemento interruptor. El libro es a la vez el dispositivo y el resultado final que nos obligan a *interrumpir* el proceso del ordenador y a darle fin. Esta interrupción nos anuncia el final. La copia nos es arrebatada: «¡basta!, hay que terminar ya». Hay una fecha, un límite, una ley, un deber y una deuda. Aquello debe ser trasladado a otro soporte. Hay que imprimir. De momento, el libro representa el instante de esa detención, el trámite de la interrupción. (Derrida 1999: 29)

En el ámbito digital, aunque es posible una revisión sempiterna y continuada desde un punto de vista técnico, es difícil concebir que autor y editor consagren una cantidad de tiempo ilimitada a ese proceso

---

[32] La grabación de libros es muy extensa en otros idiomas (inglés, alemán y francés, principalmente), y aunque el audiolibro está muy vinculado a facilitar el acceso a obras literarias a discapacitados visuales, el auge digital ha propulsado su venta para todos los públicos, por ejemplo a través de la tienda iTunes. Este formato de libro sonoro puede emplear sistemas de voz sintética (se genera automáticamente según el programa lee el texto) o voz real pregrabada.

—aunque hay en el anecdotario literario referencias de sobra a autores obsesivos con las revisiones y actualizaciones de sus textos—, por lo que el interruptor de cierre de la obra debe activarse por mecanismos de finalización que no sean dependientes de la impresión u otro condicionante derivado de la concepción física del libro. De hecho, el negocio editorial tal y como es en la actualidad puede cambiar en diversos de sus aspectos, pero no en ese, avanzando hacia una complejidad creciente en las campañas mercadotécnicas, potenciando sus departamentos, aunque eliminando la preimpresión, impresión y encuadernación, y transporte que Pimentel (2007: 81-130) establece entre su clasificación de funciones y oficios imprescindibles[33]. Incluso ilustradores o maquetadores pueden potenciar su presencia, para abarcar los diferentes medios digitales; y traductores, correctores y otros puestos nucleares de la acción editorial no deben cambiar, por lo que en ese sentido su negocio y estabilidad parece asegurada[34].

Los cambios más destacados surgen aparentemente en la venta y publicidad, así como en la reducción de gastos a cambio de la reducción de precios y jugar con la balanza financiera para que la economía del libro siga siéndoles un negocio rentable, al igual que un consumidor no paga lo mismo por una edición en tapa dura y cosida que por una de bolsillo mal pegada, este consumidor tampoco pagará lo mismo —al menos en la transición a lo intangible— por un libro digital, y con

---

[33] Oficios que, sin embargo, son prescindibles en el paradigma digital completo. Esto no implica, en cualquier caso, una reducción de costes simple por la eliminación del soporte físico, ya que los gastos de producción digital hipermedia, la proliferación de formatos y lectores y otros gastos asociados pueden, sin duda, equipararse a los de la impresión.

[34] No son pocas las empresas digitales que han confiado procesos de traducción a sus propios usuarios —como Facebook o Twitter, por citar dos ejemplos populares—, escogiendo las supuestas mejores traducciones mediante un sistema de votaciones populares. Esto ha dado lugar a diferentes casos de vandalismo (votar traducciones erróneas masivamente para hacer que formen parte de la interfaz o introducir insultos, por ejemplo) y traducciones poco homogéneas y sin una variedad lingüística claramente definida, con rasgos mezclados de diferentes zonas hispanoamericanas, además de españolas. En cualquier caso, este modelo es aplicable a pequeñas traducciones de textos sueltos, pero nada práctico ni garante de calidad para obras de cierta extensión, unidad o complejidad. De hecho, son populares en la red las comunidades de los *fansub*, es decir, aficionados amateur que crean subtítulos para películas, series de televisión y otros productos audiovisuales, en los que no siempre se da la calidad necesaria a nivel de corrección lingüística.

razón: el coste material del mismo se suprime y esa percepción es más que suficiente. Financieramente se puede alegar que los gastos adicionales en la transformación industrial hacia la creación multimedia del libro frente a la impresión y distribución no se compensan, pero como producto el consumidor seguirá percibiendo —hasta que se dé una absoluta normalización del ítem virtual— un valor menor en lo puramente digital que en lo físico.

Asimismo, cabe replantearse la presencia comercial nacional e internacional, dado que el mercado digital no entiende de fronteras[35]; si acaso las culturales y lingüísticas... y los derechos de propiedad intelectual, todavía en transición y adaptación, y potencial foco de conflictos; y es que hay que plantearse qué sentido tiene que un escritor afamado firme con más de una editorial que le publicitará *de facto* a nivel global, si no es para conseguir una traducción, dejando fuera de juego las ediciones y derechos cedidos en cada país a editoriales regionales: un libro digital editado en México es tan accesible allí como en España, y sin el problema de pagar los costes de transporte o sufrir tiradas demasiado escasas. La gestión empresarial debería tener en cuenta también el paso del almacenamiento de *stocks*, las devoluciones y demás elementos de la estructura de gastos que desaparecerán: se da paso en la cuenta de gastos la gestión web, la seguridad informática, los gastos de consumo de datos, etc. Asimismo, pueden asumirse el papel dual de editor y vendedor, aunque esta pauta no es tan común y la mayoría de las empresas parecen optar por la venta mediante grandes tiendas digitales (Amazon, iTunes, etc.), aunque son varias las editoriales españolas que han optado ya por asumir ese doble papel. Según el caso, un modelo de venta u otro puede ser más conveniente, aunque no se puede negar que las grandes tiendas digitales están abiertas a las pequeñas editoriales e incluso a los autores que apuestan por la autoedición, que tienen así la oportunidad de captar la atención de los lectores. Por supuesto, siempre pueden optar por otras vías, como está sucediendo en la actualidad con la venta independiente de *software* y

---

[35] Aunque se utilizan sistemas de geolocalización para restringir el acceso a contenidos web determinados (por ejemplo, la emisión de grandes eventos deportivos) para garantizar los intereses comerciales de empresas internacionales y nacionales implicadas en los mismos, sus sistemas de restricción pueden ser esquivados fácilmente por usuarios mínimamente diestros.

videojuegos a través de tiendas virtuales subcontratadas, o la venta directa a través de PayPal[36] <https://www.paypal.es> y eso si no se opta por un modelo de negocio en el que los ingresos vengan de mano de la publicidad, como sucede en parte del *freeware*[37], o la prensa digital.

Por último, debemos tener en consideración el papel del agente literario como elemento de relevancia en el modelo de la industria literaria. Apunta Vallat que su labor está, como no puede ser de otro modo, ligada íntimamente a los derechos de autor sobre la propiedad intelectual de las obras, lo que surge «en el siglo XVIII, en Inglaterra donde los editores pretenden conservar el derecho sobre los manuscritos de los autores que han adquirido, de forma perenne» (Vallat 2009: 483), siendo esto consecuencia de la explosión comercial del libro, con la primera ley de *copyright*, promulgada en 1710 en Inglaterra. Esto lleva a establecer el oficio de agente literario ya en el siglo XIX como intermediario en las relaciones comerciales entre autor y editor, aunque su importancia y poder dentro del ámbito industrial del libro varía en función de los países (al igual que sucede con los porcentajes de beneficios a repartir). Si su figura no es homogénea en el propio ámbito europeo, su papel en un mercado globalizado e intangible puede ser más confuso todavía[38].

---

[36] Web —propiedad de eBay— que permite transacciones económicas entre particulares con ellos mismos como intermediarios y garantes para ambas partes usando direcciones de correo electrónico como métodos de identificación. El sistema consiste en asociar esa cuenta de *e-mail* a unos datos bancarios.

[37] Modalidad de distribución de *software*, gratuita y sin limitación temporal (frente al *shareware*). El término fue acuñado en 1982 por Andrew Fluegelman, que quería distribuir un programa que había ideado, llamado PC-Talk, pero con el que no deseaba usar métodos tradicionales de distribución de *software*. En ocasiones se costea integrando publicidad (también en el *shareware*) o admitiendo donaciones.

[38] En el plano nacional, aunque en los últimos años han surgido tendencias renovadoras y apuestas de diferente índole en el mercado editorial del país (muchas veces vinculadas, por supuesto, al sector digital), la autorreflexión desde los editores no se ha prodigado quizá con la fuerza suficiente. Aunque ha habido grandes reflexiones sobre el papel del editor firmadas en el ámbito hispánico por figuras tan relevantes como Carlos Barral o Mario Muchnik (*Oficio editor*, 2010), los manuales que siguen considerándose vigentes hoy, como el todavía reciente *Manual del editor* de Manuel Pimentel (2007), tratan solo superficialmente la influencia de internet y el libro digital en los modelos de negocio e industria. Pese al papel proporcionalmente marginal que se concede a estas cuestiones, debe destacarse que Pimentel sí presenta reflexiones sobre la editorial y los productos multimedia (240-241) y las posibilidades de ventas del fondo bibliográfico mediante la distribución digital (238-239), si bien lo sitúa todo en un epígrafe titulado «La editorial futura», cuando a nosotros nos parece ya bien presente.

El retrato que Anne-Marie Vallat realiza sobre su profesión y la historia de la misma expone con claridad los tejemanejes del agente literario y su posicionamiento como agente cultural con bastante claridad. Para Vallat, el agente literario debe conocer los catálogos de las editoriales donde va a proponer los títulos del autor representado, tanto a nivel nacional como internacional, para garantizarle la mejor salida a la obra del autor y potenciar la relación con la editorial proporcionándole lo que le interesa. Otro pilar importante es la lectura de las obras a vender a las editoriales para poder conocer y defender el producto, al que debe sumarse el puramente comercial de saber negociar un contrato (establecer anticipos, porcentajes, etc.), situándolos en un punto clave del sector cultural nacional. En el caso de la importación de textos internacionales, suele ser tarea del editor ejecutar la traducción, y la tarea del agente en estos casos consiste en facilitar la comunicación, si fuere necesaria, entre escritor y traductor (Vallat 2009: 483-485). Por último, con el libro ya impreso, es obligado recorrer las librerías, como afirmó Francisco Pérez González:

> El libro es del editor; hay editores que han creído que con publicar ya tienen bastante. Y el libro hay que seguirlo a los medios, a las librerías. Cuando empecé me recorría todas las librerías, de España y de América. Había que poner el libro en los escaparates. (citado en Cruz 2009)

Y es que la labor del agente literario es vigilar que se cumplan los compromisos de la editorial, que el libro llegue a los puntos de venta, y que su presencia en los mismos sea la adecuada; lo mismo que hace el representante de cualquier casa comercial en los diferentes ámbitos del mercado. Porque, ¿qué autor no habrá preguntado en una librería (anónimamente, por supuesto) por su libro, o no se habrá buscado en los fondos de una biblioteca, en algún momento de su vida? Lo más probable es que sean los mismos que no se han buscado en *Google.com*: ninguno. La preocupación por la producción de presencia —un efecto de tangibilidad derivado de la proyección en los medios (Gumbrecht 2004: 31)— existe, de la misma manera que se dan el hambre del ego y el impulso creador. Sin embargo, esa presencia en el sector comercial depende en buena medida de la campaña publicitaria que respalde al libro, algo que es responsabilidad de la editorial. Si hoy en día se habla ya de un mercado saturado, el mundo digital está sobrepasando —y lo hará con creces— la capacidad de asimilación del consumidor más que en el presente. Toda esta labor, invariable desde el origen del oficio, se ha visto facilitada por internet (mensajes por correo electrónico, gestión informática de datos, consulta de fondos editoriales y librerías a través de sus sitios web corporativos...), pero no parece haber generado un cambio real en las tareas. Vallat no evalúa en sus consideraciones cómo puede cambiar el concepto de agente literario ante las TIC, sino cómo se han beneficiado de ellas: el agente literario, como cazatalentos, se desplaza hacia el mundo digital, donde el autor se exhibe y publica. Como intermediario y como relaciones públicas, debe tener en cuenta que el escritor está generando por sí mismo sus vías de promoción al igual que las de autoedición[39]. Si el autor es cada vez más multidisciplinar, será también más hábil para gestionar no solo la creación, sino también la difusión de su obra: el agente literario debe reivindicarse como negociador y como ente resolutivo tanto para el autor como para el editor.

Donde más puede peligrar su papel es, con todo, en el mismo ámbito que en el del crítico, sobre todo por el surgimiento de lo que se podría considerar el agente cultural 2.0, el colectivo en internet unido por los nodos comunicativos de la Web 2.0, la red social[40], donde incontables

---

[39] No resulta en absoluto extraño encontrarnos autores prolijos en el uso de redes sociales como Twitter. Podemos atender a los ejemplos de Juan Gómez-Jurado <https://twitter.com/JuanGomezJurado>, Arturo Pérez Reverte <https://twitter.com/perezreverte>, Lorenzo Silva <https://twitter.com/VilaSilva> o Vicente Luis Mora <https://twitter.com/MoraVicenteLuis>, todos ellos bastante dados al uso de Twitter, donde no solo publican mensajes destinados a la promoción de sus obras y de su propia persona como marca, sino mensajes de carácter puramente personal o de entretenimiento. Su uso normalizado de ese sistema social produce réditos en su popularidad, algo destacable especialmente en el caso de Gómez-Jurado, con más de 137.000 seguidores (en agosto de 2012). En 2011 se publicó un interesante listado panhispánico de cien escritores con presencia destacada en Twitter, disponible en <http://www.aviondepapel.tv/2011/03/los-100-escritores-con-twitter-en-espanol/> [5-8-2012].

[40] Sitio web sustentado sobre los cánones de la Web 2.0 que se centra en la construcción y consolidación de comunidades de personas que comparten intereses o actividades comunes, o con interés por conocer las aficiones o actividades de otras personas. Son servicios basados en formatos webs que permiten la intercomunicación mediante mensajes o correos electrónicos. Una de las clases más populares de red social es la que contiene divisiones por categorías (como antiguos compañeros de clase, en la línea de la popular Facebook) y proponen mantener el contacto, o restablecerlo, con personas que se conocen previamente. Las redes sociales incluyen de manera habitual mecanismos de nanoblogueo, microblogueo, o blog completo, fotolog, y demás funciones similares, facilitando la restricción de acceso a usuarios externos, con diferentes niveles de privacidad (desde la nula, hasta fuertes restricciones).

ojos de lectores se encuentran con las palabras de autores, conocidos y desconocidos: copian y mueven (promueven) sus textos, los defienden y critican. No caeremos en la falacia utópica de asumir que todo el mundo tiene las mismas aptitudes ni intereses, y que por tanto sus opiniones deban ser *per se* tan fundadas como las de un especialista; no obstante, lo cierto es que son igualmente válidas, y los juicios de iguales se tienen muy en cuenta en la sociedad de la información. Es la *cultura 2.0* y la relación entre sus miembros es —por defecto— horizontal y no tanto vertical. Como ejemplo de herramienta centrada por completo en este tipo de funciones tenemos la web *ArtGerust* <http://www.artgerust.com>, donde el usuario no solo puede publicar lo que encuentra en la red, o dar su opinión sobre otros textos y autores, así como intercambiar opiniones, etc., sino que también puede enviar noticias culturales, e incluso ofrece un servicio de edición impresa que ellos mismos definen como *low cost*, pero con las garantías de depósito legal e ISBN. Se trata, según su propio lema, de una «red social cultural» que incorpora foros, chat integrado, blogs y contenidos propios tanto como los proporcionados por usuarios. El usuario es a veces el nuevo agente cultural, crítico en otras ocasiones, y también algunas veces protoagente literario: su fuerza es la de la web. No puede extrañarnos que la nueva fuerza de la comunidad digital cuestione, por tanto, el viejo paradigma de la crítica tradicional como agente cultural de referencia. Señala Joaquín Rodríguez en torno a esta cuestión que

> Esta situación provoca [...] cierto cuestionamiento, legítimo, de las fuentes tradicionales de la autoridad intelectual, del monopolio sobre los mecanismos de producción de los criterios por los que se establece la calidad o no de un título, de los procedimientos de evaluación e incitación a la lectura, y esto no puede sentarle bien a los críticos, qué duda cabe, principales afectados por la metamorfosis y alteración del orden tradicional y por el cierre masivo —o el adelgazamiento sutil— de los suplementos literarios. (2008: 75)

La percepción del giro hacia una comunidad crítica sustentada en una cierta igualdad entre sus miembros con pluralidad de opiniones parece inyectar, así, fuerza a la comunidad y restarla a las estructuras piramidales y predefinidas de la actuación cultural: es parte del camino del procomún. Igualmente, la capacidad de subversión ya no es dependiente del autor y del editor como en el Antiguo Régimen (Darnton

1982) —en el paradigma del papel—, sino del autor y la comunidad como ente colectivo y abstracto. La subversión ahora es la duplicación hasta el infinito de los contenidos para no permitir la reescritura de la realidad. Cuando *Wikileaks* <http://wikileaks.org/> es amenazada con la erradicación, es duplicada instantáneamente (Sturm 2010) gracias a las copias infinitas de los *bytes*[41]; cuando un partido político quiere eliminar sus proclamas contra una medida de sus rivales que ellos mismos adoptan, es la comunidad la que impide que se elimine[42]. En su pérdida de masa para abrazar el *byte*, la información es multiplicable infinitas veces con escaso o aparentemente nulo coste material, pero no contemplando la clonación como «una forma de epidemia, de contagio, de metástasis de la especie presa de la reproducción tal cual y de la proliferación al infinito» (Baudrillard 1997: 227), sino como una neutralización —o, al menos, alteración— de la pulsión de muerte freudiana: la información (la memoria) inmaterial, como lo material, es *mortal*, pero su facilidad para reproducirse sin alteraciones —una clonación pura nacida del *copiar y pegar*— la aleja de esa realidad tanto como la ata a nuevas cadenas vitalistas, como la energía que alimenta el dispositivo o la vida útil misma de ese aparato y sus componentes. La información es trasvasable, una fuerza *espectral* parasitaria que pasa de un *cuerpo* a otro, pero en la clonación o en periodo de *depósito* es vulnerable: por eso la clonación es parte esencial de su propia existencia y se reproduce infinitesimalmente si es así necesario para perpetuarse. En el mundo del *Gran Hermano*, ni siquiera este puede controlar el poder subversivo de la digitalidad en manos de los usuarios.

---

[41] En 2010 se generaron 500 servidores espejos (duplicando los contenidos del original) para impedir la eliminación de los datos desvelados por el medio y, al mismo tiempo, solventar todos los intentos de impedir el acceso a esa información (Sturm 2010).

[42] Un caso próximo lo tenemos en cómo las redes sociales han duplicado las declaraciones, campañas digitales y mensajes en Twitter, Facebook y otros sistemas sociales de políticos del PP en su campaña contra la subida del IVA de 2010, destacando la ahora eliminada web *No más IVA* <http://www.nomasiva.com>. Se retuitean los mensajes de políticos como Esperanza Aguirre <https://twitter.com/esperanzaguirre/status/12393592100> y los mensajes en el muro de Facebook <https://www.facebook.com/esperanzaaguirre/posts/118515708163707> perpetuando el mensaje cuando este se ha vuelto en su contra tras subir el IVA al llegar el Partido Popular al gobierno de España tras las elecciones de 2011. Sobre esta cuestión: Medina, Miguel Ángel (2012, 31 de agosto): «Las redes sociales impiden que el PP borre el rastro de su campaña "No más IVA"». En *El País*, <http://politica.elpais.com/politica/2012/08/31/actualidad/1346412284_576772.html> [1-9-2012].

3. LA BLOGOSFERA

Los bloggers *muertos no van al cielo.*
HERNÁN CASCIARI

Los diferentes intentos para establecer formalmente qué es un blog y qué no lo es han pasado siempre por reconocer la dificultad de establecer unos criterios objetivos, definitorios, y lo habitual ha sido restringirse a criterios únicamente estéticos, vinculados a funcionalidades no necesariamente específicas del weblog. Esa categorización no es errónea, desde luego, pero sí resulta incompleta.

El primer rasgo esencial es que una bitácora es un sitio web que organiza cronológicamente (mediante orden inverso, apareciendo primero el más reciente) una serie de textos publicados por uno o más autores, en el que las aportaciones de los lectores son habituales (aunque no imprescindibles) estableciendo un diálogo entre autor y lector. Es así como el lector se convierte en lectoautor mediante las relaciones establecidas y la capacidad de integración de sus aportes en un sistema unificado, mucho más que paratextual, como el que representan los comentarios.

Esto no es suficiente, pues se trata de un tipo de relación y publicación que se genera también en otros formatos web, como el foro de discusión. Por tanto, debemos añadir unos criterios formales que se sumen a la definición funcional, algo que José Luis Orihuela ya intentó establecer cuando se preguntó: «¿cómo sé si lo que estoy leyendo es un weblog?» (2006: 45), al tiempo que reconocía que es una discusión abierta. Por suerte, esa concesión no le impide hacer un profundo análisis de la estructura del blog estableciendo ocho rasgos fundamentales y una serie de características ampliamente extendidas que revisaremos en estas páginas. Esto se traduce en una disposición en pantalla que es también común a la inmensa mayoría de los blogs.

Una buena propuesta de definición del blog viene dada por uno de los índices de catalogación de la blogosfera hispana, donde se afirma que

> Una bitácora también llamada blog o weblog es un cuaderno de anotaciones en Internet sobre uno o varios temas y con una serie de características: actualización, organización, conversación, simplificación y distribución:
>
> Actualización porque cada cierto tiempo el autor o autores publican anotaciones, en inglés «posts».
>
> Organización porque estas anotaciones se encuentran clasificadas por fechas y por categorías.
>
> Conversación porque normalmente permite comentarios de los lectores y visitantes al sitio que fomentan el diálogo y el debate de los asuntos tratados.
>
> Simplificación porque es muy fácil crear, usar y publicar información con una bitácora. Ya no es necesario conocer complejos lenguajes de programación para comunicar en la red. Con esto además se consigue una universalización de la herramienta.
>
> Distribución porque puede sindicar el contenido a través de un archivo llamado feed. Sindicar consiste en ofrecer la posibilidad de leer las anotaciones desde un programa llamado lector o agregador de noticias sin necesidad de visitar la bitácora. (*Bitácoras Puntocom* 2011)

Comprobaremos cómo estos rasgos se pueden apreciar en ejemplos reales de acuerdo con el análisis del funcionamiento interno (desde la perspectiva del usuario) y la visión externa, la estética, de la bitácora. El último rasgo diferenciador será la fuerte presencia del *yo* del autor en la escritura propia de blogs, con independencia del tema. La visión personal intransferible y cargada de subjetivismo será la que dé valor distintivo a su aportación en un proceso de exaltación del ego, con independencia de si el bloguero está comentando el último objeto de deseo de los tecnófilos, redactando una noticia de actualidad o analizando una película. Este valor distintivo, el *yo*, es esencial en su aportación y esto mismo se trasladará a la blogoficción.

3.1. El blog: análisis y estructura del espacio de publicación

Las plataformas de blogs (esto es, los servicios de autopublicación de bitácoras en internet conocidas y sus sistemas de gestión de contenidos CMS[1]), están destinadas a gestionar artículos que se ordenan en formato cronológico, siendo este a nivel formal uno de los rasgos distintivos capitales. Del mismo modo, en cada artículo publicado los lectores pueden escribir comentarios (esto es configurable por el bloguero). La disposición de la información en la pantalla se puede considerar fuertemente estandarizada, creando un fenotipo específico dentro de la enorme enredadera del mundo virtual.

Atenderemos primero a la clasificación de rasgos estructurales establecida por Orihuela (2006: 45-51) para describir los principales puntos que luego identificaremos en la presentación formal de la información en la pantalla. El primer punto que intenta establecer es la URL[2] (dirección), pero esto carece de relevancia, ya que la variabilidad es enorme: el blog puede tener dominio propio de pago o gratuito como <http://www.urldeejemplo.com> o un subdominio dentro de un servidor de una empresa, asociación, o institución como <http://www.urldeejemplo.com/subdominio> o <http://sub dominio.urldeejemplo.com>. Del mismo modo, el título tampoco debe ser considerado como pieza clave, ya que, si bien es cierto que

---

[1] Del inglés *Content Management System*. Es la herramienta de *software* que opera sobre un servidor remoto y que permite al usuario realizar la gestión dinámica de los elementos que componen su sitio web. Aunque originalmente estos sistemas se orientaban a un público altamente especializado —dada la complejidad de configuración y uso de los servidores— en la actualidad ya no existen barreras al abandonarse las interfaces puramente textuales para dar paso a las visuales, mucho más accesibles, pues su manejo es mucho más parecido al de cualquier programa que tengamos en nuestro ordenador, como un procesador de textos.

[2] Localizador uniforme de recursos a raíz de sus siglas inglesas (*Uniform Resource Locator*) compuesto por un conjunto de caracteres con el que se asigna una dirección única a todo archivo publicado en internet para su localización. Popularmente se habla de *dirección* de una página o archivo, que permite que el navegador la encuentre y muestre de forma adecuada manteniendo un orden jerárquico en el que se indican qué servidor tiene la información (son posibles redireccionamientos, es decir, falsear ese hospedaje), qué tipo de protocolo de conexión usar (HTTP, FTP...), en qué directorio dentro de este se encuentra, el nombre del archivo y cómo interpretarlo a través de la extensión del archivo.

nos encontramos con los más que previsibles *El blog de...* o *Bitácora de...*, la tendencia es a la creación de títulos originales para distinguirse de la extensa comunidad bloguera. Tampoco parece relevante que haya o no un lema o descriptor, en palabras de Orihuela, que explique el tema, haga referencia al autor o tenga una función todavía más peregrina. Basta consultar la tabla de ejemplos (reales) de títulos, URL y descriptores de blogs (reproducidos sin modificaciones, por lo que se respeta la ortotipografía original) que él mismo aporta para ver cómo no es posible establecer, en la práctica, rasgos comunes definitorios:

TÍTULO	URL	Descriptor
4Colors	http://www.4colors.net/	Blog sin criterio
ALT1040	http://alt1040.com/	Actualidad/ Tecnología/ Cultura
Blogpocket	http://www.blogpocket.com/blog/	La locura de los weblogs dentro de uno
Caspa.tv	http://caspa.tv/	Weblog dedicado a la evolución de los *mass media* y su influencia en la sociedad
Denken Über	http://uberbin.net/	Un simple weblog
Error500	http://www.error500.net/	Tecnología + Internet + Conocimiento
Escolar.net	http://escolaer.net/	En aquel momento parecía una buena idea
Isopixel	http://www.isopixel.net/	Diseño y comunicación visual en la Web
Libro de notas	http://librodenotas.com/	Diario de los mejores contenidos de la Red en español
Microsiervos	http://www.microsiervos.com	El futuro está en versión beta
Minid	http://www.minid.net/	Weblog de tecnología, diseño & temas en general por Diego Lafuente
Píxel y Dixel	http://www.pixelydixel.com/	Si miras la realidad muy de cerca, podrás ver los píxels
terremoto.net	http://terremoto.net/	Diseño de interacción y afines

Fig. 3. Tabla *Ejemplos de títulos, URL y descriptores de blogs* (Orihuela 2006: 47).

Lo que sí es parte fundamental de todo blog es la presencia de los artículos, mensajes o entradas a los que se refiere Orihuela como «historias», partiendo de un calco de uno de los términos más extendidos en inglés. Los artículos de un blog tienen:

Un título, un texto breve que normalmente contiene enlaces y un pie en el que figuran la fecha y hora de publicación, el seudónimo del autor, el enlace permanente (URL específico de la entrada [...]), un enlace a la sección de comentarios (donde los lectores y el propio autor dialogan) y eventualmente un enlace a la sección de *trackbacks* [...] Otros elementos que pueden encontrarse al pie de una historia son: categoría (palabra clave que designa el ámbito temático en el que el autor archiva la historia), y etiquetas (o *tags*, palabras clave que describen el contenido de la historia de forma más específica). (2006: 48)

Puede haber casos en los que elementos no esenciales, como el *trackback*[3], o la categoría (sobre todo en blogs monotemáticos en los que el autor decide no establecer divisiones de ese tipo) no aparezcan, y la disposición de ciertos tipos de información puede no estar en el lugar previsto de acuerdo a esa estructuración. Incluso en sistemas de weblogs que no permiten la autoría múltiple en ocasiones se prescinde de señalar quién es el autor de cada artículo (sería redundante), pero las observaciones sobre el que va a ser el cuerpo central y eje absoluto de la bitácora son más que acertadas.

El resto de los elementos estructurales apuntados por Orihuela son igualmente inherentes al blog, destacando los diferentes archivos de la bitácora que permiten acceder al registro histórico de artículos. De hecho, considera que «la existencia de enlaces permanentes y archivos cronológicos constituye una de las contribuciones más importantes de los weblogs a la Web, pues le han aportado memoria histórica» (48), lo que nos da buena muestra de la importancia de la cronología en el blog, pese a que el dinamismo en la aportación de contenidos siempre ha existido en los diferentes formatos web. Gracias a la construcción del histórico de artículos se posibilita el acceso sencillo a los mismos en función de parámetros temporales, clasificándolos muy comúnmente de manera jerarquizada (años, meses, días y, en algunas ocasiones, también semanas, aunque es poco común).

La lista de categorías, que cada autor establece en función de su voluntad y necesidades, nos permite navegar temáticamente por el

---

[3] Concepto que surge del mundo de los weblogs. Se trata de un enlace inverso que permite conocer qué enlaces apuntan hacia una determinada página o artículo. Asimismo, el autor recibe un aviso de forma que los artículos de ambos quedan relacionados entre sí, normalmente porque el segundo hace referencia al primero.

weblog, complementando la navegación cronológica, aunque en la actualidad es cada vez más popular prescindir de ellas (u optar por categorías de muy amplio espectro) para que la ordenación temática se establezca por las etiquetas[4], completamente dinámicas y capaces de trazar relaciones cruzadas múltiples y abiertas, en oposición a las relaciones cerradas de las categorías, taxonómicas y restrictivas. Como consecuencia de esto nos encontramos con las conocidas como *nubes de etiquetas* o *cloud tags*[5], un sistema de jerarquización de las mismas en las que el tamaño de las palabras clave empleadas como descriptores se determina por su repetición (la palabra clave más repetida surge con el mayor tamaño; la menos empleada, con el menor).

Como en la mayor parte de las webs, el buscador está también presente para permitir la localización interna de artículos, lo que aporta una funcionalidad importante, sobre todo cuando las anteriores herramientas (cronología, categorías, etiquetas) no han dado los resultados adecuados. Lo que sí puede ser interesante es la sección de *blogroll*[6], un listado de enlaces a otros blogs que el autor, por tanto, recomienda a sus propios lectores, «una manifestación pública *de lo que leen los que escriben* (algo que no suele encontrarse en los medios de comunicación tradicionales)» (Orihuela 2006: 49) que en estos momentos está siendo sustituido por el uso de lector de fuentes RSS[7] sobre web que

---

[4] En inglés, *tags*. De cara al usuario, es una serie de palabras clave que se emplean para clasificar e identificar temáticamente una página, artículo de un blog, o cualquier otro contenido. Se pueden emplear para búsquedas dentro del propio sitio web o para que buscadores externos identifiquen el contenido de la página y lo ofrezcan como resultado en sus respuestas a las búsquedas de otros usuarios.

[5] Representación visual de las palabras que conforman un texto, en donde el tamaño de la fuente es mayor para las palabras que aparecen con más frecuencia. Su aplicación habitual en internet está vinculada a la repetición de palabras clave, ordenándose generalmente por orden alfabético, pero con tamaño variable en función del criterio señalado.

[6] Acrónimo resultante de *blog* y *roll* (*lista*, en inglés). Es una colección de enlaces de blogs, normalmente presentado en una columna lateral. Los autores de blogs pueden definir diferentes y variados criterios para incluir otros blogs en sus *blogrolls*. Habitualmente, el listado de otras direcciones de blogs se compone de direcciones que los propios autores visitan con asiduidad o a veces simplemente de páginas de blogs de amigos o personas asociadas.

[7] Sistema de formatos de titulares (se puede incluir el artículo, completo o parcialmente, o incluso fotos u otros contenidos) de páginas web codificados en XML, empleado para suministrar a los suscriptores la lista de actualizaciones de

permiten compartir mayor volumen de información sobre la misma filosofía, al tiempo que esta se renueva dinámicamente.

Son estos elementos los que Orihuela establece como las partes que componen la estructura básica del weblog, aunque ya reconoce que hay elementos adicionales que van añadiéndose a los elementos comunes. Estos nuevos elementos se aportan a la estructura básica descrita hasta el momento (que es, de hecho, el conjunto de funcionalidades básicas que ofertan la mayoría de los servicios de hospedaje y gestión de blogs) a través de extensiones o complementos, aunque algunos de ellos ya pueden introducirse en la lista de elementos habituales de un blog (incluso cuando no siempre son imprescindibles para su estructura ni ser plenamente definitorios del formato). Algunos de estos elementos adicionales más generalizados son una sección de últimos comentarios (para acceder directamente a las más recientes aportaciones de los lectores), un índice de artículos recientes, otro de los textos más comentados y una pequeña sección en la que incorporan unas pocas referencias biográficas sobre el autor, o incluso un enlace a una página dentro del blog (o en otra web) donde se da toda la información personal y/o profesional deseada. Cada vez más presente está la funcionalidad RSS para que los lectores puedan difundir[8] el sitio y ya, en mucha menor medida, información estadística de algún tipo (visitantes, impresión de páginas, etc.; este tipo de información suele no ser pública) y la licencia de publicación del material, aunque la mayor parte de la comunidad de la blogosfera no se preocupa —al menos, todavía— por preservar los derechos de autoría o, en todo caso, de indicar en qué circunstancias pueden redistribuirse sus creaciones, con la creciente excepción de los blogueros profesionales, semiprofesionales —o con aspiraciones— de cualquier ámbito creativo, desde la fotografía hasta la literatura.

---

manera frecuente, siendo accesible dicha información sin necesidad de un navegador (pueden integrarse, aunque existen programas específicos de gestión de contenidos RSS).

[8] Aunque está mucho más extendido en este uso el término *sindicar*, esta es una traducción errónea del inglés *syndicate*, por lo que se está intentando extender el uso de la forma más apropiada *redifusión web*. Hace referencia a la difusión web de contenidos RSS: una página puede integrar fuentes de titulares de otras webs, permitiendo el acceso directo a esa información, lo que se puede hacer también como método de subcontratación de fuentes de información.

Establecidos los elementos estructurales comunes a los blogs, veremos su disposición formal en el espacio que compone la pantalla, esto es, cómo se distribuyen las secciones y la información ante el lector y cómo este puede familiarizarse con las mismas, gracias a la homogeneización y consolidación del formato.

3.1.1. Autopublicación

Parte importante de las ventajas del blog frente a otros formatos reside en la facilidad de uso, accesibilidad y capacidad para integración de hipermedia, por lo que como plataforma de publicación ofrece un rango de posibilidades próximas a las de la creación desde cero de un sitio web, aunque sin la flexibilidad total de disponer de un lienzo en blanco[9]. La maleabilidad es, en todo caso, amplia pero variable en función de si se emplea un servicio de hospedaje en una red de blogs o si se emplea un servidor propio, con tecnología propia o mediante sistemas de gestión de weblogs preprogramados. Aunque las plantillas que alteran el aspecto o la creación de diseños desde cero pueden alejarse de la estructura visual del blog, su estética resulta muy estandarizada y los módulos preprogramados (y ampliamente extendidos) están sometidos a una cierta rigidez por los elementos y funciones consideradas canónicas dentro de la estructura de la bitácora. Antes de ver cómo son, desde un punto de vista externo, los blogs, ilustraremos a qué se enfrenta el autor antes de publicar en el mismo.

Para ello, emplearemos como ejemplo el editor de entradas de Blogger, pues es uno de los servicios gratuitos de creación y hospedaje más populares del mundo; omitiremos las opciones adicionales que se incorporan para algunas de las funciones periféricas del blog (*blogroll*, calendario, etc.), para centrarnos exclusivamente en la tarea de escribir y publicar un texto. Se trata, en realidad, de algo que no tiene ninguna gran complicación adicional con respecto a un procesador de textos,

---

[9] Un usuario con los suficientes conocimientos podrá diseñar su propio estilo visual o modificar uno previo para conseguir los resultados deseados. Estas opciones quedan fuera de las posibles para un usuario no especializado sin una marcada curva de aprendizaje que le permita adquirir los conocimientos de diseño y código suficientes como para realizar esas tareas.

como el popular Word de Microsoft. Esto se debe a la generalización de las interfaces visuales y el uso de iconos comunes en todas estas plataformas de escritura; y no solo en blogs, sino también en procesadores y otras herramientas ofimáticas que se ejecutan remotamente a través de la *nube* (como el conjunto de herramientas Drive de Google).

En muchas de estas interfaces no hay elementos que sean extraños para quien haya trabajado con un ordenador para procesamiento de textos, aunque se aprecian varias funciones específicas —y opcionales— que sí podrían ser poco comunes para usuarios neófitos, como la capacidad de introducir nuestra ubicación (el lugar en el que estamos) mediante geolocalización o las opciones de programación del día y hora de publicación del texto redactado. Los usuarios avanzados pueden optar —comúnmente— por escribir directamente en HTML[10] su entrada (o, al menos, realizar modificaciones sobre el código), aunque la visión por defecto suele ser la creación visual de la misma. Dentro de la caja de escritura, se habilitan también con frecuencia atajos de teclado idénticos a los usados en los procesadores de texto (las combinaciones pueden variar entre las versiones en inglés y las castellanas de los mismos en algunos casos), pero podemos esperar también que esté presente una botonera con la que podemos introducir las variaciones tipográficas (tipo, tamaño, negrita, cursiva, subrayado, tachado, color...) que deseemos.

Como herramientas hipertextuales, los editores del blog dan gran presencia a la introducción de hipervínculos, por lo que su presencia suele ser más destacada que en un procesador de textos tradicional. Así, no resulta extraño encontrarse con iconos que habilitan funciones destinadas a la integración hipermedia básica, como la inserción de imágenes y de vídeos gracias a la integración de servicios populares externos para su almacenamiento y publicación o mecanismos propios. Por supuesto, se ofrecen también opciones para poder visualizar la entrada antes de enviarla, comprobando disposición de imágenes, vídeos y demás contenidos en su estado final de publicación.

El proceso de escritura y publicación es, como vemos, tan accesible como trabajar con un programa de creación de textos estándar, una

---

[10] Siglas de *HyperText Markup Language*, el lenguaje en el que se expresan las páginas web, con independencia de si estas son estáticas o dinámicas.

de las tareas más comunes en un ordenador. Así pues, podemos asumir que cualquier persona que use con un mínimo de soltura esos programas puede aventurarse a crear y publicar en línea a través de una bitácora, lo que se consigue tras un proceso de creación del blog que, en la mayoría de los servicios apenas exige unos pocos pasos (en los servicios más populares normalmente se sitúa entre tres y cinco pasos).

3.2. Un formato definido visualmente

A partir de la clasificación de algunas de las plataformas de blogs más populares e importantes que estableció Colonnello (2007: 28-32), vamos a ver cuál es la apariencia formal más extendida entre los blogs, de manera que podremos constatar cómo se presenta la información al lector partiendo del componente básico de una ordenación cronológica en la que lo más nuevo se sitúa más arriba, desplazando lo viejo. De esta manera vamos a establecer que, aunque hay un amplio nivel de libertad formal para el autor (colores, imágenes, plantillas, o más, según servicios), los elementos capitales son comunes, con unas pocas variaciones sobre el estándar más extendido. Nos proponemos, por tanto, superar la traba planteada por Alejandro Piscitelli cuando afirmó que «si bien los weblogs son muy difíciles de describir, son bastante fáciles de reconocer» (2005: 52). No olvidemos, sin embargo, que en la proliferación de pantallas (tamaños, tecnologías y otros factores físicos del *hardware*, así como motores de renderizado[11] de imagen y demás variables de *software*) vivimos en la tercera era de la imagen que describió José Luis Brea: la imagen es ubicua y se proyecta en mil pantallas partiendo de una «condición puramente mental, fantasmagórica, espectral» (2010: 68): la imagen se materializa cada vez desde la nada y es cada vez igual o diferente. Esta alteración, de hecho, es también posible en el plano mental, ya sea por condicionantes físi-

---

[11] El motor de renderizado es el programa que se encarga de dibujar la imagen en la pantalla desde un modelo computacional: la imagen existe como datos abstractos (por ejemplo, la información de la posición relativa, tamaño y ángulo de un diseño poligonal) que son interpretados por el programa que lo transforma en elemento visual: la imagen solo existe visualmente cuando se dibuja en la pantalla y no es posible plasmarla sin el *software intérprete*.

cos o culturales del colectivo o individuo que la recibe (McLuhan y Powers 1989: 35-80).

Estandarizar en el blog la disposición de los contenidos frente al sitio web (donde diseño, disposición y demás elementos son fruto de estudios de mercado, objetivos de la web y concepciones artísticas), implica que la categorización de la bitácora y su presencia ante los ojos del lector puede resultar más sencilla. Esto se debe a que el lector no debe perder tiempo en localizar la disposición de los elementos de mayor importancia en su estructura, ya que, como sucede al leer un periódico impreso, hay elementos comunes en la organización de la información que son compartidos por todos los periódicos componiendo, así, un diseño estandarizado. En el papel encontramos secciones delimitadas y formatos de presentación y distribución del texto fuertemente estandarizados; en la pantalla, mediante el blog, se dan también elementos comunes que están en avanzado proceso de estandarización. De esta manera, el lector no precisa una curva de aprendizaje, hay sensación de familiaridad, y el formato, progresivamente, será cada vez más accesible.

Empezaremos por un blog generado sobre Movable Type, plataforma «creada por la compañía Six Apart el año 2001, fue muy popular hasta el año 2004, cuando su competidor Wordpress comenzó a ganar más usuarios principalmente por contar un licenciamiento de código abierto[12]» (Colonnello 2007: 29). En este caso, la plataforma, ahora también de código abierto, se autodefine en su página web <http://www.movabletype.org/> como «a professional publishing platform». Este sistema no oferta creación ni hospedaje de blogs, ya que se trata de un *software* que el usuario tiene que instalar en su propio servidor. Esto otorga la posibilidad de modificar y trabajar directamente sobre el código, con amplia libertad creativa hasta conseguir un weblog hecho a medida.

---

[12] Del inglés *open source*. Se denomina así al *software* desarrollado y distribuido libremente, estando mucho más orientado a los beneficios prácticos de compartir el código que a la ética y filosofía del *software* libre. El *software* libre respeta la libertad de los usuarios sobre su producto adquirido y, por tanto, una vez obtenido puede ser usado, copiado, estudiado, cambiado y redistribuido libremente, con cuatro aspectos fundamentales según su ideario: la libertad de usar el programa, con cualquier propósito; de estudiar el funcionamiento del programa y adaptarlo a las necesidades; de distribuir copias, con lo cual se puede ayudar a otros, y de mejorar el programa y hacer públicas las mejoras, de modo que toda la comunidad se beneficie.

Para ilustrar esta plataforma hemos seleccionado un veterano blog español, *Linotipo. Bitácora de Víctor R. Ruiz* <http://rvr.linotipo.es/> en activo desde 2004 por el creador de *Blogalia* <http://www.blogalia. com/>, web que —a su vez— da hospedaje a múltiples bitácoras en español. Hay que tener en cuenta que la combinación de la libertad para modificar el código de los archivos del sistema de gestión y configurar libremente el aspecto visual de Movable Type hace que los resultados que se obtengan puedan ser diversos.

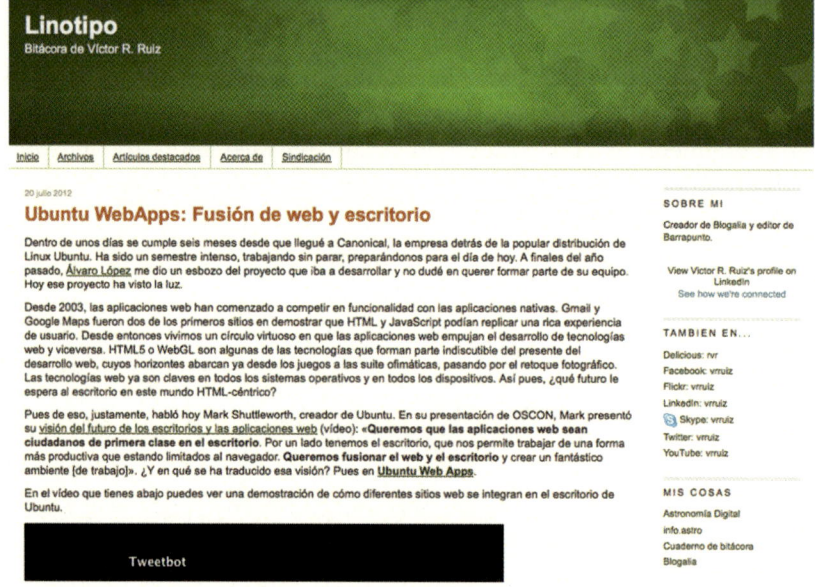

Fig. 4. Portada de *Linotipo.*

Lo que se nos presenta es un blog sencillo, con un elevado nivel de estandarización, en el que destaca la limpieza de los contenidos, con una barra superior de navegación mínima bajo el título del blog para acceder al archivo histórico de entradas, los artículos destacados, la información sobre el autor y el servicio RSS. Esta barra superior de navegación es habitual en blogs y en muchísimas webs.

En el cuerpo destaca, como es tradicional, un sistema de múltiples columnas, apostando por la clásica división en dos (aunque no es extraño ver disposiciones de tres columnas). La principal —más ancha— está situada, en este caso, en el lado izquierdo, y es ahí donde se presenta el texto de los artículos publicados. Las entradas se presentan con fecha y título como encabezamiento (en otros casos puede encontrarse el nombre del autor e incluso la hora exacta de publicación). En el pie de la entrada encontramos el indicador del número de comentarios, los *trackbacks* asociados al artículo y una botonera de webs sociales (*Del.icio.us* <http://delicious.com/>, *Twitter*[13], *Google+* y *Facebook*). El texto que aparece en portada es el completo, prescindiendo de la posibilidad de presentar únicamente los primeros párrafos, a modo de introducción. Por supuesto, para leer el texto de forma independiente —no en la propia portada— y a continuación los comentarios, debemos pinchar sobre el título del artículo.

Destaca en la columna derecha —más estrecha— el planteamiento minimalista del apartado de presentación, objetivos e intenciones del blog, lo que suponemos que se debe a la intención de dar más relevancia al contenido que al creador del mismo. El *blogroll* se presenta, por debajo de los enlaces a servicios sociales del autor, bajo el título *Mis cosas* e incluye páginas de astronomía y a la anteriormente citada *Blogalia*; el enlace de suscripción al propio RSS de este blog está situado en este mismo apartado. Le siguen en la columna los últimos comentarios de los lectores, la división por categorías (en forma de nube de etiquetas) y el archivo histórico por meses de la bitácora. Se complementa con algunos módulos adicionales, como la aparición de los últimos tuits publicados por el autor.

Pasamos ahora a una bitácora alojada en *WordPress* <http://word press.com>, popular servicio que nos permite tanto hospedar nuestro blog en sus servidores como instalar sus funciones en un servi-

---

[13] Durante un tiempo obtuvo también relativa fama la web de nanoblogueo *Jaiku*, que contaba con el respaldo de Google. Este servicio fue fundado en febrero de 2006 (en principio orientado únicamente al mercado finlandés) por Jyri Engeström y Petteri Koponen, dos antiguos asesores de Nokia. Google lo compró en octubre de 2007, y fue clausurado el 14 de enero de 2012. Su funcionamiento era muy similar a Twitter y contaba con restricciones parecidas (limitación de 140 caracteres, etc.), aunque en su momento tenía elementos tecnológicos más avanzados, como geolocalización o canales específicos de comunidades. La comunidad de usuarios creó en 2011 un archivo de compilación de los mensajes publicados en el servicio para preservarlos, disponible en la web *Jaiku Presence Archive* <http://jaikuarchive.com/> [5-8-12].

dor a nuestra elección (en este caso, descargando el *software* de la empresa WordPress desde otra web <http://wordpress.org/>). En este caso, veremos el blog *Ecologismo Literario* <http://ecologismo-literario.wordpress.com/> de la usuaria Zilniya (seudónimo), en el que se opta por una presentación a triple columna, integrando, a su vez, otros servicios, como su cuenta de Twitter <https://twitter.com/microversos>, desde donde la autora compone lo que denomina *microversos* bajo las restricciones del servicio (140 caracteres). Se aprovecha, por tanto, de la posibilidad que ofrece WordPress para poder usar «extensiones que realicen las más diversas funciones para modificar la apariencia del blog, reordenar su información, potenciar su navegación» (Colonnello 2007: 29). Estas extensiones están presentes ya en la mayoría de las plataformas, sobre todo en las que —como Movable Type y WordPress— permiten la instalación de su *software* en servidores propios. WordPress ofrece un extenso catálogo de complementos y plantillas para los usuarios que instalan su CMS en el servidor y una selección más comedida en caso de alojar el blog en su web.

Fig. 5. Portada de *Ecologismo literario* en 2012.

La parte superior, por debajo del título del propio weblog, incluye acceso directo a la información sobre la bitácora. Se facilita de este modo el acceso a los lectores al conocimiento necesario sobre la intención, funcionamiento y demás aspectos internos del blog considerados importantes por su autora. El articulado se presenta, como en el anterior ejemplo, en la columna central más ancha, de la izquierda, dejando el componente paratextual a la derecha, en una columna más estrecha. Para los artículos se opta por presentar preferentemente un extracto del artículo en la portada, por lo que para leerlo íntegramente debemos acceder al mismo pulsando sobre el hipervínculo que se genera en su título para ir a su página específica o en el marcador *Leer más* que aparece al pie. No se indica información sobre quién firma cada artículo, previsiblemente porque la autora es única, frente a otros modelos de publicación en los que participan múltiples autores y sí puede resultar conveniente indicar quién ha firmado cada una de las entradas que se publican. Sí se pueden ver fácilmente las etiquetas, presentes en la zona superior. A pie de entradilla se puede saber cuántos comentarios se han hecho en cada artículo.

A la izquierda es donde encontramos la información sobre la autora y los enlaces a los servicios sociales que usa (las webs *About me* <http://about.me>, *Twitter, Facebook, Tumblr* <https://www.tumblr.com/>, *Formspring* <http://www.formspring.me>, *Goodreads* <http://www.goodreads.com> y *Pinterest*). Asimismo, es posible encontrar los enlaces a los mismos contenidos que se indican en la zona superior, de navegación, una selección de lo más leído, el enlace de suscripción por RSS y dos módulos sociales que permiten ver las últimas aportaciones en *Twitter* y seguir a la autora también en *Facebook*. Más abajo incluso hay diversos módulos específicos, como uno para mostrar qué se quiere leer próximamente, y enlaces a asociaciones de diversa índole, incluyendo una de «Eres lo que escribes. Eres como escribes»[14]. Se llega, finalmente, a la nube de etiquetas y al *blogroll*

---

[14] Esta campaña fue impulsada especialmente desde un blog homónimo de Gabriel Trujillo alojado en Blogger <http://escribesinfaltas.blogspot.com.es/> [5-8-12] que se inauguró en octubre de 2006 y ha sumado actualizaciones hasta el año 2009. Desde entonces han surgido otras iniciativas similares, como la asociada al lema «Se habla español. Este blog es ortográficamente correcto», que nació colectivamente como fruto de la colaboración de varios miembros de la blogosfera española. Se acredita que el usuario Garbatek lanzó la idea original de la campaña desde su blog: <http://garbatek.blogspot.com> (ya no existe).

(compuesto, en realidad, por múltiples selecciones de enlaces clasificadas temáticamente), para terminar con la información sobre licencia Creative Commons[15] e indexación en catálogos de blogs y otras
asociaciones.

En el caso de *Ecologismo Literario* se puede observar cómo ha
cambiado el diseño desde 2009, año en el que apostaba por una estructura en tres columnas completas. Entonces, en la columna de la
derecha predominaban las secciones de promoción, con especial relevancia para los enlaces para servicios RSS del propio blog, y otros contenidos, como la indexación en la web *Bitácoras Puntocom* <http://
bitacoras.com/>, o a un concurso de blogs organizado por ese mismo
servicio. Destacaba entonces la integración de un *banner*[16] vertical de
otro blog, y, ya por debajo, los últimos comentarios vertidos en esta
bitácora, junto a más facilidades para la promoción, como suscripción
vía *Technorati*, *Blogalaxia* <http://www.blogalaxia.com/>, y varios
más, para dar paso, finalmente, a las aportaciones publicadas por la
autora a través de Twitter y, tras este, un *blogroll* con varias secciones.
Con los artículos en la columna central, mucho más ancha, la columna izquierda se centraba especialmente en la navegación. Por debajo
del perfil de la autora nos encontrábamos con las secciones necesarias para ir explorando el blog: lo más visto, las categorías, y la nube
de etiquetas. El archivo histórico es un menú desplegable, por lo que
apenas ocupa espacio. Por último, se especificaba qué tipo de licencia,
de las disponibles según Creative Commons, empleaba el blog. Con
esta disposición se concentraba mucha información (tanto a nivel interno como externo) al tiempo que no se alargaba en exceso la presentación de la misma a lo largo de la página por la estructura en triple columna de la bitácora. La tendencia mayoritaria, sin embargo, es

---

[15] Organización no gubernamental sin ánimo de lucro que desarrolla planes para
ayudar a reducir las barreras legales de la creatividad, por medio de nueva legislación
y nuevas tecnologías. Fue fundada por Lawrence Lessig, profesor de Derecho en la
Universidad de Stanford y especialista en ciberderecho, que la presidió hasta marzo de
2008. Sus modelos de autorizaciones emplean el mismo nombre de la organización y se
abrevian simplemente *CC*.

[16] Formato publicitario de internet consistente en incluir una pieza publicitaria
dentro de una página web con el objetivo de atraer tráfico hacia el sitio web del anun-
ciante que paga por su inclusión. Se crean a partir de imágenes estáticas o animadas,
diseñadas con la intención de llamar la atención, resultar notorias y comunicar el mensaje deseado.

el uso de dos columnas en detrimento de las presentaciones con tres, cuatro o más.

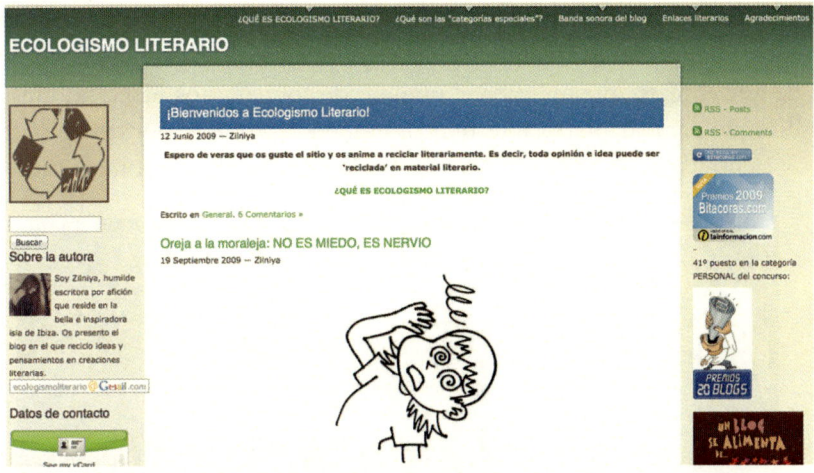

Fig. 6. Portada de *Ecologismo literario* en 2009.

Ya en Blogger, considerado «el sistema más conocido y el más utilizado dentro de los servicios de blogs» (Colonnello 2007: 30) y propiedad de Google, nos encontramos con *El alma difusa* <http://elalmadifusa.blogs pot.com.es/>, de Raúl Ariza, en el que se repite la estructura de doble columna, sin duda alguna la más extendida en la blogosfera. En este caso estamos ante un blog con vocación heterogénea, pero entre su variedad de temas la literatura es parte importante (fig. 7).

La estructura de este blog es similar a las ya vistas, cumpliendo el canon de una columna de mayor ancho donde se encuentran los artículos; en este caso, legibles al completo desde la portada. El artículo se presenta por fecha y título; al pie se encuentra el nombre del autor del texto y la hora exacta de publicación, todo ello en la columna principal que, en esta ocasión, se sitúa a la derecha.

En la columna izquierda se nos presenta una pequeña información biográfica sobre el autor y luego, el acceso a las webs de dos de sus obras publicadas (unos libros de relatos), que precede al que será el *blogroll*: un enlace destacado con una imagen animada y un listado de libros bajo el nombre de *Parole, parole, parole*, aunque no se indica expresamente qué representa esta lista (numerada del 1 al 42) ni incluye enlaces. Cierra la columna una sección de agradecimientos y la licencia

Creative Commons empleada por el autor. Solo al final de todo, en el pie, se incluye el enlace al archivo histórico de artículos de la bitácora.

Aunque ha experimentado varios cambios en la ordenación de contenidos de la columna izquierda, el diseño básico es el mismo desde hace años, aunque anteriormente incluía algunas curiosidades como el hecho de que el texto que indicaba el número de comentarios había sido modificado para adaptarse al término *almas* pudiendo leer, por ejemplo, en una entrada del blog que había «64 almas» en lugar de «64 comentarios».

DATOS PERSONALES

RAÚL

Soy "ex" varias cosas. También soy autor de los libros de relatos, ELEFANTIASIS (Policarbonados, 2010), LA SUAVE PIEL DE LA ANACONDA (Talentura, 2012) y GLÓBULOS VERSOS (Talentura, 2014), así como de otros tantos cuentos incluidos en colecciones colectivas como LOS INTACHABLES (Hipálage, 2012) y LOS INCORREGIBLES (Urania Ed., 2013), que a mí me parecen de lo más

JUEVES, 21 DE JUNIO DE 2012

Hooper, Edward

Se ha pasado media mañana sentado en el escalón de la entrada esperando verla llegar, con la vista fija en la calle principal de la urbanización, pero casi sin ver, de lo abstraído...

* Mañana día 22, a las 20h, presentación y firma en Carrefour Castellón.

* Viernes 29, a las 20h, presentación en Zaragoza, Librería El Pequeño Teatro de los Libros.

PUBLICADO POR RAÚL EN 0:05
ETIQUETAS: MICRO-BIOS

43 COMENTARIOS:

Fig. 7. *El alma difusa* en 2012.

A través de estos tres ejemplos, construidos sobre importantes plataformas internacionales y, en dos casos, alojados en las plataformas de publicación en línea de esas empresas (WordPress y Blogger), podemos ver cómo la estructura de columnas doble es más que recurrente, cobrando fuerza sobre modelos de tres o más columnas. Posiblemente, la presencia del cuerpo del blog en dos columnas es la más prototípica en la actualidad, correspondiéndose con la imagen mental que el usuario

JUEVES 4 DE JUNIO DE 2009

Dulce María

Ha colgado las cortinas que acabó de coser anoche. Flores verdes y naranjas sobre fondo blanco. Alegres, para darle un toque simpático a la cocina. Y al terminar, muestra una sonrisa de humilde satisfacción.

María se pierde entre su eterna dedicación y su buen carácter. No se desespera nunca, y nunca, en sus once años de matrimonio y sus diez de madre, se ha acercado a la cólera o siquiera al mal genio. Tiene dos niños peleones, y una niña que es una perla blanca y delicada. Como ella.

Daniel la llama Mari y la quiere bien. La quiere muchísimo desde el mismo día que la vio al salir de las clases de cuarto de facultad camino de casa de sus padres, mientras él regresaba algo abatido de una entrevista de trabajo que acabó en un *yalellamaremos* cualquiera. Tardaron muy poco en enamorarse. Él necesitaba un primer triunfo en una vida que ya se antojaba pobre y gris, y a ella siempre le han gustado las personas con cara de buena gente. Daniel acabó de encargado de almacén en una prestigiosa cadena de tiendas de electrodomésticos, y a María no le sirvió de nada su licenciatura en químicas.

María también lo quiere un montón a él. Es bueno, atento y se esfuerza muchísimo en complacerla. Tienen una vida sentimental próspera y hacen el amor con regularidad. Él, es cierto, disfruta algo más que ella, pero eso María nunca se lo ha tenido en cuenta. Lo quiere tanto, que por eso jamás le ha dicho que sueña con vidas que se viven muy lejos de este piso de la calle Albéniz, e incluso muy lejos del pequeño chalet que sus padres le dejaron en el pueblo, y al que acuden todos los puentes, y también cuando se empiezan a templar los días. Son vidas, las soñadas, en las que él no aparece por ningún lado.

Como le quiere tanto, ni se plantea contarle que una vez, hace ya casi dos años, se dejó manosear un poco por Rafa, el profesor de Lengua de los pequeños, cuando anochecía la fiesta de fin de curso que celebraron en el gimnasio del colegio, adornado para la ocasión con guirnaldas y pancartas hechas por los alumnos. Rafa la acompañó al coche, y en el aparcamiento, María se le insinuó con una mirada casi desconocida. Lo hizo para comprobar si su cuerpo podía volver a sorprenderse. Luego Rafa la estuvo buscando un tiempo, pero las vacaciones de verano ayudaron a la reflexión y las cosas volvieron pronto a la cordura.

Fig. 8. *El alma difusa* en 2009.

tiene de qué es un blog desde un punto de vista formal. Sin embargo, hay que tener en cuenta también que hay importantes excepciones debido a la evolución de las herramientas de construcción de blogs, que llegan a difuminar en ocasiones incluso las barreras —estéticas, ante todo— entre qué es un sitio web y qué es un blog, por lo que en esos casos la clasificación formal, puramente estética y funcional (pues las funciones son también variables), no es un argumento que pueda ser considerado definitivo. En cualquier caso, antes de dar el paso a otras consideraciones, veremos también blogs altamente personalizados que a nivel formal se distancian en algunos aspectos del fenotipo que hemos establecido, aunque el genotipo no cambia tanto como aparenta en un nivel superficial.

Así, existen también blogs que buscan distanciarse en la medida de lo posible de la apariencia básica de una bitácora, especialmente si giran en torno a servicios profesionales de creación u hospedaje, gracias a sus amplias opciones de personalización para satisfacer demandas muy específicas. Como ejemplo, presentamos el blog del ELElab de la Universidad de Salamanca <http://campus.usal.es/~elelab/>, cuya portada se aleja del dinamismo tradicional de la bitácora para dar paso a una más estática y visual en la que predominan los accesos a las redes sociales, que se emplean como medios de difusión comunes por parte del grupo. Eso sí, una vez se accede al articulado, regresa la estructura dominante de doble columna: la de la izquierda, mucho más ancha, tiene el texto principal; la de la derecha, un buscador interno, varios componentes sociales (Twitter y Facebook), así como el archivo histórico por meses. Alojada en los servidores de la institución académica, se trata de un diseño sobre tecnología de WordPress, lo que muestra la versatilidad que puede llegar a tener un CMS como este.

Un conocido ejemplo internacional es el blog de la primera campaña electoral del presidente de los EE. UU., Barack Obama, alojado en una web homónima, <http://www.barackobama.com>, aunque en la actualidad se han cambiado sustancialmente sus contenidos. En 2009 se presentaba como un blog en el que se integraban elementos complejos (animaciones para menús sobre Flash, incluyendo a su vez vídeos) con la estructura más clásica de la bitácora.

Una de las cosas que podía llamar la atención era la enorme cabecera, que asumía así un fuerte protagonismo gracias a su dinamismo, logrado gracias a tecnologías Flash. Su extensa personalización y creación profesional no hacen que prescinda de una estructura de doble columna. El rasgo distintivo es que en la portada la columna de la izquierda se centraba en la promoción de actos políticos, autopromoción de la asociación política responsable del blog (Organizing for America), el Partido Demócrata y otras vías de estar informado sobre Obama (enlazando a la versión para teléfonos móviles y, también, a redes sociales como Facebook, MySpace o Twitter y servicios multimedia como YouTube, Flickr, etc.).

Fig. 9. Blog de la campaña presidencial de Barack Obama (2009).

Los artículos se presentaban con título, aunque el autor no se reflejaba en la portada (sí en el interior, al hacer la lectura completa pinchando en el título), y se aportaba fecha y hora de publicación. La invitación a la lectura completa del artículo era doble: a través del título del mismo y a través de la línea *continue reading*, al final del texto de portada. No se informaba de cuántos comentarios había en cada artículo, ni se invitaba expresamente a hacer una aportación. Toda esa información (nombre del autor, número de comentarios y opción de realizar uno) sí estaba en el interior de los artículos. Más interesante era, en cambio, que la columna derecha modificaba sus contenidos y aspecto para ofrecer funciones de red social (*mis grupos*, *buscar amigos*, etc.), búsqueda de eventos, donaciones y búsqueda en blogs. La ausencia evidente era que no había opción de consultar el archivo histórico, algo que sí se contempla en la inmensa mayoría de los blogs. Esto se debe a que —en cierto sentido— no estábamos ante un blog en el que escribían autores, sino ante una especie de portal[17] de weblogs unificados a través de la figura de Barack Obama. De todos modos, pese a esos aspectos diferenciales, era evidente que a nivel formal estábamos ante un blog.

Partiendo de la observación de las bitácoras compiladas en tres libros diferentes (*Blogs. Conectados por el diseño*, de Paco Asensio —centrado específicamente en blogs de artistas visuales—, *La gran guía de los blogs 2008*, de Rosa J. Cano y F. Polo, y *The Lost Blogs*, de Paul Davidson) hemos obtenido una muestra amplia de bitácoras de todo tipo[18] en las que observamos que la presentación a doble columna es la dominante (63,11%), seguida de la configuración a tres columnas (28,78%), aunque en muchas ocasiones la tercera columna se presenta como recurso para introducir publicidad. Menos habitual es la estructura en una única columna (6,78%). La visión a cuatro columnas se emplea mayoritariamente para habilitar la colocación de publicidad en un lateral de la página, como sucede en la configuración a tres columnas, y es la presentación menos empleada (1,33%).

Por tanto, podemos concluir que aun cuando la estética y aspecto formal del blog no son suficientes como para delimitar qué es y qué no es una bitácora, hay una serie de rasgos fundamentales que suelen ser indicativos de eso. La presentación más extendida se basa en la doble columna, con anchos asimétricos y, en ocasiones, dando espacio para el uso de una tercera columna. En menor medida estarían los diseños

---

[17] Sitio web cuyo objetivo es ofrecer al usuario, de forma fácil e integrada, el acceso a una serie de recursos y de servicios, entre los que suelen encontrarse buscadores, foros, documentos, aplicaciones, compra electrónica, etc.

[18] Frente a las cartografías y catálogos impresos, consideramos más completa —por el dinamismo de la blogosfera, con creación y destrucción constante de weblogs— la indexación que ofrecen webs especializadas, como la española *Bitácoras Puntocom*, a la que recurriremos para obtener datos estadísticos en próximos epígrafes, o la estadounidense *Technorati*. Sin embargo, catálogos como los seleccionados para la realización de este estudio sobre el diseño visual de los blogs, delimitan el corpus y lo fijan para realizar una cala que, consideramos, resulta representativa de las observaciones realizadas previamente. En total, se ha analizado el aspecto de 1.145 blogs extraídos de los textos referidos más una selección de 500 blogs internacionales de diferentes temáticas y lenguas creados entre 2011 y 2012.

con más columnas o los de una sola. De la misma manera, es cada vez
más habitual encontrar la integración de módulos sociales vinculados
a redes de todo tipo que se suman, como un componente más, a los accesos a los archivos históricos del weblog, el *blogroll* y otros elementos de navegación.

3.3. Microblogueo y nanoblogueo: redes sociales heredersa de la bitácora

Frente al blog como plataforma de publicación se ha establecido un
modelo de sistemas más pequeños que en un primer momento fue-

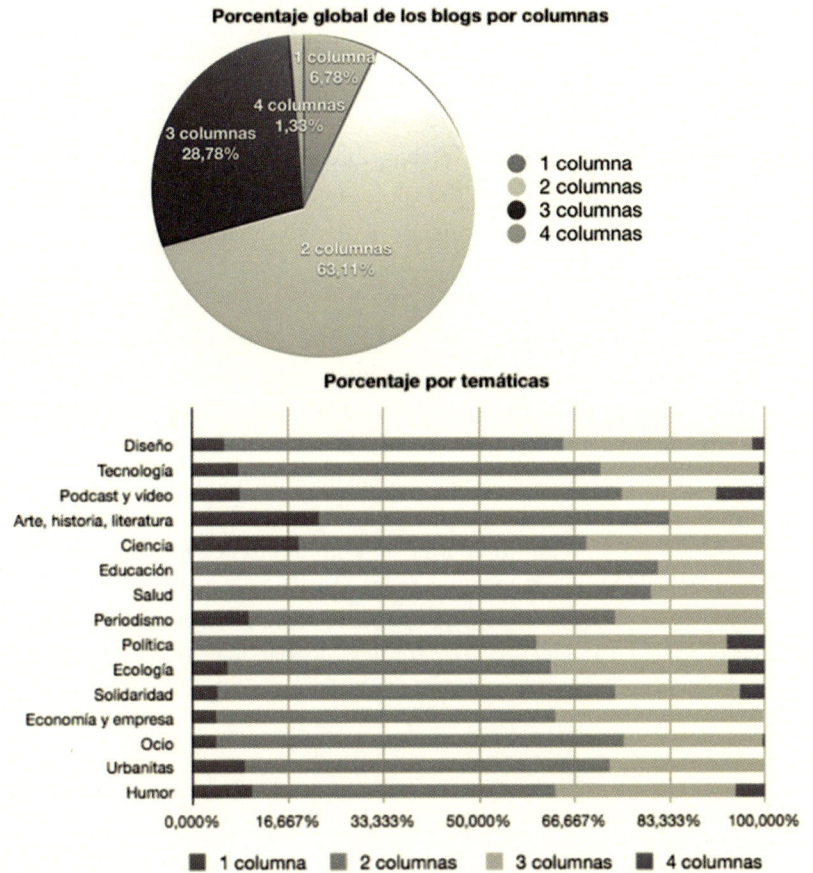

Fig. 10. Predominio de la configuración a dos columnas en los blogs.

108   DANIEL ESCANDELL MONTIEL

ron denominados *microblogs*, orientados a la publicación de contenidos de menor extensión o formalmente restringidos a, por ejemplo, fotos. De esta manera surgen los fotologs en los que la costumbre es la publicación de una imagen o fotografía acompañada de un breve comentario o descripción. Aunque este tipo de contenidos es perfectamente factible en blogs y la mayoría de los CMS están —y estaban— preparados para este tipo de contenidos específicos (actualizaciones de estado, galerías de imágenes, etc.) o bien la capacidad de edición del articulado permitía su integración y uso con suficiente libertad formal, las redes específicas de contenidos fueron cobrando cada vez más fuerza, en parte por las opciones heredadas de sistemas orientados a la construcción de redes sociales, como MySpace.

En un segundo estado, esta bifurcación del concepto del blog se deriva hacia las redes de mensajes de extensión notablemente mínima, siendo Twitter el representante más famoso, pero desde luego no el único. Es por eso por lo que consideramos necesaria la distinción formal entre el microblog y el nanoblog, entendiendo que son dos vertientes de menor tamaño del blog que, a su vez, se emparentan de manera indivisible con los conceptos de uso de las redes sociales más destacadas:

> Tratando de contextualizar, situaríamos en un extremo a los blogs, como espacios personales o corporativos en los que se incluyen textos ordenador de forma cronológica, que pueden o no admitir comentarios, y que no tienen limitación en su tamaño. Dejaremos en el extremo opuesto a las herramientas de nanoblogging como los espacios definidos para incluir anotaciones o textos (que pueden incluir enlaces) de 140 caracteres.
>
> Quedará en un punto intermedio el conjunto de servicios que bajo la etiqueta de microblogs incluyen todas aquellas soluciones y presencias en la red de carácter social para compartir textos y pensamientos [...]. Espacios como los tumblelogs[19] o los fotologs quedarían incluidos en este apartado. (Cortés 2009: 16)

---

[19] También conocido como *tblog*. Sistema de microblogueo caracterizado por la baja estructuración de los contenidos publicados, que pueden incluir pequeños textos, imágenes, vídeos o contenidos hipermedia de cualquier tipo. No es necesaria una temática definida, dado que se entienden como espacios personales. Uno de los servicios más populares en este terreno es Tumblr.

Aunque la atención se ha desplazado hacia la función de conexión entre nodos de la red rizomática y, consecuentemente, se considera que estos sistemas de microblogueo y nanoblogueo son redes sociales, no podemos olvidar que su nacimiento está vinculado a los blogs. De hecho, Twitter fue galardonada cuando todavía era un proyecto muy joven, en 2007, con el premio South by Southwest[20] en la categoría de blogs[21]. De hecho, se trata de una situación ambivalente como la que sucede en las bitácoras: en ambos casos se trata de ofrecer contenidos a la comunidad y conectar con la misma. Cuando ponemos la atención en los contenidos hablamos de diferentes tipos de blogs; cuando la atención recae en los nodos sociales que se establecen, hablamos de redes, sistemas o webs sociales.

Un elemento de consideración adicional en el contexto del microblogueo y del nanoblogueo es que el carácter entrópico de los contenidos alojados en estos sistemas —y muchas veces la falta de orientación concreta sobre los mismos— dificulta establecer líneas temáticas concretas, por lo que se vinculan mucho más con las expresiones personales de sus usuarios que con los temas que decidan cubrir. Los blogs han ido diversificando su temática, dividiéndose y fragmentándose, como resultado de la especialización de las bitácoras: esto implica una concentración temática con cierto espacio para el excurso; los sistemas de red social, en cambio, como expresión pura del canal de pulsión extimista potencian la entropía de los múltiples intereses de cada individuo. La red social es, por tanto, mucho menos concreta y no se orienta temáticamente de manera tan clara como sucede con el espacio bitacórico, salvo en los casos en los que se emplea profesionalmente o con una intención próxima para la creación de *marcas yo*[22]. Afirmó Orihuela en relación a Twitter (aunque resulta aplicable igualmente —en

---

[20] Premios otorgados por el jurado del evento South by Southwest (SXSW) que se centra en cine, música y contenidos interactivos.

[21] El discurso de agradecimiento de Jack Dorsey, director ejecutivo entonces de Twitter, fue: «We'd like to thank you in 140 characters or less. And we just did!».

[22] Como sucede, por ejemplo, en casos de periodistas que emplean la red social como medio adicional de nanomedio (pleno u orientado a reconducir tráfico por la publicidad viral de los entornos sociales en red). Se trata de usos profesionales que resultan monoorientados, pues se someten a intereses superiores, como la potenciación de una faceta concreta del individuo para potenciar su peso digital y construir una imagen de marca propia en internet.

diferentes grados— a Facebook, Tumblr y otros sistemas) que «cada usuario […] tiene que descubrir o inventarse un modo de utilizar la plataforma. No existe ninguna predeterminación acerca de los contenidos apropiados» (2011: 28). Esto es cierto en líneas generales; no obstante, como empresas, los responsables del hospedaje de los contenidos han tomado en ocasiones decisiones de censura, cancelación de cuentas, etc., al considerar que se incumplían sus términos de uso, lo que muestra una relación de verticalidad empresa-usuario de la que es difícil desprenderse en el ámbito digital, eminentemente corporativo. Incluso si se opta por publicar un blog en un servidor independiente de los ofertados como gratuitos, la empresa que presta el servicio de hospedaje de los datos puede determinar el cese del servicio. Es un punto de vista que no debe perderse, pues la libertad de expresión de la que muchas veces se hace bandera en diferentes plataformas o servicios (e incluso en internet en general) está condicionada no solo por los marcos legales nacionales e internacionales que puedan aplicarse, sino por las determinaciones que puedan llegar desde entornos puramente empresariales[23].

3.3.1. El crecimiento de Facebook

Facebook es una de las plataformas sociales más populares y ha experimentado un rápido crecimiento desde sus orígenes en 2004, pasando de ser una red social asociada a entornos universitarios estadounidenses a una global, salto que se dio en 2007. Es en ese año cuando realmente inicia su expansión, experimentando un crecimiento medio mensual del 178,38% hasta el 26 de agosto de 2008, momento en el que llegó a sus primeros 100 millones de usuarios. Cuatro años más tar-

---

[23] Un ejemplo recurrente —pues realmente ha surgido varias veces en prensa, al menos desde 2008 en una o más ocasiones al año— es la tendencia de Facebook a censurar (e incluso cancelar) las fotos de madres amamantando a sus hijos. Se trata de casos en los que los prejuicios sociales, morales, estéticos o de cualquier índole de una empresa determinan, más allá del marco legal y de la privacidad y libertad de elección del usuario, lo que puede ser publicado o no en su servicio. Sobre un caso reciente, recomendamos: Lucas, Nicolás (2012, 10 de febrero): «Facebook censura a mamás lactantes». En *El Financiero* <http://www.elfinanciero.com.mx/index.php?option=com_k2&view=item&id=4189&Itemid=26> [9-8-12].

de, en 2012, alcanzó los 1.000 millones de usuarios en todo el mundo (Lyons 2012), con un crecimiento interanual entre marzo de 2010 y marzo de 2011 de un 33% hasta los 901 millones de usuarios activos.

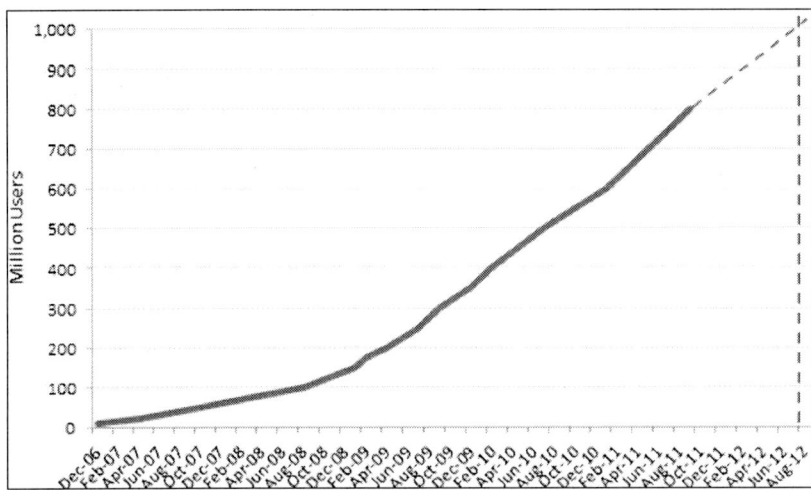

Fig. 11. Crecimiento de Facebook y proyección hasta verano de 2012 de <http://connect.icrossing.co.uk/facebook-hit-billion-users-summer_7709>.

Estas cifras, sin embargo, no se corresponden estrictamente con la realidad, pues la propia compañía reconoció que entre sus usuarios registrados unos 83 millones podrían ser cuentas fraudulentas, duplicadas o inactivas. En la documentación aportada por Facebook ante la Securities and Exchange Comission de EE. UU. en agosto de 2012 como parte de su informe financiero, la empresa cifró en un total de 955 millones los usuarios registrados. No obstante, de esos, un 4,8% serían cuentas duplicadas; un 2,4%, cuentas *mal clasificadas* (por ejemplo, cuentas creadas para mascotas, personajes de ficción, etc.) y, finalmente, un 1,5% se corresponderían con cuentas para actividades no deseadas, como publicidad abusiva (*Tom's Hardware* 2012).

Facebook no ha crecido solo en el número de usuario y en integración de servicios y aplicaciones adicionales, sino también en su concepto de actualización de estado del usuario y, sobre todo, en lo referente a cuánto se puede escribir en el mismo, pasando de un servicio de microblogueo muy restrictivo en el espacio a la eliminación de límite de caracteres. Se inició con 160 caracteres, es decir, en el terreno del nanoblog, pero a partir de 2009 empezó a verse incrementado: de 160 a 420 caracteres en 2009; luego 500, 5.000 y luego más de 60.000 caracteres en 2011, lo que implica la virtual eliminación en la práctica de esa restricción, pues pocos mensajes podrían publicarse requiriendo más espacio.

En cuanto a su estética, el aspecto visual se sitúa en el terreno del microblog, en la medida en que los mensajes largos son cortados y el usuario debe pinchar en los puntos suspensivos que aparecen en el recuadro para que se despliegue el texto completo, corte que se produce en los 400 caracteres. Tanto si es por este sutil proceso como si se ha convertido ya, simplemente, en una cuestión de uso generalizado tras los primeros años (con fuertes restricciones de espacio), sea como fuere, parece que la tendencia más común entre los usuarios individuales de Facebook es recurrir a mensajes relativamente cortos y concisos a los que, además, pueden acompañar con imágenes, vídeos o hipervínculos a otras webs y contenidos. La diferencia fundamental, por tanto, con otros sistemas de microblog se deriva de la estructura fija —escasa personalización restringida a parámetros de información personal y representación visual con imágenes— y del hecho de que (si se ha configurado la privacidad) sabemos quién va a poder leer el contenido publicado y quién no, mientras que los microblogs, en cambio, tienen una clara tendencia a ser abiertos. Esta estructura fija de su presentación choca con la tendencia que había liderado MySpace, donde la personalización de la página era uno de sus rasgos distintivos mediante la incorporación de código HTML e incluso hojas de estilo CSS.

Esta inmovilidad de la red social es lo que las distingue en profundidad de los CMS que se emplean para la publicación de blogs, lo que le ha valido ciertas críticas, junto a la estructuración jerarquizada que esos sistemas permiten:

> No deja de ser paradójico que la inspiración que Mark Zuckerberg en cuanto a crear un libro de caras electrónico —correspondiente a los modelos *top-down* de las universidades— se haya desmadrado en esta cacofonía que es «vi luz y subí» en que se ha convertido el propio Facebook como agregador de amistades sin ton ni son, aparentemente.
>
> Al contrario, los administradores de contenidos son la coronación de los grupos de usuarios de Usenet y de las listas de distribución como las que utilizamos todavía actualmente en la Cátedra de Procesamiento de

Datos en la Universidad de Buenos Aires. En todos estos casos se organiza a las personas y al contenido por jerarquía, tema y red de respuestas.

Nada de esto existe en las redes sociales, donde la herramienta clave es la etiqueta (*tag*) usada indiscriminadamente por cada quien como mejor se le antoja. El «lugar» social que cada uno de nosotros ocupa en un SRS [servicio de red social] es a medida, muta permanentemente, solo nos une el amor (circunstancial) en vez del espanto que hace posibles las organizaciones o la necesidad de la acreditación que es casi el único conjuro que pueden ofrecer hoy. (Piscitelli 2010: 14)

3.3.2. MySpace, Tumblr y el microblog

MySpace se fundó en 2003 y fue la red social más visitada entre 2005 y 2008, antes de la gran expansión de Facebook, hasta tal punto que llegó a superar a Google como la web más visitada en EE. UU. en junio de 2006. Fue en abril de 2008 cuando su rival Facebook consiguió superarla en número de visitantes únicos. Destaca por ofrecer opciones de edición de estilo visual a sus usuarios, de manera similar a lo que sucede en blogs, además de integrar funciones puramente sociales como la gestión de grupos, mensajería instantánea propia y un accesible sistema de actualización de estados para sus usuarios, de manera que pueden comunicar su ánimo o últimas novedades de manera muy simple. Sin embargo, hay que tener en cuenta que con su integración de servicios de vídeo y música en línea[24], así como con el uso general que le han dado sus propios usuarios, se ha ido especializando cada vez más como una red social orientada a los interesados en la música, tanto como para aficionados como para profesionales. Uno de los usos habituales es publicar contenidos musicales (listas de reproducción, videoclips, etc.) con comentarios para promover el debate o comentar la música con el círculo de amistades de esta red social.

---

[24] Poco después del lanzamiento de YouTube en 2005, el servicio se hizo popular en MySpace por la posibilidad de integrar vídeos en las páginas de los usuarios. Esto competía directamente con el propio sistema de vídeos en línea que acababa de lanzar MySpace, por lo que la compañía eliminó la posibilidad de introducir contenidos desde YouTube en diciembre de 2005. El volumen de quejas de los usuarios fue tal que la opción se recuperó poco después, ya en enero de 2006 (Longino 2006).

Tumblr, por su parte, sumaba en agosto de 2012 un catálogo de 68,5 millones de blogs según la información aportada en su propia web <www.tumblr.com/about> [9-8-12], mostrando las estadísticas que es un servicio más atractivo para jóvenes y jóvenes adultos en los primeros años de sus estudios universitarios (Siegler 2010). En este caso, Tumblr se refiere a sus espacios de usuarios como «blogs» y, de hecho, el sistema favorece tanto un uso orientado al blog (tal y como lo hemos visto en los primeros epígrafes de este capítulo) como uno de microblogueo mediante galerías de imágenes, la duplicación directa de contenidos de otros espacios de la red Tumblr y un sistema integral de seguimiento de usuarios para mantenerse actualizado sobre sus novedades. Sus políticas de uso se han mostrado más abiertas que en los casos de Facebook o MySpace, habiendo una presencia de contenidos eróticos o sexualmente explícitos que cuesta concebir —dadas las muchas polémicas por censura— en las otras grandes web sociales (Roncero 2012).

3.3.3. Twitter

Twitter dio sus primeros pasos en fase de beta[25] cerrada bajo el nombre primigenio de Twttr en marzo de 2006 y no se abrió al público hasta julio de ese mismo año; eso sí, inicialmente se concibió como un grupo de mensajería sobre tecnología de móviles para dar luego el paso a su presencia en la web. En seis años, el sistema de comunicación proyectado desde internet ha dado pie a multitud de aplicaciones que permiten el acceso a sus sistemas desde ordenadores, móviles y tabletas. De hecho, se cierra el ciclo: concebido originalmente para grupos de mensajería móvil, regresa a las conexiones inalámbricas gracias a la explosión demográfica de los teléfonos inteligentes, las redes inalámbricas y los dispositivos personales.

---

[25] Versión todavía en desarrollo de un *software* informático. Un estado *alpha* indica que el *software* está siendo probado en una fase temprana y solo a nivel interno por los propios creadores; una beta implica un estado normalmente más desarrollado, con pruebas en las que participan miembros no vinculados al proceso de programación ni a la compañía, pudiendo ser abierta o cerrada, es decir, restringiendo el volumen de usuarios mediante sistemas diversos, como invitaciones limitadas.

Permite realizar comunicaciones abiertas y breves (limitadas a 140 caracteres por mensaje) que se lanzan a la web y pueden ser leídas —por defecto— por todo el mundo. Cada usuario tiene unos suscriptores (seguidores) y puede ser, a su vez, seguidor de otros. Esta relación no es recíproca, a diferencia de lo que sucede en otros sistemas como Facebook, donde hacerse suscriptor (amigo) de otro usuario implica que la relación se equipara automáticamente entre ambos. En Twitter las relaciones son asimétricas y las comunicaciones sincrónicas: los tuits de éxito (publicados por importantes medios de comunicación o las *tuitestrellas* más destacadas), gracias a su duplicación por otros usuarios, tienen —de media— una vida útil de 40 minutos: Twitter es una conversación en marcha (Wang, Ye y Haberman 2011), no un blog o un corcho virtual en el que los mensajes perduran.

Con una vida media tan restringida, el tuit se aproxima a la volatilidad de la comunicación oral: estas palabras no llega a llevárselas el viento, pero sí pueden ser vistas como gotas que pronto se sumarán a un mar de datos difícilmente rastreable, ya que el volumen de mensajes generado diariamente dificulta la obtención de los resultados deseados en los diferentes motores de búsqueda a los que se pueda recurrir. Hay, por supuesto, usuarios que pueden dedicarse a retroceder en su cronología (esto es, en el listado de los mensajes publicados por los usuarios a los que sigue) o en la de otros usuarios para ver los mensajes publicados desde la última hora que se conectaron. No obstante, esto no puede considerarse a priori un comportamiento estandarizado. Además, en el caso de usuarios que tengan muchas cuentas seguidas, el volumen de tuits generado en ese lapso de tiempo —sumado al volumen que se está generando en ese preciso momento— hacen difícil una puesta al día completa. La concepción temporal base de esta red socio-informacional es el presente absoluto o casi absoluto, lo que no hace sino reforzar ese carácter conversacional.

Dada la brevedad de los textos en Twitter puede resultar difícil detectar el origen de un autor por lo que escribe, en la medida en que se centre en la ficción o incluso en el caso de que canalice sus tuiteos personales a través de una cuenta independiente de la destinada a la publicación creativa. Con textos tan cortos, es posible que los rasgos dialectales que nos permitirían identificar la variedad diatópica no se puedan percibir en la lectura de unos pocos tuits, o al menos no con la misma precisión con la que podríamos identifica a un autor con un texto más largo.

El carácter atomista del tuit hace, asimismo, que sea fácil impostar otras variaciones (no solo diatópicas, sino también diastráticas y diafásicas, por supuesto), lo que hace que una de las pocas formas de obtener información real sobre el origen del autor (que puede esconderse tras un avatar: *nick,* imagen y biografía) sea la que él mismo decida concedernos, por ejemplo mediante la introducción de la información de su ciudad de residencia o mediante la geolocalización de los tuits publicados.

El español es una de las lenguas más importantes en Twitter, y en 2012 la presencia iberoamericana en esta red alcanzó un nuevo hito cuando, según los datos de *Semiocast* (2012a), Brasil adelantó a Japón como el segundo país del mundo por detrás de EE. UU. en volumen de cuentas de usuario. Entre los veinte países con más usuarios registrados en Twitter, de acuerdo al mismo estudio, están México (7°), España (9°), Venezuela (12°), Colombia (14°), Argentina (15°) y Chile (19°). El volumen de usuarios, sin embargo, no es el único factor a tener en cuenta, pues aunque Brasil adelantó a Japón, este país emite más mensajes. De hecho, España es el tercer país en actividad (entendiendo esta como el volumen de usuarios con al menos un mensaje publicado en los últimos meses) con un 29%, por detrás de Holanda (35) y Japón (30%). En el caso de España, con una población fijada en unos 47 millones de habitantes y algo más de 8 millones de usuarios en Twitter, la penetración de uso de la red en el país es de un 17% de la población. Los datos de *Semiocast* se obtuvieron combinando datos de geolocalización, uso idiomático de los usuarios e información aportada por los propios usuarios en su ficha.

El corolario es que «les nombreux pays hispanophones dans les 20 principaux pays [...] expliquent la place de l'espagnol sur Twitter, 4ᵉ langue après le portugais et devant l'indonésien» (*Semiocast* 2012b) con el inglés y el japonés en las posiciones de liderato. En un mundo virtualizado, sin fronteras ni costes adicionales en la comunicación, la patria Twitter es una diáspora de tuiteros que se conectan desde su ordenador o dispositivo móvil, publicando mensajes mediante conexión a internet o SMS[26]. Esto genera un diálogo abierto

---

[26] El servicio de mensajes cortos o SMS (*Short Message Service*) es un servicio disponible en los teléfonos móviles que permite el envío de mensajes cortos (también conocidos como mensajes de texto, o más coloquialmente, *textos* o *mensajitos*) entre

que potencia la comunicación abierta de internet gracias al poder de los medios 2.0.

No existen estadísticas fiables de cuántas cuentas de usuario en Twitter no son públicas, sino restringidas y privadas, aunque las calas que se pueden realizar muestran con poca variación que la inmensa mayoría de los usuarios de Twitter apuestan por un uso abierto y público: los tuits son parte del conglomerado del *potlatch* digital. Aunque F. Ortega y J. Rodríguez (2011) atribuyeron al núcleo principal de este *potlatch* a la construcción informacional enciclopédica de recursos como la Wikipedia, Twitter asume también un papel importante en el conjunto de la Web 2.0 y se ha convertido en tema recurrente en noticiarios —incluso en la comúnmente denominada *prensa seria*— como medio de sondear los temas candentes gracias a las tendencias internacionales y regionales (los conocidos en inglés como *trending topics*).

3.4. HACIA EL *HOMO BLOGGER*

Señala Virgilio Tortosa la existencia creciente de un colectivo de «sujetos mutantes» (2008b: 257) que están buscando definir una identidad propia, un movimiento exploratorio de corte casi quimérico condicionado por el establecimiento de identidades que son fruto de la globalización surgida de una individualidad etérea, reticular y dislocada que se convierte en un factor determinante. Si en referencia a la industrialización de finales del siglo XIX ya reconoce una mayor complejidad en la recreación artística del sujeto, que deja de ser lineal y plano para asumir y cargar el progreso llenándose psicológicamente de múltiples *yo* y fantasmas identitarios que le aproximan incluso a procesos esquizoides, no se puede esperar menos del final del siglo XX, que ha proporcionado una aceleración mayor de la realidad en un plazo de tiempo reducido. «Las nuevas tecnologías de la comunicación y de la información han practicado una desterritorialización de la realidad» (259) en la que tiempo y espacio deben reconfigurarse. La espacialidad

---

teléfonos móviles, teléfonos fijos y otros dispositivos de mano. El sistema SMS fue diseñado originariamente como parte del estándar de telefonía móvil digital GSM, pero en la actualidad está disponible en una amplia variedad de redes.

delimitada —física— da paso a la globalización y a su campo etéreo y reticular, desestructurando y deslocalizando el mundo, lo que fuerza la búsqueda de una identidad, ya sea colectiva o individual, o incluso atribuida o construida, como apunta Tortosa. En este sentido, Manuel Castells ya advirtió que

> La identidad se está convirtiendo en la principal, y a veces única, fuente de significado en un periodo histórico caracterizado por una amplia desestructuración de las organizaciones, deslegitimización de las instituciones, desaparición de los principales movimientos sociales y expresiones culturales efímeras. (1997: 33)

Los territorios o las fronteras han visto diluida toda importancia, al igual que los conceptos sociales establecidos, y con ellos sus símbolos de autoridad y poder, cediendo terreno a marchas forzadas ante las espacialidades virtuales, en lo que se ha denominado «síndrome del éter» (Tortosa 2008a: 151-213).

La relación entre el sujeto y el mundo, constituido a través de la red, se convierte en una tensión permanente y creciente entre la precisión de la identidad y la globalidad que la envuelve, lo que lleva al individuo hacia la inducción de un individualismo intenso que se define por lo que Echeverría califica como «cosmopolitismo doméstico» (2003: 18), describiendo comportamientos asociados a la extimidad, que nace de una «teleidentidad que no requiere de presencia física del sujeto sino de la concreción de las herramientas informáticas» (Tortosa 2008b: 262) en una constitución de un *tecnocuerpo* capaz de modificar la propiocepción (Echeverría 1995: 16), incluyendo en la conciencia del cuerpo del individuo su proyección digital a través del ordenador. Y es que, aunque el tecnocuerpo es descrito por Echeverría como un «cuerpo humano implementado por un conjunto de prótesis tecnológicas que le permiten acceder y ser activo en el tercer entorno» (2003: 18), este no se constituye por la suplantación de elementos biológicos, sino por la suma e integración de los elementos tecnológicos que dan acceso a esta nueva esfera.

El individuo, por tanto, puede extender su tecnocuerpo no solo a las limitaciones físicas del contacto con el mundo virtual, sino a su propia entidad virtual. Si esto, a su vez, se interpreta como un acto compartido con el resto de los individuos en contacto a través del entorno digital, no es de extrañar que se genere un proceso de exhibición, de ruptura de la intimidad en un camino hacia la extimidad que no es sino la exposición pública del *yo* a través de entornos virtuales. El blog (y sus formatos afines, como el *fotolog*[27], *vBlog*[28] y redes sociales) se ha convertido en el canal de exhibición *extimista* gracias al anonimato (si así se desea) y la facilidad de recursos que se ofertan mediante los medios interactivos, permitiendo concebir el espectáculo del *sí mismo*, ya sea este inventado o no, siendo «manifestaciones renovadas de los viejos géneros autobiográficos. El *yo* que habla y se muestra incansablemente en la Web suele ser triple: es al mismo tiempo autor, narrador y personaje» (Sibilia 2008: 37).

Esto hace que en muchos casos la construcción del *yo* digital sea un acto ficcional, un ejercicio de narrativa, dada la fragilidad del estatuto del *yo*, pero al mismo tiempo se desarrolla —a través de la consagración del ego— el subjetivismo como rasgo distintivo y de valor añadido del autor del blog. Este narcisismo es lo que hace a cada blog diferente del resto de millones de bitácoras similares, su personalidad, única, es lo que inyecta ese valor distintivo. En un maremágnum de millones de blogs nos encontramos con que —en la práctica— todos los campos temáticos, los estilos y las funciones están ocupados y es difícil producir un espacio propio. Por eso la visión subjetiva de los temas tratados, la exposición vital, la narración de la experiencia propia, se convierte en el valor diferenciador y esencial de todos y cada uno. Se potencia esa concepción de «diario público realizado a partir de la percepción concreta de un usuario» (37) que se expande y penetra en sectores no centrados en el individuo, sino en campos profesionales de todo tipo, algo extendido cada vez más en la sociedad occidental:

---

[27] A partir del nombre comercial de *Fotolog.com*, y también del neologismo inglés *photoblog*, es un formato de Web 2.0 en el que los usuarios publican fotografías. En vez de publicar galerías o series de imágenes, se mantiene un ritmo de actualización regular, habitualmente con pocas imágenes, representativas de la vida del usuario. Las imágenes suelen ir acompañadas de texto, considerándose ambos elementos de similar importancia: el texto describe la foto o la foto complementa el texto, indistintamente.

[28] Blog centrado en la publicación de vídeos.

En Occidente arraiga en los diferentes campos profesionales como forma de expresión y divulgación de los asuntos internos; en concreto, en literatura y arte cada vez son más frecuentes los blogs de ciertos cibernautas que ejercen la crítica a obras recientemente publicadas o films recién estrenados. Pero también en ámbitos como la jurisprudencia, política medioambiental, economía, etc., su arraigo permite conectar a una comunidad de cibernautas con sensibilidades e intereses análogos. (Tortosa 2008a: 200)

Esto hace que surjan blogs sobre cualquier tema, siempre con la visión subjetiva del escritor como un elemento diferenciador clave que se ve reforzado por el diálogo que se establece entre el autor y los visitantes que participan activamente a través de los comentarios. La diversidad se refleja, por ejemplo, a través de la cartografía de weblogs españoles categorizados por temas que establece Orihuela (2006: 195-243) con 31 áreas temáticas diferentes, o las de Jiménez y Polo (2007), con 16 áreas temáticas, aunque con diferentes subcategorías en su catálogo de blogs en español. Eso sin entrar a considerar que las clasificaciones categóricas cerradas tienen cada vez menos sentido gracias al uso de etiquetas y de los metasistemas de indexación, como la web *Technorati*.

La proximidad entre autor y lector favorece el diálogo abierto entre ambas partes, que constituye, en términos de Lessig, un foro de debate virtual, libre y variopinto donde la discusión no está dentro de un blog, sino entre los blogs, puesto que

Blogs create the sense of a virtual public meeting, but one in which we don't all hope to be there at the same time and in which conversations are not necessarily linked. The best of the blog entries are relatively short; the point directly to words used by others, critizing with or adding to them. They are arguably the most important form of unchoreographed public discourse that we have. (Lessig 2004: 55)

Se constituye así un sentimiento de reunión pública virtual donde el debate tiene una cualidad de extensión a lo largo del tiempo debido a la permanencia del diálogo, destacando igualmente Lessig el valor amateur (en el sentido de no remunerado) del bloguero, lo que establece una comunidad de iguales: no hay diferencia entre los miembros de la comunidad de blogueros y esta resulta libre, abierta y sin distinciones culturales, sociales, étnicas, etc., pues todos esos elementos no trascienden a través del anonimato respaldado por el entorno digital, siempre que el autor así lo quiera. El nivel igualitario es extensible a los lectoautores en una relación con el bloguero que Ricardo Galli retrata con notable sorna cuando escribe su Ley de Transposición de las Bitácoras, trufándola de toda suerte de corolarios, generalizaciones y paradojas. La Ley nos dice que

> Si un tema planteado en un artículo admite respuestas correctas basadas en el análisis de las evidencias, tendrán más éxito los comentarios simplistas, sin rigurosidad y que ignoran la evidencia. (2005)

Galli se permite el lujo de jugar con el lenguaje de establecimiento de leyes de manera similar a como hizo Edward A. Murphy Jr., en un tratamiento igualitario con sus lectores, que le responden en términos similares en los comentarios del blog, estableciéndose un diálogo abierto entre el bloguero y sus lectores en el que se discute sobre la calidad de las aportaciones de los segundos como reacción al tipo de texto generado por el primero, en una discusión metabloguera sobre las relaciones que se establecen entre ambos elementos, indispensables, de la realidad blog. Se cruzan los comentarios a favor o en contra, los que entienden el juego y los que no, aunque son todos ellos individuos participativos de la construcción del blog, porque este se genera no solo sobre el articulado del autor, sino también sobre la reacción de la comunidad en el mismo, y la respuesta del autor a esa reacción (ya sea en comentarios adicionales publicados por él mismo o con una entrada posterior dentro del cuerpo del articulado).

Si el lector es sujeto de análisis, no lo es menos el autor, y más allá de los análisis generalistas (o más bien de corte anglófono) de las grandes comunidades internacionales, *Bitácoras Puntocom*, una de las mayores redes sociales de blogs en lengua española, ha realizado su propio estudio[29] para establecer el perfil del bloguero en español

---

[29] El estudio se realizó por primera vez en 2009 <http://bitacoras.com/informe/09> y se repitió en 2010 <http://bitacoras.com/informe/10> y 2011 <http://bitacoras.com/informe/11>. A efectos de la obtención de datos, trabajaremos principalmente con los recabados en 2009 y 2011.

mediante el análisis directo de las estadísticas de las bitácoras registradas en su servicio.

Debemos tener en cuenta que el estudio se realiza sobre la totalidad de blogueros registrados en la plataforma. La muestra para el estudio del año 2009 consta de un total de 319.026 bitácoras indexadas en *Bitácoras Puntocom*. Esos blogs habían producido 3.067.058 entradas. El número de blogueros registrados ascendía entonces a 119.161. Los datos son contundentes en algunos aspectos: el 81% son varones, y la edad no es tan temprana como podría prejuzgarse, pues el 38,8% de los blogueros tienen entre 25 y 34 años; un 20,26%, entre 35 y 44 años, mientras que un 24,03% están entre los 19 y los 24 años. Geográficamente, España acapara el 52% de los blogueros. Argentina, México y Chile son, por ese orden, los siguientes países en la lista. Dentro de los mismos, la concentración de los usuarios es también significativa por ciudades, pues en el caso de España la inmensa mayoría de los blogueros se aglutinan en Madrid, Barcelona, Sevilla y Valencia; el carácter es plenamente urbanita. Esta estadística se dispara en Hispanoamérica alcanzando el cénit Santiago, que acapara el 55% de los artículos escritos en Chile. Por último, destaca también el carácter personal, extimista, de la mayoría de los weblogs del servicio: casi el 34% son personales o de carácter autobiográfico, mientras que el 11% son de actualidad y noticias. Dentro del amplio campo cultural se recogen únicamente el 9% de los mismos, y un 5% son sobre educación.

En el salto a 2011 nos encontramos con 576.681 blogs indexados que han dado pie a 20.833.417 entradas registradas por *Bitácoras Puntocom* y un total de 204.312 usuarios. En ese año, el 72,43% de los blogueros eran hombres; el crecimiento hasta un 27,57% de mujeres representa una mejora de seis puntos sobre los datos de 2010 y prácticamente diez sobre los de 2009. Por edades, el grupo con mayor representación es el de 25 a 34 años (37,35%), seguido del de 19 a 24 (22,11%) y el de 35-44 (21,05). Así pues, el 80% tiene una edad comprendida entre los 19 y los 44 años, gracias a un ligero incremento en los segmentos de mayor edad entre 2009 y 2011.

Por países, 2011 muestra que España es el país dominante en la blogosfera hispana con un 52,7% de los blogueros viviendo en nuestro país. Siguen, en orden de peso, Argentina (10,1%), México (8,6%), Chile (5,6%), Perú (5,1%), Colombia (4,3%), Venezuela (3,1%), República Dominicana (1,4%) y Ecuador (1,2%). El resto de los países (incluye blogs españoles de residentes en EE. UU. y otros países no hispanohablantes) representan el 8% restante, por lo que no se han generado diferencias sustanciales en estos años.

La concentración urbana tampoco experimenta grandes cambios: Buenos Aires concentra un 66,08% de los blogueros argentinos, por ejemplo. En el caso español, Madrid representa un 39,18% de los blogueros, seguida de Barcelona (22,04%); a más distancia se encuentran Valencia (8,48%) y Sevilla (7,89%).

Como se desprende del notable incremento en el número de entradas indexadas (de 3.067.058 en 2009 a 20.833.417 en 2011), la blogosfera hispana experimenta un fuerte crecimiento, si bien este se ha ralentizado en los últimos trimestres analizados, lo que puede ser consecuencia de que, aunque crece el volumen de bitácoras en español, muchas de ellas tienen muy baja actividad: un 81,34% son clasificados como blogs de muy escasa actividad y un 11,03% de escasa actividad. Solo un 7,63% pueden considerarse como activos con cierta frecuencia regular, lo que viene respaldado por otros informes:

> El número total de blogs abiertos es muy elevado y las diversas fuentes no se ponen de acuerdo en fijar una cifra concreta. Según Blog Pulse, a finales de 2010 había 152 millones de blogs en todo el mundo, otras fuentes cifran los datos entre 130 y 180 millones.
> En el caso español, el 70% de los internautas declara haber accedido a algún blog, ya sea de tipo profesional o personal. Sin embargo, el número de usuarios de internet que dispone de blog es mucho más reducido, concretamente el 28% de los internautas afirma tal circunstancia, pero sólo el 7% lo actualiza con frecuencia. (Gimeno 2011: 144)

Por último, la distribución temática de los blogs hispanos sigue dando prioridad ante todo a las cuestiones personales; no obstante, han experimentado un claro retroceso hasta el 22,85%. Sí crecen los de historia, arte y literatura hasta un 14,53%, mientras que cultura y sociedad retrocede levemente hasta un 10,02%. Los de noticias y actualidad también retroceden hasta el 10,16%.

	2009	2010	2011
Blogs indexados	319.036	417.371	576.681
Entradas indexadas	3.067.058	6.344.246	20.833.417
Blogueros registrados	119.161	157.773	204.312
TEMÁTICA*			
Personales	33,75%	1,25% (aprox.)	22,85%
Historia, arte, literatura	4,4%	4,5% (aprox.)	14,53%
Noticias, actualidad	10,68%	34%	10,16%
Cultura, sociedad	9,2%	4,3% (aprox.)	10,02%
PRESENCIA POR PAÍSES			
España	54,5%	52,3%	52,7%
Argentina	10,2%	10,6%	10,1%
México	8,9%	8,7%	8,6%
Chile	7%	6,1%	5,6%
Perú	4,7%	4,8%	5,1%
Colombia	3,1%	4%	4,3%
Venezuela	2,9%	3%	3,1%
República Dominicana	1,5%	1,6%	1,4%
Uruguay	1,1%	1%	1,2%
Resto	6,1%	7,8%	8%
BLOGUEROS POR SEXO			
Hombres	81,18%	78,16%	72,43%
Mujeres	18,82%	21,84%	27,57%
BLOGUEROS POR EDAD			
0-18 años	6,56%	7,84%	7,19%
19-24 años	24,03%	23,75%	22,11%
25-34 años	38,38%	38,78%	37,35%
35-44 años	20,26%	19,34%	21,05%
45-49 años	4,94%	4,81%	5,06%
50-54 años	2,47%	2,61%	3,74%
55-64 años	2,08%	1,99%	2,35%
Más de 64 años	1,30%	0,89%	1,14%

* Aunque la anomalía en los datos de 2010 es obvia en lo referente a la temática en relación a 2009 y 2011, no se explica en el estudio original a qué se atribuye esta desviación

Fig. 12. Cuadro sinóptico del perfil bloguero hispano 2009-2011 a partir de los datos de *Bitácoras.com*.

El bloguero medio hispano en la actualidad es un varón español de 25 a 34 años que opta mayoritariamente por servicios gratuitos de hospedaje para su publicación. Es el perfil, por tanto, de quien está en proceso de convertirse en el *homo-blogger*[30] contemporáneo. Sin embargo, ¿cuáles son las motivaciones que impulsan a ese colectivo a dejar su impronta en el blog, ya sea mediante artículos de opinión, creaciones literarias o la exposición pública de su psique. De acuerdo a los datos recabados entre los años 2004 y 2005 compilados en la «II Encuesta a webloggers y lectores de blogs»[31] (*Tinta China* 2005) mediante la consulta tanto a escritores de blogs como a lectores de los mismos, los blogueros se perciben como internautas veteranos que han sentido ya la necesidad de abandonar la posición pasiva del receptor de información. Se trata, por tanto, de superar el papel pasivo, el mismo rol que se adopta ante otros medios de comunicación que no admiten vías de participación directa, o en todo caso limitada a vías, momentos o formatos concretos, como los mensajes SMS sobreimpresos en el programa de turno en televisión, o los programas de llamadas en la madrugada radiofónica para dejar constancia de su presencia, opinión, etc. Una consciencia de ellos mismos que es parte del mismo impulso que ha nutrido con tanto éxito las redes sociales.

Por eso debemos tener en cuenta que este proceso no puede tener lugar hasta que se inicia la consolidación de la democratización de los formatos de publicación en la Web 2.0[32], cuando los conocimientos avanzados de lenguajes informáticos y de los sistemas y mecanismos

---

[30] Entiéndase como subespecie, e incluso un paso más allá, del *homo digitalis* que, entre otros, definió Roman Gubern (*El simio informatizado* 1987) y sobre el que reflexionó específicamente Sáez Vacas, Fernando (2011): «Nativos digitales, inteligencias artificiales ¿Homo digitalis?». En *Telos (Cuadernos de Comunicación e Innovación)*, 86, enero/marzo 2011, <http://sociedadinformacion.fundacion.telefonica.com/DYC/TELOS/ResultadoBsquedaTELOS/DetalleArticuloTelos_86TELOS_TRIBUNA1/seccion=1227&idioma=es_ES&id=2011012711540001&activo=6.do> [8-8-12].

[31] Aunque es más reciente el estudio de 2006 del Observatorio de la Cibersociedad y la Universidad Carlos III (publicado en febrero de 2008 por Fernando Garrido y Tíscar Lara bajo el título de «III Encuesta a Bloggers»), el objeto de estudio estaba restringido a los autores de blogs y a trazar un perfil en función del país de residencia, con resultados porcentualmente muy similares a los obtenidos años antes. Sus resultados muestran que el bloguero hispano responde al perfil de hombre joven (73%), mayoritariamente entre 20-30 años (51%), con estudios universitarios (70%) y varios años de experiencia en internet (76%). Tienen especial presencia los españoles (46%), seguidos de mexicanos (14%), argentinos (9%) y chilenos (8%).

[32] Piscitelli identifica el weblog como uno de los pilares fundamentales para la creación de nodos de comunicación superada su concepción original y su fase de *moda* (2005: 51).

de funcionamiento internos de la red[33] dejan de ser imprescindibles como resultado de un cambio capitaneado por los blogs y su facilidad de edición, publicación y coste económico típicamente nulo. Es en ese momento cuando el internauta medio puede convertirse en emisor de información no solo a través de los foros de empresas, medios de comunicación, etc., ni mediante las *newsletters* —cerradas por definición al público global, al requerir suscripción previa—, sino a través de su propio espacio virtual.

Los resultados de las encuestas a las que hacíamos referencia mostraron entre las opciones de preferencia a la pregunta sobre cuáles son las razones para tener una bitácora el hacerlo «como una forma de libre expresión», «para compartir conocimientos», «como un diario personal», «a modo de entretenimiento», «como desahogo» y «como un medio para conocer gente». Lo que se desprende de los resultados de esta encuesta es que las razones que impulsan a los blogueros a escribir y mantener sus bitácoras son heterogéneas y en absoluto cuantificables, dado el amplísimo espectro del formato, aunque consideramos relevante la visión que aporta Mariano Amartino a través de su propia observación:

> Nosotros escribimos porque nos sentimos reconocidos si nuestras notas son buenas, y queremos demostrarle al mundo que [sic] inteligentes somos, que [sic] profundos son nuestros pensamientos y que [sic] diferentes somos frente al promedio de los mortales. (2002)

El ego, la reafirmación de la personalidad y el subjetivismo son las claves que Amartino establece como motivos principales para impulsar al bloguero son las mismas que señalan la crítica artística y cultural. No hay, por ende, tanta diferencia con la búsqueda de reconocimiento, fama o de un trampolín a estancias superiores, si tanto se quiere, entre los objetivos del bloguero y del que intenta publicar por otros medios. El propio Amartino ya advierte que el blog da la oportunidad de mostrar al mundo (esto es, quizá, al editor) lo buen escritor

---

[33] Ted Nelson ya afirmó en 1974 que «in hypertext systems there is a good reason to make the tools and access privileges of all users the same: the reader's tool can be the same as the author's tool. Thus hypertext may be intrinsically an egalitarian medium» (31).

—o periodista— que se es sin intermediarios, comunicando directamente con el público. Tan solo una parte de los blogs es concebida como diario personal de lectura restringida a «un estrecho círculo de amigos y controlan el acceso usando claves» (Landow 2006: 117). Igualmente, Biz Stone señala el blog como un medio para obtener beneficios a través de compartir y adquirir información con independencia del tema central del mismo, como un proceso psicológico saludable para ejercitar la mente, pues «every post you publish is added to your life's work, and that work is a windows on your mind [...]. Blogging is an everyday practice of searching, thinking and writing» (Stone 2004: 115). Esto se debe a que el acto de creación del artículo para el blog implica una selección de la información relevante, que debe —en un entorno ideal— ir respaldada por enlaces a las fuentes y añadir los comentarios de valor, esto es, la aportación propia e individual que justifica la inclusión de esa información en el blog, lo que sirve para estimular la visión analítica.

En el ámbito académico, Orihuela nos da su propia visión sobre por qué mantiene un blog, destacando en el primer punto (de tres) que este es «para compartir contenidos e investigación de una manera fácil y rápida» (Orihuela 2006: 101-102), debido a la efectividad para compartir enlaces a otros contenidos, noticias, textos propios, y que, a su vez, permanezcan almacenados de manera estable. No se olvida tampoco, como segundo punto, del valor experimental del mismo como mecanismo de estudio de las relaciones sociales en la era digital. El tercero y final es su valor puramente educativo, como herramienta para la gestión de conocimientos, de investigaciones, y, una vez más, como método para compartir las informaciones localizadas.

Landow, por su parte, defiende el blog como formato de publicación ensayístico ampliamente disponible por primera vez en la historia para proyectar al lectoescritor nelsoniano a través de la facilidad para generar textos hipertextuales concebidos como un

> Grupo de documentos en red, creados para funcionar solos y para formar parte de una red mayor. En ambas modalidades [...] los lectores pueden entonces elegir qué áreas quieren investigar más en profundidad, y estos materiales auxiliares se convierten en paratextos: elementos añadidos que son fácilmente accesibles desde la lexía que se está leyendo. (2006: 112)

Esto se opone a los dos modelos de texto ensayístico de menor hipertextualidad referidos por Landow: el cerrado, en el que el autor crea una prosa hipertextual sobre documentos que incluyen enlaces a otros documentos situados en la misma web, y otros sitios; y el —tristemente— más extendido modelo en el que se coloca un texto sin enlaces, y con un formato que apenas permite la navegación más básica, lo que muestra una incomprensión del formato y una incapacidad para generar hipertextualidades que están resultando en las —al menos— otras dos nuevas formas de ensayo académico ya expuestas.

La gente, en definitiva, escribe en el blog porque quiere y porque puede. Quiere ocupar su espacio, hacerlo propio, reclamarlo para sí mismo y dejar su impronta única e intransferible; tomada esa determinación, puede llevarla a cabo, dada la disponibilidad tecnológica, y la voluntad misma del autor, construyéndose así el espacio utópico virtual sobre el que se genera una nueva experiencia comunitaria: la blogosfera, constituida por la totalidad de la comunidad bloguera.

3.5. LA BLOGOSFERA

La construcción de la comunidad bloguera es una de las entelequias establecidas entre los propios miembros de dicha comunidad, a la que no le faltan ni detractores ni defensores a ultranza. Sea como fuere, todos hablan de la blogosfera, para defenderla o para criticar su concepción misma. Sin embargo, uno de los rasgos principales del bloguero es su sensación de identidad constitutiva de una cultura propia, una comunidad o medio social generada a través de servicios, sistemas y herramientas intangibles que están enlazándose recíprocamente, retroalimentándose no solo en secciones concretas de la estructura propia del blog (el *blogroll*), sino a través de la citación, la paráfrasis y exégesis (en ocasiones, cercanas al plagio) que nacen de una sociedad de pares, igualitaria, en la que la palabra está en un viaje continuo y compartido. Enunciaba el Critical Art Ensemble que

> Quizás el plagio pertenece por derecho propio a la cultura post-libro, puesto que sólo en una sociedad semejante puede ponerse de manifiesto lo que la cultura del libro, con sus genios y autores, tiende a ocultar: que la

información es más útil cuando interactúa con otra información que cuando se deifica. (1998: 38)

En el mismo artículo, rememora este colectivo incluso que «las obras de plagiarios ingleses como Chaucer, Shakespeare, Spenser, Sterne, Coleridge y De Quincey forma[n] parte fundamental de la tradición cultural inglesa, y siguen estando en el canon literario» (37), lo que nos sitúa en la línea del *homo sampler* de Fernández Porta, el que *samplea*, el que imita voces:

> No porque se apropie sino porque vive en su momento, sale de casa, es sensible a los signos y formas del paisaje mediático —y se cuida de señalar la procedencia de sus ideas. La diferencia entre samplear y plagiar es bien clara, y la resistencia a reconocer la originalidad del sampleador es un prejuicio posmoderno. (2008: 161)

Porta entiende que es legítimo recombinar, reutilizar y regenerar, mediante esos mecanismos, los elementos preexistentes, ejerciendo como una suerte de caja de resonancia de las líneas ajenas. Esto no implica una ausencia de originalidad, algo que está igualmente asumido en el colectivo de blogueros como un cambio en la percepción de la autoría y en los derechos del receptor sobre la obra emitida. Es el mismo precepto de la posproducción de Nicolas Bourriaud, para quien el ámbito de creación artística y cultural ha alcanzado ya un punto de saturación tan grande que ante la imposibilidad factual de inventar desde la nada se parte de la reformulación de lo ya existente: el espacio para la innovación está en los nuevos vínculos e interpretaciones. Los artistas se convierten, por tanto, en remezcladores o, como él los llama, semionautas:

> «Semionauts» who produce original pathways through signs. Every work is issued from a script that the artist projects onto culture, considered the framework of a narrative that in turn projects new possible scripts, endlessly. The DJ activates the history of music by copying and pasting together loops of sound, placing recorded products in relation with each other. Artists actively inhabit cultural and social forms. The Internet user may create his or her own site or homepage and constantly reshuffle the information obtained, inventing paths that can be bookmarked and reproduced at will. (Bourriaud 2002: 18)

Es una herencia posmodernista fruta de un desarraigo con el futuro prometido en los albores del siglo xx, en los sueños incumplidos del año 2000 fruto de la ejecución máxima de la era de la reproducción técnica en el arte que enunció Walter Benjamin en 1939. Partió entonces de varios ejemplos que le eran contemporáneos, como la litografía, la fotografía, la grabación y reproducción del sonido. Entonces afirmaba Benjamin que «hasta la reproducción más perfecta tendrá siempre *algo* que falta: el *hic et nunc* de la obra de arte, la unicidad de su existencia en el lugar en que se encuentra» (1939: 9), algo que ya no es aplicable en la medida en que el arte no es traslación y reproducción, sino creación en un medio digital multiplicable hasta el infinito sin alteraciones. Precisamente también en relación a la fotografía y la música, dijo Benjamin que estas —entre otras— son refundibles, situándonos ya en la senda del *homo sampler*. Esas vías creativas, por tanto, «entran en esa masa incandescente en la que se funden las formas nuevas. [...] Se confirma que la literarización de todas las condiciones de vida es la única que da un concepto ajustado del alcance de este proceso refundidor» (1934: 9). La nueva situación del *sample* puede ser percibida, en sí misma, como una decepción que, como propone Dave Graeber, deja al autor en el papel anulado del creador al asumir que todo lo nuevo ha pasado ya, estando condenados a la repetición, al pastiche. Afirma Graeber que

> The postmodern sensibility, the feeling that we had somehow broken into an unprecedented new historical period in which we understood that there is nothing new; that grand historical narratives of progress and liberation were meaningless; that everything now was simulation, ironic repetition, fragmentation, and pastiche —all this makes sense in a technological environment in which the only breakthroughs were those that made it easier to create, transfer, and rearrange virtual projections of things that either already existed, or, we came to realize, never would. Surely, if we were vacationing in geodesic domes on Mars or toting about pocket-size nuclear fusion plants or telekinetic mind-reading devices no one would ever have been talking like this. The postmodern moment was a desperate way to take what could otherwise only be felt as a bitter disappointment and to dress it up as something epochal, exciting, and new. (2012: 1)

La comunidad se basa, entonces, en la remezcla interna de los blogs y en la externa entre el conjunto de bitácoras, siendo esta la blogosfera que, en última instancia, se orientará a la simulación —como «funcionamiento del simulacro en cuanto maquinaria, máquina dionisíaca» (Deleuze 1968: 263)— en la blogoficción al ser la bitácora una de las tecnologías del mundo del simulacro que identifica Graeber, puesto que «the technologies that have advanced since the seventies are mainly either medical technologies or information technologies —largely, technologies of simulation» (2012: 1). Se genera aquí una «*estética de la apariencia digital*, la tecnoestética, que se vuelca con entusiasmo a la simulación y el simulacro, nublando la transparencia de cualquier verdad» (Marchán 2006: 30).

La blogosfera a la que nos referimos es un término creado por Brad L. Graham en 1999 como una broma cuando se pregunta cómo llamar a este nuevo espacio virtual: «goodbye, cyberspace! Hello, blogiverse! Blogosphere? Blogmos?», y que luego retoma y proyecta internacionalmente William Quick en 2001 cuando nos dice: «I propose a name for the intellectual cyberspace we bloggers occupy: the Blogosphere», bajo el que se agrupa la totalidad de weblogs existentes a raíz de su tendencia a la interconexión social, conformando no tanto una masa homogénea, sino por un complejo heterogéneo en el que, sin embargo, enlaces, comentarios y contenidos viven en un proceso de retroalimentación.

No obstante, eso incluye también un juicio de pares en el que todo está sujeto a ser sometido a un escrutinio profundo, sobre todo a través de metablogs[34], como los sistemas de seguimiento de bitácoras (*Technorati*), los portales verticales (*Bitacoras.com*) y los propios servicios de alojamiento de los blogs (*Blogia*). Eso hace que, si el blog es una exaltación del *yo*, la blogosfera establezca la cultura del *nosotros*, en lo que Ugarte clasifica como Web 2.1, con el paso de un yo-rey a un nosotros-red (2007). Eso se debe a que la interrelación entre blogueros alcanza un elevado nivel de complejidad. En el esquema de relaciones, los vínculos cruzados del rizoma digital son tantos que imposibilitan la ejecución plena de un análisis estructural del conjunto que se refleje en un organigrama de los mismos, pues se generan subredes conectadas entre sí mediante nodos donde no hay una jerarquía entre los mismos: «la red se conforma como una enredadera» (Polo 2007: 17), una estructura en la que el tronco —los portales que centralizaban la infor-

---

[34] No en el sentido de la API desarrollada por Userland Software llamada *Metaweblog*, sino en el sentido de estructuras bitacóricas en las que se clasifican, puntúan, promocionan e interrelacionan blogs.

mación en los noventa— no tiene razón de ser. Esta compleja trama de relaciones genera esas comunidades reducidas, que a su vez germinarán en nuevas subredes, esto es, en nuevos grupos de personas unidas entre sí dando lugar a focos de información; estos grupos, por supuesto, no están aislados, sino interconectados. Cada nueva subred se enlaza con otras extendiendo la enredadera, lo que hace las delicias de quienes apoyan la teoría de los seis grados de separación[35].

No hay que dejarse engañar, pues la blogosfera española compone una mínima parte de la totalidad, fijada en torno a un 4% del conjunto de bitácoras existentes, mientras que la inglesa acapara el 36% del total mundial (Polo 2007: 13), aunque su proyección es creciente si tenemos en cuenta que el incremento ha de ser exponencial y no condicionado por corrientes sociales concretas, puesto que

> El blog es ajeno a las modas, no como las redes sociales del tipo Facebook, está abierto a todo el mundo y centraliza toda tu información. El

---

[35] La teoría fue inicialmente propuesta en 1929 por el escritor húngaro Frigyes Karinthy en el cuento titulado *Láncszemek* (es decir, *cadenas*). El concepto está basado en la idea de que el número de conocidos crece exponencialmente con el número de enlaces en la cadena social, y solo un pequeño número de enlaces son necesarios para que el conjunto de conocidos se convierta en la población humana en su totalidad. Entra en el saber popular gracias al «número Bacon», que no es sino el juego de relacionar intérpretes con el actor Kevin Bacon (gracias a una base de datos verificable). Se establece para cada actor o actriz a partir de sus apariciones con personas que han trabajado con Kevin Bacon o con alguien que tenga el menor número Bacon posible <http://oracleofbacon.org>. Se trata, simplemente, de una ejecución concreta más popular del conocido como *número de Erdős* para describir la distancia colaborativa en lo relativo a trabajos matemáticos entre un autor cualquiera y el húngaro Paul Erdős (que tiene un grado cero). Si el número Erdős más bajo de un coautor es X, entonces el número Erdős del autor es X+1; el creador de este número, Casper Goffman, es un Erdős 1, como él mismo explica cuando formula sus observaciones en 1969 en el artículo «And what is your Erdős number?». En el ámbito de la comunicación sobre internet, en 2001 Duncan Watts, de la Universidad de Columbia (EE. UU.) adaptó un experimento llevado a cabo por el psicólogo Stanley Milgram en 1967 (y que se popularizó tras la publicación del artículo «The Small World Problem» (*Psychology Today*, vol. 1, nº 1, mayo 1967, pp. 61-67). Watts quería que un correo electrónico concreto llegara a 19 objetivos específicos con un envío inicial a 48.000 receptores. La media de *saltos* que dio el correo antes de encontrar a su destinatario fue de seis personas. Resultados similares se han obtenido en otros experimentos; por ejemplo, a partir de datos recabados en 30.000 millones de conversaciones entre 240 millones de usuarios de MSN Messenger, un estudio de Jure Leskovec y Eric Horvitz mostró que la distancia interpersonal media entre todos los usuarios del programa de chat fue de 6,6 personas, lo que expusieron en el artículo «Planetary-Scale Views on an Instant-Messaging Network» (2007).

blog eres tú, por eso es la herramienta digital más potente para la organización social. (17)

Toda relación social está condicionada por la búsqueda de unos intereses mutuos, una obtención de réditos determinados, y en este sentido la blogosfera es uno de los medios de promoción más fuertes en la web social, aunque la necesidad de alimentarse de sí misma se diluye con el tiempo, pues la tendencia es que el número de lectores crezca, creándose un público fiel, pese a que la gran mayoría de los blogs:

> Tienen nanoaudiencias, públicos muy limitados que a pesar de su tamaño crean y potencian redes sociales. Son audiencias mínimas pero muy interconectadas entre sí. Comunidades con una fuerte cohesión establecida por unos intereses comunes y la participación en una conversación sobre los contenidos la información disponibles en las bitácoras y en las fuentes que se usan como referencia. (Varela 2006: 119)

Estas pequeñas comunidades eran de limitado alcance hace unos años, aunque el crecimiento exponencial del número de blogs, así como el de lectores fuerza un cambio de esta visión, junto a la profesionalización dentro del formato blog, por lo que empresas y profesionales de diferentes ámbitos (como el periodismo) han ido generando su propio espacio en la telaraña digital aprovechando las ventajas técnicas y de accesibilidad que ofrece este mecanismo de publicación digital, de manera que la convivencia entre el amateur, el semiprofesional y el profesional está a la orden del día como resultado de un proceso de regularización del medio que le lleva, a su vez, a incrementar la potencia del impacto de los blogs fuera del contexto limitado del entorno virtual (Barlow 2007)[36]. Este proceso de convivencia resulta opuesto «claramente al profesionalismo que caracterizó al siglo xx en todas sus facetas» (Martín Prada 2007: 69), dado que la socialización de la creatividad a través de la expansión digital de la Web 2.0 suprime igualmente la relación entre individuo y talento, y la masa con la exclusión del mismo, también porque la colectividad digital no reacciona como

---

[36] Pese a que su estudio se centra —en este sentido— muy especialmente en el mundo del periodismo y los puntos de confluencia entre los «periodistas de carrera» y los «ciudadanos-periodistas» a través del blog.

una masa social en el sentido tradicional, con una fuerte resistencia a la «unificación diferenciadora, de destrucción de la singularidad individual que siempre han pretendido los medios tradicionales» (71). Esta colectividad es no profesional, pero se acerca a la misma en unos términos (al tiempo que se aleja de otros), y no reacciona como una masa, aunque se estructura colectivamente en supraorganizaciones rizomáticas, como la blogosfera.

Así pues, la blogosfera se constituye como una colectividad en la que la estructura rizomática de los nodos de internet es mucho más fuerte por la potenciación de la interrelación entre los blogs como un movimiento de enjambre entre los miembros de la blogosfera. Los blogueros impulsan la vinculación entre las diferentes bitácoras mediante el uso de los *blogrolls*, como evolución de los primitivos *webrings*, en los que no es extraño encontrarse con autores que introducen vínculos a blogs afines y que, en algunos campos, podrían considerarse *competencia*, siempre y cuando estos blogs sean creados por usuarios reales y no desde empresas, donde, en tales casos, el uso *honesto* del *blogroll* disminuye. Por la propia concepción del mismo, el *blogroll* debería dar prioridad a la presencia de otros blogs con temas compartidos o afines con los del weblog en cuestión, algo prácticamente impensable en un *webring* de sitios webs. El *enjambre* se potencia hacia la colectividad mediante el *trackback*, que permite recibir información sobre qué otro sitio web (habitualmente, sistemas de metablog, redes sociales o de difusión u otros blogs) enlaza a un artículo concreto, lo que refuerza la vinculación entre sitios (permite saber quién cita y cuánto tráfico de visitantes proviene desde ese sitio), y facilita el diálogo: el sitio que enlaza al blog mediante el *trackback* puede reproducir la información, promocionarla (enlazarla, aunque no reproducirla) o, por supuesto, rebatirla.

En todos esos contextos se genera un vínculo entre los autores, no solo hipertextual, sino un diálogo abierto entre ambos, que puede ser recorrido por lectores y autores, al tiempo que se facilita la información referencial: quién cita o promociona, con qué intención, qué aporta sobre el tema que se trataba en el original. Las relaciones derivadas de esto se establecen, así, entre iguales: puede cambiar el perfil del autor (edad, género, estudios, nacionalidad...), mas no cambia su poder de emisor de información y, en todo caso, dependerá de los lectores discriminar la calidad y tomar sus propias conclusiones. Igualmente, en la publicación científica, las ventajas de que el responsable de un estudio concreto pueda saber de manera virtualmente inmediata quién cita su texto, comprobar qué dice y poder puntualizar y rebatir, pasan por favorecer la discusión y el progreso en la materia, así como el contraste de perspectivas.

Frente a la visión unificadora y de comunidad que implica el término *blogosfera*, Jodi Dean propone el uso de *blogipelago* (*blogipiélago*) por el carácter cada vez más desconectado y menos interdependiente de la comunidad bloguera:

> I favor the term «blogipelago» over the more common «blogosphere». The term «sphere» suggests a space accessible to any and all. It implies a kind of conversational unity, as if bloggers addressed the same topics and participated in one giant discussion. The term «blogosphere» tricks us into thinking community when we should be asking about the kinds of links, networks, flows, and solidarities that blogs hinder and encourage. «Blogipelago», like archipelago, reminds us of separateness, disconnection, and the immense effort it can take to move from one island or network to another. It incites us to attend to the variety of uses, engagements, performances and intensities blogging contributes and circulates. (2010: 38)

Esa desconexión y distanciamiento de una comunidad que puede haber sido relativamente homogénea en un primer momento no es, en consecuencia, un efecto negativo, sino todo lo contrario: la distancia entre los islotes que representa cada blog favorece una diversidad mayor, una biosfera más rica y variada que es esencial para la supervivencia de toda especie. Al mismo tiempo, deja entrever que la potencialidad del *cuarto propio* como canalizador —y también proyector— de los recursos que permiten liberar la identidad simbólica (Zafra 2007: 84-85) favorece esa introspección dentro de un entorno colectivizado que se une tras las pantallas.

La profusión de blogs (en realidad, de cualquier tipo de espacio de expresión escrita individual que permita dibujar retratos de cada individuo y su microcosmos[37]) no es más que una serie inabarcable

---

[37] El testimonio digital documentado de las vidas expuestas ante el público en los blogs permitirá reconstruir la imagen de la vida cotidiana de la gente de nuestra época con sus testimonios directos dando un nuevo campo de trabajo a los microhistoriadores que sigan la estela de Carlo Ginzburg y su estudio publicado en 1976 *Il formaggio e i vermi. Il cosmo di un mugnaio del '500*, considerado el primer análisis reconstructivo

de cartas públicas lanzadas a la propia sociedad desde ella misma. Por tanto, se sigue el modelo clásico de un humanismo que no está tan inmerso, como teme Peter Sloterdijk, en una colectividad de seres humanos que

> No estén dispuestos ya a cumplir con sus obligaciones literarias. La época del humanismo nacional burgués ha llegado a su fin porque, por mucho que el arte de escribir cartas, que inspiren amor, a una nación de amigos se siguiera practicando de forma tan profesional, esto ya no podía ser suficiente para mantener unidos los vínculos telecomunicativos entre los habitantes de la moderna sociedad de masas. (1999[38]: 27-28)

Las cartas siguen entre nosotros: son las declaraciones abiertas —más que nunca— que la sociedad recibe en el dospuntocerismo y que logran superar la previsión de que «las sociedades modernas sólo ya marginalmente pueden producir síntesis políticas y culturales sobre la base de instrumentos literarios, epistolares, humanísticos» (28) que enuncia Sloterdijk. Sí es cierto, sin embargo, que creer que esto puede prorrogar la idea de que «la base de todos los humanismos podría remontarse al modelo de una sociedad literaria» (23) sería muy inocente. Es entonces cuando se entiende que

> Ya no se puede sostener por más tiempo la ilusión de que las macroestructuras políticas y económicas se podrían organizar de acuerdo con el modelo amable de las sociedades literarias. (29)

No obstante, esa visión negativa se la atribuye Sloterdijk a que «han tomado la delantera nuevos medios de telecomunicación político-cultural que han reducido a unas modestas dimensiones el esquema de las amistades surgidas desde la escritura» (29), lo que —precisamente— se persigue superar en el esquema de la Web 2.0. La constitución de un sistema rizomático, abierto, con profusión de puntos de vista y opiniones subjetivistas reabre el espacio de la carta, no ya como un humanismo

---

de la biografía de un personaje de clase popular, rescatándolo del anonimato histórico.

[38] Aunque la primera edición impresa data de 1999, Sloterdijk especifica al final del libro que se trata de la transcripción de una conferencia leída el 15 de julio de 1997 en Basilea (1999: 89), por lo que se sitúa, en realidad, en un contexto histórico en el que los blogs y la Web 2.0 están todavía en proceso de conseguir masa crítica suficiente.

aburguesado y nacional, sino transnacional y transclasista por la liberación del espacio digital que nace con el impulso de blogs y redes sociales.

3.6. El blog como negocio

Como hemos visto, los propios blogs se convierten en el mecanismo de promoción más eficiente para ellos mismos, incluso por encima de los sistemas de metablogs. El sentimiento de comunidad del colectivo de autores genera fuertes vínculos y una repulsa hacia los elementos extraños, sobre todo los *flogs*, o *fakeblogs*, esto es, blogs falsos creados —habitualmente— por corporaciones (o por compañías de mercadotecnia contratadas para la ejecución de la campaña). El objetivo de la campaña en la que se generan esos blogs aparentemente creados por usuarios *de a pie* es promocionar un producto (de manera directa o encubierta) como parte de campañas de publicidad viral. En ocasiones, esto se ha considerado ofensivo desde sectores de la blogosfera, pues se entiende que es un engaño premeditado y que, como tal, atenta contra la dignidad de todo el concepto comunal de la blogosfera, por lo que es habitual que desde los blogs se desenmascaren y desacrediten los *flogs* que surgen regularmente. Sin embargo, lo cierto es que desde la explosión comercial del blog, tampoco es extraño encontrarse con publirreportajes integrados en los que se exaltan las virtudes de un producto (quizás más en la línea del *product placement*[39] que la publicidad directa habitual), o publicidad directa dentro del cuerpo principal del articulado del blog, intentando mantener el formato (color, tipografía, etc.) del mismo para confundir al lector, ya sea por intención de la campaña, o por intención del autor, para intentar que se generen más pulsaciones sobre la publicidad y, por tanto, mayores ingresos. Es más, cuando se introdujo este tipo de publicidad en *Xataka* <http://www.xataka.com> se encontraron con que «la efectividad de estos

---

[39] Colocación de un producto dentro de una secuencia de cine, televisión u otro medio, en el que se exaltan sus cualidades, o, por ejemplo, son usados por los *buenos* frente a productos sin marca visible o de una marca rival que son empleados por los *malos*, por poner un ejemplo de una de los recursos habituales de esta estrategia publicitaria ya habitual, y parodiada en la película *El Show de Truman (The Truman Show*, Peter Weir, 1998).

anuncios es cinco veces mayor que la del anuncio tradicional equivalente» (Mora 2006: 160).

En el entorno de los blogs se han generado servicios, utilidades y
formatos de negocio que, en muchas ocasiones, han nacido como una
iniciativa de tiempo libre, doméstica, desde blogueros individuales o
en pequeños grupos, y en otras ocasiones se han creado desde el sector
empresarial. En este ámbito, el sector más proclive a hacer del blog un
negocio es el del periodismo. Muchos de los blogs que nacen con una
intención de empresarial no llegan a cuajar, o lo hacen a una muy modesta escala, pero es un modelo viable para el que Julio Alonso estableció seis grupos principales de negocio:

1. Blogware: software para weblogs (Blogger, Six Apart, etc.).
2. Índice, buscadores y agregadores (Bloglines, Technorati, Feedster, etc.).
3. Servicios de blogs avanzados (SocialTexts, 37Signals, etc.).
4. Consultoría de blogs (TechDirt Corporate Intelligence, BusinessLogs, etc.).
5. Blogs y publicidad (Blogads, AdBrite, etc.)
6. Nanomedios (Gawker Media, Weblogs Inc., Weblogs SL, Hipertextual, Blogsmedia, etc.). (2006: 184)

La clasificación general de Alonso contempla en esencia modelos de
negocio que, o generan blogs, o complementan directamente a los blogs,
salvo en la referencia a los nanomedios, o, lo que es lo mismo, empresas
centradas en noticias (genérica o especializada) en las que se emplea el
estilo informativo del blog para conjugar opinión con crítica y noticias,
y que, en la mayoría de los casos «parten de una base similar a la de las
revistas impresas especializadas» (201), con ritmos de actualización muy
diferentes, aunque impuestos normalmente por el ritmo de la actualidad
del sector especializado del que se ocupan. El formato blog se aprovecha para facilitar la participación de los lectores (mediante comentarios,
trackbacks, etc.), la integración de elementos multimedia (sobre todo,
fotografías y vídeos), y textos que suelen ser breves con enlaces a las
fuentes de información, pues prima la celeridad y la concreción. Todos
estos formatos de explotación comercial, en todo caso, son nuevos modelos productivos, en torno a los cuales apuntaba Georg Simmel que

Un nuevo modo de producción […] no necesita tener una energía arro-
lladora por sí mismo. La vida misma en su dimensión económica —con su

empuje y su afán por avanzar, su metamorfosis y su diferenciación— suministra las dinámicas para el movimiento completo. (1918: 316)

Resulta aconsejable distinguir entre las redes de nanomedios, como las que ejemplifica Alonso, que gestionan múltiples blogs[40], o iniciativas realmente personales. Por supuesto, es de esperar que las redes de nanomedios experimenten un mayor crecimiento, pese a la incursión en este campo de los grandes medios. Estos medios tradicionales promueven que sus periodistas y otros integrantes del sello editorial tengan sus propios blogs personales bajo el hospedaje de las webs de sus periódicos, radios o televisiones en línea. Frente a esto, el sentido comunal puede dar ventaja a los nanomedios en su aceptación entre los medios de la blogosfera: aun siendo conscientes del respaldo empresarial que hay en ellos, este no se promociona como marca principal (objetivo, por otro lado, primario en los grandes medios: vender y potenciar su marca), y el estilo de los responsables de esos blogs suele ser mucho más cercano al de los blogueros sin una empresa detrás que los sostenga, ya sea porque provienen de ese mundo o por pura estrategia comercial. Sin embargo, no debe perderse la perspectiva: la red es inconmensurable, no solo en volumen de páginas e internautas, sino en lo diversificado de todo ese público potencial; la autopromoción realizada por un bloguero en solitario no es equiparable a la de un nanomedio o medio tradicional y, aunque puede dar resultado, es algo mucho más próximo a perseguir *el sueño americano* que a algo realmente factible (que no por ello improbable). No obstante, sería un error subestimar la creatividad y el ingenio del buen bloguero, como en el caso del autor de diversas blogonovelas Hernán Casciari, quien no conseguía que su primera obra en este campo penetrase entre las lectoras españolas (no así entre las hispanoamericanas), por lo que creó un blog sobre Letizia Ortiz poco después de que se anunciara su compromiso matrimonial con Felipe de Borbón y Grecia:

Aquel falso blog fue una estrategia de *marketing*. Yo estaba haciendo otro blog en ese momento, *Diario de una mujer gorda*, y tenía muchas

---

[40] Por ejemplo, Weblogs SL <http://www.weblogssl.com> mantenía en 2012 más de 40 blogs especializados diferentes, con temáticas que van desde diferentes campos informáticos, hasta crítica de cine, recetas de cocina o de temática homosexual. Están orientados específicamente a España, México y Brasil.

visitas femeninas, de toda Hispanoamérica, pero no de España. Aquí el boca a boca no había funcionado. Cuando esta periodista (Letizia Ortiz) se convierte en la novia del príncipe y salta a la prensa, pensé que muchas mujeres españolas iban a teclear en Google el nombre de Letizia para saber cosas sobre su vida. Hice un falso blog donde lo primero que decía era que leía el *Diario de una mujer gorda*. Muy rápido en Google me puse primero y creo que sigue estando, a pesar del tiempo que hace. El tráfico de referencias fue espectacular y el mantenimiento del nuevo lector también. Dio los resultados esperados. Es todo *marketing*. (Casciari citado en *Anika entre libros*, 2007)

Frente al bloguero solitario, los *nanomedios* tienen unos gastos derivados de la autogestión de los blogs en vez de optar por servicios gratuitos que son muy superiores a los de la propia redacción de los contenidos de los blogs por sus —por lo general, pocos— miembros:

La parte que gestiona la empresa, la gestión de la plataforma tecnológica y el alojamiento, la creación de plantillas, estilos, nuevos blogs y sobre todo la gestión de la publicidad y la generación de visibilidad tienen fuertes sinérgias [sic] en un grupo integrado. (Alonso 2006: 206)

Las ventajas, por otro lado, son obvias: un nuevo blog en contexto empresarial, dentro de la web de un gran medio, no deberá empezar desde cero, sino que lo hará con el soporte del resto de la red de contenidos de ese grupo (que incluirá webs, medios impresos e incluso medios audiovisuales). Esto se traduce en un puesto de relevancia en el *blogroll* de las webs populares y publicidad directa, lo que le sitúa con varios cuerpos de ventaja sobre los potenciales competidores. Igualmente, el volumen de visitantes y visionados de las páginas se computan en términos globales, por lo que sitúa al nanomedio (que, obviamente, no es tan *nano* como apunta Alonso) en una posición de ventaja a la hora de negociar campañas de publicidad. Asimismo, el público lector de este tipo de blogs es muy similar al de las revistas especializadas:

No sólo interesado en el objeto del blog, sino además compuesto por personas que son compradores habituales de los productos recogidos en el blog, son *early adopters*, que se anticipan a las tendencias de la mayoría del mercado, y que también las determinan en su papel de respetados influenciadores en sus respectivos círculos sociales. (207)

O, como dijo Rebecca Lieb, de *ClickZ* <http://www.clickz.com>, «we're blogging with a mission and an audience and an understanding of what that mission is and who comprises that audience» (Banks 2008: 222), es decir, el bloguero comprende cuál es el motivo y cuál es el público al que se dirige y, por tanto, sabe tratarlo de tú a tú, rompiendo no solo una barrera de verticalidad entre periodista y lectores, sino también una cuarta pared de la escritura. Se espera que el bloguero participe activamente en los comentarios, como hacen sus lectores, en diálogo directo con estos.

Otro modelo de negocio para el blog, más allá del técnico que se desprende de la clasificación de Alonso, puede ser difícil de generar: como medio de expresión y comunicación el blog tiene en el modelo de la prensa su vía principal de negocio, sobre todo en el de la prensa especializada, con sus análisis, repaso de novedades del sector y demás elementos esperables en publicaciones impresas sobre tecnología, literatura, deporte o caza, por poner unos ejemplos. Cabe preguntarse si este modelo de negocio es adaptable también a la literatura, frente a la distribución digital de textos estandarizados en formatos electrónicos para su posterior lectura en un ordenador o en un lector de libros electrónicos, algo más cercano a la venta de música en formato digital[41] que a esto, pues aquí el dinero se obtiene por la publicidad. Pocos son los medios de prensa digital que son de pago, y quienes lo han intentado tuvieron que abandonar ese modelo de negocio, pese a que en los últimos tiempos el gigante News Corporation (que incluye los periódicos *The Times* y *The Sun*, entre otros medios) quiere volver a intentarlo de forma generalizada[42], considerando que el mercado es ahora mucho más maduro que en la década de los noventa y ahora sí puede funcionar. De hecho, aunque se ha aplicado al *New York Times*, muchos medios de ese grupo empresarial no han seguido ese

---

[41] Y que se ha puesto en práctica con el sistema de venta de revistas digitales y suscripciones a prensa en iPad y Kindle.

[42] Aunque varios periódicos de prestigio del grupo han adoptado modelos de suscripción y de pago por lectura —tanto en la web como en tabletas y otros dispositivos con aplicaciones propias—, este modelo no ha funcionado en otros periódicos de menor prestigio o proyección internacional. Lo mismo ha sucedido en varias ocasiones en la prensa nacional, donde algunos modelos de pago han tenido que ser retirados o se han reducido a contenidos específicos que se ofrecían tras una pasarela de pago, manteniendo el modelo de prensa gratuita sustentada en la publicidad.

mismo camino, lo que nos indica que no se trata todavía de una estrategia global.

Solo el 5% de los internautas están dispuestos a pagar por acceder a esta información (Andrews 2009). Esto no debe extrañarnos, dado que el usuario actual de internet, todavía no nativo (aunque con larga experiencia en el medio en cada vez más casos) no tiene la percepción general de que la información deba ser de pago, ni considera el pago como una señal de distinción o de mayor credibilidad del medio que solicite ingresos a cambio de ofrecer noticias. Asimismo, hay una cierta percepción de que la lectura debe ser libre y gratuita; a lo sumo, algunos contenidos muy específicos en soportes de mayor calidad a la estándar (como vídeos en alta definición) podrían empujar a este lector a pagar un coste adicional, pues entendería en estos casos que también hay un coste adicional de producción, almacenamiento y distribución (por el ancho de banda consumido) en la recepción de ese material. Es anacrónico pensar que el viejo modelo de la prensa de pago se sustentará sin alteraciones, sobre todo cuando se acepta tácitamente que los ingresos reales provienen de la publicidad, y que lo que paga el usuario al comprar un periódico impreso es, en esencia, el coste de distribución física de llevar hasta el quiosco el objeto de lectura.

La publicación abierta de contenidos tiene, además, un efecto positivo en la proyección en internet de esos contenidos y la construcción de una imagen de marca. Si las páginas son restringidas y, en consecuencia, tienen menos visitas que las competidoras, los buscadores les asignan menos impacto, lo que perjudicará su visibilidad global en los resultados que ofrezcan a sus usuarios. Los lectores RSS (o RSS integrados en otra web) no serían tampoco funcionales, por lo que se eliminarían sus fuentes, lo que incluye no solo blogs personales sino también servicios 2.0 de compartir noticias o compilar cabeceras, por ejemplo.

De esta manera, en el campo literario no parece que cobrar por acceder a un blog sea un modelo muy realista de negocio, pero la publicidad sí es viable, pues esta depende del volumen de lectores únicos, la cantidad de visualizaciones de las páginas que generan, y el perfil de estos, por lo que el bloguero puede obtener ingresos a través de su bitácora en cantidad variable en función del éxito del weblog que mantenga. En sectores teóricamente más populares en el ámbito, esto no es algo tan extraño: Jason Kottke, del blog homónimo *Kottke.org*

<http://kottke.org/> decidió vivir de bloguear en 2005 (Kottke, 2005) tras fundarlo en 1998. También en 2005 Eduardo Arcos, del blog tecnológico español *ALT104* <http://alt1040.com/>afirmaba que es posible ganar dinero y vivir de un blog, poniéndose él mismo como ejemplo (citado en Rodríguez 2006).

Retomamos en este punto una de las observaciones que realizamos en la introducción: el potencial salario del bloguero. Los datos disponibles son específicos de la blogosfera anglosajona y aportados por *Technorati* en su informe de 2011. Como ya indicamos entonces, el porcentaje de blogueros que cobran por publicar en una bitácora es de tan solo un 14% y, además, su salario medio anual fluctúa entre los 24.086 dólares (blogs independientes) y los 33.577 dólares (blogs corporativos). La cuestión, una vez más, reside en que porcentualmente sigue siendo una cantidad pequeña de blogueros los que pueden afirmar que viven de su espacio o del espacio bitacórico de otros. Es más, ese mismo estudio muestra que en realidad la mayoría cobra una media de 25 dólares por publicación, de manera que estamos ante un modelo de trabajo a destajo que no es —por otro lado— anómalo en el modelo de negocio de los medios de comunicación bajo la figura del colaborador *freelance*. En cuanto a los ingresos, los blogs los generan por publicidad, frente a modelos de suscripción por acceso a los contenidos del medio que sí se dan en la prensa de los medios de masas. Eso sí, no podemos dejar de lado el hecho de que un gran porcentaje de blogueros —con independencia de las razones que esgriman (y que vimos en la figura 4)— optan por no introducir publicidad en sus bitácoras.

Una potencial suscripción a un blog se vería condicionada por las percepciones de pago. Estas están cambiando con la mayor penetración de la venta de aplicaciones de bajo precio y libros autoeditados en tiendas digitales[43], también siguiendo modelos de coste reducido para el consumidor. Esto implica que hay una barrera de pago que marca lo

---

[43] En los datos de la tienda estadounidense de Amazon aportados en junio de 2012, 22 de los 100 libros más vendidos eran autoeditados con el sistema de publicación KDP (Kindle Digital Publishing) para Kindle. «Readers get lower prices, authors get higher royalties, and we all get more diverse book culture (no expert gatekeepers saying "sorry but that will never work"). KDP is already meaningul —22 of our top 100 best-selling Kindle books so far this year are KDP books— and more great stories are being published every day» (Bezos citado en Juárez 2012).

que el cliente está dispuesto a pagar y, probablemente, este estará más dispuesto a hacerlo cuando se trata de productos diseñados específicamente para un dispositivo que cuando son servicios en web. De hecho, hace tan solo unos años las noticias sobre modelos de pago en prensa eran ante todo negativas, pero entre 2011 y 2012 se percibe un cambio en la tendencia[44], abriendo de nuevo las puertas a diferentes modelos de monetización en internet, lo que apunta a una situación más madura del mercado.

El internauta es, ante todo, lector y escritor, pese a la expansión de los hipermedia, pues la actividad principal sigue basándose en leer o intercambiar opiniones (sin pretender restar importancia a dedicarse a ver vídeos, el chat de voz, etc., de accesibilidad y presencia crecientes), y la lectura es, por tanto, una actividad cotidiana que puede formar parte de su ocio no como medio para informarse (leyendo medios especializados sobre cualquier afición), sino como un objetivo mismo y, por tanto, existe la idea de consumir literatura como entretenimiento. Una publicación digital en desarrollo que le atraiga y acumule una masa crítica suficiente de lectores, generará suficientes visitas como para producir unos ingresos publicitarios tales como para que el escritor pueda considerarse pagado por su proceso creativo. Más adelante podrían llegar ingresos adicionales por la cesión de derechos y el ingreso en el circuito comercial literario, o seguir potenciando su sello (en este caso, su autoría) para próximas creaciones abiertas en línea, sustentadas en la obtención de ingresos por publicidad. En estos casos, el trabajo del escritor literario digital podría terminar pareciéndose al del escritor de folletines decimonónico, por la publicación necesariamente regular para fidelizar al público y que no se olviden de volver a la lectura a tiempo para el próximo capítulo, o convencerles para que compren su libro en formato electrónico o físico a través de las opciones de autoedición y tienda en línea abierta a escritores que se ofertan en internet. Su blog puede incluso ser una herramienta promocional de dichas modalidades, más que el soporte de publicación principal u originario (aunque siempre teniendo en cuenta los cambios que se dan en el paso de un soporte dinámico, como el blog, a uno estático).

---

[44] En febrero de 2012 se anunció que el rotativo *The New York Times* tenía ya 390.000 suscriptores de su edición en línea, lo que implica que los ingresos por clientes eran superiores a los ingresos por publicidad (*El Mundo*, 2-2-12).

3.7. EL FENÓMENO BLOG

Una de las expresiones más manidas en torno a los weblogs es la del *fenómeno blog*, sobre todo en referencia a la expansión de las bitácoras personales y el surgimiento de cientos de medios especializados que no se forman en el ámbito del sitio web (revista digital), sino en la órbita de la estructura del blog. La red se descentraliza, no solo en sus nodos de recepción, sino también en los de emisión, democratizando la capacidad de opinar en el entorno digital sin costes ni elevados conocimientos técnicos: estos habían sido los principales impedimentos para generar un espacio personal en internet. El internauta se puede expresar fuera de los espacios de estructura vertical (como en un foro, jerarquizado) y entrar en la horizontalidad 2.0: tiene la capacidad de componer su propio espacio, generarlo y definirlo, siendo quien domina ese espacio; es una horizontalidad que se compone de muchas pequeñas verticalidades. Ya no es alguien a quien se le ha cedido la posibilidad de expresarse dentro de los ámbitos restringidos de los comentarios de una noticia en un periódico digital, un chat de alcance y trascendencia limitadísimos o un foro donde debe cumplir unas reglas que no han sido establecidas por él mismo.

A nivel técnico, lo cierto es que, por sí sola, la tecnología que se esconde tras un blog no ha sido revolucionaria en ningún momento, pues lo importante es el paso simbólico que representa el ceder la posibilidad de crear un espacio propio a los millones de internautas:

> Ha sido el momento en que los magnates de la tecnología de la información han decidido liberar esos canales de distribución, canales a través de los cuales cualquier ciudadano interesado pueda distribuir información. Hasta ahora, los sistema democráticos, en las culturas occidentales, sobre todo, permitían y toleraban una supuesta libertad de expresión. El problema no ha sido por lo tanto expresarse, sino que esta expresión pudiera distribuirse adecuadamente. (Vázquez 2008: 21)

Los costes asociados, o los conocimientos técnicos necesarios para crear desde cero una página web dificultaban en buena medida la posibilidad de crear un espacio propio, social y abstracto-digital que se situase en la línea del descrito por Lefebvre en una progresión continuada desde lo puramente biomórfico y lo antropológico (1974: 229-230) hasta la abstracción que supone internet, ya que trasciende las restricciones espaciales, sociales y biológicas —edad, sexo, etc.— del entorno físico. La Web 2.0 es una nueva arquitectura pública, digital, destinada a favorecer que cada individuo tenga su propio espacio, ahora en internet, centrándose en el individuo mismo. Esto no era posible en otros medios de comunicación (radio, televisión o prensa), concebidos piramidalmente. Cuando el acceso a internet se va haciendo cada vez más común, las voces quieren su propio espacio, y la tecnología de la red permite desarrollar las herramientas necesarias y asumir los costes —hospedaje, ancho de banda— para (con)ceder un espacio propio:

> Esta libertad se plasma en algunos paladines de la causa digital, que aprovechando este recurso técnico pueden expresar sus ideas, opiniones o comentarios sobre los temas más diversos y en tiempo real sin ningún tipo de censura. Y lo más grande del blog, es que estos contenidos estarán disponibles para el resto de usuarios en igualdad de condiciones con los portales informativos de los grandes grupos de información. (Vázquez 2008: 22)

Eso es solo parcialmente cierto, pues los portales informativos parten de unas ventajas iniciales: el reconocimiento de su marca comercial, la capacidad para generar campañas publicitarias, y la potencia financiera para contratar diseñadores, técnicos y personal profesional centrado en crear no solo un sitio web, sino toda una experiencia de usuario agradable. Un individuo no puede competir contra esos poderes pese a que se parte de una situación de igualdad teórica. El blog crece en un mar lleno de tiburones y lo más probable es que nunca supere el estado de *nanoaudiencia*: no obstante, si su contenido es interesante, si aporta algo capaz de captar al público, el propio sistema de promoción de los blogs lo hará crecer dentro de la blogosfera, iniciando el efecto bola de nieve que lo llevará a aparecer mejor posicionado en los resultados de los buscadores, lo que genera más visitas. Esto no solo afecta a los blogs periodísticos, o a los artísticos, sino también a los diarios personales: una parte importante de la población empezó a leer en la prensa tradicional informaciones sobre blogs tras los reportes personales de testigos, heridos y ciudadanos después de los atentados del 11 de septiembre de 2001, con los emotivos relatos personales, con informaciones en directo a través de móviles (con mensajes SMS y llamadas) e internet. Los blogs eran los nuevos testimonios para la prensa y vías alternativas de recibir información. Ese papel de comunicación alternativa con respecto a la prensa cotidiana se ratificó con los relatos de los soldados estadounidenses en Iraq —en el segundo conflicto de la guerra iraquí, el iniciado en 2003 con la invasión de EE. UU.— rescatados de sus blogs personales[45] y que ofrecían información muy dispar con respecto a lo que se contaba desde los medios del *establishment*: múltiples fuentes de información individual vertiendo su perspectiva a través de internet; no es de extrañar que se haya restringido la posibilidad a soldados y otros miembros de cuerpos de seguridad el uso de sistemas sociales y blog como MySpace, Facebook o Twitter.

El cambio no proviene, sin embargo, de que cientos de personas escriban en sus blogs en situaciones o periodos de tiempo determinados, sino de la aceptación por parte de la sociedad de estos emisores como fuentes válidas de información:

> Lo que más preocupó en este momento a gobiernos y a grandes empresas de comunicación fue que algunos blogs cobraron una enorme fuerza, y eran seguidos por una infinidad de lectores, que tal vez cansados de los filtros tradicionales, preferían tomar la información directamente de la fuente. Y quizás éste sea el punto más sublime de la blogosfera, ya que nos mete de lleno en la sociedad de la información pura. (22-23)

Es decir, la información sin filtrar, lo que acarrea el problema de la credibilidad y el nivel de confianza del lector: este está —si es crítico con la información— escamado ante las *mentiras* de los medios tradicionales, empero no siempre es consciente de las *mentiras* de estos nuevos medios. La ausencia de filtro, de supervisión, le confiere una frescura imposible hasta el momento, incluso en las emisiones en directo, a pie de calle, por radio o televisión; aunque también facilita la

---

[45] Años más tarde, en 2009, el ejército estadounidense prohibió a los soldados usar Facebook y otros sistemas sociales (*Daily Mail*, 16-2-09). No fue el único: Israel, Canadá, China y otros países han tomado medidas similares.

aparición y expansión del *hoax*[46] ante la credulidad y relajado espíritu crítico de colectivos de los lectores.

Estos son, sin embargo, los problemas de difusión de la información que se han dado siempre a mayor o menor escala (tampoco cuesta mucho encontrarse con bulos que tuvieron amplia difusión antes de que hubiese blogs, o internet), que ante el proceso democratizador de la Web 2.0 alcanzan la difusión previsible en cualquier colectivo humano, aunque a la escala mayor de la red. El próximo gran avance tecnológico de internet, tal y como se lleva apuntando desde hace tiempo, podría ser el paso a la red semántica:

> La actual Web 2.0 no es, ciertamente la Web semántica, pero casi todo el mundo reconoce que ha aportado cambios espectaculares y podría ser un buen ejemplo de los que podríamos esperar. Mencionemos dos: el monumento al conocimiento humano que supone la Wikipedia y el monumento a la libertad de expresión y creatividad que supone la blogosfera. Desde este punto de vista, la Web semántica podría ser la Web 3.0, pero con su propia nueva serie de cambios espectaculares. (Codina 2009: 10)

La web semántica o Web 3.0[47] parte de un concepto más antiguo que la propia ejecución de internet, mas no se pudo integrar pese a

---

[46] En español, *bulo*. La forma inglesa se utiliza en referencia a la distribución de noticias falsas a través de internet, con el objetivo de divulgar lo máximo posible el engaño, hasta tal punto que algunos se han convertido en *memes*, o leyendas urbanas, como los gatos enanos en botella (uno de los primeros bulos mundiales de difusión por internet a través de cadenas de correos electrónicos), que Nostradamus predijo el atentado del 11 de septiembre de 2001 en Nueva York, cadenas de solidaridad, etc. Aunque pueden esconder intereses como la recolección de datos (cuentas de correo electrónico), o iniciar una campaña de publicidad viral, no es extraño que algunas nazcan con la simple intención de confundir a los crédulos.

[47] El término se emplea en referencia a una nueva evolución en las tecnologías de relación humano-máquina en la construcción web, siendo acuñado por Jeffrey Zeldman en 2006. Parte de los cambios implican cambiar la concepción de la web desde la estructura visual en el navegador hasta la base de datos que suministra información que es interpretada y presentada ante el usuario a través de aplicaciones independientes. Existe todavía un fuerte debate sobre las implicaciones reales de la Web 3.0 e incluso sobre la definición misma de este concepto, muchas veces identificado con la conocida como *web semántica*, esto es, la construcción y conversión de la Web en una base de datos semánticos y ontológicos que describirían cada contenido, lo que se hace ya con sistemas de indexación como XML, OWL o RDF como metalenguajes principales.

haber sido concebida por Tim Berners-Lee[48] desde un primer momento por imposibilidades técnicas. Se basa en añadir a la web información interpretable por los ordenadores (metadatos) y un sistema de supraclasificación formal (ontologías) para que los ordenadores puedan realizar inferencias a partir de lo datos, mejorando la interoperabilidad de los sistemas informáticos de tal modo que el significado (la semántica) de la información y los servicios web, haciendo posible que la web entienda y satisfaga las peticiones de los usuarios y las máquinas. Se concibe así la red como un medio universal de intercambio de datos, información y conocimientos, todo ello destinado a facilitar el uso natural de internet, pero también a redefinir los modelos conceptuales de la biblioteconomía digital y la relación humano-máquina con el desarrollo completo de la web social y de las nuevas categorizaciones que se derivarán de este cambio.

3.7.1. La muerte del blog

La gran explosión demográfica de los blogs se produjo a finales de los años noventa y en los primeros años del siglo XXI. Desde entonces, la aceleración de crecimiento ya no es tan impactante, pero la bitácora está lejos de morir, algo que ha sido proclamado en varias ocasiones. Frente a los datos positivos de crecimiento que se desprenden de análisis como los de *Bitácoras Puntocom* o *Technorati* (a los que hemos recurrido en varios capítulos), hay observaciones que no son tan optimistas. Así, en el informe *La Sociedad de la Información 2011* se destaca que ha habido un «decrecimiento del 23,8% de las personas que leen *blogs*» (Fundación Telefónica 2012: 34). Si esto fuera cierto,

Eso, sin embargo, no altera la usabilidad de la web semántica, pues esto se ejecuta en función de agentes operadores capaces de interpretar esos datos asociados a los objetos de la web como intermediarios entre los usuarios y los datos registrados.

[48] Es considerado el padre de la web al ser responsable directo, junto con su equipo del CERN, del lenguaje HTML, el protocolo HTTP y el sistema de localización URL, los tres pilares sobre los que se construye la web, a raíz de su idea de unir internet y el hipertexto, en 1989. En 1994 fundó el W3C, el organismo internacional de estandarización de la web bajo supervisión del Instituto Tecnológico de Massachusetts (MIT), el European Research Consortium for Informatics and Mathematics (ERCIM) y la Universidad de Keiō.

resultaría evidente que, con una pérdida de público tan notable, el medio va a perder impulso económico y masa crítica en cuanto al tamaño y relevancia de la blogosfera. El desarrollo de los datos recabados para el informe muestra que

> Se produce una disminución en la penetración de las actividades relacionadas con los blogs, tanto la lectura de *blogs*, que se reduce en 5 puntos porcentuales hasta el 17,3% durante el último año, como de escritura, que se reduce en 2 puntos porcentuales o de agregación/subscripción de contenidos que baja 6 puntos porcentuales. (82)

Sin embargo, es importante tener en cuenta que los datos recabados para este informe se han obtenido a partir de encuestas, preguntando directamente a los usuarios, por lo que la percepción sobre qué es un blog y qué no lo es a la hora de explorar la red puede haber afectado a los resultados referentes al peso de la blogosfera en cuanto al público hacia el que se proyecta. En realidad, los resultados están condicionados por la concepción de blog que tenga cada uno de los encuestados. ¿Entiende el público general encuestado que un blog no es una simple pulsión extimista o es consciente de que se trata de una plataforma de publicación en la web?

La amenaza de muerte sobre el blog lleva, con todo, años entre nosotros. No puede extrañarnos, entonces, que Víctor Ruiz afirmara, con motivo del aniversario de *Blogalia*, que

> Son muchos los servicios que han aparecido en Internet en este tiempo. Algunos de ellos hicieron realidad lo que Blogalia no cumplió: «Un web para todos». Durante algunos años las bitácoras se pusieron de moda, rellenaron portadas y titulares. Afortunadamente, hoy los blogs son una más de entre las muchas tecnologías disponibles para expresarnos en Internet. Las bitácoras pasaron el testigo a otros servicios que son los que hoy protagonizan las noticias. Pero las bitácoras no han muerto. Siguen ahí porque quedan personas con algo que decir. Y nosotros, a pesar de los contratiempos, aquí seguimos. (2012)

Lo que sí se ha destruido es el aura de fascinación que produce lo nuevo por el simple hecho de ser nuevo, así como su popularidad en prensa, que ahora ha sido ocupada por la última torpeza o comentario de una celebridad en Twitter o cualquier otra web o sistema social: el

centro de atención de lo nuevo se ha desplazado de la blogosfera a la
red social, haciendo que la comunidad bloguera sea, por tanto, un espacio de discreción mucho más notable que hace tan solo unos años:

> El día 2 de junio del año 2005, en Estados Unidos, asesinaron por pri-
> mera vez a un blogger. Como en esos tiempos los blogs todavía estaban de
> moda (ni Twitter ni Facebook habían dicho presente) entonces la noticia
> apareció en la prensa. Y yo la conté también en *Orsai*, en una historia lla-
> mada *Los bloggers muertos no van al cielo*.
>
> En aquellos días de 2005 los blogs todavía eran una especie de revolu-
> ción. La prensa los adoraba, les inventaba virtudes. Como por ejemplo la
> virtud de resolver un crimen. Hoy ya no ocurre esto.
>
> Si por ejemplo mañana asesinaran a un blogger, la prensa no se haría
> eco del asunto. Porque los blogs han dejado de estar de moda. Hoy habría
> que dejarse asesinar en Facebook, para que apareciera la cuestión en los
> periódicos. (Casciari 2008)

En todo caso, sí puede percibirse —como respaldan los datos de
bajo nivel de actualización de blogs referidos por *Bitácoras Puntocom*— una *depuración* del bloguero, de los que se hicieron una bitácora porque la blogosfera era el lugar donde había que estar: ahora ese
centro está en las redes sociales. Rememora Hernán Casciari que

> Por un lado, había personas que utilizaban la herramienta llamada blog
> por una razón puntual (la necesidad es anterior a la emergencia); y por el
> otro lado, había personas que poseían un blog pero todavía no sabían para
> qué lo necesitaban (la emergencia, anterior a la necesidad).
>
> En el primer grupo (el minoritario) siempre fue un error conceptual
> llamar a estos usuarios «bloggers». Se llaman, cada uno, del modo que
> se llamaban antes de utilizar un blog: poetas, informáticos, estudiantes,
> periodistas, estudiantes de periodismo, fotógrafos, retocadores de foto-
> grafías, columnistas, monologuistas, narradores, arquitectos, novelistas,
> humoristas gráficos, etcétera.
>
> En el segundo grupo (que hasta ayer era el mayoritario) sí hacía falta
> una definición. Y entonces «blogueros», o «bloggers», pudo ser una de
> ellas. Se trataba de personas que utilizan las herramientas porque existen
> las herramientas. Ya después verían qué hacer con ellas. Como ocurre aho-
> ra con otras modas.
>
> [...] Se está produciendo ahora mismo esa desbandada. Gracias a dios, la
> gente que no tiene nada para decir ahora lo dice en Twitter y en Facebook.

¡Ah, qué tranquilidad, qué descanso! Ya no son blogueros, sino twiteros o algo parecido. (2008)

Todas esas personas referidas por Casciari —los cantantes, perio-distas, artistas en general...— que tenían blog ahora aprovechan los espacios de relación social inmediata que representan entornos como Twitter o Facebook, variaciones simplificadas del concepto base sobre el que nacen y se sostienen las bitácoras: ser el emisor de información o contenidos y establecer una relación con la comunidad, preferible-mente igualitaria. En cualquier caso, esta percepción de una *muerte* del blog no es solo local y ha sido interpretada también fuera del ámbi-to hispano como una consolidación del formato:

> A sure sign of the triumph of a practice or idea is the declaration of its death. Early in the summer of 2007, the bell tolled for blogging —despite the fact that the number of blogs had exceded seventy million and was continuing to rise. Throughout the ostensibly dead blogosphere, Word spread rapidly that blogs had been killed by boredom, success, and even newer media (a weird contradiction whereby the content of the news was belied by the form of its blogged announcement). (Dean 2010: 33)

El proceso de normalización de la blogosfera ha sido gradual des-de su gran eclosión hasta la actualidad, algo que se puede percibir en el tratamiento lingüístico que se le ha dado desde la prensa:

> En 2004 la prensa empezó a apostar por la tendencia, y la llamó justa-mente así: «La revolución de los blogs». Pero en 2006 las cosas cambiaron un poco para bien, y entonces la palabra ya no era revolución, sino fenó-meno. Se corrigió el primer error y se llamó a la cosa «El fenómeno de los blogs». En ese año empecé a sentirme un poco mejor, porque entendí que el asunto había empezado, lentamente, a pasar de moda. (Casciari 2008)

Al fin y al cabo, el blog es un formato de publicación apto para ge-nerar un tipo de contenidos que, antes de que llegara el fenómeno de las redes sociales, contenía también vías de expresión que han encon-trado un modo mejor de realizar sus pulsiones en los entornos digita-les de Facebook, Tuenti o Twitter. Los blogs con currículos no tienen tanto sentido ante la fuerza de LinkedIn, de la misma manera que una entrada de blog de una línea será siempre más apropiada en un tuit,

o como la foto —con filtros de imagen de todo tipo— del desayu-
no estará mejor en Instagram <http://instagram.com/> o Pinterest, o
el último drama privado, en Facebook con algún centenar de amigos.
Además, esas web sociales se relacionan entre sí, cruzan sus contenidos cuando los usuarios así lo quieren. Son contenidos que encuentran
una mejor vía de escape en esos contextos de uso, mientras la bitácora
da salida a otros. No se muere, sino que se purga y, en última instancia, llegará la mutación o la sustitución pura y dura por otro formato
(y, con él, otra forma). Hasta entonces podemos suponer que en la redacción de algún periódico se habrá recibido un correo electrónico diciendo que «the report of my death was an exaggeration».

4. LITERATURA Y SIMBIOSIS.
EL BLOG COMO MARCO DE CREACIÓN LITERARIA

I blog, therefore I am.
POPULAR

Las relaciones existentes entre la creación literaria y el blog han sido omitidas por la inmensa mayoría de los críticos y estudiosos, con pocas pero significativas excepciones. El blog, como herramienta de autoedición, es un recurso poderosísimo que no consigue librarse del fantasma de diario extimista, aun cuando los datos aportados en el anterior capítulo muestran que la temática de las bitácoras es amplia y diversa, lo que repercute también en la multiplicación de funciones. Una muestra de su penetración y resistencia pese a las voces que proclaman su muerte es que han conseguido un papel relevante en el periodismo[1], tanto en forma de nanomedio independiente como sistema integrado en medios mayores o en periódicos digitales, hasta tal punto que lo raro es que no haya un blog en ellos[2]. De hecho, forma parte de asignaturas

---

[1] Se han publicado diversos estudios sobre el uso periodístico de la bitácora desde diferentes perspectivas, como: Noguera Vivo, José Manuel (2008). *Blogs y medios*. Madrid: Librosenred; Flores Vivar, Jesús (ed.) (2008). *Blogalaxia y periodismo en la red. Estudios, análisis y reflexiones*. Madrid: Editorial Fragua; y López García, Xosé (2008). *Ciberperiodismo en la proximidad*. Sevilla: Comunicación Social Ediciones.

[2] En el caso español tenemos los blogs de *El País* <http://elpais.com/elpais/blogs.html>, *ABC* <http://www.abc.es/blogs/>, *El Mundo* y sus *op-blogs* o *blogs de opinión* <http://www.elmundo.es/elmundo/opinion.html>, *La Vanguardia* <http://www.lavanguardia.com/blogs/index.html> o *20 Minutos* <http://www.20minutos.es/blogs_opinion/> [10-8-12], tanto si son abiertos a colaboradores externos como a miembros de la redacción. La situación se da también en prensa internacional, como en el *New York Times* <http://www.nytimes.com/interactive/blogs/directory.html> o *Le Figaro* <http://www.lefigaro.fr/blogs/> [10-8-12].

de periodismo en las TIC en el diseño curricular de diversas universidades españolas e internacionales, de la misma manera que están presentes medios como la radio, la televisión o la prensa escrita tradicional. El blog genera su espacio personal e informativo, aunque también el artístico cuando el formato madura y se establece:

> La *blogoficcionalidad* surge con la maduración de la plataforma *blog* como resultado de la exploración literaria del uso de ese espacio no como vía de expresión y reflexión biográfica por parte de sus usuarios, sino como simulacro de esas actividades. Se alimenta, por tanto, del uso de la bitácora para dar salida a las pulsiones del *yo* del bloguero y de los rasgos propios de la bitácora. Las *blogoficciones* son obras que tienen sus pilares en el aprovechamiento radical del formato, esto es, en la simulación del propio usuario del *blog*. Es una relación de dependencia simbiótica tan fuerte que el autor literario es *expulsado* de los espacios de inscripción por su propio personaje. (Escandell 2012d: 107)

La simulación del usuario es un simulacro baudrillardiano, una sustitución de la realidad y no imitación de lo realista. Se trata de una diferenciación necesaria que, como apunta Žižek, deriva en una serie de consecuencias que

> Son más radicales de lo que podría parecer. En contraste con la imitación, que sostiene la creencia de una realidad «orgánica» preexistente, la simulación «desnaturaliza» retroactivamente la realidad misma al mostrar el mecanismo responsable de su generación. En otras palabras, la «apuesta ontológica» de la simulación es que no hay diferencia última entre la naturaleza y la reproducción artificial, es decir, que existe un nivel más elemental de lo Real respecto al cual tanto la realidad simulada como la realidad «real» no son más que efectos derivados, y este nivel sería lo Real de la pura computación: detrás del evento que vemos a través de la interfaz (el efecto de realidad simulado) no hay más que pura computación sin sujeto («acéfala»), una serie de 1 y 0, de + y -. (2005: 213)

Apuntaba Dorfles, en relación al enfrentamiento entre el artificio —lo simulado— y lo natural, que incluso cuando se lucha contra el artificio «no debe equivaler a abdicar ante las búsquedas tecnológicas, ante el uso de nuevos materiales constructivos y artísticos, ni a renunciar al empleo de los *mass media*» (1968: 280) sino, al contrario, ganar la consciencia de los usos de estos medios y soportes sin perder de vista «el telos estético o sociológico hacia el cual nos dirigimos» (280): solo así será posible la progresión y maduración de estas expresiones socioculturales. Con todo, lo que no puede eludirse es que el mar —inabarcable— de bitácoras produce un espectro de propuestas increíblemente diferenciadas, como señala (con el tono tan característico que impregna todo *Mutatis Mutandis*) Javier García Rodríguez: «con la literatura y los blogs puede decirse lo mismo que el replicante de *Blade Runner*: he visto cosas que vosotros no creeríais» (2009: 54), tanto para lo bueno como para lo malo. Con el tono que trufa su literatura (repleta de oportunas reflexiones para lo que ahora nos ocupa), prosigue García Rodríguez, centrándose en lo que puede resultar más enervante o contradictorio:

> He visto a Julio Verne volando en un blogo, he visto colgado un haiku de Edgar Allan Po, he visto a Arthur Conan el Bárbaro, he visto poetas que no saben de la musa la media, he visto que las buenas críticas son, por desgracia, babas contadas, he visto obras de autoayuda con una filosofía que parece comprada en una tienda de todo a zen, he visto a Harold Bloog despotricando contra los mandarines de la crítica literaria antiesencialista, he visto visitantes troleros (fisgones, intoxicadores, manipuladores, animadores, cheer-leaders de bitácoras, pom-pom girls de la blogosfera), he visto seguidores del «Greek System» (como las hermandades norteamericanas), del «Freak System» (el sueño de la friquición monstruos), del «Geek System» (todo vale porque todo sirve en algún momento), del «Estar System» (lo importante no es ser, sino estar, permanecer en el éter cibernético: estar por estar), he visto traductores de lenguas notas e ignotas, diaristas frustrados, escritores profesionales y escritores profesionalizados, administradores de fincas (gobernadores de ínfulas baratarias), elecciones primarias, instintos básicos, escritores que perdieron la guerra pero ganaron la web, lectores entusiastas: todo lo agradecen, todo lo interpretan positivamente, activos promotores del buenrollismo universal. (54-55)

En el miasma que retrata García Rodríguez emerge, sin embargo, la maduración y capacidad para el simulacro[3] mediante la expresión artís-

---

[3] Más allá de las implicaciones culturales del simulacro, Mario Perniola establece un análisis formal de la sociedad occidental y sus bases culturales asentadas en el cristianismo. Retomando las ideas de Nietzsche para su nunca completado *La voluntad de poder* destaca que «el cristianismo habría heredado esa hostilidad hacia la apariencia y hacia el mundo, impulsando la verdad hacia un más allá inalcanzable por definición: el

tico-literaria de la ficción. No obstante, esta simulación no se empieza a considerar como un elemento serio para la creación literaria hasta que Deutsche Welle reconoce una blogonovela como la mejor bitácora del mundo en sus premios BOB (Best of Blogs) del año 2005: el afortunado fue Hernán Casciari, escritor y periodista argentino asentado en Barcelona. Desde la ciudad catalana descubre qué es eso de las bitácoras, se sorprende al ver que su uso para la creación ficcional es limitado y decide explorar sus posibilidades. Compone así el *Weblog de una mujer gorda* (hoy *Más respeto, que soy tu madre*), la obra premiada. Se convierte en un fenómeno que traspasa fronteras y logra, por fin, penetrar (aunque tímidamente) en la crítica, que había ignorado el formato por completo hasta entonces. Esa blogonovela consolida muchos rasgos y establece otros, siendo quizás el más destacado la nueva concepción de personaje protagonista y narrador que se impone en el blog: un nuevo uso, el del avatar, vinculado con el uso tecnológico, el posorganismo, la virtualidad y, por tanto, las nuevas realidades digitales que se manejan en internet, el nuevo campo de publicación y distribución de la información. Su carácter fundacional es la razón por la que regresaremos a ella en múltiples ocasiones para ilustrar los rasgos de la blogonovela como principal género de la blogoficción por sus singularidades.

Sin embargo, es importante tener en consideración que la creación de Casciari no nació de la nada y los antecedentes se pueden rastrear en la tradición anglosajona de los blogs mediante el caso de Kaycee Nicole Swenson, una adolescente moribunda que tenía un blog, pero que jamás existió:

> On May 14, 2001, a popular weblogger died of an aneurysm related to treatments for leukemia. She and her mother had been chronicling their experiences for almost a year in ther journals, *Living Colours* [...] and *Journey Towards the Rainbow* [...]. Though both of them were faced with a painful situation, they pressed on with humor, dignity and seriousness.
>
> Webloggers mourned the passing of one of their own, writing their thoughts in their weblogs, flooding her mother with condolences and

---

cristianismo sería, pues, una especie de platonismo para el pueblo» (Perniola 2009: 78). De hecho, en *La sociedad del simulacro* el pensador italiano plantea un extenso análisis del simulacro y su percepción en el mundo contemporáneo.

posting messages about he ron message boards. But a few observers had doubts, and their questioning sparked a storm of controversy leading to a full confession: The writer of the weblog, Kaycee Nicole, was not a real person. (*shirobara* 2001)

Como se acabó descubriendo, todo empezó en 1998. La hija de un ama de casa residente en Kansas (EE. UU.) creó, junto a algunos amigos, un perfil para una chica que no existía en la web *College Club* <http://www.collegeclub.com> (en la actualidad <http://www.teen. com>) usando la foto de una jugadora de baloncesto de un equipo local. No hay constancia de que la acción de los menores fuera a más; sin embargo, cuando Debbie Swenson descubrió en 1999 lo que había hecho su hija decidió coger ese perfil y darle *vida* en forma de una adolescente enferma de leucemia que era una pequeña estrella local en su equipo de baloncesto.

Durante la encarnación de este personaje, Debbie estableció una relación próxima con los responsables de la web *College Club* y generó un amplio círculo de amistades digitales, en buena medida por las muestras de apoyo que recibía por su enfermedad. Como contaba en multitud de ocasiones, Kaycee tenía leucemia y, aunque en un primer momento había obtenido resultados con el tratamiento consiguiendo la remisión del cáncer, este finalmente había regresado.

El personaje, que había nacido en un contexto de web social, se pasó al blog en el año 2000, cuando uno de los amigos del personaje —Randall van der Woning, al que, lógicamente, solo conocía digitalmente— se ofreció a crearle un blog, *Living Colours* <http://www. vanderwoning.com/living/blog.shtml>, que ya no existe. En el blog se contaban las hospitalizaciones, problemas e ilusiones de la joven, normalmente por el propio avatar, pero a veces también por su madre, llamada Debbie (pues la autora asumió también el papel de la madre de una hija enferma).

La bloguera, que contaba su vida y el devenir de su enfermedad, alcanzó definitivamente la fama cuando fue entrevistada telefónicamente el 10 de agosto de 2000 por el prestigioso *The New York Times*. La entrevista se publicó asumiendo que Kaycee Nicole Swenson era un personaje real. En la misma, Kaycee se definía como una chica en el último año de instituto, llena de ilusión por empezar la universidad al año siguiente. Fue en mayo de 2001 cuando el mismo rotativo publicó un artículo en su sección de tecnología explicando que todo había sido un fraude (Hafner 2001).

El weblog propició el nacimiento de varios movimientos de apoyo en la red, generando toda una comunidad de seguidores que ignoraba que Kaycee era un personaje inventado. La debacle del personaje empezó en abril de 2001, cuando comentó que su hígado estaba fallando. Entonces, Randall van der Woning, el chico que le creó el blog, insistió en visitarla pues estaba realmente preocupado por ella, ignorando que no era una persona real. Aunque inicialmente Debbie consiguió aplazar el encuentro, la madre de Kaycee llamó entre lágrimas a Randall el 15 de mayo de 2001 para contarle que su hija había muerto por un aneurisma. Simultáneamente, se publicaba en el blog un mensaje comunicando la muerte de la joven: «Thank you for the love, the joy, the laughter and the tears. We shall love you always and forever. Kaycee Nicole passed away May 14, 2001, at the age of 19» (citado en Hammond 2001).

La dramática historia de la enfermiza Kaycee había llegado a su fin, aunque pronto empezaron las sospechas. Aunque en el pasado Kaycee había aceptado regalos físicos que le habían sido remitidos por correo, ahora no había rastro alguno de dirección postal. Además, Debbie le dijo a Randall que Kaycee había sido incinerada y que ya había tenido lugar el funeral apenas dos días después de su fallecimiento.

Cuando esto trascendió entre la comunidad de seguidores, una bloguera, Saundra Mitchell, publicó un artículo en el que evaluaba casos de personas que habían fingido enfermedades en internet. Era el 17 de mayo de 2001 <http://www.anywherebeyond.com/2001/0501/051701.html> [no disponible] y aunque en un primer momento no había referencias explícitas al caso de Kaycee Nicole, al día siguiente sí las hubo. Señaló directamente la posibilidad de que todo fuera un fraude y sugirió expresamente que esa persona no había existido jamás. La investigación de Mitchell fue más allá: rastreó la IP desde la que se publicaba el blog hasta la ciudad de Peabody, en Kansas. Hizo llamadas a la ciudad y nadie conocía a esa chica ni tenía noticias sobre su muerte. Un resumen publicado en *Meta Filter* expone las principales inconsistencias detectadas:

> Some things: (with permission, quoting from an email I got today)
> «While I suppose it is quite within the realm of possibility that many
> people were using an outdated address to send things (I've done that myself)

how would Debbie or BWG know that anything was arriving at an address that has not been in use for quite some time?

From the message boards relating to the death, I was given the impression that she died at home, very suddenly, and without pain. However, even if her death were attended [by a doctor], they both said in the blogs that they didn't know what had caused her sudden death. Then they came back with the information that it was a ruptured vein. Since that's an internal injury, and not outwardly visible, the body would have had to have been opened. If the death was attended by a doctor, and he/she was happy to sign off on it and send her to the mortician, that still only leaves 2 days to have her embalmed, cremated, to make all the arrangements for a memorial service, for everyone to attend a memorial service (and according to the blogs, her father lived out of state) to have everything on Thursday already wrapped and announced that it's been done».

Inconsistencies in the archives of Kaycee's and Debbie's blogs:

«The thing with leukemia— doctors don't say «no cancer detected».

Leukemia recovery and remission is measured in abnormal cell count v normal cell count in the blood marrow. It's a terrible, terrible disease, and you can have an extended symptom-free period and still be considered as a patient with active leukemia. What i know right now is [kaycee/ debbie/somebody?] made serious mistakes in describing how a marrow transplant occurs, as well as making a lot of errors regarding [Kaycee's] periodic bouts of consciousness /unconsciousness».

«IF Debbie called their webhost the minute Kaycee died, and then he posted that very minute, then someone in HK could have the same date stamp as Debbie's announcements in Kaycee and Debbie's journals. I've also focused on the regular updates about Kaycee's health when she was in the hospital before her demise, and somehow, a man in Hong Kong always knows on the same date and approximate time as Debbie when something bad happens, and just —happens— to post in the 2 hour window that would keep them on the same date». (*acridrabbit* 2001)

Además, varios usuarios comentaron que el estilo de escritura de Kaycee y de su madre era virtualmente idénticos. Se señaló también que Kaycee hacía referencia a múltiples elementos de cultura popular (como canciones) de los años 70, algo que parecía poco coherente con el aparataje cultural de una adolescente.

Finalmente, el 19 de mayo Debbie Swenson contactó telefónicamente con Randall y le confesó que Kaycee no era su hija biológica, sino una hija adoptiva y le pidió que no desvelara esta información.

Sin embargo, al no hacerlo, la comunidad de usuarios de internet siguió investigando y se descubrió que eso era también mentira. La confesión real en la que Debbie admitió que absolutamente todo había sido falso tuvo lugar el 20 de mayo de 2001: Randall fue quien publicó en el blog *Living Colours* el mensaje público confirmando que Kaycee Nicole no había existido jamás. Debbie se defendió alegando que el personaje estaba basado en tres personas diferentes que había conocido y que habían muerto por diferentes tipos de cáncer. El caso fue investigado por el FBI, pero desestimado poco después ya que se estimó que, en cualquier caso, los beneficios económicos que habría obtenido Debbie Swenson eran inferiores a 1.000 dólares y, por tanto, no constituyentes de delito para ese tipo de posible estafa de acuerdo a la legislación vigente entonces.

Aunque este suceso ha sido considerado un precedente de la blogoficción, hay que tener en cuenta que popularmente se ha vinculado con aspectos propios de patologías asociadas al síndrome de Münchhausen por internet. Sus características fueron descritas en 1998 (Feldman, Bibby y Crites), aunque no fue hasta 2000 cuando el doctor Feldman le puso ese nombre en el artículo «Munchausen by Internet: Detecting Factitious Illness and Crisis on the Internet». Consiste en la traslación del clásico síndrome de Münchhausen al entorno de las comunicaciones virtuales. En este caso no es necesario enfermarse de verdad (en la patología clásica, el paciente puede incluso producirse lesiones o somatizar síntomas), sino que basta fingirlo en entornos de comunidades digitales, como una red social, para obtener la respuesta de apoyo ante la enfermedad que persiguen las personas afectadas por este síndrome. De hecho, el *incidente* de Debbie Swenson estaría, en todo caso, más cerca de un hipotético síndrome de Münchhausen por poderes, haciendo que enferme una persona próxima, solo que, en esta ocasión, era un personaje ficticio creado en internet por ella misma[4].

---

[4] El síndrome de Münchhausen implica fingir síntomas que no se tienen con conciencia plena de manipulación para conseguir un objetivo concreto, por lo que no es un proceso delusivo como la hipocondría. En el caso del síndrome de Münchhausen por poderes se obliga a una persona a fingir síntomas. En el síndrome de Münchhausen por internet se fingen esos síntomas pero no hay razón para impostarlos realmente porque la comunicación es virtual. En el caso de Debbie Swenson, puesto que no hay una persona real sobre la que se ejerza el síndrome, no puede tratarse *stricto senso* de ninguna variante de esta enfermedad, sino, en todo caso de una suerte de impostura

Cabe preguntarse, entonces, si esta proyección avatárica respondía a una voluntad creativa con intencionalidad fictiva o si era una pulsión derivada de una enfermedad. No podemos negar que recoge aspectos que serán considerados relevantes para la definición de la blogonovela y parte de la blogoficción, destacando la creación de un personaje avatárico y la impostura mantenida hasta el desenlace. Con todo, la historia que se desveló tras descubrirse el engaño y el hecho de que la propia autora eliminara el blog poco después, parecen apuntar, más bien, a intenciones alejadas de la creación y exploración literaria o ficcional. Otra cuestión, por supuesto, es que, fuera de esa intencionalidad, este caso represente una nueva senda para la realización de obras autofictivas o de desarrollo de una literatura sustentada en el aprovechamiento de los parámetros de publicación y creación de identidades digitales.

En esa misma línea es importante señalar que la autora «ni durante ni después de terminada la historia ha reclamado su autoría sobre el producto ni ha mostrado interés alguno en resaltar el carácter artístico de su performance» (Cleger 2010: 352-353), aunque en sentido contrario se ha defendido el recurso a la suspensión *involuntaria* de la credulidad como parte del proceso de recepción del texto:

> Why shouldn't Kaycee continue to be a symbol of gallantry? We take heart from fictional people all the time. Movies, books, TV shows; we use them to think about human values. Narratives help us work through abstract notions like loss and pain and love and grace.
>
> Seems to me Debbie Swenson was an artist using the tools at her disposal. She was a writer who wanted an audience, and she found a way to get one. Sure she lied a little — have you never lied to get a job you really wanted? Did it even matter once it was clear that you could do a good job?
>
> Everyone agrees that Debbie Swenson did a good job. Why should people feel cheated? Their emotions were real; their tears were real; the sense of hope they experienced was real. Was that not worth the unwilling suspension of disbelief? (Carroll 2001)

Desde luego, solo mediante una fuerte suspensión de la incredulidad es posible aceptar como ciertos algunos de los —en ocasiones,

---

consciente o inconsciente del síndrome de Münchhausen por poderes en internet, más por los paralelismos con la descripción aportada por el Dr. Marc Feldman que por un caso real del síndrome.

delirantes— argumentos de las blogonovelas, aunque la cuestión reside en si esta suspensión es voluntaria (el receptor sabe que es una obra fictiva y decide entrar en el universo literario) o involuntaria. Esto último supondría que no se realiza un pacto de ficción con el autor, pues no es posible asumirlo en la medida en que no se sabe de antemano que la obra es ficticia. Luego, ¿es el planteamiento de la historia de Kaycee tan delirante como aceptarse solamente tras una suspensión (in)voluntaria de la incredulidad? De la misma manera, hubo una gran comunidad de visitantes que aceptó como real su historia, así que quizá entre en juego un comportamiento gregario en el que se asume que, puesto que un colectivo da por ciertos unos hechos, esos se conciben automáticamente también como reales. Entendemos que la blogonovela, como veremos, «sólo es posible cuando ese "falso yo" se convierte en encarnación real de un tecnocuerpo, proyección avatárica del bloguero/autor al otro lado de la fibra óptica» (Escandell 2010a: 41) que se deriva de una concepción teatralizante del papel del autor:

> Un acto performativo y figurativo en el que el autor debe engañar a los lectores, haciendo de esta un ejercicio de hoax. Se trata de una vía de acción que en el ámbito de la blogosfera anglosajona tiene en el falso Steve Jobs a su principal representante como blogficción: una farsa, sí, pero en la que el factor paródico y humorístico surgía del conocimiento previo de que no era el auténtico Jobs, aunque su identidad se mantuvo en secreto durante bastante tiempo. En la blognovela se persigue el engaño, pero el autor se esconde en un juego de máscaras que va más allá del seudónimo (Escandell 2011a: 308).

No en vano, es importante recordar que

> La idea de engañar al receptor de la obra artística no es ni mucho menos nueva, aunque el antecedente pop más destacado se encuentra en el falso documental o *mockumentary* cinematográfico, que tiene en *This is Spinal Tap* (1984) su gran referente popular. En cierto sentido, la *blognovela* sigue esa hoja de ruta, pues asistimos a la falsa vida de un personaje y su entorno, intentándonos convencer de que es cierta, durante el periodo de tiempo en el que se desarrolla la narración, ofreciendo un relato verosímil en el que se engaña a los lectores, crédulos ante la virtualidad de la Red. Como el *mockumentary*, la blognovela, aunque dada a la comedia, no siempre sigue ese camino, y tiene en la credulidad y no en el pacto de ficción su aliado. (309)

Quizá no había una intención explícita de crear literatura en el *fraude* de Swenson, aunque esa voluntad de asumir una impostura es, definitivamente, compartida con la blogonovela. Esta, a su vez, basará su relación con los lectores no en la firma de un pacto de ficción, sino en el poder nutrirse de su credulidad. Sea como fuere, sí es cierto que el caso de Kaycee Nicole inspiró el mismo mes que se supo la verdad la creación de *Plain Layne* <http://plainlayne.dreamhost.com/> [no disponible], el blog de Layne Johnson, una mujer que había conocido a un bailarín español y se había enamorado perdidamente de él. Durante los dos años de su blog (2001-2003) acogió a la hija embarazada de su prima y posteriormente al bebé, conoció a sus padres biológicos, fue violada en México, conoció a una compañera de trabajo de la que se enamoró, inició una relación sentimental y se prometió (aunque luego se rompió la relación), etc.

Layne no era real. Todo era fruto de Odin Soli, novelista y abogado especializado en temas latinoamericanos, administrador de bases de datos y gestor de webs. *Plain Layne* no fue la primera exploración del personaje, pues ya lo intentó en *Acanit* <http://www.geocities.com/acanit/> [no disponible]. Como explicó Soli, ya en 2004:

> Those stories were rotting on my hard drive, same as most stuff I write, until I stumbled across an article about Kaycee Nicole, the legendary internet hoax who supposedly died of cancer. That's when the idea of turning Acanit into a «real» character hit me. I was instantly obsessed. What would it be like to act a character instead of merely write one? Would the «realness» of the character improve suspension of belief? Could I maintain a consistently believable female character? And that's how my short stories morphed into an online diary called «The Sex Pistols are Alive and Well and Living in Sohatsenango». (citado en Kottke 2004)

De esta manera, aunque fuera solo como una influencia del poder de convicción, de sustitución del espacio personal por personajes ficticios, observado a raíz del caso de Swenson, Soli exploró el blog como vía para ofrecer un culebrón que atrapó al público:

> While everyone flounders around clumsily experimenting with fake Friendster profiles and finding their voices on blogs and journals, this guy has created two entirely plausible and entertaining online characters, fleshing them out over a series of months in living, evolving narratives. A round of applause is in order here. (Kottke 2004)

La fuerza de estos *engaños* se deriva del avatar y de cómo este influye en la relación entre autor y lectores en contexto de la creación blogofictiva.

4.1. EL AUTOR Y EL AVATAR

Cuando hablamos de los avatares estamos enlazando conceptos actuales con referentes asentados en antiguas tradiciones, algo que no debe extrañarnos, dado que el lenguaje vinculado a la tecnología informática en general, y a internet en particular, se caracteriza por un fuerte componente metafórico. El avatar es un proceso que puede ser tanto disociativo como una proyección en la que la propiocepción del individuo se desplaza desde la persona hasta la entidad virtual como adopción de *otros yo* digitales, lo que resulta en una fragmentación en el espacio-red dado que

> Muchas manifestaciones de la multiplicidad en nuestra cultura, incluida la adaptación de personalidades online, están contribuyendo a un replanteamiento general de las tradicionales concepciones unitarias de la identidad en este contexto, las experiencias con la comunidad virtual nos ayudan a elaborar estas nuevas visiones del yo. (Turkle 1998: 51)

El *yo* es parcial y fragmentado, se divide y multiplica en la proliferación de espacios digitales no vinculados porque tras cada *nick*, tras cada imagen icónica, hay *otro yo* que no tiene que ser, necesariamente, coincidente con los demás ni con el *auténtico yo*, aun cuando todos son —claro— lados diferentes de la misma compleja y poliédrica personalidad de la psique humana. El avatar es un retrato que puede ser visto «hacia adentro, hacia fuera, el rostro como la verdadera máquina del espíritu» (Brea 1991: 106) que es capaz de exteriorizar lo interno-subjetivo de un lado del poliedro del individuo, o incluso varios de ellos, cuando no los totalmente simulados.

El avatar, en el contexto de internet, nos evoca con intensidad el concepto hinduista del mismo[5]. No en vano, hace referencia a la pro-

---

[5] En el hinduismo, el avatar es la encarnación terrestre del dios Visnú, un trasunto divino que viene del sánscrito y que podría traducirse como «el que desciende», en este

yección del individuo en un sistema social de cualquier índole, sea este un foro, videojuego en línea, etc. Si en el hinduismo el avatar es el descenso de la deidad al mundo de los mortales en una encarnación física, en el contexto tecnológico esto se convierte en la representación del individuo real en un mundo virtual: el ser real baja al mundo digital. En su sentido más amplio, el avatar se puede interpretar como la imagen, nombre o icono que representa a una persona en los sistemas de comunicación digital en los entornos virtuales compartidos. Es la proyección del individuo en un sistema social de cualquier índole, sea este un foro, un videojuego en línea o una red social, por ejemplo. Por tanto, si, como decíamos, el avatar en el hinduismo es un descenso divino al mundo de los mortales mediante una encarnación física, en el contexto tecnológico el avatar es la representación del individuo real en un mundo virtual: el ser real baja al mundo digital, es ahí donde el Visnú divino se hace tecnófilo. Eso sí, esta tecnofilia no impone unas destrezas complejas, artes arcanas, de ningún tipo, como expone Dibbell:

> Four years ago, I sat down at a computer, clicked a few buttons, filled out a text box or two, and in a few short minutes created something it takes the most accomplished novelists years to produce: a fictional character with a life of its own. The life in question, as rich with possible directions ands desires as any Shakespeare's protagonist's, began unfolding within moments. (Cooper, Dibbell y Spaight 2007: 5)

El término, en el contexto informático-lúdico, se populariza a raíz de su uso por parte de Richard Garriot, cuando este lo introduce —en el año 1985— en su videojuego para ordenador *Ultima IV*[6]. En este videojuego el personaje es denominado bajo el nombre de *avatar*[7] de forma genérica, una decisión que parece natural si tenemos en

---

caso del mundo de los dioses hasta el de los mortales. Este significado está oportunamente recogido en el *DRAE*, en la segunda acepción del término en su 22ª edición.

[6] En 1979 aparece el videojuego titulado *Avatar*, desarrollado en la Universidad de Illinois sobre PLATO (Programmed Logic for Automated Teaching Operations), un título multijugador en línea que nace como juego sobre texto y luego evoluciona a un sistema gráfico, pero el concepto de *avatar* se queda en el título y no se aplica a los trasuntos de los jugadores en su entorno virtual. La primera versión se realizó entre 1977 y 1979 por Bruce Maggs, Andrew Shapira y David Sides.

[7] Aunque la saga nace en 1981, no es hasta su cuarta entrega cuando se introduce explícitamente el término: el personaje alcanza el objetivo de convertirse en Avatar, y

cuenta que el título ofrece la posibilidad al jugador de ir configurando a su gusto el aspecto y la psicología del personaje según avanza en la historia, tanto a través de un sistema de virtudes (vinculadas a la personalidad) como con complementos, ropa y demás objetos virtualmente materiales. El objetivo último es que el jugador vaya haciendo el personaje a su propia imagen y semejanza. Este uso va potenciándose en propuestas posteriores, como en el videojuego en línea *Habitat* (1987) o en el juego de rol de lápiz y papel *Shadowrun* (1989), de Jordan Weisman. No obstante, su penetración en el ámbito literario se fecha en 1992 con la novela ciberpunk *Snow Crash*, de Neal Stephenson, la misma en la que el autor populariza conceptos como *metaverso*, término que, en la novela, hace referencia a la marca comercial de un universo virtual —un mundo sintético— conectado mediante una red de computadoras. En ese simulacro-videojuego, los usuarios asumen papeles diferentes dentro de un mundo de fantasía: la proyección del individuo real en ese mundo virtual es denominada *avatar*.

Si Gibson populariza el término *ciberespacio* en *Neuromancer*, Stephenson hace lo propio con *avatar* en *Snow Crash*. Se constituye, por tanto, como la proyección del espacio del individuo y del individuo mismo en un mundo que es una simulación de algo inexistente, una hiperrealidad que sustituye el mundo real a través de intermediarios demiúrgicos (Baudrillard 1978: 7-80). Con todo, no debemos desestimar la aportación del propio Gibson, pues, aunque no acuña el término sí es el responsable de describir literariamente, por primera vez, la representación visual de un individuo en un mundo virtual en su novela *Count Zero* (1986), lo que permite la socialización entre los personajes de la novela en el espacio inexistente de la hiperrealidad intangible. Sin embargo, es Stephenson quien introduce el término de manera definitiva, e incluso lo explica en la sección de «Acknowledgments» que acompaña a su novela en las ediciones actuales, reconociendo asimismo que, aunque en el momento de introducción del término en la novela él no lo sabía, no fue el creador de este uso para el mismo:

The idea of a «virtual reality» such as the *Metaverse* is by now widespread in the computer-graphics community and is being used in a num-

---

a partir de ese momento el término se hace genérico para referirse a la representación visual del personaje del jugador en el mundo virtual del título.

ber of different ways. The particular vision of the *Metaverse* as expressed in this novel originated from idle discussion between me and Jaime (Captain Bandwidth) Taffe... The words «avatar» (in the sense used here) and «Metaverse» are my inventions, which I came up with when I decided that existing words (such as «virtual reality») were simply too awkward to use... after the first publication of *Snow Crash* I learned that the term «avatar» has actually been in use for a number of years as part of a virtual reality system called «Habitat»... in addition to avatars, *Habitat* includes many of the basic features of the *Metaverse* as described in this book. (Stephenson 1992: 269-270)

Cuando nos movemos ya en el campo práctico del internet actual, nos encontramos con varios miles de foros en los que es habitual incluir opciones de configuración para identificarse cuando el usuario deja cualquier participación en los mismos, y esto se ha extendido a sistemas de chat (AIM, MSN Messenger, ICQ...), redes sociales de toda índole (Facebook, Twitter, Tuenti...), webs 2.0 (*Menéame, Digg,...*), etc. Como mínimo, lo que el usuario exige hoy en día es un apodo (hay quien usa su nombre real, pero en cualquier caso, siempre es único en la base de registro de usuarios del sitio, salvo en sistemas que precisen, por su propia idiosincrasia, lo contrario, como Facebook[8]) y una imagen, que suele ser de tamaño limitado (en *kilobytes* y en resolución); es cada vez más habitual añadir múltiples opciones de configuración adicional para construir un completo perfil, como gustos personales, frases, lemas o sentencias, etc.

Tradicionalmente, el avatar se ha empleado para hablar, en no pocas ocasiones, de la imagen empleada por el usuario en un entorno virtual, esto es, la proyección gráfica del mismo más que la nominal, aunque se extiende cada vez más la concepción de avatar como el conjunto de rasgos personales de un individuo en un sistema social virtual: el tecnocuerpo del que hablaba Echeverría (2003: 18). La sociedad digital se asimila a un proceso lúdico de virtualidad alejado, independiente, del juego puro tradicional: «the utopian dream of liberating play from the game, of a pure play beyond the game, merely opened the

---

[8] Facebook prohíbe en sus normas la aportación de datos no reales (como, por ejemplo, nombre y apellidos falsos) contemplando la posibilidad de anular la cuenta a los usuarios que no respeten estos términos.

way for the extension of gamespace into every aspect of everyday life»
(Wark 2007: 16) fusionando así la ficcionalidad lúdica y la irrealidad
de la propia vida real dado que, justamente, «la irrealidad de los juegos denuncia que lo real no lo es aún. Son ejercicios inconscientes de la
vida justa» (Adorno 1951: 237).

Limitarnos a lo visual, a la entidad figurativa proyectada mediante recursos iconográficos, en el individuo virtual sería tan superficial
como hacerlo en el mundo real. El avatar entendido limitadamente
como esa representación icónica[9] es una proyección fractal (deliberada o intencionada) que produce un sesgo en la información aportada (al no haber más contexto para reforzar el significado de esa imagen
significante). Por ejemplo, un usuario que haya escogido una imagen
de una actriz puede haberlo hecho por admiración (o por aversión,
según la intencionalidad de la fotografía), porque le parece atractiva,
buena intérprete o un modelo que alcanzar... y aun así seguiríamos sin
saber si ese individuo es masculino o femenino. Lo mismo se puede
decir del apodo. Sin embargo, combinados, constituyen una unidad,
ayudan a transmitir un mensaje de entidad psicológica mucho más
completo... pero igualmente sesgado.

Es el individuo el que escoge qué le representa, y por tanto decide
qué parte de su personalidad (real o impostada) se proyecta ante los
demás: es una máscara. Por otro lado, el hecho de que el individuo esté
tras la máscara que es el avatar —lo que implica un conjunto de rasgos
identificativos virtuales transmutables (que, además, pueden ser diferentes de una red a otra, permitiendo un tratamiento independiente en

---

[9] El avatar, como máscara de la persona que se esconde tras el mismo, puede ser
una imagen, un personaje completo o solo un seudónimo. Mark Stephen Meadows
rememora la experiencia de la primera creación de un *nick* cuando recibió su módem y
se le solicitó un nombre de usuario en 1992:

Part of the software was a subscription to America Online. I popped in the floppy
disk and was asked for my screen name.

On a moment's inspiration I typed in *PigHed*. A friend that day had called me
pigheaded, which I am, and pigs have always attracted me because they seem been hor-
rific and adorable [...]. I would have typed in Pig Head, but the system only allowed
six characters, so I typed in what I did and, having set a sign on my shiny new virtual
forehead, I set out to explore.

AOL's architecture was chatroom based. The interface consisted of boxes with
texts in them that were organized so that groups could form around particular discussion topics. (Meadows 2008: 9)

cada uno de su propia proyección personal)— posibilita que este se centre más en su propia identidad y no tanto en la homogeneidad colectiva, exaltando valores idiosincrásicos. Esto nos devuelve al culto al ego; es posible incluso que defienda ideas que no respaldaría en público, lo que también ha sido vía de escape para diferentes tipos de actitudes éticamente rechazables, cuando no abiertamente delictivas, aprovechando el anonimato y/o la cultura del álter ego en la red. Dejando fuera de la cuestión a las mentes enfermizas y a los delincuentes, lo que nos encontramos es que los individuos «proyectan distintas caras en distintos espacios [...]. Hay una tendencia a la fragmentación, ya que mostramos distintos aspectos de nosotros. Y por eso es una personalidad de corta y pega» (citado en Planelló 2009), en palabras de Soumitra Dutta[10], asesor del Foro Económico Mundial.

El avatar se constituye, por tanto, como el ente virtual sobre el que se ejerce la proyección del espacio del individuo —y del individuo mismo—, en un mundo que es una simulación de algo inexistente, una hiperrealidad que sustituye el mundo real a través de intermediarios demiúrgicos. Ante la red se construyen personalidades fragmentadas que son el resultado de un filtro muchas veces autoimpuesto por los usuarios. La propiocepción[11] muta para dar pie a *otros yo*: es ahí donde la separación entre el avatar y el enmascarado que se esconde tras el mismo puede alcanzar su punto álgido, como resultado de anular la suma de las partes que conforma la personalidad de cada uno de los individuos. Esto tiene como consecuencia desde la construcción de personalidades muy fragmentadas, fruto de la autoimposición de roles o estereotipos hasta una impostura consolidada de proyección parcial. El reflejo avatárico será más bien fruto de la interpretación de un papel. Eso explica que, en comunidades de usuarios nos encontremos con casos de creación de múltiples identidades, es decir, *habitantes* de una misma co-

---

[10] Dutta desarrolla, junto a Matthew Fraser, por extenso su estudio sobre redes sociales en *Throwing sheeps in the boardroom: How online social networking will transform your life, work and world*, y también en el blog *Throwing Sheep* <http://www.throwingsheep.com/blog/>. En ambos formatos analizan de manera detallada la influencia de los sistemas de redes sociales en la visión de sí mismo que tiene el individuo, su forma de relacionarse con los otros y cómo eso influye específicamente en el mundo de los negocios.

[11] El sentido o capacidad del organismo de ser consciente de la posición de sus partes (como músculos, extremidades, etc.) en relación al entorno y a sí mismo.

munidad que esconden a una única persona. Esta multiplicación puede deberse a la referida fragmentación para enfrentarse con alguien de esa misma comunidad —de manera ofensiva, aunque no solo por dar rienda suelta al insulto— sin que se asocie ese avatar conflictivo ni con su persona real ni con su avatar habitual. Lo mismo se aplica a la exposición pública de intimidades potencialmente vergonzantes, incluso cuando la proyección personal en esa comunidad virtual es una máscara avatárica. Es decir, ya son anónimos de base, pero crean una segunda divergencia en esa comunidad, en la que están por el proceso de asociación de identidad con el tecnocuerpo del avatar, debido a una cierta *reputación* de la máscara avatárica que han vestido.

En el ámbito tecnológico interactivo, los avatares se han popularizado en el ocio electrónico, y se encuentran en múltiples variantes en entornos virtuales de tipo *metaversal*, como *Second Life*, y también en las interfaces de las actuales consolas de videojuegos domésticas[12]. Incluso surgen sistemas para la creación de avatares gráficos de toda índole (como los inspirados en el estilo de Matt Groening en *Simponize Me* <http://simpsonizeme.com>) que luego podemos exportar en cualquier formato de imagen y utilizar en el sistema social virtual de nuestra elección o, por supuesto, en un blog.

Partiendo de esta representación visual, complementada con un apodo o seudónimo y otro tipo de información personal, los individuos llegan, ya no a una proyección de sí mismos en el mundo virtual, sino a la constatación plena de un tecnocuerpo identificado con una imagen, un personaje poligonal o un seudónimo. El avatar puede, por tanto, ofrecer diferentes caras, pues es la proyección deseada, sesgada, que el creador del mismo ofrece de sí mismo. Es una nueva *prótesis* del ser humano (Broncano 2009). Una prótesis en la medida en que el ser humano produce una dependencia de su instrumentos ge-

---

[12] Nintendo apuesta desde un primer momento por los Miis en Wii (debutó en EE. UU. el 19 de noviembre de 2006), de aspecto sencillo; posteriormente, Microsoft introduce los Avatars en la revisión de la interfaz de Xbox 360 del 19 de noviembre de 2008 (la consola debuta —también en EE. UU.— el 22 de noviembre de 2005). Por último, Sony lanza un mundo virtual, *PlayStation Home*, para PlayStation 3 en formato de beta abierta el 11 de diciembre de 2008 (las pruebas cerradas tuvieron lugar desde 2007), en el que se incluyen también representaciones de los jugadores (en este caso, las más realistas de las tres), pero no se integran en el resto de aspectos de la consola, ni en otros videojuegos o recursos, como sí sucede en los otros dos ejemplos.

nerados a partir de su habilidad intelectual, herramientas que se convierten en inseparables y que le permiten superar sus limitaciones físicas. Esos objetos se acomodan, se amoldan a la vida cotidiana y pasan a formar parte del ser humano como prótesis ortopédicas esenciales, ya sea en la forma de calzado, vivienda o cocina (distinguiéndose de las simples *herramientas*, pues estas son solo de uso ocasional, no necesario ni constante). No solo eso: son prótesis que van más allá de lo material y se constituyen también en prótesis culturales, destinadas a cambiar el modo de pensar, como por ejemplo la lengua, la escritura o las matemáticas (Broncano 2009: 20-29), ya que nuestra especie no vive ya en un contexto de oposición entre la naturaleza y la cultura: estas se han hibridado desde siempre como suma de lo material y lo inmaterial (Latour 1991). Ante las nuevas prótesis del tecnocuerpo debe darse un proceso de adaptación. Si el tecnocuerpo —cíborg[13] de carne virtual— lleva al propietario a un nuevo espacio en el que se ha de habitar inmaterialmente —un no-lugar de la supermodernidad descrita por Marc Augé (1992)—, podemos prever también que dé lugar a desarraigo, exilio y extrañamiento. El avatar lleva al autor a un nuevo espacio que va más allá del álter ego[14], y su función no es la de sustituir una función, sino que está generando otras nuevas en la red como resultado de una reformulación biocultural. Es el resultado de un nuevo entorno socializado y culturalizado en segundo estadio y que va más allá del primero como resultado de la influencia del ser humano sobre la naturaleza, en un proceso de intervención mediante sus acciones (Broncano 2012: 95).

En esa misma línea se avanza hacia el hombre posorgánico, esto es, el hombre que obtiene su poder no de una superioridad orgánica

---

[13] El término *ciborg* (*cibernetic organism*) fue acuñado por Manfred Clynes cuando en 1960 resultó evidente que la ingeniería biomédica, con la aparición de los primeros marcapasos recargables y otros elementos protésicos de nueva generación, como articulaciones artificiales, mostraron que el organismo podía *fundirse* con el mecanismo.

[14] Se vincula, por tanto, con los morfos descritos por Mark Dery. El avatar se convierte en la proyección tecnocorpórea y, como tal, crea una sintonía entre la propiocepción y la imagen —incluso cuando es puramente virtual— del individuo, algo que sucede también en el mundo físico mediante las alteraciones que se derivan de la cirugía estética y que Dery ilustra con el caso de la transexualidad (1992: 253-255). Esto no solo se limita a mundos sintéticos (Castronova 2005) como los de los videojuegos y entornos de realidad (o alteridad de la realidad) simulada, sino también a redes sociales, foros, etc.

(el biopoder foucaultiano), sino de un dominio del *software* informático como parte de un cambio de paradigma sobre los elementos de poder:

> A medida que pierde fuerza la vieja lógica mecánica (cerrada y geométrica, progresiva y analógica) de las sociedades disciplinarias, emergen nuevas modalidades digitales (abiertas y fluidas, continuas y flexibles) que se dispersan aceleradamente por toda la sociedad. La lógica de funcionamiento vinculada a los nuevos dispositivos de poder es total y constante, opera con velocidad y en corto plazo. (Sibilia 2005: 27)

Más allá de las implicaciones políticas y de establecimientos autoritarios que trazan tanto Sibilia como Broncano, el paso hacia el mundo posorgánico y la proyección del autor en el mismo a través de la imagen fragmentada del avatar es lo que debe ser tenido en consideración. Es un proceso de melancolía que puede derivarse, como se apuntaba antes, de la sensación de desarraigo al trasladarse al espacio inexistente (virtual) y su distanciamiento de los paradigmas culturales anteriores. «La melancolía es un estado característico de la modernidad cultural, de una época que se pensó a sí misma como exilio y ruptura con lo no moderno, con la tradición» (Broncano 2009: 24-25) y, como tal, en este momento el autor que se ha sumergido en un nuevo paradigma se encuentra en la frontera de dos mundos que chocan: la literatura tradicionalista y todo su aparato industrial y cultural (crítica, editorial, publicidad), frente a los nuevos modelos en red. Son cambios culturales que resultan previsibles como parte de la tradición de renovación, de imposición de lo nuevo sobre lo viejo, ya que

> Cada forma cultural, una vez creada, es minada por las fuerzas de la vida. Tan pronto como una forma ha accedido a un desarrollo insuperable, comienza a revelarse la siguiente forma; ésta, tras una lucha que puede ser más o menos prolongada, triunfará inevitablemente sobre su predecesora. (Simmel 1918: 316)

Por otro lado, el autor de blogs muestra una tendencia narcisista que le conduce a sociedades microgrupales en las que revolotean en torno a intereses comunes, que son lo que les hace ser parecidos, al tiempo que desarrollan actitudes extimistas en las que, pese a todo, el acto de comunicación es más importante que lo comunicado, generando una fascinación por el propio medio. Esto ha penetrado en esferas de los medios tradicionales:

> En parte porque no hay muchos buenos escritores en la blogosfera, y en parte porque «a cierta distancia, toda vida es de pena», como dice el poeta Francisco Brines, la mayoría de los blogs personales se caracteriza por la insustancialidad; la segunda, que hay un interesante fenómeno de espejos entre los blogs y los otros medios: la página de Bitácoras.com tiene una sección en su página de inicio donde va colgando la repercusión que tienen los blogs en medios *exteriores*. (Mora 2006: 56)

La pulsión narcisista no es, en todo caso, exclusiva de la apertura extimista digital, dado que, como señaló Georg Simmel, se asumió incluso como una obligación para el desarrollo humano:

> El siglo de Rousseau construyó la *naturaleza* como ideal, como valor absoluto, como aspiración y exigencia. Hacia finales de esta época, el *yo*, la personalidad espiritual, emergió como concepto central. Algunos pensadores representaban la totalidad del ser como creación de un ego; otros veían la identidad personal como *cometido*, el cometido esencial para el hombre. De hecho, el ego, la individualidad humana, aparecía como una demanda moral absoluta o como propósito metafísico del mundo. (1918: 38)

En la esfera digital, el blog ha superado ya la fase en la que su función principal era la de ser un diario personal y poco o nada más, gracias al avance que le ha inyectado su dinamismo natural. Este dinamismo lo impulsa a un cambio continuado cuanto mayor es el número de blogs creados y, por tanto, mayor es el número de personas que los emplean como método de publicación digital. El bloguero extimista hace de la bitácora su diario personal no ficcional, su lugar de reflexión propio; el escritor-periodista usará el blog como nanomedio; y el escritor creará obras fictivas. Solo los dos primeros casos han conseguido suscitar un interés amplio en los medios generales que no solo crean sus propios sistemas de blog, sino que utilizan los blogs como testimonios. No es tan extraño encontrarse con medios que emplean blogs como fuentes de información, de la misma manera que las redes sociales se han convertido en sustitutos de la nota de prensa. Esto sucede incluso cuando los medios digitales en realidad están recogiendo información publicada previamente en un medio tradicional, algo que ejemplificó Hernán Ferreirós:

> En el blog del iraquí que se hizo famoso durante la guerra[15], nunca leí algo que me sorprendiera, como tampoco con lo que pasó en Londres, donde muchas imágenes de los blogs eran de la tele, que a su vez les prestaba atención a los blogs. (citado en *La Nación* 22-7-05)

El autor sigue la tendencia general de internet (y que incluso se da en redes sociales más o menos cerradas como Facebook) de esconderse tras un seudónimo y obtiene así una libertad mayor: la distancia entre su *yo real* y su *yo escritor* puede crecer porque no hay una asociación directa, se llena de libertad y puede adoptar los cánones de internet por encima de los de la literatura, lo que conlleva situaciones en las que los autores se otorgan el derecho de trabajar con una libertad sin precedentes sobre los textos de los demás, anulando el concepto clásico de autoría, pues

> Los textos de los otros son memes[16] también y están en su derecho de «especie» (ojalá pronto en vías de extinción) de reutilizarlos como si fueran pura información y no conocimiento artístico o, según el caso, sabiduría. Si tenemos en cuenta que, según la teoría aristotélica, los textos son una *imitatio* de la realidad, nos encontramos con que los textos posmodernos son un[a] Realidad Virtual literaria, una mímesis de segundo grado: imitación de otra imitación. (Mora 2006: 167)

No solo el texto es esa mímesis de segundo grado a la que alude Mora, pues el propio autor ya no se proyecta sobre la obra como un

---

[15] Con toda probabilidad, se refiere al blog *Where is Raed?* <http://dear_raed.blogspot.com>, publicado bajo el seudónimo de Salam Pax y que se hizo famoso tanto en su forma digital como en su posterior edición impresa.

[16] En las teorías sobre la difusión cultural, la unidad teórica de información cultural transmisible de un individuo a otro o de una mente a otra (o de una generación a la siguiente). El término es acuñado por el genetista Richard Dawkins en 1976 en el libro *The Selfish Gene* proponiendo un modelo evolutivo de desarrollo y de cambio culturales basado en la replicación de ideas, saberes y demás información cultural mediante la imitación y la transferencia, por lo que su definición de *meme* postulaba cambios biológicos reales de las neuronas cerebrales cuando los memes infectan el cerebro (Lankshear y Knobel 2003: 211). Esto último fue discutido intensamente y, en 1999, Dawkins revisó su teoría retrospectivamente señalando que el término era aplicable a canciones, eslóganes, modas...

reflejo de sí mismo, sino de la personalidad, posiblemente fragmentada, que genera en el blog. Esto puede suponer una liberación, y quizás a través de la fragmentación avatárica, la distancia impuesta entre
ese filtro que es el avatar y quien está tras este (expresada físicamente
por la pantalla del ordenador y por la deslocalización y ubicuidad de
la red) sea cada vez mayor. Al mismo tiempo, la reutilización de materiales y el cambio en la perspectiva del creador modifican el concepto de autor *original* y «por lo tanto, anacrónicas son también [...] sus
reclamaciones de autoría, su vindicación de propiedad intelectual, su
salario» (167), algo previsible puesto que es la perspectiva misma del
bloguero. Es el semionauta de Bourriaud en plena acción, reutilizando
los materiales para componer una nueva obra a partir de la remezcla, el
sample de Fernández Porta.

Esto puede ser ofensivo para algunos[17], pero el autor de literatura
en blog en particular asume que el acto de creación en línea es un acto
de comunicación en el que la obra se regala a la comunidad, muchas
veces anónimamente, porque eso es también parte del juego: esconderse tras la máscara del avatar como en un baile de máscaras o en un
juego del escondite, sobre todo cuando el autor ya puede ser reconoci-
cido, sea por los agentes culturales tradicionales o los nuevos generados en la Web 2.0. Mantener el disfraz, el avatar, en el que se esconde
es un triunfo, un ejercicio creativo equiparable al de la gestación literaria y, de hecho, inseparable de esta. No es publicar una novela bajo un
seudónimo, sino generar un autor virtual que se enfrenta en el día a día
al escrutinio de los lectores y debe lidiar con estos: desde el momento
mismo en que se sospecha que el autor no es quien dice ser, desvelar
el engaño y hacer que las máscaras dejen ver el rostro real es parte del
ejercicio de lectoautoría que establece el receptor de la obra:

> The writer is then the protagonist, personifying the role as would an
> actor in a process of assimilation which transforms the main character

---

[17] En el ámbito de la literatura impresa hay recientes ejemplos de esta situación. Los
más populares en los últimos tiempos han sido en torno a Jorge Luis Borges y las demandas de la viuda María Kodama, cuyas amenazas hicieron que Alfaguara retirara el libro
El hacedor (de Borges), Remake de Agustín Fernández Mallo a finales de 2011, alegando
la empresa que la retirada se hizo voluntariamente (Rodríguez Marcos 2011). En un caso
similar contra el argentino Pablo Katchadjian por su libro *El Aleph Engordado*, este sí
llegó a juicio con acusaciones de plagio pero los cargos fueron sobreseídos (Tomas 2012).

in an avatar. There is, hence, a strong *hoax* component in the narration and creation of the protagonist so as to deceive the reading public, always masking the writer: to hide his identity, and to convince the public that what they are reading is actually being written by an anonymous blogger, just as any else, are some of the main artistic objectives of the blognovel, which we cannot and must not confuse with the serial novels published in blogs. (Escandell 2010b: 128)

Este juego entre gato y ratón no es un comportamiento nuevo, pues el escondite del avatar ha generado lo que en foros y comunidades de usuarios se ha denominado popularmente *troleo*[18]. El trol existe en comunidades virtuales al estilo de redes sociales, foros, blogs[19] y demás sistemas de comunicación abierta en internet. El trol es alguien que busca provocar intencionadamente, para lo que recurre a comentarios groseros, ofensivos, falsos, suplantación de identidades, etc., intentando alterar el desarrollo normal de las actividades de la comunidad en línea atacada. Es un comportamiento promovido sobre todo por el anonimato de internet y la sensación de impunidad generalizada, con el castigo máximo asociado a que la cuenta del usuario trol sea anulada y deba crear otra. Las comunidades de usuarios que detectan a los reincidentes muestran una clara tendencia a querer descubrir a estos individuos, lo que se convierte

---

[18] Se refiere a la acción de publicar comentarios en foros, blogs, redes sociales u otros soportes comunicativos con la intención de molestar a los miembros de esas comunidades virtuales y/o generar conflictos. Esto se puede realizar desviando el tema, insultando, provocando, etc., para conseguir perturbar el desarrollo normal de los actos comunicativos de los soportes electrónicos. Aunque etimológicamente su origen se atribuye a las criaturas de la mitología escandinava (sustantivo *troll*), en inglés *to troll* (verbo) es una técnica de pesca deportiva, por lo que el uso metafórico de lanzar un cebo a los miembros de la comunidad atacada es un sentido también aplicable. Desde Fundéu se ha recomendado en español la forma *trol* (plural *troles*) para la persona que realiza este tipo de acciones, aunque su uso no adaptado a la ortografía castellana está ampliamente extendido. En consecuencia, es frecuente también encontrar la grafía *trollear* para el verbo.

[19] Apunta Mora que (frente a lo que indican múltiples estadísticas en las que se resta importancia al problema del *troleo*) «en la realidad que yo conozco son muchos los blogueros que han tenido que suprimir la posibilidad de comentarios por frecuentes ataques injuriosos» (2006: 104), citando como ejemplo la bitácora del escritor Álvaro Valverde <http://mayora.blogspot.com>. El propio Mora reconoce optar por un filtrado en los comentarios de su blog <http://vicenteluismora.blogspot.com>, por lo que deben ser leídos y aprobados por él antes de que sean visibles.

en un juego de máscaras: el trol esconde su identidad en la medida de lo posible para *trolear*, aunque los usuarios buscan desenmascararlo para que sea expulsado de la comunidad y no perturbe el uso normalizado de los servicios que ataca. No nos llevemos a engaño: esto no lo hacen únicamente adolescentes inquietos o inmaduros en general, pues señala Vicente Luis Mora que en su blog <http://vicenteluis mora.blogspot.com.es/>

> También tengo testimonios fehacientes y alguna curiosa confesión vía *e-mail* de que algunos de los «damnificados» por mi ensayo *Singularidades. Ética y estética de la literatura española actual* (2006) hacían de las suyas en las entradas, que no pocas veces tuve que moderar, sobre todo cuando no era yo el insultado. (2007: 82)

En cualquier caso, el lector de un blog no puede sentirse ofendido por el hecho de que el autor opte por esconder su identidad real a través de un avatar, pero sí puede buscar sacar a la luz su personalidad real; no por malicia, sino porque es un reto intelectual al que posiblemente ya ha estado expuesto en otros soportes de internet. Hasta ahora, un lector podía afrontar una obra como una novela sabiendo que era una ficción con autor reconocido, anónimo o tras un seudónimo, aunque siendo conocedor de que era una ficción desde el momento en que lo adquiría en la librería alejado de los estantes (y listas de ventas) de no ficción; ahora, esto ya no es así. La blogoficción en general —y con ella las blogonovelas— es fruto de la pulsión por esconder la ficción disfrazándola de aparente verdad, por lo que el lector va a encontrarse en la situación de no saber realmente si está asistiendo a la obra fictiva de un autor o a la pulsión extimista de un usuario anónimo en el océano de internet. Se trata de la «suplantación de lo real por los signos de lo real» (Baudrillard 1978: 11), y un «fingir tener lo que no se tiene» (12) que puede, asimismo, destruirse al ser descubierta. Se reproduce, entonces, la ironía de la etnología: al observar el objeto de estudio, este se altera y destruye en su estado natural, haciendo imposible su contemplación pura (20-22). No obstante, Casciari sugiere que «más tarde, cuando el lector ya esté habituado y no le importe —cuando hayamos conseguido "transportarlo"— podremos quitar algunos velos sin peligro» (2006: 174), hasta tal punto que algunas de sus obras han sido desenmascaradas antes de su conclusión y, sin embargo, han seguido adelante hasta el desenlace. Esto es difícil de imaginar en el caso de Kaycee que expusimos previamente.

El avatar es el eje destacado de la blogoficción, el elemento diferencial que se encuentra en las producciones fictivas que se nutren del blog como formato de publicación digital en oposición a los textos llanamente publicados en blog. La blogoficción se ordena en torno al tronco avatárico para constituir su rasgo diferencial clave y, a partir de este, se pueden crear las demás distinciones dentro del espectro blogofictivo: elementos narratológicos, subformatos de publicación, etc., que desarrollaremos en estas páginas, y que resultan en blogonovelas y otras construcciones fictivas digitales.

Como aspecto fundamental de la distinción entre la ficción literaria en blog y la blogoficción, atenderemos en primer lugar de manera específica a los rasgos constitutivos de la blogonovela, retomando el papel avatárico en el espacio digital de la ficción bitacórica. Por tanto, retomaremos la cuestión posteriormente, de manera específica en torno a su uso blogofictivo, junto a los demás rasgos diferenciales de estas formas literarias.

4.2. LA BLOGONOVELA

La búsqueda de los antecedentes de la blogonovela como género literario podría retrotraerse hasta la expansión del folletín francés como recurso para la alfabetización de las clases humildes, uno de los movimientos clave entre los triunfos de la sociedad burguesa. Así se genera un nuevo público que potencia la demanda de una literatura escapista, económica y de consumo directo. Los agentes culturales de la época reaccionan distribuyendo estas creaciones aprovechando soportes poco ortodoxos, como la inclusión de cuadernillos en periódicos u hojas volanderas, y los autores componen novelas por entregas, destacando —entre muchos otros— Sue, Dumas, Balzac o Hugo.

En estos momentos asistimos a la difusión de la alfabetización digital, una de las claves de expansión para la sociedad del conocimiento, generándose una situación paralela en la que un nuevo público demanda, igualmente, una literatura escapista, económica y de consumo directo. Esta literatura, en su presencia digital, es accesible en múltiples lugares y situaciones: el trabajo, la casa o donde sea con los dispositivos móviles, y genera también nuevos modos de publicación, como el caso del blog. Es aquí donde nace la blogonovela, que mantiene rasgos folletinescos a la hora de componer la narración, crear el *cliffhanger* y captar la atención del lector y fidelizarlo a lo largo de la publicación, prolongada en el tiempo, de sus capítulos. Esto se vincula también con el aspecto público de la blogonovela, que le sirve como elemento subversivo, pues los textos públicos pueden llevar implícito un carácter reivindicador en el que se transmiten quejas, denuncias, etc., algo que durante mucho tiempo había quedado restringido a las secciones de «cartas al director» de la prensa diaria, o a los pasquines y «manifiestos» públicos heterodoxos, en ocasiones muy singulares, como los que recopiló José Antonio Millán en *Flor de farola*. Este carácter público es también clave en la genealogía de la blogonovela, pues está vinculado, de hecho, al origen del blog como proyección extimista del diario personal. Esto, por supuesto, enraíza con la tradición literaria de los diarios literarios y las novelas epistolares, pues —al fin y al cabo— el articulado del blog es una carta abierta al mundo a través de la red en la que se percibe muchas veces la huella de la epístola romántica, nutriéndose no solo de esta tradición, sino generando su propia identidad como elemento de creación literaria digital.

La creación literaria en internet es el resultado de una tensión con el propio medio y un aprovechamiento del mismo para explorar las fronteras literarias, al tiempo que el dominio de las mismas no implica que quien escriba en internet sea un literato, del mismo modo que el dominio de los medios y de las herramientas artísticas no crea artistas. La hiperaccesibilidad crea legiones de individuos capacitados para crear su propia vía de expresión gracias a la proliferación de herramientas hipermedia, ya sea en el campo de la edición de vídeo, de música o incluso la programación de código informático y la creación de videojuegos bajo múltiples formatos, incluyendo Flash. La Web 2.0 complementa la disponibilidad de las herramientas creativas, posibilitando la distribución de esas creaciones. Ya no hay un misterio tras esa creación, pero dominar el apartado técnico de la misma no implica que la ejecución sea reseñable, ni artística, aunque al mismo tiempo la ejecución artística muestra clara tendencia a exigir el dominio del hipermedia.

Parafraseando a Joseph Beuys, la máxima «cada ciudadano, un artista» adquiere potencialidad real en la apertura de las plataformas de publicación digitales: cada ciudadano digital es potencialmente un escritor. El cambio ha radicado en que donde antes se adquirían materiales físicos para crear una estatua, ahora se ejecuta un modelado sobre un programa de diseño tridimensional; donde se precisaba un lienzo y pinceles, ahora se emplea un programa de dibujo; donde se precisaba de instrumentos y partituras, ahora se emplea un programa de notación musical... Todo es mucho más accesible desde el ordenador como elemento físico que sustituye a todos los demás gracias a la versatilidad del *software* actual. Su accesibilidad genera una hiperproducción.

La escritura exige un coste técnico más bajo incluso, por lo que su nivel de accesibilidad es superior al de otras expresiones artísticas. Asumido que virtualmente toda persona que entra en internet sabe leer y escribir en su propio idioma con mayor o menor destreza, todo el mundo tiene la potencialidad de generar textos de no ficción y ficción, a poco que tenga cierta capacidad para discurrir. En consecuencia, la proliferación de blogs literarios está a la orden del día, con todo lo que eso conlleva de saturación artística. Ese flujo creativo implica un conflicto entre realidad y virtualidad para generar un espacio que está sometido a un replanteamiento continuado por la idiosincrasia mutante de los *bytes*. En la misma medida, también es relevante el que el receptor debe explorar los contenidos generados por el autor frente a los infinitos estímulos externos e internos (los mismos hipervínculos de la obra hipertextual). Esos vínculos al exterior o a otras partes de la obra están porque son necesarios, porque se ha decidido que deben estar, pero cada uno —cada hipervínculo— es una ruta de escape a otro lugar que, al mismo tiempo, complementa la obra que le enlaza tanto como aleja al lector de esta por la composición tridimensional, profunda, del hipertexto.

Muchas de las historias publicadas en blog son cortas, o bien microcuentos, o poemas, incluso con aforismos y microensayos, como apunta Mora (2006: 173), pues en buena medida es lo que favorece el formato. Una narración extensa en una página implica un desplazamiento del cursor, avanzar en el texto hacia abajo, algo a lo que el lector todavía no está acostumbrado, y la lectura puede resultar cansada. El lector puede aburrirse y, como sucede en muchas novelas actuales —donde los capítulos muestran clara tendencia a ser cortos (porque son novelas que se consumen, se leen, en esos momentos ociosos pero no de ocio que se generan, por ejemplo, en los grandes desplazamientos desde un punto a otro de la ciudad)— el blog apuesta por la brevedad compositiva. Así resulta más sencillo dejar las lecturas y retomar el ritmo más adelante; de la misma manera, el blog muestra tendencia a esos textos de extensión limitada, aunque es algo que depende únicamente del autor: no hay limitación técnica alguna para incluir enormes bloques de texto en una entrada única.

Las narraciones extensas no son ajenas a la bitácora como formato de publicación. En estos casos, los capítulos tienen una extensión comedida, aunque superior a la del microcuento, y la publicación tiende a ser regular, en ocasiones emplazando a los lectores a regresar un día concreto de la semana para recibir el próximo capítulo. Sin embargo, esto es mucho más fácil cuando se trata de una novela en blog, no de una blogonovela, donde se persigue por lo general la improvisación compositiva de un diario extimista. Esta estrategia de emplazamiento periódico es necesaria para mantener un ritmo de publicación regular, pero también para facilitar la fidelización y ritmo de lectura: si se publican muchos capítulos en poco tiempo, el lector puede sentirse superado por el ritmo de escritura, pues es habitual leer las obras mientras estas se generan, no cuando ya han sido concluidas. Son novelas por entregas, y cada capítulo debe atrapar al lector, dejarle en un punto en el que se sienta interesado para volver a leer cómo sigue el devenir de los personajes que aparecen en la narración. Mantener la tensión y el interés es importante, pues el modelo creativo y económico se sustenta en que el lector vuelva, genere visitas y expanda el conocimiento de la obra para conseguir la difusión deseada por el ego del autor: en internet todo el mundo (en un sentido casi literal) puede leerlo, pero eso significa que es más probable que no lo lea nadie.

Los capítulos de una novela pueden publicarse a ritmo regular en un blog, aunque eso no la convertirá en una blogonovela (incluso al contrario), pues hay unos rasgos distintivos de la novela generada en el blog, ya que esta se nutre del formato, y en su lucha contra el soporte digital desarrolla sus propias características: acepta que hay unos condicionantes que deben ser asumidos en el proceso creativo, y que, por descontado, no habían existido antes de que pudiese emplearse el formato blog. Hernán Casciari describe unas normas formales básicas desde la visión de la estructura argumental:

> Se trata de una obra escrita en primera persona, donde la trama ocurre siempre en tiempo real. Por lo tanto, no son válidas las extrapolaciones,

ni un transcurso del devenir diferente al de la fecha de publicación. El protagonista se reconoce como gestor del formato (el weblog), la realidad afecta al devenir de la trama, el protagonista «existe» fuera de la historia (lo que indica que los lectores tienen el derecho de interactuar con el personaje principal desde un sistema de comentarios) y, finalmente, el autor no aparece nunca mencionado dentro del territorio de la ficción. (2006: 172-173)

El autor debe excluirse de la obra, no hay lugar para un *yo autor*, sino solo para el *yo personaje*, incluso cuando los lectores interactúan a través de los comentarios: no están demandando hacerlo con el autor, sino con el avatar que está realizando la narración, haciendo del escritor también un intérprete, un actor que asume la máscara del personaje creado tanto en el campo de la narración (el articulado del blog) como en los textos adyacentes (los comentarios). Si los lectores reclaman una información, no la reclaman del creador (si es que saben que existe), sino del personaje; no es el autor quien excusa o justifica lo que piensa o hace el personaje, sino el personaje mismo:

> The protagonist of the novel is the owner and author of the blog, behind whom is the writer, who embodies at all times the role of the above-mentioned protagonist, assuming his existence and granting the character a *life* outside the novel, which implies that he has to interact with the readers through the comments on the site. (Escandell 2010b: 128)

El ego del autor no puede alimentarse, por tanto, del diálogo directo con los lectores, pues él no es su interlocutor. No habrá alabanza a su labor creativa, sino a lo que se asume como cierto dentro de las reglas de pacto de ficción que vayan generándose según avanza la narración. Así pues, la blogonovela solo es tal mientras se está ejecutando; cuando concluye (y, por lo general, se desvela o confirma oficialmente que era ficcional, así como el nombre del autor), pierde su estatus; solo existe cuando hay lectores, y cuando está en proceso de creación. Superado ese momento, cerrada la evolución del proceso creativo, ha muerto como tal y puede ejecutarse como novela, cerrada, frente al proceso abierto que es la generación de la narrativa digital.

En la narración de la blogonovela es esencial que «el eje narrativo del relato se entienda rapidísimo, a un golpe de vista, y que resulte mínimamente atractivo» (Casciari 2006: 174), pues debe captar y enganchar al lector que, probablemente, ha llegado hasta el blog siguiendo un enlace, a través de un buscador o incluso por recomendación directa de otro lector. El autor apenas tiene unos segundos para convencer a ese lector potencial de que se quede en su espacio. Esta velocidad es propia del espectador actual, que discrimina lo que le interesa y lo que no con gran velocidad, primero con el *zapping* televisivo, ahora con la navegación en internet; los usuarios cambian rápido de web, apenas tardan unos segundos en decidir si les interesa, si su navegación es incómoda o si su carga (el tiempo que tarda en presentarse visualmente y ser legible) es demasiado lenta. Es importante tener en cuenta también que el elemento temporal de la blogonovela hace que la complejidad argumental deba ser comedida. «La complejidad del *plot* aburre mucho, lo torna confuso, y sobre todo, es difícil de recomendar en el boca a boca de un foro, o un chat, o un listado de correo» (174), lo que hace que sea la trama la que cobre mayor importancia.

Tampoco debe la blogonovela admitir que lo es, como mecanismo de refuerzo de la suspensión de realidad que compone el pacto de ficción. La blogonovela es una literatura de evasión a la que el lector recurre cuando quiere escaparse y desconectar de la cotidianeidad. Por tanto, es importante que este no sienta que está asistiendo a un teatro de marionetas hasta que esté enganchado y sea ya un lector fidelizado, para poder retirar —como dijo Casciari— los velos, porque el lector inteligente ya habrá intuido por sí solo que está ante una ficción y no le importará confirmar sus sospechas. Para ello debe escribirse también de manera verosímil, narrar de manera que sea creíble que es el avatar el que se expresa, pues la blogonovela no funciona como adaptación de otros formatos tradicionales: eso es confundir medios, hacer «radio en la televisión» (174), lo que solo puede abocar al fracaso. No obstante, dentro del avatar, que no debe ser necesariamente un intelectual, es importante que la escritura sea correcta, satisfactoria, y el escritor, además, debe comprender el medio del blog, al igual que el lector. El autor debe comprender el soporte sobre el que trabaja, y los puntos negativos y positivos del mismo. Para empezar, la comodidad y situación en la que se lee un libro poco o nada tiene que ver con la lectura ante la pantalla de un ordenador o dispositivo con conexión a internet. Un libro es mucho más portátil (en el sentido en que resulta más cómodo para llevárselo a la playa, leer en el autobús, en la cama y en cualquier situación con suficiente luz), manejable, económico y accesible (por las mismas razones por las que resulta más cómodo leer en muchos lugares y situaciones un libro, no es habitual llevar un ordenador portátil para *solamente* leer, pues la batería, la conexión a internet y las posibles sustracciones son impedimentos a tener en cuenta; no tanto el peso o tamaño, con el mercado de *netbooks*[20]. La incomodidad del monitor, incluso en las pantallas de mayor calidad, es inevitable (salvo que alguien decida imprimir su lectura), y eso conlleva muchas veces estar sentado en un despacho (de oficina o doméstico) y no en un sillón o poltrona; al menos, no mientras las tabletas no tengan una penetración de mercado sustancialmente mayor.

Para que la lectura en pantalla sea cómoda, los párrafos deben ser de extensión comedida (y el ancho de la columna del articulado no puede generar líneas enormes con las que se dificulte el salto de línea en la lectura), por lo que el punto y aparte no puede ser solo sintáctico. También debe ser visual, para reducir el cansancio en los ojos:

> En nuestro formato, un párrafo que supere las diez o quince líneas no es error sino pedantería, porque el autor presupone que ha escrito algo tan bueno que logrará que alguien desee leerlo a pesar de la incomodidad y el cansancio visual que presupone hacerlo. (Casciari 2006: 175-176)

Comprendido el problema físico de la lectura en pantalla, el resto de los parámetros son lógicos: no usar tipografías peculiares y optar por combinaciones de colores agradables para el fondo y el texto de manera que se facilite la lectura. El siguiente objetivo del autor en la blogonovela es conseguir que el lector llegue hasta el final del capítulo por el que ha accedido a la blogonovela; si eso se logra, lo siguiente a tener en cuenta es conseguir que vuelva al día siguiente para ver si se

---

[20] Aunque la frontera entre un *netbook* (portátil de reducidas dimensiones y prestaciones) frente a un *notebook* (ordenador portátil) es difusa, se asume que los primeros se corresponden con la gama de ordenadores cuyo peso no supera en exceso el kilogramo, y sus pantallas rondan un máximo de 11 pulgadas, ofreciendo gran portabilidad a costa de prescindir de grandes pantallas, prestaciones y lectores ópticos, al tiempo que es cada vez más habitual disfrutar de baterías de mayor duración que los portátiles comunes. En una categoría adicional se encuentran los *ultrabooks*, que siguen el modelo de portátil con buenas prestaciones técnicas pero liviano y fino establecido por el MacBook Air de Apple.

ha actualizado (o que sepa cuándo sucede regularmente) y que se ponga al día, en la medida de lo posible para leer la obra ficcional, fidelizándolo en lo que Casciari denomina *anfitrionazgo*, «un término que no existe en los diccionarios de la lengua, pero que suelo utilizar para definir las cualidades de aquel que recibe visitas» (176), y que hace referencia a la necesidad de mantener un horizonte de escritura en el que el autor no debe centrarse exclusivamente en el lector habitual, en detrimento del casual u ocasional, pues entonces estaría perdiendo audiencia potencial; esto es, el autor debe tener en cuenta tanto al lector habitual como al lector ocasional, o al que se incorpora *in medias res* en cada uno de los capítulos de la blogonovela para garantizar un volumen creciente de lectores a través de la captación rápida de esos nuevos lectores no devotos.

La blogonovela debe mantener la frescura y la capacidad de atrapar al lector en cada nuevo capítulo que se publica, así como aprovechar las herramientas a su favor. Por ejemplo, Casciari usa el nombre de cada uno de los personajes de *Más respeto, que soy tu madre* no como un hipervínculo, sino para invocar un *pop-up* que presenta algunos datos esenciales para conocer al personaje, aportando un contexto necesario al lector ocasional y que el habitual omite sin esfuerzo, por lo que no se dificulta su lectura con mensajes intrusivos. Lo mismo podría ejecutarse empleando sistemas más sencillos desde un punto de vista técnico, con fichas y accesos directos en las columnas laterales del blog: su eficacia es menor (implica pulsaciones, y cambiar de página), pero puede suplir el uso de *pop-ups*, que no son —de momento— un recurso integrado en los servicios de gestión de blogs habituales. Incluso sería recomendable utilizar esos mismos recursos para destacar algunos de los capítulos, sucesos, más importantes de la narración cuando se haga referencia a estos, sobre todo cuando la composición de la blogonovela se prolonga durante muchos meses o incluso algunos años.

Frente a toda esta visión de la blogonovela, Arranz Lago se muestra crítico con el formato, al considerar que en este tipo de creaciones:

> Asistimos a un nuevo contexto en el que la diversidad afecta a todos los órdenes de la vida. Uno de estos órdenes, el de la literatura, se presenta como una categoría, como sucede en otras disciplinas, que se da por supuesta, que no se cuestiona, que no se analiza. (Arranz 2008: 245)

Cuestionar la literatura de una blogonovela es legítimo, aunque solo si se cuestiona el valor literario de cualquier obra de no ficción, con independencia de qué soporte ha sido empleado para su creación y publicación, pues considerar que una novela, por ser impresa, es mejor que otra que no lo ha sido es un clásico prejuicio neoludita: es la sacralización del la hoja impresa de la que hablaba Derrida. Cuestionar el valor literario del blog *per se* no puede sostenerse, y, sin embargo, Arranz considera que Casciari ha traicionado a la blogonovela cuando se publica por una editorial tradicional *Más respeto, que soy tu madre,* del que dice «Casciari, defensor paradigmático de la literatura cibernética, se pasa a la letra impresa» (244). Esto no es cierto: desde entonces ha creado más blogonovelas y surge una cuestión adicional: los escritores crean y exploran; no se trata de establecer acuerdos o compromisos de exclusividad. Pretender esto sería como criticar a Vargas Llosa por las ediciones digitales de sus libros: la publicación impresa de una blogonovela no es más traición que la publicación digital de una novela impresa, aunque conlleva un proceso de adaptación que desarrollaremos posteriormente.

Para criticar la blogonovela, Arranz se centra en una obra fallida: *La novela del futuro: la novela interactiva* <http://blogs.hoy.es/nove la.html> [no disponible], de Teresa Morgado. Fue un proyecto abandonado a las pocas semanas de su inauguración en diciembre de 2005, tras tres capítulos. Una blogonovela sin finalizar no es tampoco más significativa que una novela sin finalizar en un disco duro o un montón de folios pendientes de reciclar, pues en la normalidad de la creación literaria se da el abandono de proyectos, cambio de intenciones.... con la salvedad de que en el blog esto sucede de manera pública, lo que Arranz Lago describe como «engendros para vergüenza de sus creadores» (2008: 249), pero son, desde un punto de vista del estudio profundo y genético de la creación literaria, oportunidades poco habituales —y, desde luego, difíciles de encontrar con tanta claridad— en la historia de la literatura, permitiendo el estudio de textos fallidos para poder comprender qué hace que el autor los abandone (y poder estudiarlos sin esperar a saquear los cajones de su escritorio tras el entierro).

En esa misma línea, afirma que la blogonovela «sí es literatura en cuanto que el discurso de la blognovela no pretende informar de nada» (Arranz 2008: 246) y que sus valores literarios son escasos, destacando la temática hiperrealista como uno de los elementos antiliterarios.

Eso es también aplicable a gran parte de la tradición teatral y tanto *La vida es sueño* como *Bajarse al moro* son literarias. Es más, ni siquiera debemos cambiar de ámbito: la narrativa de la inmensa mayoría de las novelas de los últimos siglos tiende, ineludiblemente, al hiperrealismo (salvo en las diferentes formas de la novela experimental y géneros temáticos concretos) como búsqueda de la verosimilitud por encima de la construcción de un universo propio (lo que sí sucede en las novelas de fantasía y ciencia-ficción, por ejemplo). No solo eso: le retira toda opción de existir como tal, pues «la blognovela posee el valor de que quiere ser y aún no ha alcanzado, el anhelo de su madre, la novela impresa, a la que regresa cuando puede convertirse en papel» (247). Es evidente que estos trasvases a la hoja impresa han sucedido: muchos autores han publicado ya en formato impreso sus blogs y blogonovelas a través de editoriales comerciales en formato impreso, aunque la cuestión reside en si esto sucederá cuando el modelo de negocio se desplace del libro impreso al digital, con su flexibilidad y heterogeneidad. Para Arranz, la blogonovela es «un ejemplo de cómo la Literatura busca desesperadamente adaptarse a los nuevos cambios sin conseguirlo» (247), sentencia de muerte neoludita porque, considera, estas creaciones mantienen un nivel lingüístico cercano al estándar, como si con este no se pudiera crear una obra ficcional de calidad con elementos literarios. Para Barthes (1972: 17-25), la literatura es el ejercicio mismo de la escritura y prescinde de concepciones clasistas o de tirar de ábaco para contar cuántos tropos, palabras poco comunes u oraciones enrevesadas aparecen. Más aún, ¿cómo valorar en términos objetivos la calidad de esos elementos y por qué despreciarlos por el mero hecho de aprovechar las TIC en vez de hojas de papel? Los criterios referentes a la belleza, las reglas mismas del arte (y, con ellas, los valores literarios) están en continua mutación. La narrativa en su concepción global, en todo caso, quedaría marginada de la literatura por Arranz, pues para él «la novela es y será un *sermo ornatus*, un discurso que se desvía del camino ordinario del lenguaje, que lo desautomatiza y lo eleva a función poética a través de la connotación» (252), lo que excluye de la literatura de manera automática a una lista virtualmente interminable de novelas reputadísimas.

La blogonovela, admite Arranz, es homodiegética, en primera persona, aunque frente a la creencia de Casciari de que «el protagonista se reconoce como gestor del formato» (2006: 172), él considera que eso es errado porque el escritor puede emplear como intermediario a un administrador web (webmaster[21]) que sea el que efectivamente cuelgue el capítulo. Esto es factible, pero si el autor hace eso se deberá probablemente a que no conoce en absoluto el formato de publicación blog, o bien a una situación excepcional. Si el autor no conoce el formato de publicación, difícilmente apostará por componer una blogonovela, pues para ejecutarla como tal deberá interactuar con los lectores, luego el supuesto webmaster debería transmitirle —oralmente o por impreso— los comentarios, el autor escribir la réplica si así lo considera oportuno, y transmitirla al webmaster para que este lo publique: carece de sentido por completo. Además, un intermediario será solo un intermediario, por muy interesante que suene la forma inglesa de su oficio, y el proceso creativo seguirá recayendo por completo en el novelista, incluso en el improbable caso de que se den situaciones como las descritas; por no mencionar que el blog es, por definición, un formato de autoedición.

Por último, se pone en duda también que la relación con los lectores sea parte del formato: «¿Desde cuándo un personaje y mucho menos un autor de ficción tiene la obligación de dar respuestas reales a sus lectores, ni siquiera en sentido figurado?» (Arranz 2008: 252). Una vez más, se niega de base uno de los rasgos fundamentales de la blogonovela al aplicar criterios elitistas de organización vertical del proceso creativo[22]: la constitución del avatar. La blogonovela es tal porque se asume el papel de un bloguero ficticio, el avatar; los blogueros interactúan con sus lectores, por lo que una ficción literaria en blog incluye para la construcción de la misma la comunicación con esos lectores por parte del personaje avatárico. Por tanto, es *obligatorio* que el autor

---

[21] Término de origen anglosajón usado para referirse al responsable del mantenimiento de un sitio web. En una página pequeña, suele asumir todas las funciones de desarrollo, diseño y programación; en las más grandes, ejerce como director, coordinando a los especialistas en las diferentes áreas.

[22] Además, en la creación literaria más tradicional, varios autores han admitido ya consultar a sus seguidores en redes sociales para acercarse a su público receptor. No se trata solo de implicarlos en el proceso de redacción —y ceder el autor en él ante el público—, sino de conocer mejor a su público, a la gente que realmente lee sus obras. Juan Gómez-Jurado, por ejemplo, es un popular usuario de Twitter, herramienta social que emplea para su uso personal y para obtener *feedback* de los lectores, además de permitirle establecer una relación próxima con la comunidad mediante el diálogo directo con su público.

dé respuestas a la comunidad de lectores desde el mismo momento en que escribe una blogonovela.

Las críticas de Arranz Lago no son las únicas, por supuesto. En 2010 Santos Sanz Villanueva publica en el número 723 de *Cuadernos Hispanoamericanos* un artículo, «"Álogos": Letras en la red» (2010: 63-67), a raíz de la aparición de un libro que recopilaba textos provenientes de varios blogs. Aventura Sanz que habrá «millones de blogs en el planeta en todas las lenguas y decenas de miles, seguramente, en castellano» (63), lo que nos muestra que no se ha accedido a los datos de la blogosfera, pues como señalamos en el anterior capítulo *Bitácoras Puntocom* tenía indexadas en ese año 417.371 bitácoras. Para Sanz, los blogueros son «una clase particular de escritores, a reservas de que antes o a la vez sean escritores librescos» (63), algo que se corresponde nuevamente con el poder sacralizador del libro como objeto físico, pero hay que admitir que no es el único camino de legitimación para los autores, aun cuando los modelos industriales vigentes siguen planteando el libro impreso como la meta a alcanzar.

En cuanto a la generación de los textos, recupera Sanz Villanueva la que considera «una cuestión básica: ¿qué fue antes, el huevo o la gallina? [...] ¿el blogero [sic] o el escritor?, ¿los post[s] o el libro?» (64), afirmando que entre las blogonovelas hay «alguna muy interesante (pienso en la novela multimedia *Tierra de extracción* de Doménico Chiappe)» (64), mostrando la profunda confusión de conceptos. Sanz Villanueva no distingue entre lo que, en efecto, podríamos denominar *novela multimedia* y la creación en blog. Chiappe describe y explica el origen de la producción de su novela multimedia en la web de la misma:

Esta obra comenzó en 1996, con la escritura de la novela y la producción musical de las canciones, escritas entre 1989 y 1996, la invitación a artistas y músicos a participar en el proyecto y la indagación en las posibilidades que abrían los nuevos softwares de programación multimedia. Tuvo una primera versión, presentada en abril de 2000, dentro del marco del seminario Los desafíos de la escritura multimedia. La segunda versión comenzó a gestarse en 2001 y finalizó en 2007, con la publicación en internet de la obra final. Durante estos años se ha exhibido en diversos espacios de museos e instituciones. En 2011 ha sido elegida por Electronic Literature Organization para su antología ELC2, como una de las mejores obras digitales escritas en español. (Chiappe 2011)

Es una aplicación realizada en Shockwave, un *software* de creación de contenidos hipermedia de Adobe que podemos explorar en la web <http://domenicochiappe.com/pg_d_2a.html> o bien mediante la descarga digital del archivo que permite su funcionamiento en modo local. Ni se publicó en blog ni utiliza ningún elemento propio de esa plataforma: acierta Sanz Villanueva al retomar la denominación que le da el propio Chiappe, pero desde luego no está vinculada en ningún momento a una blogonovela, luego la confusión conceptual es obvia. Sin realizar distinciones formales como esta, es lógico que la conclusión a la que llega sea que

> Lo único distinto, lo verdaderamente diferenciador, no son contenidos ni formas, sino los soportes. Hoy por hoy, solo hay una literatura, la libresca, y nada más cambia el medio de difusión: el libro o la www. Así, los efectos renovadores que la Red prometía son más virtuales que el propio soporte. (Sanz Villanueva 2010: 67)

Frente a esa visión reduccionista, tenemos otras líneas de investigación consolidadas que nos permiten afirmar que la blogonovela se constituye ya como parte de la literatura *pangeica* referida por Mora, «que tiene en cuenta la estructura textual cimentada en los nuevos soportes informáticos y/o de medios de comunicación de masas, pero no el soporte concreto donde están almacenadas» (2008: 50). Los rasgos fragmentarios del posmodernismo se ven superados por la concepción temporal del presente narrativo, conformando un atomismo de los capítulos de la blogonovela frente a la fragmentación de las novelas impresas, sin que la blogonovela deba rechazar en ningún momento el uso de recursos que no son puramente textuales, ni tan siquiera hipertextuales, en los que el autor (solo o con ayuda) compone, diseña y crea elementos externos, como la web publicitaria —con chat incluido— de la pizzería familiar <http://mujergorda.bitacoras.com/im/000062_1/index.htm> [12-8-12] de *Más respeto, que soy tu madre*. Esto le sirve a Casciari para componer un diálogo de chat, dejarnos ver la voz de otros personajes (como la terrible ortografía y peor gramática del hijo menor de Mirta), y mezclar realidad y virtualidad en un diálogo cómico en el que el lector debe progresar del mismo modo que lo haría en un chat integrado en una web (donde, sin embargo, ya no se añaden más contenidos), esto es, desplazando la barra de navegación lateral de la ventana de diálogos:

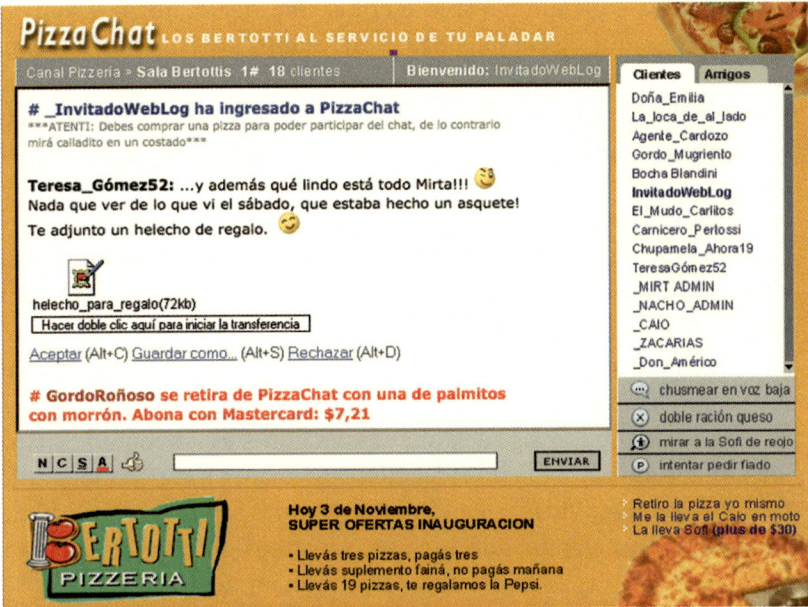

Fig. 13. El chat de la web de la Pizzería Bertotti.

El recurso no solo aprovecha el soporte, la web, para emplear un lenguaje visual y escrito que el lector acepta como válido, pues no se están rompiendo las reglas del soporte, sino que sirve para aportar un elemento fresco y permitirnos leer, por primera vez, a varios miembros de la familia, de manera que esos personajes entran de manera directa en la narración a través del chat: se expresan ellos mismos, sin el filtro de la visión del personaje narrador. Algo similar es lo que hace Javier Fernández en su novela *Cero absoluto* cuando se integran noticias de prensa (no transcritas, sino maquetadas como tales), o incluso anuncios publicitarios: no se describe, ni se transcribe fríamente, sino que se compone íntegramente todo el diseño para reproducir el formato impreso dentro de las páginas de su novela.

Considera Mora que es importante para el autor pangeico ser el diseñador de estos elementos adicionales, y esto es mucho más fácil en el blog, aunque no excluyente en otros formatos más complejos, como las hiperficciones sobre Flash: pese al supuesto webmaster intermediario de Arranz, las probabilidades de que una blogonovela pase por ese filtro son virtualmente nulas; no así una novela publicada por capítulos en un blog. Y es que el blogonovelista ejerce una labor multicreativa en la que no solo escribe, sino que también diseña (en diferentes grados de complejidad) y determina aspectos fundamentales de presentación como la combinación de colores, el tipo de letra, y el logo del blog. Incluso en la blogonovela más básica, el autor debe escoger esos parámetros. Es más, por su presentación en pantalla, el tratamiento visual es incluso más importante que los pangeicos impresos descritos por Mora, como sucede en toda la creación digital y, como con ellos, «el diseño del libro es anterior al texto, supone una reflexión previa a la redacción y paralela a la literaria» (Mora 2008: 51); en este caso, el diseño del blog —o, si queremos, los elementos personalizables de su estructura y formato— es un elemento más de la creación literaria. En la *lit(art)ture* enunciada por Borràs (2008) se trabaja en una simbiosis en la que se suman nociones como la virtualidad o la simulación, la hibridación de formatos y expresiones artísticas, y la interactividad, siendo omnipresentes en la creación artística contemporánea, cambiando los usos artísticos que hasta ahora eran conocidos (Borràs 2008: 28-29). Esto resulta mucho más evidente en estos formatos digitales en los que el soporte es, a la vez, el medio por el que llega al público, creando un todo indivisible para que la obra no se vea adulterada (como, efectivamente, sucede en su paso a la hoja impresa), pero, sobre todo, debe tenerse en cuenta que esto no implica que las nuevas «formas de hacer [arte] u otros soportes de la práctica artística vayan a desaparecer» (Brea 2007: 172), dado que, como apunta Brea especialmente en relación al arte visual, esta confluencia es muy productiva:

> No sólo porque las posibilidades de producción de formas visuales que proporcionan las tecnologías digitales de generación y tratamiento de la imagen (enriquecida por los desarrollos multimedia que acrecientan las posibilidades de su riqueza expresiva) son enormes, sino también porque sus potenciales de distribución al tejido social superan, con mucho, los de otros canales más tradicionales. Creemos por tanto que las *artes* de nuestro tiempo —y más aún las de los tiempos venideros— no pueden pensarse ajenas a las extraordinarias nuevas posibilidades que el escenario de las tecnologías electrónicas les proporciona y proporcionará con creces en un futuro ya muy cercano. (172)

Más aún, el futuro cercano que intuía Brea lleva en realidad ya tiempo entre nosotros, incluso si este no ha logrado penetrar con fuerza en las instituciones culturales, puesto que los beneficios para la renovación y producción artística se plasman en las hipercreaciones literarias. La blogonovela es el resultado de un proceso de normalización y armonización de una literatura narrativa tradicional con las posibilidades de creación artística hipermedia. Consecuentemente, la blogonovela presentará tres rasgos fundamentales a la hora de distinguirse de las otras propuestas de creación literaria digital más allá de los aspectos formales hasta ahora expuestos: la relación con el lector, la concepción del tiempo narrativo y el narrador avatárico. Estos son los aspectos a los que prestaremos especial atención en las siguientes páginas. Como veremos, mediante el avatar, el uso del tiempo y el singular pacto fictivo con los receptores, la blogonovela experimenta la liquidez en términos de Bauman frente a la solidez que se deriva de una literariedad estática, fijada en el ítem del libro impreso. Mientras se desarrolla la narración de la blogonovela, esta se comporta fluidamente (cambia, se altera siempre), pero cuando se detiene se solidifica:

> Los fluidos no conservan una forma durante mucho tiempo y están constantemente dispuestos (y proclives) a cambiarla; por consiguiente, para ellos lo que cuenta es el flujo del tiempo más que el espacio que puedan ocupar: ese espacio que, después de todo, sólo llenan «por un momento». En cierto sentido, los sólidos cancelan el tiempo; para los líquidos, por el contrario, lo que importa es el tiempo. En la descripción de los sólidos, es posible ignorar completamente el tiempo; en la descripción de los fluidos, se cometería un error grave si el tiempo se dejara de lado. Las descripciones de un fluido son como instantáneas, que necesitan ser fechadas al dorso. (Bauman 2000: 8)

La blogonovela, así, se almacena en el *vapor de datos* que es el servidor y se comporta líquidamente cuando se concreta mediante la intervención de sus agentes (lectores, autor o autores y lectoautores) en sus diferentes configuraciones. Cuando la relación se cierra y la obra concluye, es un sólido. En ese momento se convierte en una roca estática que se mantiene en ese estado tanto en el blog como en el libro, con la salvedad de que en la web —si así se permite— todavía podrán actuar sobre ella las gotas de nuevos comentarios, *trackbacks* y relaciones de la blogosfera.

4.2.1. El avatar en la blogoficción

El avatar es la ejecución virtual del cíborg, del hombre posorgánico, sometido a una tecnología virtual como proyección última del personaje creado por el autor para su narración en la blogonovela. No obstante, el blog demanda al escritor que el personaje exista no solo dentro de la realidad de la ficción literaria, sino en el mundo real de los lectores, para interactuar con ellos, y, por tanto, debe tener una entidad propia, yendo más allá de todas las implicaciones que se puedan realizar entre este concepto y el del seudónimo. Para ello, el autor se ve obligado a construir el personaje como un actor construye un papel para una obra teatral, adoptando el rol de su avatar para interactuar con los lectores y construir un entorno ficticio pero verosímil que sea el contexto vital del personaje, algo que deberá ser asumido como cierto o como parte del pacto de ficción por los lectores.

Esto implica no solo una modificación del estilo y hábitos de escritura para llevar a cabo el fingimiento de ser otra persona durante el proceso de redacción de la novela, sino también aprovechar los recursos y estrategias de producción de espacio personal que ofrecen las bitácoras, ya que

> La función-autor no es en efecto una pura y simple reconstrucción de segunda mano que se hace a partir de un texto dado como un material inerte. El texto lleva siempre en sí mismo un determinado número de signos que remiten al autor. Esos signos son bien conocidos por los gramáticos: son los pronombres personales, los adverbios de tiempo y de lugar, la conjugación de los verbos. Pero hay que señalar que esos elementos no actúan de la misma manera en los discursos que están provistos de la función-autor y en los que están desprovistos de ella. En estos últimos, tales *shifters* remiten al locutor real y a las coordenadas espacio-temporales de su discurso (aun cuando pueden producirse algunas modificaciones: como cuando se relatan discursos en primera persona). En los primeros, en cambio, su papel es más complejo y más variable. Sabemos bien que en una novela presentada como el relato de un narrador, el pronombre de primera persona, el presente del indicativo, los signos de la localización nunca remiten exactamente al escritor, ni al momento en que se escribe ni al gesto mismo de su escritura, sino a un alter ego cuya distancia con respecto al escritor puede ser más o menos grande y variar en el transcurso de la obra. (Foucault 1969: 28)

La blogonovela, como usurpación del espacio bloguero, realiza el ejercicio de impostura también del idiolecto y, a través de esto, de lo local. Es decir, el avatar se expresará empleando los rasgos regionales propios del personaje que refiere. No debe extrañarnos, por tanto, encontrar expresiones muy localistas dentro de estas obras, hecho que ha generado modificaciones necesarias en las posteriores ediciones impresas, orientadas a públicos nacionales más definidos. Cuando Diego Gualda compone *Hablalo con mi abogado* <http://hablaloconmiabogado.blogspot.com.es/> [no disponible] —que en la actualidad redirige a <http://joven-argentino.blogspot.com.es/> [15-8-12]— lo hace con un personaje porteño, Esteban, que se expresa sin lugar a confusión posible en esa modalidad lingüística. No hay pretensión alguna de ofrecer un lenguaje neutralizado que pueda resultar amigable para cualquier hablante nativo con un bajo nivel de regionalismos, sino más bien al contrario. Si Esteban es porteño, hombre, padre, divorciado y de clase media, su lenguaje debe ser completamente coherente con su variedad diastrática, diafásica y, por supuesto, diatópica: solo así se consigue la creación avatárica que es eje de la blogonovelización.

Este predominio de lo local queda reflejado también en la imposición del idiolecto parodiado de las modelos en *Diario de una miss intelijente* <http://blogs.ya.com/soyunamiss/> [no disponible] y <http://soyunamiss.blogspot.com.es/> [15-8-12], de Arturo Vallejo. Ya desde el título recurre al tópico del bajo nivel formativo de este colectivo. En este caso, la obra deja paso a importantes marcas de oralidad mezcladas con rasgos epistolares que resultan en un aspecto recurrente junto a otros elementos específicos, como la ausencia de tildes, entre otros errores ortográficos, que definen al personaje. Podemos apreciarlo en el capítulo «El montaje» <http://soyunamiss.blogspot.com.es/2006/04/el-montaje.html> del 30 de abril de 2006:

> Hola a todos y a todas,
> Que hoy os voy a explicar una cosa muy mala que he hecho pero que la he hecho por necesidad y porque me lo recomendo [sic] mi manager A.F. y ahora estoy muy arrepentida porque llevo todo el fin de semana con toda mi familia llamandome [sic] por telefono [sic] y diciendome [sic] que soy una fresca […]. (Vallejo 2006)

Se trata de la historia de una *miss* de pueblo que llega a Madrid tras el certamen de Miss España totalmente decidida a hacerse un hueco en el mundo de la moda y, como tantas obras dentro de la blogoficción, tiene en la sátira su *leitmotiv*. La construcción del personaje se ejecuta también en las opciones de configuración de la bitácora, algo que podemos ver en el hecho de que el *blogroll* sea denominado «Aqui [sic] pongo a algunos amigos con webs muy bonitas», toda una declaración de intenciones ingenuas y simplistas que, sin embargo, logra retratar con éxito la imagen generalizada de este colectivo en nuestra sociedad.

El autor debe, de esta manera, emplear todas las herramientas digitales a su disposición para construir la realidad del personaje avatárico y su entorno, pero también las herramientas de la narración tradicional. En *Más respeto, que soy tu madre*, Casciari publicó un prólogo <http://mujergorda.bitacoras.com/cap/prologo.php> a posteriori, finalizada la obra, en el que habla de Mirta como ente real y responsable único del blog, único lugar en el que Casciari rememora el nombre original del blog, *Weblog de una mujer gorda*:

> Los casi doscientos capítulos que lo componen fueron escritos por Mirta casi por casualidad —o por desesperación— en una página personal de Internet, durante los últimos meses del año 2003, que fueron horribles, y los primeros meses de 2004, que no fueron mejores. Los redactó ella misma, ayudada en la parte técnica por su hijo mayor, el Nacho, y los publicó día tras día, sin más objetivo que distraerse de su depresión.
>
> Sin embargo, a poco de comenzar su historia, y por razones que Mirta nunca ha comprendido del todo, empezaron a llegar decenas de miles de curiosos de todas partes. Su blog, modesto y parecido a otros tantos, fue invadido por lectores que se levantaban por la mañana con ganas de saber qué había pasado de nuevo en la vida de los Bertotti.
>
> Mirta comenzó a coleccionar correos y mensajes de aliento, y más tarde regalos y visitas a su casa. Sus primeros lectores, a los que llama *«prehistóricos»*, son ahora sus amigos personales y tan dueños de la obra como ella misma.
>
> Cuando acabó su aventura literaria, que se llamó *Weblog de una mujer gorda* y duró diez meses escasos, empezó a recibir ofertas para convertir su relato primero en libro, después en una obra de teatro, y más tarde en película de cine. (2009)

Se trata de uno de los recursos literarios más viejos, aunque en la blogonovela se complementa con más elementos, constatables incluso en una obra en la que los usos del género no se habían consolidado: estaban construyéndose en ella misma. Así, en la actualidad se nos ilustra el blog con una foto de la familia en la cabecera: no es una familia real, sino que se ha reutilizado el plantel de intérpretes de la adaptación teatral de la obra para completar la construcción avatárica. Sin embargo, debemos tener en cuenta que en el formato original del blog se empleó una fotografía de una familia hondureña que el autor encontró, por casualidad, a través de *Google*. En la actualidad, la cabecera cuenta con una fotografía en la que destaca la presencia del actor Antonio Gasalla, interpretando a Mirta, junto a los demás compañeros de escena:

Fig. 14. Cabecera del blog con los actores de teatro que representaron la adaptación de *Más respeto, que soy tu madre* en Argentina.

Esta plasmación de la realidad familiar a través de fotografías (que se reproducen con fotos de carné en los perfiles individuales de cada miembro y personaje destacado de la blogonovela, como ya vimos) es posterior a la finalización del proceso de escritura, aunque desde el estado más primigenio de la obra la han acompañado otros componentes visuales, como estadísticas, la falsa página web de la pizzería familiar... y también unas ilustraciones creadas por el dibujante Bernardo Erlich presentes también en la mayor parte de las ediciones impresas de la obra.

Un fenómeno curioso es que, en la misma época, el año 2004, Casciari realizó una bitácora para el blogopersonaje Letizia Ortiz bajo el nombre de *El diario de Letizia Ortiz* <http://letizia-ortiz.blogspot.com> (de enero a junio), del que se nos advierte al pie que es una «respetuosa ficción literaria sobre la vida privada de un personaje público», aunque fue este el resultado de una simple estrategia de mercadotecnia para atraer la atención del público español hacia las aventuras y desventuras de Mirta Bertotti. Sin embargo, se genera todo un proceso de construcción del personaje, incluso cuando este es popular. De extensión mucho menor en articulado y tiempo de desarrollo, la columna lateral del blog nos ofrece una extensa reseña vital de la protagonista, entre la que se cuelan los hipervínculos a otras creaciones Casciari.

En el caso de *El diario de Letizia Ortiz* nos encontramos con un texto narrativo que no puede ser considerado blogonovela, sino que es una ficción en torno a un blogopersonaje, de extensión muy reducida. En estos casos se mantienen los rasgos de creación del avatar, pues el blogopersonaje es el centro de la obra, si bien en esta ocasión no hay opción real de *engañar* al lector con esta máscara, ya que el avatar se sustenta en un personaje real y popular, pero al que va dotando de propia personalidad mediante la narración cómica de la historia y, también, por detalles en la construcción del perfil del avatar en la columna derecha (sobre estas líneas), como referirse a su marido con el apodo *Filíp* [sic], y desplazar la atención narrativa desde lo que el lector puede saber leyendo la prensa cotidiana para ofrecer elementos internos, ficcionales, de la vida del avatar, creándole una personalidad propia y literaria.

Una técnica similar para la construcción del avatar fue la empleada por Casciari en *Juan Dámaso, vidente* <http://donjuan.bitacoras.com>, historia en la que un vidente se dedica a predecir el futuro y, no solo eso, sino que después regresa a sus artículos del blog para comentar si ha acertado o fallado en su visión premonitoria. Si acierta, se asigna un punto; si falla, se lo da «a la banca», en referencia a diversos juegos de mesa, con un resultado total finalizado el proyecto (de enero a octubre de 2005) de 20 predicciones que considera haber acertado, y 26 que ha fallado, ridiculizando siempre la figura del adivino. De hecho, esa es la única estructura de etiquetas que se da en el blog (junto a una tercera, de predicciones pendientes de clasificar, con solo un artículo en la actualidad, pues es el de despedida). Se crea un perfil, un personaje avatárico, que una vez más emplea el lenguaje visual del blog para erigirse como autor del mismo mediante la columna lateral (fig.15).

En el mismo lugar donde explica quién es el autor-avatar del blog, se expone también el mecanismo de funcionamiento de este, por lo que la información está presente en absolutamente todas las páginas que lo componen. En la actualidad no hay imágenes de Juan Dámaso en el blog, aunque sí las hubo, y se pueden ver todavía en pequeños *banners*, como en el que hay presente en *El diario de Letizia Ortiz*,

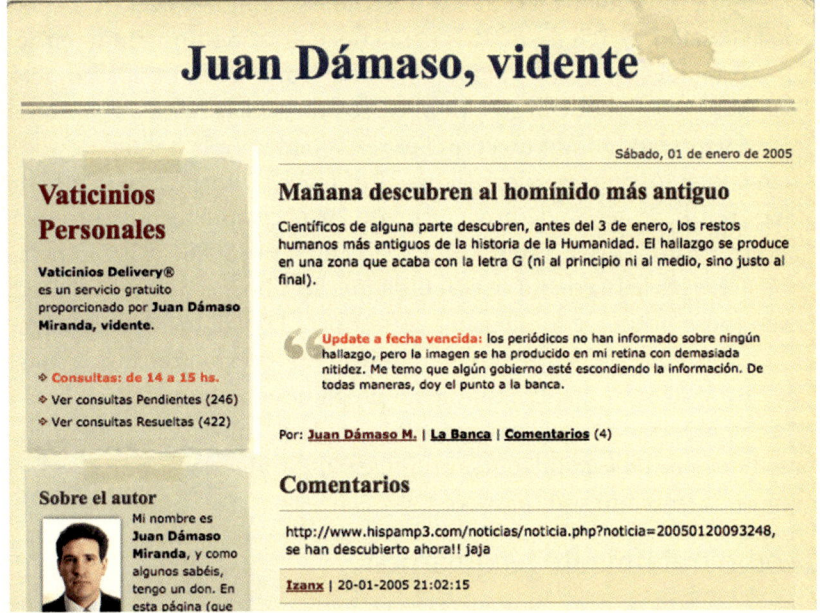

Fig. 15. Primera entrada del blog *Juan Dámaso, vidente*.

con el lema «yo conozco tu futuro». A diferencia del uso de ilustraciones creadas por un artista gráfico, o de actores teatrales a posteriori, aquí Casciari admite que

> Capturé la imagen del Google, igual que el resto de fotografías de mis blogs: las fotografías de la familia Bertotti, por ejemplo, son de una familia hondureña que nunca se ha quejado. Respecto a la foto del vidente, un señor me mandó una carta para quejarse por el uso de su imagen. Pero no he vuelto a saber nada más de él. (Casciari citado en Telecinco 2005)

Esta queja, aunque no fuera a mayores, parece ser el detonante del cambio de imágenes en *Más respeto, que soy tu madre* y un cambio de rumbo para el uso de imágenes en las siguientes obras de Casciari, llevando el avatar al extremo en su creación *Yo y mi garrote: Blog de Xavi L.*[23]. En buena medida, esto fue posible gracias a la participación de un

---

potente grupo mediático que lo respaldase, como es PRISA a través
de la edición digital de *El País* para construir todo un mundo en torno a esta nueva obra y su personaje avatárico, Xavi L. La colaboración
del medio fue tal que llegó a publicarse una noticia falsa, a petición de
Casciari, creando todo un contexto respaldado por la fiabilidad y confianza que los lectores depositan en un medio informativo. En la noticia, publicada el 30 de noviembre de 2006 <http://tecnologia.elpais.
com/tecnolo   gia/2006/11/30/actualidad/1164880861_850215.html>
[10-8-12], se habla de un nuevo blog que será hospedado por el periódico (pero hasta ese momento publicado en la plataforma de Blogger,
para lo que se crea *ad hoc* un supuesto blog previo con varios meses
de historia a sus espaldas, todo para preparar la blogonovela real) en el
que se presenta al músico e informático de 32 años, Xavi, que dirigi-
rá el devenir de esta bitácora, orientada al estudio del soporte weblog
como tratamiento psiquiátrico.

El blog como tratamiento psiquiátrico

- ELPAIS.com publicará a partir del 1 de diciembre 'Yo y mi garrote', la bitácora de Xavi L., un joven
informático y músico, internado por una enfermedad mental

30 NOV 2006 - 17:54 CET

Archivado en: Tecnología

	0
	0
	0
	0

Enviar
Imprimir
Guardar

Desde el 1 de de diciembre, 'Yo y mi garrote', el blog de Xavi L., se
traslada a las páginas de ELPAIS.com, desde donde el público podrá leer
diariamente las historias de este músico e informático de 32 años,
confinado y esperanzado, y dar cuenta de su paulatina recuperación. La
bitácora fue descubierta a través del 'Blog de Bloggers', de ELPAIS.com.

"Mi garrote, sin lugar a dudas, es uno de los motores de la realidad.
Cuando estás bajo los poderes de mi 'gran hermano', todo, todo cobra
sentido. La sinceridad se agranda. Cuando amenazo con mi garrote, ellos
ven claramente que hay 'Una Realidad' que no comparten y no entienden
pero que está ahí, y que es bastante sutil. Mensajes refinados, con un
simple gesto, que se entienden a la primera siempre. Voy a conseguir
hacer cosas buenas con mi garrote".

Fig. 16. Noticia falsa publicada en *El País* en su edición digital <http://tecno
logia.elpais.com/tecnologia/2006/11/30/actualidad/1164880861_850215.html>.

Por tanto, desde la prensa se define a este autor como «un joven re-
cluido en un instituto municipal de asistencia sanitaria de Cataluña», y

---

[8-8-12]. La temporalidad en el primer formato del blog es falsa y se realiza para aportar un contexto previo al blog.

un personaje externo, su psiquiatra, explica por qué ha decidido probar este tipo de tratamiento tan novedoso con su paciente:

> Xavi ingresó aquí con un cuadro severo de delirio y fenómenos psicosensoriales. Nunca se ha querido desprender de un inofensivo garrote de plástico a quien humaniza y con el que mantiene conversaciones de forma permanente. La única forma de sacarlo de esta realidad paralela es ofreciéndole una guitarra, que acepta a veces. O un ordenador portátil, que acepta siempre. Me ha llamado la atención un detalle: Xavi utiliza el portátil para escribir al exterior, y en sus narraciones la desestructuracion [sic] del pensamiento agudo retrocede. Cuando hace casi un año le ofrecí la posibilidad de escribir un weblog y publicarlo, sus escenas esquizoides comenzaron a menguar sensiblemente. (*El País* 30-11-06)

Se genera así, de manera nunca antes vista, un contexto en el que el avatar vive fuera del blog de manera definitiva, con el respaldo de un medio tradicional para dar una verosimilitud muy consistente al proyecto, pues su aparición en prensa hace que los lectores sean muchísimo más proclives a no cuestionar la ficcionalidad de lo leído. El avatar se dota, así, de un contexto rico: un blog previo y una noticia que solo será cuestionada por los lectores más críticos. No obstante, se fue más allá incluso, al decidir que cada una de las entradas escritas por Xavi iría acompañada de un vídeo doméstico, por lo que un actor se hizo indispensable. El actor resultó ser un amigo personal de Casciari (retratado no solo en *El País*, sino también en la cabecera del blog y en montones de fotografías, fotomontajes, y vídeos), por lo que la blogonovela su fusiona con el vBlog en muchas ocasiones. La creación fue compartida: Casciari escribía el capítulo, y se lo enviaba al actor; este creaba un vídeo al respecto y se lo remitía a Casciari, quien publicaba el conjunto, indivisible, tres días a la semana.

El blog respeta los elementos formales habituales, incluyendo nube de etiquetas y demás recursos estructurales. Por supuesto, la ficha del autor, y otros aspectos están destinados a constituir la figura del avatar, al tiempo que no se usan recursos que puedan desvelar qué se esconde tras toda la farsa, por lo que los vídeos realizados por el actor se alojan en el servicio gratuito YouTube, resultando accesibles sin ningún tipo de problemas a través del perfil de usuario creado para la ocasión bajo el seudónimo *xavigarrote* <http://www.youtube.com/user/xavigarrote>, por lo que se pueden ver desde el servicio de vídeos o en su contexto a través de la blogonovela. El perfil de Xavi se crea a través de esas imágenes y vídeos como elemento novedoso, sin que se olvide Casciari por ello del uso de las herramientas tradicionales del blog. Así, nos aporta información sobre Xavi en el lugar esperable para ello en un blog, señalando que

> Me llamo Xavi L. y tengo 33 años. Hace trece que me dan pastillas y me tienen encerrado. Vivo en la unidad de agudos del Institut Psiquiàtric [sic] de la ciudad de S., donde me tratan bastante bien. Desde hace algunos meses el doctor V.L. me permite hacer un blog como parte de la terapia. (2006)

No se lleva a cabo un perfil detallado de los diferentes personajes que van surgiendo, a diferencia de *Más respeto, que soy tu madre*. Entre las razones para esto destaca que, según expone el personaje de Xavi, tanto él como su psiquiatra no desean ser identificados en la red. Asimismo, queda patente también que el personaje no se mueve en un entorno familiar ni crea vínculos intensos con otros personajes, algo que es uno de los ejes principales de la historia de Mirta. Xavi, en cambio, es un personaje mucho más centrado en él mismo y su circunstancia; no es ajeno completamente al mundo exterior, sino que el interior es el eje principal en esta narración (fig. 17).

Toda esta utilización de recursos multimedia, de sesiones fotográficas, de realización de vídeos, de fotomontajes y de otros elementos en los que Xavi es protagonista e imagen constante conlleva un trabajo continuado y complejo para la construcción del avatar. Responde al deseo de encubrir al máximo el referente autoral, ya que en el acuerdo entre Casciari y *El País* se indicaba en una cláusula que el cobro dependería de si la obra se mantenía durante seis meses sin desvelarse la identidad del autor, si no se descubría el engaño avatárico. Con más de 2.000 comentarios publicados en los diferentes capítulos que componen esta blogonovela, y a tres entregas de cerrar la historia, un lector desenmascaró al autor el 18 de mayo de 2007 en una réplica aparecida en el capítulo «Si yo fuese un país» <http://blogs.elpais.com/xavi/2007/05/si_yo_fuese_un_.html>.

Con independencia del triunfo económico (o no) que se diese para Casciari al desvelarse su autoría ese día de mayo, lo cierto es que como autor popular (en la creación digital, pero antes ya en Argentina en la literatura analógica), y con un nivel de exposición tan elevado como el

Fig. 17. Portada de *Yo y mi garrote*.

que se da en un medio de la importancia de *El País*, mantener la máscara del avatar durante un semestre es un logro a considerar en cuanto a
la construcción de la personalidad y del personaje de Xavi.

El avatar en la blogonovela, exprimido por Casciari como nadie, le
permite esconderse tras sus personajes, vaciarse de sí mismo en el proceso creativo y dejar que sean esos personajes avatáricos los que com-
pongan la obra, haciendo las veces de médium:

Bueno, es que eso es lo que yo pretendía y lo que más me gusta: que la literatura y la realidad se mezclen, que lo real quede en suspenso. A lo largo de estos años con el blog de la mujer gorda he ido dando datos para que se note que el autor soy yo, y ahora es muy fácil descubrir que los personajes de mis blogs no existen. Pero al principio yo contestaba a los comentarios y a los correos electrónicos en nombre de Mirta.

Hubo anécdotas muy curiosas, como una señora que se enterneció con uno de los artículos, y me escribió contándome (bueno: contándole a Mirta) que trabajaba en una tienda de perfumes y que podía elegir el que más me gustara. Llamé a mi madre entonces, y fue ella quien escogió el perfume y lo recibió.

Después de que todo el mundo se enterara de que Mirta Bertotti era pura invención hubo muchos lectores decepcionados, que luego volvieron a engancharse a la historia sabiendo ya que estaban leyendo un relato. Lo curioso es que los envíos de algunos lectores no cesaron: justo entonces nació mi hija y recibí regalos para ella. (Casciari citado en Telecinco 2005)

Ni siquiera importa, como vemos, que el avatar haya sido desenmascarado: la fuerza del personaje impostado que le inyecta el autor es tal que le supera, se convierte, como se buscaba, en un ente propio que los lectores *conocen* durante un periodo de su vida, la época que siguiendo preceptos extimistas narra en el blog. Como avatar, sin embargo, esa vida narrada en blog es, de hecho, *in medias res*, pues —como toda vida— esta ya *existía* antes (y probablemente *existirá* superada la narración).

Diferente es, por su circunstancia, el resultado de *El blog de Saúl Klikowsky* <http://ww.klikowsky.com> [no disponible], una narración en la que Casciari asumía el blog de Saúl, un argentino que vive en el País Vasco y que era un personaje de una serie de televisión autonómica: *Mi querido Klikowsky*, emitida a nivel nacional por canales temáticos como Paramount Comedy bajo producción de Globo Media. El contexto del personaje ya existía antes de que se creara la bitácora: su vida, en efecto, existe fuera del blog dentro de la serie de televisión. No obstante, el blog no es una adaptación, ni una sinopsis, ni una guía de capítulos: Casciari avatariza a Saúl Klikowsky y crea sus propios contenidos, aunque el resultado es más próximo a un *fotolog* que a una blogonovela o a un blogopersonaje al uso. En esta ocasión, el material gráfico es el protagonista y la cabecera muestra a los protagonistas de la serie de televisión o, lo que es lo mismo, a los del blog, con la salvedad de que en esta ocasión se

sabe desde el principio que todo es una ficción (en este caso, una ficción
—el blog— sobre otra ficción —la serie de televisión— que existe en internet). Además, entre las secciones del weblog nos encontrábamos una
estructura por temporadas (calco del calendario televisivo), por lo que
no se esconde este origen. La presentación del autor del blog era la de su
avatar, Saúl, y nunca aparece Casciari, al igual que sucede en el resto de
sus creaciones blogoficticias.

Estos últimos usos del avatar se vinculan con la narración transmediática, que fue especialmente explotada por *Matrix*. No solo fue una
trilogía de películas (*The Matrix, Matrix Reloaded, Matrix Revolutions*), sino que se añadieron elementos narrativos externos necesarios
para seguir, en toda su extensión, la historia: cómic (*The Matrix Comics*, en dos volúmenes), videojuegos (*Enter the Matrix*; y el posterior
—y no vinculado narrativamente— juego masivo en línea *The Matrix Online*), y cortometrajes de animación (*The Animatrix*), así como
múltiples sitios web. La narración no estaba en un único medio, sino
que saltaba de uno a otro:

> Una historia transmediática se desarrolla a través de múltiples plata-
> formas mediáticas y cada nuevo texto hace una contribución específica
> y valiosa a la totalidad. En la forma ideal de la narración transmediática,
> cada medio hace lo que se le da mejor, de suerte que una historia puede
> presentarse en una película y difundirse a través de la televisión, las nove-
> las y los cómics; su mundo puede explorarse en videojuegos o experimen-
> tarse en un parque de atracciones. (Jenkins 2006a: 101)

Eso mismo es lo que sucede en estas dos últimas creaciones de Casciari: en *Yo y mi garrote* la narración avanza tanto con el vídeo como
con el texto, en una simbiosis que conforma un todo narrativo, indivisible, en el contexto del blog; y en *El blog de Saúl Klikowsky*, al
unirse blog y serie de televisión. Esto es diferente de lo que sucede en
otras situaciones en las que cualquier producción narrativa de un formato dado —serie de televisión, película, videojuego, novela...— se
convierte en otra por adaptación, o se genera un producto derivado
para expandir la marca. Un ejemplo clásico de esto se da en la política
de productos comerciales de Disney: la compañía crea una atracción
en su parque Disneyland (Anaheim, California); de la atracción crea
películas, de las que crean videojuegos, que generan más visitas a las

atracciones. Hablamos de *Piratas del Caribe*, con sus películas (*The curse of the Black Pearl, Dead Man's Chest, At World's End* y la cuarta, *On Stranger Tides*) y videojuegos, ya sea basados en la atracción (*Adventures in Magic Kingdom, Magical Racing Tour*) o en las películas (*The Legend of Jack Sparrow, Dead Man's Chest, At World's End* o el multijugador masivo *Pirates of the Caribbean Online*, entre otros). En cambio, en estos blogs, como en *Matrix*, la concepción transmediática está en el mismo germen de la creación y forma un todo indivisible, algo que se está potenciando en la actualidad, ya que las infraestructuras tecnológicas de las diferentes industrias implicadas lo permiten, y porque están empezando a ser conscientes de los beneficios que se derivan de esta circunstancia, pese a los esfuerzos superiores que esto puede representar.

Las bases de creación del avatar como elemento fundamental para el ejercicio de qué es la blogonovela han sido descritas también por Arturo Vallejo, comentando el nacimiento de su *Diario de una miss intelijente*:

> En cuanto al diseño del *blog* quise que fuera tan simple como el propio personaje. En el centro de la página aparecieron mis comentarios seguidos de las réplicas de los lectores. En el margen izquierdo coloqué la fotografía de la supuesta miss seguida de esta leyenda: «Soy una miss que aunque no ha ganado Miss España creo que tengo cualidades para abrirme camino en el mundo de la moda y de la televisión que es lo que me gusta». El ponerle cara al *blog* fue fundamental para conseguir una incertidumbre que, a su vez, se tradujese en credibilidad. Desde el primer momento la fotografía fue objeto de debate y fueron muchos los que se dejaron los ojos intentando identificar a la chica de la foto. Me preguntaron una y mil veces de qué provincia había sido miss y nunca respondí, no podía hacerlo. La fotografía en cuestión era el retrato de una modelo, creo que de origen checo, dedicada al mundo de la pornografía que encontré en Internet. Recorté su cara, reduje la calidad de la fotografía con el fin de hacerla menos reconocible y crucé los dedos para que la dueña de aquel rostro no visitara nunca mi web. (Vallejo 2006: 6-7)

A las faltas de ortografía y la creación de un idiolecto propio de la *miss* se sumó, por tanto, la ocupación de los espacios de inscripción: descripción, fotografía, etc., para convencer al lector o, al menos, para que surja la duda.

En la conquista del espacio del autor, el recurso de conceder una entrevista fue empleado por Esteban, el bloguero de *Hablalo con mi abogado*. Tras él, como ya vimos, se escondía Diego Gualda, escritor argentino, que concedió una pequeña entrevista por correo electrónico encarnando a Esteban para el medio argentino *eBlog* (Lalo 2008). No fue el único, ya que Arturo Vallejo hizo lo mismo en 2006 cuando se publicó en el diario *20 Minutos* una entrevista a la *miss*[24]; es decir, no a él, como a autor, sino a su avatar. El personaje se mantiene en todo momento, incluso fuera de la vida y el espacio bitacórico porque es un acto teatral, de impostura absoluta, por parte del escritor, que asume e interpreta el papel del personaje que ha creado para su blogonovela. No hay, como vemos, espacio para el autor: el avatar devora la inscripción del creador, pues es este mismo en un ejercicio de interpretación total, dentro del weblog, y también en las vías de promoción de la obra. La simulación, e incluso la suplantación, del personaje sobre el autor, es total.

Un caso extremo se da en la edición impresa de *Ciega a citas* <http://ciegaacitas.wordpress.com/> de Carolina Aguirre, como veremos más adelante en relación a las adaptaciones librescas de las blogonovelas: en el libro el nombre de la autora ni siquiera aparece en portada. Su lugar lo ocupa el nombre de su avatar, Lucía González, la mujer que —presionada por su madre— *necesita* encontrar un novio para no ir sola a la boda de su hermana pequeña. Incluso la portada del libro que adapta la blogonovela ha sido conquistada por el avatar: el simulacro es completo.

4.2.2. El tiempo de la blogonovela

Para que la blogonovela funcione como ejercicio de simulacro sobre el perfil de un bloguero, el tratamiento del tiempo narrativo de la creación literaria debe corresponderse también con los parámetros que se dan típicamente en un blog de carácter extimista. Por tanto, el autor, a través del juego de máscaras del avatar, debe emplear el tiempo de la

---

[24] Veremos este caso más adelante desde la perspectiva de la relación con los lectores y la anulación del espacio reivindicativo del autor.

manera más natural posible y se corresponderá con el tiempo real, asimilando el paso del tiempo en el espacio físico con el del tiempo de escritura que será, además, un tiempo «sin posibilidad de volver atrás, y con la novela y sus incidencias armándose en tiempo real» (Mora 2006: 174), puesto que «para alcanzar el nivel de verosimilitud necesario para impostar la realidad, la línea temporal de la narración debe ser simultánea a la real» (Escandell 2012e: 248). La blogonovela se construye temporalmente, por tanto, sobre el uso del presente real, pero no en el sentido de «tiempo de lectura» del lector como planteó Villanueva (1994), salvo cuando este es compartido con el de publicación de la obra. Su tiempo narrativo está condicionado al presente real, y es un elemento distintivo esencial: su tiempo es el de la realidad en la que se ejecuta. No solo eso: el autor puede (incluso debe) insertar en la blogonovela elementos de actualidad, temas comunes, que aportarán esa naturalidad que se persigue para ejecutar el acto perfomativo y figurativo con el que el autor debe engañar a los lectores.

Este condicionante cronológico es artístico, derivado de la voluntad expresa de emular el proceso natural de un blog. En otros formatos de publicación digital la fecha o no tiene importancia o no tendría mayor relevancia el cambiarla o falsearla. La bitácora se somete a un sistema temporal implacable. Falsear la cronología implicaría romper por completo una de las bases conceptuales del blog, dado que la ordenación temporal es el eje principal, aunque puedan darse factores adicionales que fuercen al autor a tomar este tipo de medidas, sobre todo para simular una antigüedad mayor de la bitácora. Con todo, esto es difícil de llevar a situaciones extremas dado que

> En todo caso, si se publicara una novela íntegra falsificando las fechas, la veracidad de las mismas estaría limitada por condicionantes internos y externos ineludibles, tales como el registro del dominio, la generación de los datos y metadatos de la web o la fecha de indización en buscadores, además del hecho fundamental de la limitación tecnológica. ¿Cuántos años podría remontarse una narración blogonovelística (autodiegética, en tiempo real) de manera creíble? Desde luego, no más allá de la fundación de la World Wide Web. (Escandell 2012e: 248)

El tiempo de escritura es más real que nunca: las novelas por entregas más ágiles en su publicación implican siempre una demora entre la finalización de la escritura y la posterior publicación y distribución de la misma; en el blog, como en todo el mundo digital, la publicación tiene la posibilidad de ser inmediata. Por tanto, no es de extrañar que la actualidad, la prensa diaria, se cuele en la blogonovela como un elemento más de manera natural o incluso como uno de sus pilares básicos; por ejemplo, Casciari propone la blogonovela de un asesino que relate sus crímenes a partir de sucesos reales que salgan en las noticias:

> Un asesino serial detalla, diariamente, sus crímenes en un *blog*. El público puede leer en los periódicos la frase «se ha hallado otro cuerpo en Madrid con la inequívoca señal de una baraja; la policía dice tener algunas pistas», o puede leer, en el *Weblog del Asesino del Naipe*, el inicio del post de hoy: «La vi a las dos de la madrugada, esperando el autobús. La maté sin mirarla, casi sin ganas. Dejé un tres de copas en el suelo. Me fui a pie. Me masturbé cuando amanecía. Ahora espero el periódico con aburrimiento». El público no sabe si creer o no, pero lee: «porque es posible».
> (2006: 178)

Más allá de la ética, es un planteamiento que muestra cómo la realidad, el presente, permea la blogonovela y, de hecho, la puede llegar a conformar e, incluso, deformar. Mucho más jocosa resulta la crítica a la prensa argentina que hizo en *Más respeto, que soy tu madre* en el capítulo 103, «Los diarios de ahora están locos», del 16 de diciembre de 2003 <http://mujergorda.bitacoras.com/cap/000111.php>, en el que expone cómo una noticia deportiva ("Boca campeón del mundo") se impone en la prensa sobre el arresto de Saddam Hussein ("Cayó Saddam"). A las opiniones de la sorprendida por este caso, Mirta Bertotti, se añaden diversos fotomontajes en los que se hace referencia a sucesos como la muerte de Hitler ("Se mató Hitler"), la llegada de Colón a América ("Llegó Colón") o la crucifixión de Jesús de Nazaret ("Murió Jesús"), siempre subyugadas a otras noticias deportivas o de considerable banalidad, como "Racing a un paso de la gloria", "Inventamos el dulce de leche" o "Confirmado: todavía Argentina no existe", respectivamente.

El recurso es humorístico e introduce elementos del pasado que van más allá de lo que la capacidad vital del narrador y la coherencia tecnológica permiten. Debemos plantear, por tanto, la hipótesis de si podría funcionar una blogonovela en la que un narrador autodiegético exponga hechos remotos asíncronos (pues la sincronía histórica es imposible en un tiempo real compartido). Al mismo tiempo, no podemos obviar que

> Por su uso del presente absoluto, la blogonovela es histórica *per se* en la medida en que retrata una línea temporal de la realidad, pero no parece poder serlo en el sentido más tradicional de ficción histórica. Debemos tener en consideración que el uso del tiempo en la blogonovela hace que el presente sea fundamental también para generar una sensación de comunidad entre el colectivo de lectoautores, que deja su huella en los comentarios, construyéndose así una camarilla con la que compartir un interés común, y que podría sentirse alienada si este precepto temporal no se cumpliera. (Escandell 2012e: 250-251)

En la blogonovela el presente resulta palpable por múltiples vías (aunque sea únicamente porque todo blog clasifica por estricto orden de publicación en su calendario interno cualquier publicación, y esta se expresa siempre de manera explícita en un punto u otro del articulado), no hay demora de ningún tipo, y por ello Casciari habla de «espectáculo en directo» (2006) para referirse a la blogonovela, pues cuando el autor asume la posición de su avatar, su protagonista, este encarna el papel del mismo para escribir a través del avatar, vaciarse de sí mismo para imbuirse del autor creado, como un actor asume un personaje, porque en su exposición espectacular el autor de la blogonovela no solo hace las veces de escritor, sino que en el proceso debe interpretar, no un soliloquio, sino un *stand-up*[25] en el que el público no solo puede participar: es invitado expresamente a ello. Curiosamente, en algunas circunstancias el público asume que la blogonovela solo es susceptible de ser leída mientras se genera, como si fuese un espectáculo realmente en directo y no un libro en el que retroceder (o, siguiendo el símil interpretativo, un vídeo). Así, en el último capítulo publicado en la blogonovela de Casciari *Más respeto, que soy tu madre* <http://mujergorda.bitacoras.com/cap/000217.php>, la primera aportación de un lector la hace Nagara, quien escribe:

---

[25] Independientemente de si la blogonovela tiene un tono humorístico, el autor ejerce como comediante, en el sentido estricto de actor, entregado al *stand-up*, el género también conocido como «comedia en vivo» y que basa buena parte de sus estrategias en la interacción con el público, estableciendo diálogos con los asistentes. Solo si el público asume su papel en esta actuación, si le gusta lo que ve, alimentará al actor-humorista del mismo modo que los comentarios en el blog deben nutrir al escritor.

Que [sic] pena. Hoy descubro este rinconcito, y resulta que es el último día. Ojalá hubiera llegado antes para poder leerla desde el principio. Desearía que no se marchara. Pero algunos deseos no se cumplen. Saludos esperanzados. (24-8-04)

No tendría ningún problema en ir hasta el principio y leerla íntegra desde ahí (de hecho, la novela sigue disponible), aunque de algún modo se asume que ese presente de la escritura es tal que no tiene sentido ir atrás en el tiempo. Lo más probable es que no suceda solo por la aceptación de esta circunstancia tan especial de la blogonovela, sino también porque la experiencia compartida, el acto social de la lectura común es fundamental en la blogonovela, como ejemplifica Casciari:

> Situémonos en un futuro probable. Estamos leyendo un libro en el que el protagonista, Jack Simon, se ha pasado cinco años intentando encontrar a Emily para confesarle que es su padre. Vamos por el capítulo 15. Jack Simon llega a Inglaterra y está, por fin, a punto de hallar a su hija.
>
> Dejamos el libro en la mesa y vamos a por un bocadillo. En la cocina encendemos la televisión y el informativo nos espanta: ha ocurrido un atentado terrorista en Londres; hay alarma mundial[26]. Hacemos llamados, permanecemos alerta, actuamos del mismo modo que casi todo el mundo.
>
> Por la tarde retomamos la lectura de la novela. Comenzamos por el capítulo 16. Jack Simon se dirige a la estación de trenes para ir a visitar a Emily, pero los trenes no funcionan. Ha habido un atentado terrorista en Londres y todo está paralizado. Hay manifestaciones espontáneas en las calles. La gente llora. Jack Simon se une, automatizado, al dolor. Se manifiesta. Piensa que su hija, en alguna parte, estará haciendo lo mismo. Se siente, por primera vez, unido a ella. Dejamos de leer con un nudo en la garganta. Nos preguntamos cuántos lectores, en el mundo, irán exactamente por esta parte del libro. Necesitamos hablar con alguien, compartir la tristeza de Jack Simon. En el ángulo superior derecho de la página hay un número: el 211. Son las personas que en este momento están leyendo el mismo párrafo que nosotros. Tocamos el número con el dedo. Se abre un chat. Durante unos quince minutos conversamos con lectores de todo el planeta sobre Jack Simon, sobre el atentado en Londres, sobre cómo continuará la trama. Después seguimos leyendo el libro.

---

[26] En referencia a la cadena de atentados con explosivos que se produjeron en autobuses de la ciudad británica el 7 de julio de 2005.

Jack Simon ha regresado a su hotel. Está triste, hipnotizado frente a la pantalla de la televisión, donde la BBC sigue dando los nombres de las víctimas mortales (tenemos audio e imágenes de lo que Jack observa en su televisor, si quisiéramos verlo). El protagonista se pregunta qué pasaría si, entre esos nombres, apareciera el de Emily, se pregunta qué sentido tendría seguir vivo. Deseamos darle ánimos. Jack Simon nos cae bien, hace una semana que leemos sus peripecias y ya es como un amigo. En el ángulo inferior izquierdo de la página hay un pequeño botón que dice: «habla con Jack». Pulsamos con el dedo índice y accedemos a un formulario donde le damos ánimos al protagonista. Sabemos (porque ya otras veces lo hemos hecho) que mañana, o quizás más tarde, Jack Simon nos contestará.

Ahora regresemos al presente para hacernos un par de preguntas. ¿Existirá, en el mediano plazo, la posibilidad de interactuar de este modo con una historia de ficción? ¿Podrá la realidad modificar una trama, o nosotros conversar con el protagonista, o detectar cuántos lectores están leyendo el mismo párrafo que nosotros, y debatir con ellos sobre el devenir de la historia? (2005a: 95-96)

El uso tan especial del tiempo hace que el presente sea parte fundamental, pero el presente es también retrato de la presencia histórica pues esta «está todavía sin resolver, todavía haciéndose, todavía abierta a la presencia y los desafíos de lo emergente, lo insurgente, lo no correspondido y lo inexplorado» (Said 2004: 47). Es decir, el presente no se encierra en sí mismo, sino que es retrato del devenir y es histórico al mostrarnos lo actual que, indefectiblemente, será pasado. Al mismo tiempo, el poder del presente absoluto de la blogonovela genera también en el lector un cierto sentido de comunidad en torno a los demás visitantes habituales que dejan su huella en los comentarios, construyendo una camarilla de gente con la que compartir un interés común más: la misma blogonovela y que se refuerza porque por la concepción de autor-avatar no hay lugar a la admisión de que lo expuesto es ficcional, y aun cuando esto es evidente, el pacto de ficción se mantiene.

4.2.3. El pacto con el lector

Como ya hemos señalado antes, en la blogonovela se persigue el engaño como parte del juego de máscaras del avatar. Se proyecta la falsa vida de un personaje y su entorno, intentándonos convencer de que es cierta durante el periodo de tiempo en el que se desarrolla la narración, ofreciendo un relato verosímil en el que se engaña a los lectores, crédulos ante la virtualidad de la red. La blogonovela, así pues, nace de la intención del autor por esconderse, de «no permitir que se conozca que se está ante una ficción, sino de hacerla pasar por completamente real» (Escandell 2011a: 310). La máxima será siempre la formulada por Casciari, que ya vimos y que volveremos a ver: «el público no sabe si creer o no, pero lee: porque es posible» (2006: 177).

Analizaremos primero el caso de *Juan Dámaso, vidente*, blogonovela de la que ya hemos hablando anteriormente, creada por Hernán Casciari. La bitácora tuvo un elevado número de comentarios pese a que duró tan solo unos meses al sentirse los lectores espoleados —provocados abiertamente— por lo insostenible de su premisa. Como ya hemos explicado, Juan Dámaso es un adivino que publica sus predicciones y luego las clasifica en función de si ha acertado o no, con un juicio muy personal y polémico sobre su precisión adivinatoria. El caso de *Juan Dámaso, vidente* es el de una blogoficción en la que las reacciones del público lector resultaron polarizadas por el contexto sociocultural y la percepción que los diferentes individuos tienen ante la adivinación. En este sentido, Casciari estableció una relación con los lectores no solo a través de los comentarios, sino ofertando la posibilidad de que, como a todo vidente, le preguntasen sobre el futuro en una sección específica de la bitácora que no se ha mantenido publicada. Por desgracia, de esa parte del blog en la actualidad apenas quedan vestigios en algunas de esas aportaciones, copiadas y pegadas por otros lectores, como la que recupera Eneko en los comentarios de la predicción del 23 de enero de 2005: «La familia de Julio Iglesias sufrirá una pérdida» <http://donjuan.bitacoras.com/archivos/2005/01/23/la-familia-de-julio-iglesias-sufrira-una-perdida>:

Eneko | 24-01-2005 17:26:43
[...] Escribe Leyre, desde Pamplona (España)
Domingo 23 de enero de 2005 | 15:17 #
«Estimado señor don Juan, quería consultarle para que me diga si voy a aprobar las 5 asignaturas a las que me presento. Gracias.»
Respuesta de Don Juan: Aprobarás 2. Suspenderás 2. Y en la quinta te quedarás dormido y no llegarás a tiempo al examen, porque la noche anterior habrás encontrado una rubia de grandes tetas en una esquina que te brindará placeres sexuales. ¡Enhorabuena!

La mayoría de los comentarios presentes en el blog apuntan a una intención humorística por parte de sus creadores, ya sea como partícipes en el *hoax* que es esta historia, o como crédulos que no se dan cuenta de que es un retrato ridiculizante de este colectivo de adivinos y sus seguidores, lo que da lugar también a airadas reacciones. Por supuesto, el adivino las provoca, viendo a modo de ejemplo cómo pronostica un drama en la familia del cantante Julio Iglesias:

> Siento comunicaros que, entre este momento y las 23:59 del lunes 24 de enero, la familia Iglesias sufrirá una pérdida irreparable que dejará enlutada a la opinión pública española. No estoy diciendo con esto que vaya a morir Julio Iglesias —¡dios no lo quiera!— pero lo cierto es que la muerte ya está sobrevolando a este simpático clan. (23-1-05)

Aporta, mediante la edición días después de la predicción, este comentario para respaldar que había acertado en su visión del futuro apostando por la provocación al alegrarse de la muerte de una persona de manera explícita y, por supuesto, le vale para dar como válida su prognosis previa:

> *Update* a fecha vencida: ¡Ese Juani, ese Juani! ¡Eh! ¡Eh! [...] Me alegra informar de la muerte de José Álvarez Iglesias, «secretario general de UGT en la comarca del Caudal, que falleció ayer lunes a los 80 años». Mientras nadie indique lo contrario —con pruebas fehacientes—, este señor muerto es pariente del cantante Julio. Por lo tanto, ¡punto para mí!

Nos encontramos un claro ejemplo de las reacciones negativas que esto suscita en los lectores ya en los primeros comentarios publicados en la predicción inaugural del blog, bastante inocente, en referencia a que al día siguiente se descubrirá el homínido más antiguo <http://donjuan.bitacoras.com/archivos/2005/01/01/manana-descubren-al-hominido-mas-antiguo>, y que no acertó:

> Rob | 01-02-2005 00:19:46
> A tí [sic] todavía no te han descubierto en la podredumbre de tu puto zulo donde escupes esta cantidad de gilipolleces ([¿]podrías predecir algo bueno?). Si no ten por seguro k [sic] sería punto para tí [sic], [¡]so HOMÍNIDO!

Otras aportaciones de lectores son más positivas. Así, el 4 de enero <http://donjuan.bitacoras.com/archivos/2005/01/04/el-gordo-del-nino-sumara-seis> predice que las cifras del número del premio gordo del sorteo de El Niño sumarán seis (y que, de hecho, acertó). Con posterioridad a la predicción, un usuario comenta:

Sergio | 21-01-2005 08:22:10
A esta prediccion [sic] le veo muy buena pinta: Las probabilidades de acertar eran exactamente 1 contra 100. Animo [sic] Juan, es muy valiente publicar predicciones de antemano, porque esto no es una ci[e]ncia exacta, son corazonadas, y estas fal[l]an algunas veces... o no sale en los periodicos [sic] lo que has visto, [¡]que tambien [sic] eso hace que gane la banca!

Estos comentarios aparecen fechados con relativa posterioridad a la creación del blog y la publicación de estas predicciones iniciales. En todo caso, desde muy temprano surgen las discusiones entre detractores (que consideran ofensivas sus predicciones, o el oficio de adivinar, o ambas cosas) y sus defensores (que consideran que es una creación humorística, o que pueden reírse de quien lo publica, o que defienden el oficio de adivinar), por lo que los lectores no solo se convierten en lectoautores del blog (pues sus comentarios forman parte del texto tanto como las predicciones), sino que entran en un juego de ficción en el que, en múltiples casos, ayudan a respaldar la existencia del personaje avatárico de Juan Dámaso, mientras otros no saben bien cómo reaccionar, puesto que todavía no se conciben de manera generalizada las bitácoras como un formato de ficción, algo que queda patente en comentarios como los surgidos a raíz de la predicción sobre el descubrimiento de un animal doméstico prehistórico <http://donjuan.bitacoras.com/archivos/2005/01/10/descubriran-a-un-perro-o-a-un-gato-prehistorico>. El primer comentario es de incredulidad, aunque no ante la figura de Juan Dámaso, sino ante la validez de la predicción misma, e incluso podemos encontrar ya lectores recurrentes bajo los *nicks* de Bam y Ace Queado. Bam señala que

[¿]Pero tu [sic] te crees que me chupo el dedo? Desde que se conoce una noticia de esas hasta que llega a nuestros medios de comunicación puede pasar un mes facilmente [sic], no nos olvivemos [sic] que lo encontraron en china [sic] y ha salido publicado en una revista que será como minimo [sic] mensual... [¡¡]venga [sic] va!! [¡¡]un [sic] poco de imaginació[n]!!! (20-1-05)

En la misma línea se expresa Ace Queado quien, sin embargo, muestra ya los primeros síntomas de incredulidad ante la figura del adivino, lo que pondrá su espíritu crítico alerta en próximas adivinaciones:

> Pues lo que iba a decir yo, ya lo ha dicho Bam. Esta predicción es un embuste porque todos los medios recogen lo que publico [sic] el día 13 una revista cuya publicación estaría terminada, *como mínimo*, una semana antes. Es decir, una noticia que ya se había producido en el momento de la «predicción».
>
> A mi [sic] me parece que este tío es un bromista con un sentido del humor bastante especial o un tarado que debería recibir tratamiento so riesgo de que se vuelva peligroso para los que le rodean. (21-01-05)

La tendencia en los lectores más sagaces está mucho más definida en esa misma predicción, y el usuario elloko ya señala claramente: «[¿]y a quien [sic] le importa q[ue] el tio [sic] sea un bolas? Lo q[ue] mola d[e] este loko [sic] es q[ue] nos hace reir [sic]. Pues claro q[ue] es todo embustes pero mola, [¿]lo no? :-)» (28-1-05). Se genera, en definitiva, una dualidad interpretativa de la intencionalidad del blog desde la que se dan, a su vez, las reacciones viscerales o no que en muchas ocasiones muestran los lectores del mismo. Por un lado, un grupo de lectores tiene muy claro que se está ante una bitácora humorística o, al menos, ante un personaje creado por una persona que no cree lo que escribe; por otro, hay lectores que, aunque no necesariamente crédulos ante la identidad del personaje avatárico, sí le conceden la entidad suficiente como para abrir una discusión sobre la calidad y entidad de las predicciones.

Las acusaciones de locura, sociopatía, estupidez, etc., son constantes a lo largo de la publicación, y algunas resultan especialmente creativas. Las reacciones en los comentarios, con todo, no se distancian sustancialmente de las aportaciones críticas, malsonantes y ofensivas que se pueden encontrar en multitud de espacios propios de la Web 2.0, desde servicios como YouTube hasta foros de opinión de todo tipo, donde el anonimato en ocasiones saca el lado menos amable de las personas que están frente al ordenador. No hay, en todo caso, diferencias sustanciales entre los comentarios de quienes se dan cuenta de que es una ficción y quienes son simples crédulos ante ella. Los primeros, los cómplices, marcan su intención con recursos ciberpragmáticos, como emoticonos, aunque entran de pleno en el juego a través de sus aportaciones. Quienes no han realizado el análisis crítico adecuado que les lleve a concluir que es ficción también entran en el juego, pero no lo saben: para ellos no existe un pacto de ficción, pues creen leer algo cierto, y se trata de simple credulidad en estado puro.

Es Ignacio Escolar (2005) quien desvela en su blog que se trataba en realidad de una obra de Casciari: las críticas que había vertido desde su blog hacia el personaje habían sido, en realidad, parte del baile de máscaras. Más implicada en el juego avatárico está la aportación de José Joaquín López en *Anecdotario* <http://www.anecdotario.net> donde el 23 de enero de 2005 contaba:

> Conocí a Juan Dámaso Miranda hará unos 4 años y medio. Es un español simpático, sólo que algo neurótico e hiperactivo. «Es que no puedo andar más despacio», decía. Estuvo aquí en Guatemala en una reunión internacional de videntes y lo conocí porque tengo un amigo al que le interesan esas cosas, él fue el que recibió a Miranda en su casa. La primera vez que lo vi, me saludó e inmediatamente tomó mis manos, cerró los ojos y me hizo la predicción. «Conocerás a la mujer de tu vida entre hoy y mañana», me dijo. Ok, como usted diga, contesté, sin mucho interés en el asunto. Regresé dos días después a la casa de mi amigo y Juan Dámaso me preguntó si la había encontrado. Como mi respuesta fue negativa, dijo casi susurrando «no puede ser, otro más para la banca». Tomó mis manos nuevamente y predijo: «dentro de algunos años estarás ansioso todos los días esperando comentarios de gente que nunca conocerás y que vive lejos de ti». Por supuesto que por cortesía no me reí del asunto.

Claro que varios de los comentarios a raíz de la anécdota y tras visitar el blog de la obra de Casciari no parecen comprender del todo la orientación real del personaje. Así, ese mismo día, el lector que responde al seudónimo de wakalani señala que «los terminos [sic] y condiciones de la pagina [sic] son para morirse... [¡]y [la] seccion [sic] de consultas resueltas parece una columna de chistes!». Lo más curioso de todo esto es que años más tarde (4-9-07) un lector que se hace llamar Fabrix entra en los comentarios de ese mismo mensaje para aclarar, a quienes tuvieran dudas, que

> [¡¡]Primero te digo MENTIROSO!! El Sr. Juan Dámaso Miranda de título vidente, NO EXISTE, es un personaje de ficción creado por un

peri[o]dista argentino que vive en Barcelona (asi [sic] que [es] muy difícil [sic] que se[a] un español simpático), el blog está hecho en tono de humor y también para hacer calentar a paletos que se creen que va en serio com[o] SU [sic].

Tanto las dudas en torno a la veracidad de Juan Dámaso como personaje real y no avatárico como la necesidad de aclarar su realidad entre los lectores, comentaristas y miembros de la blogosfera es un debate que solo es factible en realidad si se concede entidad al personaje por no comprender (o no percibir) el extremo paródico del vidente retratado en esta blogoficción. Con todo, la percepción de que es una obra ficticia parece prevalecer, sobre todo cuando la misma se cierra y Casciari ha comentado por extenso su autoría, hasta tal punto que se le llegó a atribuir erróneamente la paternidad de otra obra blogoficcional, *Consultorio Sexual de Magdalena* <http://consultoriosexual. blogspot.com.es/> (2005-2007), que en realidad fue responsabilidad de tres autores[27], hasta tal punto que un usuario anónimo arremete contra esta obra y quien cree que es su autor en los comentarios del 31 de octubre de 2005, en la entrada «Sadomaso» <http://consultorio sexual.blogspot.com.es/2005/10/sadomaso.html>:

> Ya se [sic] quien [sic] eres.
> Eres el tontopollas ese que tenia [sic] un blog de adivinación [*Juan Dámaso, vidente*].
> El mismo estilo, las mismas tonterías, posts con fechas anteriores a la creación del blog, autopublicidad en Yonkis.com.
> La verdad es que me parto con tus tonterías, sigue así.

Ese mensaje desencadenó una serie de polémicas en las que, además del cruce de insultos de rigor, quedó claro que la autoría era, en efecto, diferente. Pese a todo, entendemos que esto implica que el personaje del vidente Juan Dámaso trasciende, por tanto, los límites de la obra en la que se desarrolló su existencia, incluso atribuyéndole al autor la paternidad de otros textos transgresores. No obstante, ya

---

[27] Los autores de esta blogoficción prefieren permanecer en el anonimato y que la obra siga atribuida a su avatar, Magdalena Vermús, trasunto de la popular presentadora y sexóloga Lorena Berdún, pero nos autorizaron a identificarlos con las iniciales de sus nombres y primeros apellidos: S. C., D. J. y C. G.

vemos cómo se muestra la voluntad de desenmascarar al autor. En esa misma línea, Arturo Vallejo, autor de *Diario de una Miss Inteligente*, explicó al presentar el libro que se editó a raíz de la creación bitacórica que

> Quienes la odiaban y quienes la amaban se lo hacían a ella, porque en ambos casos, unos y otros, se creían que el personaje era real. Me decían: «Analfabeta, vete a estudiar, inteligente es con G», y quienes eso decían se lo decían a una chica que creían tonta porque no eran capaces de darse cuenta de que un InteliJente escrito con jota en un título, no era más que una provocación. (Vallejo 1-12-06)

No solo eso: en el periódico *20 Minutos* se publicó una entrevista con motivo de la publicación del libro, pero no al autor sino al avatar. Publicada en junio de 2006, el avatar, la modelo, suelta perlas como: «Soy una mujer con algunas luces… y con sombra en los ojos cuando me maquillo. Y llevo más de un año saliendo del anonimato» o que cuando «empecé el blog quería romper el *trópico* de que las rubias somos tontas y podemos tener un blog y ser inteligentes… Y yo lo he conseguido, porque si pones inteliJente [sic] en Google te salgo la primera» (citado en Repiso 2006). Y es que, en la relación con el público, el espacio del autor es conquistado por el avatar hasta en la prensa. Se interactúa no solo con los lectores o los críticos, sino también con los medios, aunque siempre mediante el avatar, nunca como el autor (al menos no hasta que no se han retirado las máscaras).

La interacción del lector en la blogonovela es directa, con una influencia que será determinante en la construcción de la obra. Es un lectoautor que no puede modificar el texto (pues no cuenta con los permisos necesarios para acceder a las herramientas de publicación del blog), aunque eso no le convierte en un lector pasivo tradicional, ya que abre el diálogo directo con el avatar del autor, puede cuestionar su existencia, dar consejos, apoyarle, denigrarle…, interactuar con él como si fuera un personaje real que expone su intimidad en un blog. El avatar puede, en consecuencia, mantener ese diálogo directo con el colectivo de lectores, los visitantes de la bitácora, tanto en los comentarios (que son tan parte de la narrativa como el propio articulado) como en los propios artículos, a posteriori. No se trata de una hiperficción colectiva, aunque hay que señalar que sin el papel del lectoautor no hay blogonovela. El camino del personaje narrador se cruza con sus lectores, y la psique del avatar debe reaccionar ante estos, pues no puede mostrarse inerte, ya que nadie lo es, a los comentarios recibidos, aun cuando estos provienen de desconocidos que se esconden tras seudónimos y la pantalla del ordenador, al igual que el autor. El creador ha cedido el espacio de reivindicación propio al avatar. Adapta los sistemas de inscripción del blog a los del avatar, el autor/narrador ficcional, y él queda fuera, también en la relación con los lectores y los medios.

En *Más respeto, que soy tu madre*, los comentarios de los lectores solo se pueden integrar a partir del capítulo número 56 (la tecnología no estaba disponible desde el principio en el hospedaje de Blogger empleado), y a partir de ahí el diálogo con el público se convierte en norma, hasta que traspasa la barrera misma de los comentarios, cuando en el capítulo 89, titulado «Una cena demasiado larga» <http://mujergor da.bitacoras.com/cap/000098.php>, del 27 de noviembre de 2003, el hijo homosexual de la protagonista invita a su nuevo amor, Borjamari, que trabaja en una funeraria, a cenar; puesto que el negocio familiar es una pizzería, ese es el plato principal del menú. Borjamari se convierte en la voz de los lectores escépticos (de los comentarios, y también de otros blogs, por el diálogo generado entre estos) cuando cuestiona la realidad de la pizza, incluso a un nivel casi ontológico, denunciando que esa pizzería es un fraude:

—¿Entonces no te gustó la pizza, nene? —digo yo, un poco desencantada.

—Teniendo en cuenta que todos vosotros fingís tener una pizzería en Argentina, cuando en realidad sois una agencia de publicidad que está intentando imponer una novela en el mercado editorial español, debo reconocer que por lo menos habéis preparado la comida vosotros mismos.

—Ay, Borjita, ¿qué carajo estás diciendo? —dice el Nacho, que de a poco me parece a mí que se iba desenamorando.

—Gordo, vení un cacho al galponcito del fondo conmigo —le dice Zacarías al Borja— que tengo un regalo para vos. Vení, dale...

—Zacarías, quedáte quieto ahí —le digo yo a mi marido, que se le nota cuando quiere morder a la gente que le cae mal.

—Venga ya, mujer —dice el Borja mirándome muy raro—, diga la verdad: usted no es Mirta Bertotti, es un conjunto de autores catalanes, y estas paredes son falsas, todo es un decorado ¡todo es falso! ¿Por qué quitó las estadísticas la semana que vendió menos de mil pizzas al día? Todos vosotros estáis obsesionados conmigo, ¡todo esto es falso, es una agencia de publicidad catalana! (27-11-03).

Sufre entonces Borjita un ataque psicótico en el que empieza a remover toda la casa, poniéndola patas arriba, y que termina con toda la familia —desestructurada, pero organizada a la hora de placar al funerario— reteniendo al pobre hombre. Como descubrimos al día siguiente, Borjamari acaba en manos de un hipnotizador que, previo soborno del abuelo Bertotti, le convence de que es una gallina. Todo el capítulo es una respuesta a los comentarios generados en días previos: los lectores, en su mayoría, saben claramente que la obra es ficcional, no necesitan que nadie desenmascare al autor, pues hacerlo implicaría romper el pacto de ficción y, quizás, el desarrollo de la narración, que resultaría herida de muerte. Casciari afronta el reto, y responde creando un capítulo metablogonovelístico en el que Borjamari encarna a quienes pretenden *sabotear* la blogonovela, satiriza sus acusaciones y las convierte en ese personaje loco, siniestro y retratado (literalmente, pues todos los personajes tienen una foto y un perfil biográfico que se puede leer al pasar el ratón sobre su nombre) ridículamente. Los lectores, por su parte, expresan en sus comentarios de forma generalizada el triunfo de Mirta, avatar del autor, sobre los insidiosos. Sin embargo, tras Borjamari hay mucho más, ya que el nombre no es casual, y su actitud no es tampoco exclusiva de algunos de los comentarios que se pueden rastrear en el blog: se esconde un crítico de bitácoras, como el propio Casciari reconoce en una nota, presente en esa misma página:

> El personaje de Borjamari, en la historia, es parodia de un crítico de blogs que, con el mismo nombre, redactaba reseñas sobre bitácoras en la dirección *borjamari.blogspot.com*, con gran audiencia de público. Sus características eran los titulares largos, los textos con pretensión literaria y unas estrellas azules (de una a cinco) que puntuaban las obras.

Luego tras el personaje de Borjamari se genera, en realidad, no solo una respuesta a ciertos comentarios, sino un diálogo abierto con el blog de dicho crítico. ¿Y qué había hecho el crítico? Podemos encontrar el artículo a través de la página <http://borjamari.blogspot.com.es/2003_11_01_borjamari_archive.html>, facilitada por Casciari:

La desaparición precipitada de las estadísticas públicas del weblog de una mujer gorda sustituyéndolas por otras con contraseña en cuanto han empezado a bajar de las mil visitas diarias (verdadera razón de la existencia de este culebrón), ha empezado a preocupar a algunos de los miembros de su cada vez más menguado club de fans que, en vista de como evolucionan las cosas, empiezan a sospechar que eso de «aguantar», más que un grito de guerra era una tomadura de pelo.

Además, haciendo bueno eso de «cree el ladrón que todos son de su condición», han usado el nombre de esta modesta web para enmascarar su caida [sic] libre de visitantes. No se conforman con aburrir repitiendo hasta la saciedad unas historias previsibles que han perdido la frescura in[i]cial, sino que además plagia descaradamente a los demás con tal de hacer la gracia de turno y a falta de ideas propias. Ellos mismos, pero tanta obsesión por un servidor no es buena, seguro.

Menos mal que el «aguante» de la ya infumable protagonista, tiene los días contados. En diciembre dejará de existir, o al menos eso nos confesó uno de sus autores (que por cierto tiene de argentino lo que yo de crítico serio), en una dulzona y babosa conversación hace unos pocos días cuando, de una forma patética, intentaba por todos los medios darle un empujoncito a su alicaida [sic] página que ya tienen fecha de caducidad, mientras le echaba la culpa de todo al «informático».

Mal se le pone la cosa a la agencia de publicidad que está detrás del asunto y que preparó todo con vistas a sacar una novela basada en los personajes del blog. Ni la habitual publicidad con calzador metida en «yonkis» o en «el rellano» parece que le están sirviendo esta vez. (*Borjamari* 2003)

Sabemos ahora que su información sobre la autoría es errónea, así como varias apreciaciones hechas sobre el blog (por ejemplo, la historia se cerró en julio de 2004, tras 200 capítulos, y es trabajo de un único autor, argentino). Su opinión sobre la calidad del mismo no solo es respetable, sino que es parte del ejercicio de la crítica literaria (con independencia de si gustan o no las formas), pero está claro que en la blogonovela se ha generado también un diálogo directo entre el autor y el crítico, aun cuando las tiranteces no solo han sido profesionales. Con la integración de Borjamari en la blogonovela:

Casciari's revenge is successfully accomplished and is supported by the usual readers' comments. These readers know who hides behind Borjamari's portrait and, at the same time, accept that the work is purely fictional but they nevertheless desire to maintain the fictional pact established with the author and to continue reading the adventures of the Bertotti family. It is for this reason that the revenge takes place within the work in a chapter clearly conceived as metablognovelistic, so as to satirise the accusations and critiques that appeared, transforming them in the discourse of a mad, sinister and ridiculous man who ends up believing to be a hen. (Escandell 2010b: 132)

Triunfa el autor sobre el personaje, por supuesto, aunque también refuerza la relación con el público que, en ese momento, ya ha aceptado que está ante una ficción. El juego metablogonovelístico cimenta la narración de la obra.

—Mama, soy gay. A los gays nos importan más nuestras madres que el fútbol —dice—. Estuve toda la noche revisando la encuesta: hubo alguien, ¡una sola persona!, que votó 917 veces la opción de traicionar a papá... ¿Te parece que ese consejo puede ser el de un amigo?

—¿Qué dice este muchacho, princesa? —se mete Douglas— ¿De qué encuesta habla? ¿Qué es todo esto?

—Un minuto, Douglas —dice Nacho—, esto no es con usted. Mamá: un amigo aconseja con el corazón, no con el dedo; un amigo aconseja una vez, no mil veces; un amigo te propone, nunca te obliga. Acá tenés el voto de los amigos, este es el resultado real:

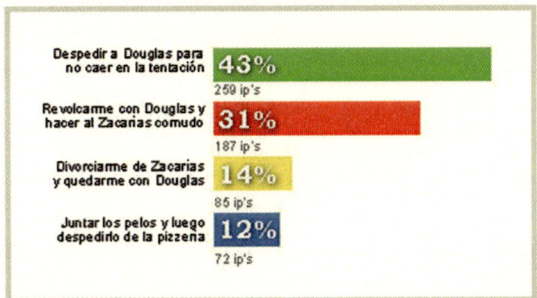

Leo el gráfico; el corazón se me hace un nudo. Miro incrédula a mi hijo y a Douglas. Por detrás de mi hombro, el cocinero también lee y comienza a entender.

—¡Mirta! ¿Has hecho una encuesta pública sobre nuestra

Fig. 18. Encuesta integrada en los capítulos de *Más respeto, que soy tu madre.*

Asimismo, la blogonovela muestra clara tendencia a alimentarse también de las posibilidades del formato, construyendo toda una realidad virtual paralela, en la que se integran recursos propios de internet, como las encuestas y demás elementos a disposición del autor, por lo que se genera también un aprovechamiento del hipermedia, aunque de manera diferente a otros formatos de hiperficción, pues en la blogonovela se emplean como sustento y apoyo para el verbo, no como sustitutos de este. El uso de esos recursos puede ser real o impostado, o ir más allá: emplearse como un modo más de integración del lector en la creación de la blogonovela. Casciari, por ejemplo, plantea en *Más respeto, que soy tu madre* una encuesta sobre qué debe hacer Mirta, su protagonista, en relación al galán Douglas Salvático: despedirlo (pues es su empleado en la pizzería familiar), tener sexo con él a espaldas del marido, divorciarse o tener sexo con él y despedirlo; por supuesto la encuesta ha sido creada con ayuda del hijo Nacho, mucho más familiarizado con la tecnología que su pobre madre. Los resultados son publicados como parte del capítulo 71, «Una noche de amor y de lágrimas» <http://mujergorda.bitacoras.com/cap/000076.php> (fig. 18).

La encuesta buscaba pulsar la opinión de los lectores sobre la relación que estaba manteniendo Mirta con Douglas, puramente platónica. Entonces se lanza la cuestión al público y se da salida a esa línea argumental. El lector ha hablado: no solo mediante la intervención regular en los comentarios, sino con la consulta directa.

En *Yo y mi garrote* Casciari establece un nuevo pacto tácito, ya que en esta ocasión la obra surge como resultado de un pacto económico con el periódico *El País*, donde se aloja el blog: Casciari solo cobrará el dinero acordado si logra que en los meses durante los que debe desarrollarse esta blogonovela ningún lector consiga identificar al autor real que se esconde tras el avatar. Con más de 2.000 comentarios publicados en sus diferentes capítulos a lo largo de los seis meses (de diciembre de 2006 a mayo de 2007) de publicaciones, y con tan solo tres entregas más por dar la historia por concluida, es desenmascarado por uno de los lectores en la sección de comentarios de la entrada «Si yo fuese un país» <http://blogs.elpais.com/xavi/2007/05/si_yo_fuese_un_.html>, dando final a especulaciones previas cuando, ya sin duda, publica el mensaje «DEFINITIVAMENTE CAS[C]IARI» (fig. 19).

Las pesquisas del lector se pueden rastrear, pero finalmente dio con la clave ese día, cerrándose la historia de manera definitiva poco después. El lector asumió —quizás sin conocimiento consciente— el papel de investigador, de detective, que busca desenmascarar quién se esconde tras una historia inverosímil que fuerza su capacidad de credulidad ante la red. Señala Casciari en referencia a la actuación de los lectores que

> Hubo, como ocurre siempre, comentaristas que sospecharon la falsedad del relato, otros que defendieron su autenticidad, y algunos que propusieron con sensatez que tal debate era irrelevante. A mí únicamente me preocupaba que alguno escribiese, por fin, mi apellido entre los mensajes. Y ocurrió, cómo no, tres capítulos antes del final. Después de más de dos mil comentarios. Ya no importaba, porque el trabajo estaba concluido. (2007)

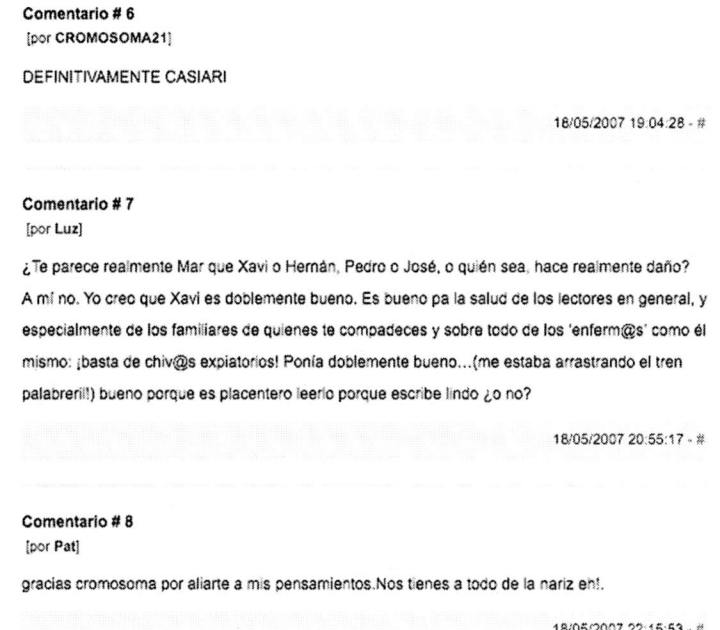

Comentario # 6
[por CROMOSOMA21]

DEFINITIVAMENTE CASIARI

18/05/2007 19:04:28 - #

Comentario # 7
[por Luz]

¿Te parece realmente Mar que Xavi o Hernán, Pedro o José, o quién sea, hace realmente daño? A mí no. Yo creo que Xavi es doblemente bueno. Es bueno pa la salud de los lectores en general, y especialmente de los familiares de quienes te compadeces y sobre todo de los 'enferm@s' como él mismo: ¡basta de chiv@s expiatorios! Ponía doblemente bueno...(me estaba arrastrando el tren palabreril!) bueno porque es placentero leerlo porque escribe lindo ¿o no?

18/05/2007 20:55:17 - #

Comentario # 8
[por Pat]

gracias cromosoma por aliarte a mis pensamientos.Nos tienes a todo de la nariz eh!.

18/05/2007 22:15:53 - #

Fig. 19. Comentarios de los lectores al descubrir a Casciari como autor de *Yo y mi garrote* <http://blogs.elpais.com/xavi/2007/05/si_yo_fuese_un_.html> [15-8-12].

Debemos destacar también el caso de *Metro 2033*, novela del autor ruso Dmitry Glukhovsky. El caso de este autor es singular, pues la novela la escribió de manera tradicional e intentó que se publicase en papel, aunque al ser rechazada decidió publicarla por entregas (se hizo, por tanto, una novela en blog). Cuando los lectores llegaron al final, este no les gustó nada y las quejas en el blog <http://m-e-t-r-o.boom. ru/> fueron tan notables que el autor decidió hacer caso a las mismas y modificar el final, añadiendo varios capítulos más a la obra. Los lectores fueron nuevamente lectoautores a través de sus críticas y reacciones, gracias a la relación directa con el autor, incluso cuando no era una blogonovela.

4.3. Otras blogoficciones

El blog, como formato de publicación digital de gran difusión, capacitado para aportar espacios gratuitos a los internautas con unos elevados niveles de estandarización, se sitúa en una posición ventajosa con respecto a otros espacios digitales para albergar una creación literaria que no requiera elementos hipermedia de gran complejidad e integración con el espacio diseñado en pantalla. La estandarización del diseño frente al sitio web (donde diseño, disposición, y demás elementos son fruto de estudios de mercado, objetivos de la web, y concepciones artísticas) lo sitúa, en definitiva, en una posición preferente para múltiples autores que podrán publicar tanto obras que aprovechen la plataforma integralmente o bien hacer uso de la bitácora como *simple* repositorio de novelas por entregas, poesías, obras de teatro, etc.

La blogoficción se caracteriza especialmente por su carácter autodiegético (en ocasiones homodiegético), el engaño al lector (no debe saber que está leyendo una ficción) haciendo que el autor asuma una identidad (avatar) que vive digitalmente más allá del texto y la integración de elementos y referentes reales en el mismo, como ya hemos visto anteriormente. Sin embargo, no todas las blogoficciones son blogonovelas, pese a compartir esos rasgos fundamentales.

En la blogoficción el escritor «no es ya un autor de narrativa que pone voz a un personaje, sino un actor que asume ese personaje» (Escandell 2010a: 41) como parte de un acto performativo en línea en el que el autor se establece, en cierto modo, como un actor ante el público-lector. Esto sucede tanto en los casos en los que hay una narración como cuando esto se desvanece para dar preeminencia total al avatar.

En la blogonovela, el avatar es el medio para establecer una narración; en los casos de blogopersonajes, el avatar es el fin mismo del simulacro. Por supuesto, antes de trazar una perspectiva general de otros tipos de blogoficciones debemos tener en cuenta que en el blog se publican todo tipo de construcciones literarias. Resulta sencillo identificar novelas por entregas, cuentos seriados o poemas que no se basan en el uso de los recursos blogofictivos que hemos identificado. Con todo, en ocasiones nos encontramos con autores que denominan a esas novelas por entregas en blog también como *blogonovelas* al considerar que prima el formato de publicación sobre la técnica y recursos literarios. En esos textos no hay una relación simbiótica entre blog y narración, y en ocasiones ni siquiera «cuentan con una narración en la que se encarne el papel de un *bloguero*» (Escandell 2012d: 111). Un claro ejemplo lo tenemos en el caso de Pablo Paniagua y *Exex, la mujer del bigote* <http://www.bigotuda.blogspot.com> (2007), historia extradiegética que no usa la bitácora simbióticamente para su concepción, sino como mero soporte de publicación. En sus creaciones, Paniagua emplea el blog (entre otros soportes digitales, como el libro electrónico), pero sus diferentes novelas no se nutren simbióticamente del soporte. No busca tampoco la simulación del bloguero en textos como *El mono cibernético*[28] (2009). En ambos casos se trata de novelas en blog publicada por entregas.

Lo mismo sucedió con la muy publicitada *El Señor Babel*[29] (2008), de Miguel Wiñazki, gracias a su publicación en los blogs del periódico argentino *Clarín*. De hecho, apareció directamente en el blog de Wiñazki, *Hogueras* <http://weblogs.clarin.com/apariencias/>. El rotativo anunció en su web <http://edant.clarin.com/diario/2008/01/02/um/m-01576034.htm> [15-8-12] que «durante todo enero, se publica-

---

[28] En la actualidad, disponible como texto íntegro solo en formato de libro electrónico.

[29] Aunque en el blog de Wiñazki se ofrece un enlace para consultar —gracias a la clasificación por categorías— las entradas que componen *El Señor Babel* <http://weblogs.clarin.com/apariencias/archives/category/el_senor_babel/>, este enlace no funciona. Sin embargo, gracias a la limitada proyección en el tiempo de la publicación (solo enero de 2008) sí podemos leerla gracias al archivo de ese mes <http://weblogs.clarin.com/apariencias/2008/01/> y apreciar cómo no se usa el avatar (y, en consecuencia, ningún recurso de inscripción del blogopersonaje), se narra en tercera persona y no hay correspondencia entre el tiempo real y el tiempo de la narración, haciendo imposible cualquier simulacro avatárico.

rá diariamente un capítulo en "Hogueras", su blog de *Clarín.com*. La idea de la novela se gestó hace 4 años, con "el propósito de conjugar una travesía filosófica pero con un ligero tono intrigante"». En cuanto a su gestación, el mismo artículo señala que

> Los personajes principales del relato son el señor Babel, bibliotecario retirado y calígrafo obsesivo, con tanta tristeza como deseos de viajar, «precisamente, un babélico, que se pierde en un maremágnum de palabras y de letras»; y el señor Vigía, su opuesto y compañero fiel, «material y materialista», tan seguro de sí mismo como el capitán de barco que es. Y entre ellos, la bibliotecaria Beatriz.
>
> La novela llevó 3 años de escritura y estuvo a punto de ser editada en papel. Pero hace dos o tres meses, Wiñazki empezó a evaluar la posibilidad de publicarla en Internet, un soporte que, según confiesa, le es inmensamente atractivo. «Me interesan todas las formas de lecturas. Y leer una novela en un blog —una blogonovela— es otra forma de leer, y sin embargo, es en el fondo lo mismo», dice. Y agrega: «Decidí publicarla en "Hogueras" con el desafío evidente de saber qué opinarán los lectores, en el mismo blog, sobre lo que irán leyendo. Ellos tienen presencia activa, y eso es, me parece, lo que lo vuelve fascinante». (*Clarín* 2008a)

Como vemos por las declaraciones de Miguel Wiñazki, existe la misma ausencia de distinción entre una ficción nativa de un blog (concebida para esa plataforma y con la explotación de sus recursos como elemento tropológico) y la simple publicación por entregas.

Podemos aplicar otra diferenciación a *Detective bonaerense* <http://detectivebonaerense.blogspot.com> (2006), de Marcelo Guerrieri. En este caso, el detective Aristóbulo García, el personaje avatárico, investiga a un criminal en Suecia; sin embargo, se declara desde un primer momento que es un texto ficticio (en la cabecera leemos que se define como *blogonovela*), lo que contravendría parcialmente los preceptos de la simulación avatárica. Con todo, debemos tener en consideración que la mayoría de las blogonovelas optan por declarar su autoría real cuando ya han concluido, eliminando de pleno esa estrategia de simulación mantenida durante el proceso creativo —incluso, en ocasiones, se ha desvelado la ocupación avatárica antes de que termine la obra—, por lo que la blogonovela es, también, un momento en el tiempo: es blogonovela mientras se ejecuta, mientras mantiene la máscara, mas cuando esta se retira se convierte ya en una forma diferente —que no fracasada— de blogonovela: es el paso de su estado líquido al sólido.

No perdamos tampoco la perspectiva: estas características formales no son restrictivas en cuanto al alcance de la blogonovela, como mostró Casciari al proponer teóricamente tres argumentos y tres formas de narrar que cumplen con los preceptos que el autor atribuyó a la blogonovelización[30]:

> Uno. Un asesino serial detalla, diariamente, sus crímenes en un blog. El público puede leer en los periódicos la frase «se ha hallado otro cuerpo en Madrid con la inequívoca señal de una baraja; la policía dice tener algunas pistas», o puede leer, en el *Weblog del Asesino del Naipe*, el inicio del post de hoy: «La vi a las dos de la madrugada, esperando el autobús. La maté sin mirarla, casi sin ganas. Dejé un tres de copas en el suelo. Me fui a pie. Me masturbé cuando amanecía. Ahora espero el periódico con aburrimiento». El público no sabe si creer o no, pero lee: porque es posible.
>
> Dos. Un matrimonio joven, recién divorciado, lleva, cada uno, una bitácora. Paulatinamente, comienzan a sacar los trapitos al sol de su antigua vida de pareja. Se entrecruzan los posts, se enlazan con odio, se desafían; los lectores de una y otra bitácora toman partido. Los bloggers cuentan las intimidades del juicio de separación de bienes. Él detalla sus nuevos romances para que ella lo lea y sufra. Ella se acuesta con cualquiera para contarlo; publica conversaciones por Messenger con desconocidos para que él arda de celos. Él comienza a publicar antiguas fotos de ella desnuda, que guardaba en el disco duro. Ella lo denuncia. Él pierde la custodia del niño. El público no sabe si creer o no, pero lee: porque es posible.
>
> Tres. Un blogger muy conocido en la orbitácora[31] muere, a los treinta y ún [sic] años. Durante dos semanas, nadie sabe por qué ha dejado de publicar. Pasado un tiempo, su esposa encuentra la contraseña del MovableType y explica el porqué del silencio. Los comentarios arrecian. La esposa, en forma de homenaje o para paliar su dolor, comienza a escribir para mantener vivo ese espacio. Y lo hace bien, con espontaneidad y buen ritmo. Una tarde, el blogger muerto regresa y explica —con su viejo estilo

---

[30] La primera de las propuestas de Casciari, la del asesino en serie, ya ha sido comentada en páginas previas. Reproducimos aquí el mismo fragmento para respetar el contexto pleno de la serie de potenciales argumentos que lanza el autor.

[31] Aunque el término no triunfó y se impuso *blogosfera* fue empleado en determinados ámbitos digitales hispanos durante varios años con ese mismo sentido.

de siempre— que no existía ni la esposa ni la muerte. Que todo era un experimento[32]. (Sigue siendo la mujer quien escribe, pero nunca lo dice). El público no sabe si creer o no, pero lee: porque es posible.

Las posibilidades literarias en una bitácora son infinitas. Sólo cito estos tres ejemplos (documental, epistolar, biográfico), pero está claro que tirando del ovillo de la creatividad aparecerán miles, como hormigas en la tierra roja. Todavía los escritores tradicionales tienen reticencias con el formato, posiblemente debido a que, en general, quien vive de contar historias no se dedica ni al diseño ni a la programación (y escribir ficción on line no es lo mismo que escribir libros, ya lo hemos dicho). (2006: 177-178)

Como apunta Casciari, da igual que la blogonovela, en el fondo, sea un folletín, una pretensión autobiográfica o una novela epistolar, y que (dentro de esa estructura formal llevada a la plataforma blog) se apueste por la comedia, el *thriller* o el drama social: la fuerza está en que el público pueda creer, que sea posible conceder ese espacio de credulidad y que el avatar se consolide.

4.3.1. Blogopersonajes: cuando solo importa el avatar

Aunque la narración en la blogonovela está condicionada por la digresión que muchas veces impone el formato, su estructura de publicación diaria (o con vocación regular), y el atomismo de sus capítulos, hay casos en los que no se puede encontrar ninguna intención narratológica. Se trata de obras en las que se recurre al avatar mediante el blog para dar salida a un personaje, un *hoax*, que no tiene una historia. En el caso de *Más respeto, que soy tu madre* podemos afirmar que es la narración de una mujer de mediana edad en una familia desestructurada que nos cuenta el devenir de sus hijos, marido y suegro. En *Hablalo con mi abogado*, el hombre que se está divorciando cuenta la historia de ese

---

[32] Este caso concreto parece inspirado en cierto modo en la muerte de Simon, que protagonizó en 2005 las noticias al ser etiquetado por la prensa como el primer bloguero asesinado. Y no solo eso, se le atribuyó al blog la clave esencial para solucionar el crimen (ya que había hecho referencia al asesino —que había ido a hacer una visita— en la última entrada que pudo publicar). Casciari comentó por extenso el caso en 2005 en su blog <http://editorialorsai.com/blog/post/los_bloggers_muertos_no_van_al_cielo> y ya entonces lanzó preguntas sobre qué sucedía con las bitácoras de los muertos.

proceso y cómo cambia su vida. En *Ciega a citas*, la mujer está buscando un novio. En todas ellas hay una relación de hechos contados desde la visión del avatar, parte indivisible de la historia.

En cambio, cuando afrontamos textos como *Juan Dámaso, vidente*, nos encontramos con un personaje-avatar que no tiene historia. No sabemos de dónde ha salido ni qué sucede en su vida. Es el gestor de un blog de adivinación, sin más. El avatar existe, se utilizan los recursos formales de la blogonovela[33], pero no podemos afirmar que haya una narración en el sentido tradicional de una secuencia de hechos y, por tanto, tampoco se dan aspectos novelísticos como la progresión psicológica del personaje. En *El consultorio sexual de Magdalena* se sigue el mismo esquema: el avatar asume el papel de quien responde a un consultorio, dando siempre respuestas imposibles a las más alocadas preguntas que envían los lectores, aunque no hay elementos narrativos.

Son, por tanto, blogoficciones que —aunque en ocasiones se etiquetan como blogonovelas por el uso coincidente de recursos— no cuentan con una estructura narrativa definida, sino que tienen un carácter atomista completo en el que un personaje realiza una exposición extimista sin desarrollo de personajes o una historia. Incluso en determinados casos no existe la vocación de *engañar* al lector haciéndole creer que se trata de un bloguero anónimo, pues se recurre a la parodia de personajes populares, como en *El diario de Letizia Ortiz*. Los personajes de Juan Dámaso y Magdalena son paródicos: el primero retrata a un adivino cenizo y el segundo, a una sexóloga, ambos siguiendo el formato de consultorio. El caso de Letizia Ortiz es obvio y se trata de una imitación de la entonces todavía prometida de Felipe de Borbón, pero es tan breve y carente de progresión en lo expuesto que podría decirse que es un mero anecdotario.

El origen real y célebre del personaje escogido para la obra no le permite constituir un avatar estricto como los vistos hasta el momento (pues no hay opción real de *engañar* al lector con esta máscara), aunque sí se genera un blogopersonaje de rasgos avatáricos, puesto que el personaje va llenándose de una personalidad ficticia mediante la narra-

---

[33] Razón por la que formalmente hemos recurrido también a estas creaciones para ilustrar elementos blogonovelísticos, como el avatar, el tiempo, o la relación con los lectores. La distancia la marca la vocación narradora de la creación.

ción cómica de la historia se convierte en una revisión fantasiosa de la intimidad del avatar: no es Letizia, sino *una de las muchas Letizia posibles* de carácter ficticio. Esto lo podemos ver en el capítulo «La primera vez que me llamaron así» <http://letizia-ortiz.blogspot.com.es/2004/05/la-primera-vez-que-me-llamaron-as.html>:

> Llovía amargamente. Yo tenía cinco, quizás seis años. Esa tarde mis hermanas y yo debíamos haber ido a una excursión, pero el diluvio (nunca más literal) nos había aguado la fiesta. Mi madre no sabía qué hacer con nosotras. Recuerdo haberme echado a la cama, bocabajo, y movía con ritmo el pie, aburridísima. Entonces mi abuela (la otra, no la que hoy es famosa), me dijo, y lo recuerdo como si hubiese sido ayer: «*Princesa, a tu edad debería estar prohibido aburrirse*», y se sentó a contarme una historia.
>
> Ésa, estoy segura, fue la primera vez que alguien me llamó *Princesa*. Y cada vez que ahora lo oigo, repetida, automáticamente, me acuerdo de la lluvia de aquella tarde en blanco. (31-5-04)

En el ámbito anglosajón los blogopersonajes imposibles cuentan con una gran representación que podemos remontar a casos como el de *Fake Steve Jobs*: una farsa, sí, pero en la que el factor paródico y humorístico surgía del conocimiento previo de que no era el auténtico Jobs, aunque la identidad real del autor se mantuvo en secreto durante bastante tiempo. El blog original se alojaba en el servicio gratuito *Blogger* y hoy en día tiene dominio propio: <http://fakesteve.net>. Daniel Lyons, escritor de relatos, empezó el blog en 2006 e incluso en 2007 publicó una falsa autobiografía impresa bajo el título de *Options: The Secret Life of Steve Jobs, a Parody*. Fue entonces cuando se desveló al autor real en *The New York Times* (Stone 2007). Una amplia muestra de este tipo de blogopersonajes se recopila en el libro de Paul Davidson titulado *The Lost Blogs. From Jesus to Jim Morrison*, al que ya nos hemos referido anteriormente.

Entre estos blogopersonajes imposibles se encuentran también personajes avatáricos que son improbables dentro del objetivo de simulación y sustitución que representa la blogoficción, pese a que se asumen todos los criterios avatáricos y de narración propios de la blogonovela. Belén Gache compone *El diario del niño burbuja* <http://bubbleboy.findelmundo.com.ar> (2004), obra altamente fragmentaria que se origina sin una línea argumental concreta y centrada en la definición del personaje:

El proyecto Bubbleboy fue concebido para ser realizado en internet, mediante 100 posts, realizados durante cien días consecutivos. Cada uno de ellos constaría de una imagen encontrada en un buscador de imágenes y de un texto breve. […] Se constituyó como un texto a la deriva y en proceso, sin una trama o dirección preestablecida.

Burbuja, frágil e inconstante, está en continua amenaza de desaparición. Al igual que las burbujas flotan en un hiperespacio constituido por múltiples dimensiones, Bubbleboy habita el ciberespacio, lugar igualmente multidimensional que propone una nueva espacialidad y una nueva temporalidad sin órdenes lineales o causales precisos. (Gache 2004)

Su ejecución ratifica la descripción dada por Gache: se trata de una blogoficción centrada en el personaje, un joven anatómicamente marcado por su aspecto de burbuja[34], con capítulos publicados secuencialmente a ritmo casi diario (hay algunas excepciones) y carente de trama definida, dando lugar a las reflexiones del propio niño que, sin embargo, no reflejan una visión inocente o infantiloide, sino un retrato en ocasiones crudo y distanciado del de un niño. Sin línea narrativa marcada, como hemos visto en otros blogopersonajes, la exploración del *yo* avatárico se impone sobre otros aspectos literarios, incluso cuando la introspección se deriva del juego entre lo metafórico —aunque tratado como elemento realista— y lo evocador de su cuerpo de burbuja, dado que «el cuerpo de Bubbleboy abre, por sus características, una posibilidad extradimensional más allá de las tres dimensiones del espacio de nuestra experiencia cotidiana» (Gache 2006). En este caso, la alteridad del proceso de lectura es factible por el componente nunca demasiado claro de dónde está la frontera entre el referente real y el metafórico.

Este tipo de blogoficción existe también en sistemas de nanoblogueo y microblogueo, con perfiles de personajes o imitaciones de famosos, como el célebre caso de Lucía Etxebarría en Twitter. En este caso, un usuario anónimo asumió la identidad de la escritora con clara

---

[34] Pese al referente cultural y médico al que hace referencia la expresión *niño burbuja*, pronto descubrimos que el protagonista no es un niño aislado del mundo por la vulnerabilidad de su sistema inmunológico, sino un joven que, físicamente, se nos describe con una burbuja por cuerpo y tiene una relación complicada con su familia derivada de saberse diferente y ser percibido como tal.

intención humorística y ridiculizante[35]: era claramente imposible que fuera ella. El papel se asumía en Twitter publicando tuits, interactuando con los demás usuarios, etc., encarnando a la escritora-personaje, al menos hasta que en febrero de 2011 —y tras dos años de reclamaciones (Fraguas 2011)— la auténtica Etxebarría consiguió que Twitter cancelara la cuenta de ese usuario no identificado (bajo el seudónimo @luciaetxebarria[36]). Esta situación de ocupación del espacio obligó a la escritora a recurrir a otro identificador en Twitter: <https://twitter.com/LaEtxebarria>.

Aunque la cuenta @luciaetxebarria fue eliminada, algunos tuits publicados por el personaje fueron: «acabo de conocer al negro de @perezreverte. Y la verdad es que su polla no es lo que esperaba. Una decepción» (2011) o «no acabo de tener claro por qué encorsetar mi literatura a estos escuetísimos 140 carácteres [sic]. Lo que el Mundo se va a perder» (2009). Representan acertadamente el aspecto provocador de esta cuenta, pero sucede lo mismo que con el resto de blogoficciones centradas en blogopersonajes: en estos casos el avatar es no solo el mecanismo narrador, sino el eje absoluto de la creación.

Por supuesto, en Facebook, los blogopersonajes basados en celebridades o personajes de ficción —y, por tanto, sin capacidad de im-

---

[35] De hecho, es importante no perder la perspectiva de que se trata de un comportamiento próximo al ciberacoso mediante suplantación —aunque en ningún caso con pretensiones de que la suplantación fuera percibida como verosímil— que se asocia a troles. Las normas de Twitter contemplan la posibilidad de este tipo de personajes con carácter satírico y humorístico —no humillante— siempre y cuando se indique expresamente que no es el personaje real, sino una cuenta de usuario con intenciones cómicas.

[36] Tascón y Abad indican que el *nick* o nombre de usuario «es único, está compuesto solo por números y letras [...], no empieza por arroba y tiene un máximo de 16 signos» (2011: 21). Pese a esta observación, la presencia constante de la arroba por su función vocativa y el carácter fuertemente dialógico (el *nick*, si no va precedido por la arroba, no realiza la operación vocativa de comunicar al usuario que ha sido mencionado por otro, ni se convierte en un hipervínculo que enlace con el perfil del mentado) hace que la mayoría de los usuarios sí perciban que la arroba es parte integral de su *nick*, lo que se acentúa por el hecho de que el nombre de usuario y el identificador único en la red suelen ser coincidentes o muy similares. Además, dada la singularidad del formato, ya hemos podido observar tarjetas de visita o presentaciones en conferencias en las que en los datos de contacto se indica el perfil de Twitter sin indicar expresamente que es en esa red social (*@usuario*) pues la presencia de la arroba al principio es indicador suficiente, de la misma manera que la arroba marca claramente que estamos ante un correo electrónico (*usuario@servidor.com*), o un 6 introduce un teléfono móvil en España.

postura— también se han dado, aunque la tendencia en esa red social es a clasificarlos como personajes de ficción y marcar expresamente que no son auténticos, o bien adoptar el formato de *página* frente al de *biografía*, reservado para personas reales. Un ejemplo lo tenemos en el perfil público de Sheldon Cooper, personaje de ficción de la serie de televisión *The Big Bang Theory* interpretado por Jim Parsons y que cuenta con 12 millones de apoyos (*me gusta*) en la red social <http://www.facebook.com/pages/Sheldon-Cooper/23519525029> en el momento de redacción.

Se han generado ficciones que, como en el caso del blog, no han aprovechado las funciones habituales (esto es, las actualizaciones de estado) y han recurrido al sistema de notas, reproduciendo una estructura por capítulos folletinescos aunque han recurrido al tratamiento avatárico del personaje, no siempre se esconde el origen plenamente ficcional de los mismos. En inglés, un ejemplo recurrente de este uso se encuentra en *The Girld Who Cried R*pe* <http://www.facebook.com/pages/The-Girl-Who-Cried-Rpe/142179829185079> (iniciada en 2011).

Facebook se ha empleado también para obras en las que la red social suministra datos para construir una narración en torno a los datos del usuario. Es el caso de *The Fugue Book* (2008), obra del escritor catalán Ton Ferret, que se ejecuta como aplicación en la red social Facebook fusionando nuestros datos con los de la biografía del personaje fictivo, aportando un componente lectoautoral más. Por tanto, no se lee en Facebook aunque la parte tecnológica dependiente de la red social es clave: la lectura es en web y en correo electrónico, pero se nutre de nuestros datos personales, de fotografías de nuestros contactos y sus nombres, para construir la experiencia lectora única de cada visitante. Así pues, el sistema envía correos electrónicos al usuario (a la dirección habilitada en su perfil de Facebook): son mensajes remitidos por supuestos amigos que son simulación pura, personajes que simulan conocernos. Ferret explica en su web que

> Has entrat a *The Fugue*. Aquesta és una proposta literària construïda sobre una aplicació per a *Facebook* i allotjada en un servidor extern a *Facebook*, d'acord amb el codi d'ús d'aquesta comunitat. *The Fugue* combina les teves dades personals amb la ficció, però no emmagatzema cap dada personal. *The Fugue* interactua amb diversos programes com el teu correu

electrònic. *The Fugue*fa participar els teus amics en la ficció. Els teus amics no es comportaran igual que ho fan a *The Fugue* (o potser sí, encara que no t'ho sembli). Si vols, podràs fugir d'ells. Fins i tot podràs fugir de *The Fugue*, però no podràs fugir de tu mateix. (2008)

El lector recibe un correo con un mensaje y eso le lleva a la web de la obra, donde una voz sintética lee un texto. Uno de los mensajes que el usuario puede recibir por correo electrónico que deriva en más correos electrónicos, más enlaces a la web de la obra o a falsos blogs, para descubrir finalmente que una persona que se llama igual que nosotros nos acusa de plagio literario: comprendemos entonces los mensajes referentes a textos que no hemos escrito y que han molestado a esas personas. Blogs, foros, e incluso la Wikipedia son simuladas también en la obra.

La obra juega con el concepto avatárico al situar al lector en una encrucijada de correos acusadores derivados de la confusión entre su yo real y un fallecido escritor erótico-pornográfico de mismo nombre: la identidad digital es cuestionada en la obra y, aunque usa Facebook para producir este conflicto, su ejecución fictiva es externa a la red social.

Sí se situaba en la concepción plena del blogopersonaje el perfil de Keisha The Sket, una chica completamente ficcional[37] del norte de Londres con un lenguaje socialmente muy marcado y con pleno uso de los rasgos propios del lenguaje SMS en su variante anglosajona, aunque esto se deriva tanto del retrato del personaje como de su origen, ya que la obra, en realidad, se publicó originalmente en forma de mensajes para móviles. En la actualidad ya no está disponible en Facebook una de sus versiones más populares (*Memoirs of a «Mean» Girl From London (Jezzis, Love, Rumours and Tragedy)* <http://www.facebook.

---

[37] La identidad real de la autora no ha trascendido con suficiente seguridad y encontramos hoy interpretaciones diferentes sobre el personaje, incluyendo lectores que todavía creen que es una historia real. Que no se haya reclamado su autoría parece haber facilitado que, desde el texto original, se hayan generado multiplicaciones del mismo, incluyendo su publicación en Facebook, ya que no es ese su origen. El mismo texto puede encontrarse, así, en múltiples webs <http://shorty-n16.piczo. com/?g=9226635&cr=4&pc=tr> [15-8-12] o incluso transcrito en PDF <http://static. scribd.com/docs/fuhkco0gxekzh.swf?INITIAL_VIEW=width> [15-8-12], pero siempre sin firmar.

com/pages/Memoirs-of-a-Mean-Girl-from-London-Jezzies-Love-Rumours-and-Tragedy/214386891913167>), pero se pueden encontrar otras, como la denominada simplemente *Keisha da Sket* <http://www. facebook.com/pages/Keisha-da-sket/209723022418888> [15-8-12]. Esta proliferación es posible gracias a la aceptación de que la narración es ficticia y a que no se ha reclamado la autoría sobre la misma. En la mayoría de estos casos se recurre al uso del sistema de actualizaciones de estado, de manera que se empleaban con naturalidad los recursos y estructuras propias de un usuario normal de Facebook (aunque mediante estructura de capítulos y no mediante mensajes sueltos en el muro): es un blogopersonaje que coloniza el espacio de la red social en detrimento de una bitácora completa.

4.3.2. Ficciones en la tuiteratura

Aunque Twitter, como nanoblog, favorece el factor dialógico y esto ha propiciado desarrollos de tuiteatro (entendido como creaciones literarias dialógicas que emplean como plataforma de publicación el sistema de nanoblogueo de dicha red social gracias a herramientas propias del sistema como el uso de la @ para funciones vocativas), la nanoficción se ha hecho hueco en el espectro de la creación literaria atomista y breve de la red social. Más allá de personajes fictivos aparecidos en Twitter como parte de los blogopersonajes, el espacio del nanoblog ha generado estilos extremos de microrrelato, referido por varios de sus creadores como *cuentuitos*. Se trata de composiciones muy breves —pues se ciñen al límite de 140 caracteres— de tipo narrativo (dentro de las limitaciones de espacio o mediante la ilación de múltiples tuits), frente a la tuitpoesía. Debemos tener en cuenta que muchos de esos cuentos de nanoficción se basan en la búsqueda de finales ingeniosos o del uso de alegorías, metáforas y demás tropos que los sitúan en la línea espiritual de la greguería y, por tanto, en la senda de autores como Augusto Monterroso o Luis Felipe Lomelí.

Señala Mora que en la red:

> La mayoría de esas historias o modernas trovas son microcuentos, el género en boga, y que como aquellas historias contadas en las plazas medievales apoyándose en una tabla con dibujos, también ahora son presen-

tadas en la plaza general, virtual, con el indispensable substrato de la imagen. (2006: 176)

Recordemos, por tanto, que muchas de las historias publicadas en blog son cortas y, como ya señalamos anteriormente, Mora habla incluso de microcuentos, micropoemas, aforismos y microensayos (2006: 173). Por supuesto, en el nanoblog y el microblog estos textos mínimos encuentran un espacio de generación más propicio si cabe. La brevedad extrema encuentra su espacio definitivo bajo los retos impuestos por Twitter, razón por la que el nanocuento y la nanopoesía son géneros habituales en el blog junto al dialógico componente tuiteatral.

Hay una notable vacilación terminológica entre los propios autores que utilizan Twitter como plataforma de publicación entre *twitteratura* o *tuiteratura* (e incluso *tuitliteratura* y *twitliteratura* con la variación *twittliteratura*). Dado que múltiples estudiosos y usuarios destacados de Twitter, como José Luis Orihuela, emplean con normalidad la forma tuit[38] para la composición y adaptación de otros compuestos propios o de origen anglosajón y esta asimilación bajo criterio fonémico ha sido igualmente respaldada por la Fundéu en el *Manual de estilo para nuevos medios* <http://www.manualdeestilo. com/>, consideramos más apropiada la forma *tuiteratura*.

Sin embargo, debemos admitir que el término que genera más resultados en buscadores emplea como base la forma puramente anglosajona (datos aportados por Google y Bing en búsqueda realizada el 1 de abril de 2012; en ambos casos se ha realizado la búsqueda de términos en español sin restricción regional) (fig. 20).

Tomando en consideración los criterios de *auctoritas* y las recomendaciones realizadas desde organismos vinculados a la observación del lenguaje, concluimos que resulta preferente utilizar la forma *tuiteratura*, pese a que no es tan popular entre los usuarios generales como la que mantiene el nombre original del servicio (*twitteratura*). Sin embargo, si dejamos de lado las variaciones ortográficas (pues la pronunciación, etimología y formación del acrónimo son

---

[38] La Real Academia Española comunicó en septiembre de 2012 la intención de incluir *tuitear, tuit, tuiteo* y *tuitero* en la 23ª edición del *DRAE*, prevista para 2014 (*ABC*, 21-9-2012).

en esencia las mismas) esta forma representa un 99,24% en *Google* y un 99,92% en *Bing*, por lo que, en cualquier caso, resulta de evidente preferencia sobre las que parten de la combinación completa de *tweet* y *literatura*, que en sus tres variantes representan tan solo un 0,76% del total en *Google* y un 0,08% en *Bing* de los resultados obtenidos.

Término	Apariciones (Google)	Apariciones (Bing)	Porcentaje (Google)	Porcentaje (Bing)
Twitteratura	72.400	16.000	94,53%	98,32%
Tuiteratura	3.610	261	4,71%	1,60%
Twitliteratura	516	4	0,67%	0,02%
Tuitliteratura	38	7	0,05%	0,04%
Twittliteratura	28	2	0,04%	0,01%

Datos de Google — Twitteratura 94,53%, Twittliteratura 0,04%, Tuitliteratura 0,05%, Tuiteratura 4,71%, Tuiteratura 0,67%

Datos de Bing — Twitteratura 98,33%, Twittliteratura 0,01%, Tuitliteratura 0,04%, Twitliteratura 0,02%, Tuiteratura 1,60%

A partir de búsqueda realizada en versiones españolas sin restricción regional el 1-4-2012

Fig. 20. Tabla de datos y gráfica del dominio terminológico para las expresiones referentes a la fusión de los términos *literatura* y *Twitter* en cuanto a volumen de apariciones en *Google* y *Bing* el 1-4-12.

Una literatura en Twitter —por tanto, una tuiteratura— puede parecer una quimera por los condicionantes del formato, aunque en este caso el sistema se beneficia de no presentar un conjunto restrictivo de vías de utilización de la misma:

Cada usuario de Twitter tiene que descubrir o inventarse el modo de utilizar la plataforma. No existe ninguna predeterminación acerca de los contenidos apropiados, más allá del formato textual de los mensajes y su extensión limitada a 140 caracteres. (Orihuela 2011: 28)

La norma más significativa es la limitación de caracteres referida por Orihuela. No obstante, esto puede eludirse mediante la utilización de aplicaciones externas que sirven como *alargadores* que integrarán en el tuit publicado un enlace a un texto completo de mayor extensión escrito por el usuario: se traiciona, entonces, el atomismo radical del tuit. La tuiteratura, a través de sus cuentuitos y tuitpoemas, tiene en su brevedad extrema sus principales puntos a favor y en contra, pues son limitaciones que polarizan y extreman los resultados, tanto literarios como los del proceso de recepción en los lectores.

Una escritura en Twitter, más incluso con vocación literaria, debe ser directa y eficaz, aunque eso ha generado también una fuerte corriente de tintes ramonianos, donde ingenio y juego tropológico se unen en batalla contra la concreción: «Twitter es el mayor juego de palabras que ha existido jamás. Es el gimnasio de la mente y de la escritura, en el que la ortografía y la sintaxis son parte de las disciplinas con las que entrenamos cada día» (Tascón y Abad 2011: 119). No en vano, algunos de los cuentos breves más celebrados podrían caber en un tuit, como ya ilustramos en su momento al recurrir al ejemplo clásico de «Cuando despertó, el dinosaurio todavía estaba allí», de Augusto Monterroso. Recordemos que ocupa tan solo 51 caracteres si incluimos el punto final.

En la línea del microcuento, Tascón y Abad compilan hasta 52 variantes aptas para Twitter de ese texto (2011: 72-86), aunque algunas aportan apenas variación tipográfica y otras responden a los muy sobreexplotados ejercicios de alteración del original alterando elementos, como la posición de la coma. Son destacables, sin embargo, las transformaciones a lenguaje SMS («Qndo dsprto el dnsaurio staba alli» [73]), la integración de algunos emoticonos en el mensaje o la conversión a lo que denominan *twittergrafía*, que no es sino un conglomerado de ciberhabla[39] y neografía[40]: «(◕_◕) ZZZzzz ‖ (◑_◐)

---

[39] La ciberhabla destaca por la inclusión de intertextualidades (e intratextualidades) a través de la citación, hipervínculos, etc., en una muestra de interacción hipermedia (Herring 1996: 81-106) y que se corresponde con lo que Crystal (2002: 37-76) denominó *netspeak*.

[40] Algunos rasgos generales asociados a la neografía son: grafías fonéticas (reemplazo de fonemas representados por grafías de más de una letra por una solamente, como

(_õ \^^^^^ #MonterrosoDino» (78), o lo que refieren como «con forma de contraseña» pero es simplemente lenguaje 1337[41] simplificado: «Cu4nd0 d3sp3rt0, 3l d1n0s4ur10 t0d4v14 3st4b4 4ll1» (82) y que desarrollan posteriormente en «Ku4nd0 D35p3R7Ó, 3l d1n054ur10 70D4ví4 357484 4LLÍ» (82). Se trata de una serie de juegos que nos ilustran, en cualquier caso, las posibilidades comunicativas y de transformación del lenguaje en el reducido espacio del tuit.

Por el carácter breve y la tendencia al ingenio que muestran muchas de las expresiones literarias no debe extrañarnos que una buena parte de la producción creativa gire en torno a géneros establecidos que han buscado siempre esos mismos ideales, como los acertijos (@iAdivinanzas), los aforismos (@MarceloMasaguer), los albures (@losAlbures), los calambures, lemas, consignas y proclamas, epigramas, greguerías... Construcciones autónomas, a veces compiladas en la propia red por determinados usuarios, que pueden ser el resultado también de la búsqueda del ingenio a raíz de la popularización de un *hashtag*[42] para destacar entre la multitud. También es recurrente que un escritor emplee un *hashtag* concreto para aglutinar una serie de tuits. El 31 de marzo de 2012 el escritor José Luis Zárate publicó una serie de mensajes en Twitter empleando el nodo #*ReglasdelGranHermanoparaescribir*. En la siguiente imagen capturamos el momento (17:38 h., horario GMT +2, del 31 de marzo de 2012) a tra-

---

qu = *k*), esqueletos consonánticos (pérdida de vocales como *besos* = *bs*), jeroglíficos (uso de letras y cifras por su valor fonético, como *saludos* = *salu2*), truncación de palabras y otras abreviaturas, siglas, logogramas (como *además* = *ad+*), aglutinación de palabras, distorsiones de énfasis por mayúsculas o repetición de signos, etc., así como alteraciones del cuerpo tipográfico con fines expresivos. En realidad, muchas de esas neografías ya existían y apenas se han adaptado a los formatos actuales.

[41] Tipo de escritura con caracteres alfanuméricos conocido también como *leet*, deformación fonémica en inglés del término *elite* que se empleó desde los años ochenta para reconocer el estatus de los usuarios más hábiles en tareas como el *hackeo* o el *crackeo* de sistema. El objetivo es aportar una codificación al texto mediante la sustitución de los símbolos alfabéticos tradicionales por otras combinaciones (por ejemplo, *3* por la vocal *e).

[42] Del inglés *hash* (*almohadilla*) y *tag* (*etiqueta*) por su forma #*ejemplo*. Las etiquetas introducidas pueden rastrearse mediante los buscadores integrados distinguiéndolas claramente del resto de palabras, por lo que facilita la clasificación de los mensajes en estos servicios. Por su funcionamiento (no admite espacios) si las etiquetas están compuestas por varias palabras se deben escribir juntas, pero es habitual que se distingan usando mayúsculas en la inicial de cada palabra para facilitar su lectura (técnicamente, su uso es irrelevante, pues el sistema no discrimina entre mayúsculas y minúsculas).

vés del cliente oficial del servicio Twitter para Mac OS X. Las marcas temporales que podemos ver son, como en la web, relativas, es decir, no se indica la hora real (ni local nuestra, en España, ni de su autor, residente en México), sino referencia directa a nuestro presente, siguiendo un modelo de temporalidad relativa en las publicaciones que se encuentra bien extendido en otros servicios web. En la misma, contemplamos cómo el sexto tuit de la serie abre la comunicación introduciendo *hashtags* adicionales y un vocativo (el *nick* introducido por la arroba) que se ve reforzado, asimismo, por la abreviatura *ccp*:

El *hashtag* puede asumir funciones paratextuales en las que se ofrece la clave descodificadora del mensaje principal, dando un giro adicional a lo escrito o ayudando a la correcta interpretación del mismo

Fig. 21. Secuencia de tuits con el *hashtag* #ReglasdelGranHermanoparaescribir.

aportando un anclaje referencial que incorpora contexto, como en este ejemplo de la poeta Zilniya (@microversos): «Si no tengo sodio, ¿no tengo Na? #dudacontablaperiodica» (31-3-12).

En oposición a una narrativa muy breve y atomista de cuentuitos, se desarrollan también composiciones extensas y prolongadas en el tiempo. Uno de los ejemplos más notables es la tuitnovela negra *Serial chicken* de Jordi Cervera, publicada de enero a febrero de 2010 y que, además, se escribió paralelamente en catalán (@bcnegra) y castellano (@bcnegracast). Creada en el marco del popular encuentro especializado en la novela de género BCNegra, el carácter experimental de esta narración se cimenta en 262 tuits. Sus mensajes no se expanden más allá del espacio de 140 caracteres usando alargadores, pero sí integra contenidos multimedia diversos, como enlaces a composiciones musicales que podemos escuchar en línea. En la misma, evita emplear vocativos mediante arroba y las escasas referencias a otros usuarios de Twitter se integran en forma de enlaces acortados: «Un experto en redes sociales, Jordi Ventura http://bit.ly/boGcy6» (3-2-10).

La tuitpoesía se sitúa en una línea de tradición de brevedad que lo sitúa en la esfera del haikú desde una perspectiva estrictamente técnica. Varios autores publican micropoemas que entrarían en el espacio de un tuit, tanto en forma de prosas poéticas (en la medida en que vistos en web, los mensajes en Twitter no aceptan punto y aparte, aunque sí en clientes específicos), o bien recurriendo a la barra para separar varios versos, como en el caso de @MicroPoesia: «la lengua de la tarde / los labios de la noche / el ardor de la madrugada / el sosiego de la mañana» (27-3-12).

La búsqueda de lo estéticamente poético tiene, sin embargo, espacio en Twitter para el lugar común, cuando no abiertamente por la cita no atribuida, quién sabe si por falta de espacio, por considerarla sobradamente popular o por apropiación directa, como vemos en esta aportación de Poesías de Oro (@PoesiasDeOro): «Si lloras por haber perdido el Sol, las lágrimas te impedirán ver las Estrellas» (1-4-12).

Con todo, aunque la poesía en Twitter se sustenta principalmente en el uso de la red para difusión de micropoemas con menos intensidad que en el terreno de la micronarrativa, se puede rastrear el uso del *hashtag* #tuipoesía en múltiples usuarios, tanto con intención poética como simplemente satírica o humorística. En este sentido, su creación se presenta más diseminada y no siempre vinculada directamente con los criterios ramonianos y de búsqueda del ingenio de la tuitnarrativa que se intuyen en AlderechoyAlrevés (@CedhotArias): «#tuitpoesía No son nuestros cuerpos, son nuestras almas las que nunca se separan, son ellas las que se anhelan, una y otra y otra vez» (31-3-12).

Asimismo, en Twitter se han dado también adaptaciones al formato de nanoblogueo de textos de mayor extensión en la línea de la adaptación de Ian Bogost y Ian McCarthy de un fragmento del *Ulysses*[43]. Nacido como proyecto escolar, bajo supervisión de la profesora Aurelia Molina, los alumnos adaptaron la novela *Lazarillo de Tormes* en un sistema nuevamente dialógico, con personajes como el propio Lázaro —@Lazarilloiescmc—, el ciego —@ciegoiescmc— y otros. Además, empleando el servicio de la web *Storify* <http://storify.com/> se ofrece la opción de una lectura secuenciada y ordenada de principio a fin y no por cronología inversa, como es habitual en blogs, microblogs y nanoblogs, siendo fácilmente accesible <http://storify.com/Lazarilloiescmc/lazarillo-de-tormes> [15-8-12]. Así, el dialogismo de la plataforma permite superar las restricciones narrativas mediante la encarnación teatralizante de los personajes originarios de la novela. (Fig. 22).

Como podemos observar a través de los ejemplos aportados, cabe preguntarse hasta qué punto la tuiteratura es una literatura concebida de manera completamente dependiente del formato de publicación y no como un uso de difusión sin más. Una tuiteratura debe, para ser tal, integrar los recursos principales de la red social: vocativos mediante arroba, clasificación dinámica por *hashtags* y restricción de caracteres; solo así es posible la relación simbiótica entre la esfera de creación literaria y

---

[43] Este homenaje a la obra de Joyce se realizó el 16 de junio de 2007 con motivo del Bloomsday (y se repitió al año siguiente gracias a la acción del código programado para ello y que permitió, mediante un pequeño programa informático, la publicación coordinada de todos los mensajes). En el proyecto se reinterpreta el décimo capítulo («Wandering Rocks»). A tales efectos, registraron a 54 de los personajes de la novela como usuarios de la red Twitter, y les hicieron expresarse en primera persona a través de tuits, sincronizando la publicación de mensajes mediante un *software* creado por ellos para la ocasión, y cuyo resultado está convenientemente recogido por los autores en su página web, permitiendo la lectura siguiendo unos enlaces accesibles desde <http://www.bogost.com/blog/bloomsday_on_twitter.shtml>.

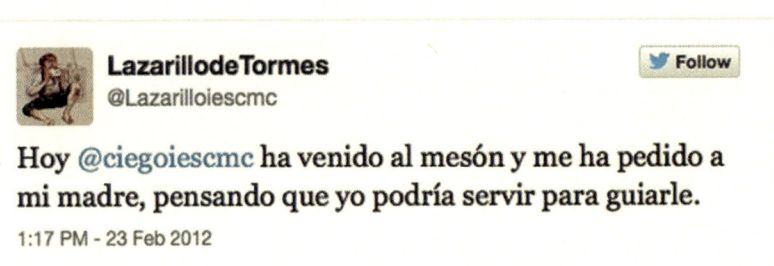

Fig. 22. Adaptación a Twitter de *Lazarillo de Tormes* realizada por estudiantes de educación secundaria.

la esfera de Twitter. De lo contrario, estamos ante una simple relación parasitaria en la que la microliteratura se trasvasa de la hoja a Twitter como medio de difusión, pero no como herramienta determinante en el proceso creativo ni en la idiosincrasia de los textos creados. Se debe establecer, como sucede en la blogoficción en general y la blogonovela en particular, una oposición entre la tuiteratura (simbiótica con la plataforma) y la literatura en Twitter (parasitaria en la plataforma), sin que esto implique en modo alguno una calidad literaria superior en una u otra.

4.4. DEL BLOG A LA IMPRENTA

Son varios los blogs literarios que han dado el paso desde el mundo digital hasta el impreso a través de canales comerciales impresos, tanto en autoedición como en edición tradicional, lo que en el ámbito anglosajón ha sido denominado en ocasiones *blooks*[44]. En algunos casos, esto ha implicado la eliminación del blog original (en ocasiones totalmente y en otras como resultado de una sustitución para dar paso a una página web de publicidad sobre el libro impreso), quizá por imposición de la editorial o por decisión del autor, dados los mayores ingresos que representa todavía hoy en día la venta de libros como modelo de negocio vigente. En otros casos, el blog ha desaparecido.

Atenderemos en primer lugar al caso específico de la obra *Más respeto, que soy tu madre* de Hernán Casciari por la complejidad que supone su caso concreto, ya que se trata no solo de la adaptación de una blogonovela al papel, con los cambios que el soporte conlleva, sino que, además, se han realizado diferentes ediciones en función del público objetivo (España, Argentina y México-resto de zona hispanohablante), además de traducciones a múltiples idiomas. Nosotros nos centraremos en las diferentes ediciones en español y analizaremos la motivación tras los cambios presentes en ellas, ya sea tanto por el cambio de soporte como por los diferentes públicos a los que se orienta cada versión.

Tras ese caso, realizaremos una panorámica sobre otras adaptaciones de blogonovelas al papel y, finalmente, el paso al papel de otro tipo de blogs.

---

[44] El término *blook* es empleado como resultado de fundir *blog* y *book*. Esta palabra fue usada por Joel Spolsky en 2001 para describir su libro *User Interface Design for Programmers*, que se construyó a partir de los textos publicados en el blog *Joel on Software* <http://www.joelonsoftware.com/>. El término se propuso como candidato para incorporarse al *Oxford English Dictionary* en 2006, aunque finalmente no se aceptó. Comercialmente, la compañía de impresión bajo demanda Lulu inauguró, también en 2006, el premio Lulu Blooker Prize para libros originarios de blogs.

4.4.1. El caso de Mirta y Lola en *Más respeto, que soy tu madre*

Partiendo de la obra en línea *Weblog de una mujer gorda* se realiza la primera adaptación impresa, en España, cambiando el nombre a *Más respeto, que soy tu madre* (2005) bajo el sello Plaza&Janés y al año siguiente bajo la marca DeBolsillo. De esta edición surgirá la mexicana, publicada en 2006 con el mismo título por la editorial Grijalbo y que presenta leves modificaciones léxicas de las que hablaremos posteriormente. Estas dos ediciones constituyen, en resumidas cuentas, un único texto[45].

Por otro lado, en Argentina se publica un año más tarde, ya en 2006 y de mano de DeBolsillo, la primera edición de la novela bajo el nombre *Diario de una mujer gorda*. Pese a ser posterior a la española, tiene un título similar al de la bitácora original (se sustituye únicamente el término *blog* por *diario*), algo lógico dado el éxito en Argentina de esta bitácora, y mantiene una estructura mucho más parecida a la que nos encontramos en internet. Sin cambios en la propia novela, en 2009 se publicó en Argentina la edición definitiva (así se la define en el blog). En esta nueva edición destaca la adopción del título, ya internacional, *Más respeto, que soy tu madre* en detrimento del original. Hay que tener en cuenta que ese nombre había sido utilizado para la obra teatral, de gran éxito comercial, que protagonizó el célebre actor argentino Antonio Gasalla, por lo que responde a una unificación mercadotécnica necesaria. Este éxito teatral, de hecho, es clave en la diferenciación entre las dos ediciones argentinas, pues la portada de la más reciente —la de 2009— reza «El libro que inspiró el éxito de Antonio Gasalla» e incluye un prólogo firmado por el popular actor, pero es un añadido meramente paratextual. Más relevante, aunque sin consecuencias para la narración, es la presencia de un epílogo en el que la avatárica Mirta cuenta cómo ha sido su vida en los cinco años posteriores a la finalización del blog, cómo el libro ha sido un éxito editorial y cómo «Gasalla se va a disfrazar de mí en el teatro y va a contar otra vez la historia, *nuestra* historia[46]» (2009: 316; énfasis en el original).

---

[45] Para simplificar la identificación de las versiones de la obra en la citación parentética nos remitiremos en el caso del texto argentino —siempre que sea posible— a la edición revisada de 2009. Esto se debe a que la edición mexicana es de 2006, como la primera argentina. Debemos recordar que el blog se escribe entre los años 2003 y 2004.

[46] En referencia a la exitosa adaptación teatral, que triunfó internacionalmente y que en el momento de redacción de esa edición del libro no había sido todavía estrenada.

Este título, que fue sugerido por la editorial (Casciari citado en *Clarín* 2008b), es el que se ha empleado para las ediciones en otros idiomas: *Più rispetto, che sono tua madre* (Italia, Salani Editore, 2007), *Respeitinho, que sou tua mãe* (Portugal, Âmbar Editor, 2008) y *Un peu de respect, j'suis ta mère* (Francia, Calmann-Lévy, 2009), traducciones que se derivan de la edición española. En el ámbito del portugués, la adaptación al teatro para Brasil se parece todavía más al título internacional: *Mais respeito que sou tua mãe*.

La blogonovela fue escrita como el resultado de un proceso nostálgico tras asentarse Casciari en Barcelona, coincidiendo en el tiempo su nueva situación vital y su aproximación al blog como formato de publicación en red, lo que hace que se filtren en ella regionalismos, usos lingüísticos propios del lunfardo[47] y giros y expresiones que no son habituales para el lector español, aunque sí para la cotidianidad de esa vida bonaerense que tenía Casciari al otro lado del Atlántico. La lejanía del hogar impacta en Casciari al tiempo que el choque cultural le neutraliza como autor literario al sentirse descolocado y sin la capacidad de dominar con destreza suficiente la modalidad del español en la que se hallaba inmerso en el territorio peninsular. Relata Casciari que

> Cuando llegué a España en el año 2000 no podía escribir porque los regionalismos me tenían paralizado. Yo siempre había escrito como se habla en Argentina y me sentía incapaz de hacerlo a la manera española. Estaba claro que no podía hacer una novela dirigida al público español hablando de «vos», pero tampoco me salía usar la palabra «tú», porque ya desde pequeño, cuando en mi país leía libros impresos en España, el castellano que se habla aquí me parecía tremendamente forzado.
>
> Así que estuve dos años callado, tratando de adaptarme a los códigos de aquí. Yo hago humor, y no se puede hacer humor si no se dominan totalmente los códigos. Mientras, descubrí que existían los blogs, y abrí uno en septiembre de 2003 como un chiste para mis amigos argentinos. Así nació la familia Bertotti, y fue entonces que me di cuenta de que determi-

---

[47] Jerga originada en Ciudad de Buenos Aires y luego extendida a otros núcleos poblacionales cercanos, incluso en Uruguay, asociada en su origen a un estrato social bajo, pero que a principios del siglo XX ya empezó a extenderse entre todas las clases sociales, no necesariamente con marca diafásica. Entre sus rasgos más destacados está la influencia del italiano.

nados tipos de humor, determinadas historias, son universales. (Casciari citado en Telecinco 2005)

Como extranjero, Casciari busca el contacto con sus amistades próximas retratando a una mujer mercedina que debe sufrir a una familia que muchos asistentes sociales calificarían como desestructurada. Lo hace narrando los devenires de una vida humorística, si bien esta se asienta en el retrato deformado de la realidad de esa región argentina. No es de extrañar, por tanto, que se puedan filtrar los propios recuerdos y añoranzas del autor, que toma una perspectiva de lector (pues asume en el juego de máscaras avatáricas que la autora es Mirta Bertotti). Afirma Casciari en el prólogo del blog que «me divertí mucho, cada mañana de 2003, leyendo —con el privilegio de ser el primer lector— unas historias que me acercaban al lugar donde nací y por el que sentía, y siento, una gran nostalgia» (Casciari 2003-2004[48]). Esto es evidente también en la referencia a la madre que ocupa las últimas líneas de dicho prólogo. Asimismo, la madre es la receptora de la dedicatoria en la edición impresa argentina: «Para chichita y Roberto», según leemos en la edición argentina *Diario de una mujer gorda* (2006a: 7) y «A todos los mercedinos […]. A mi madre porteña, que estaba en Mercedes cuando nací. A la memoria de mi padre, el primer mercedino que vi en la vida» en la edición argentina definitiva (2009: 7). En el prólogo de esa edición, afirma Casciari que el libro es «un documento de la vida cotidiana […] escrito de puño y letra por una señora de mi pueblo que bien podría haber sido mi madre» (2009: 12).

Sin embargo, la edición española incluye una dedicatoria diferente: «Para Cristina Badia Tost, que leía cada capítulo por la mañana, con la panza llena de Nina» (2005: 7), que hace referencia al proceso de reescritura de la edición española de la novela y la situación familiar que se dio en ese momento. La edición mexicana, como heredera de la española, comparte dedicatoria con esta (2006b: 11), pues se trata de un texto sin modificaciones con respecto a la edición más extendida en nuestro país. Estamos, ya desde la dedicatoria y los prólogos, ante la muestra patente de que la traslación directa (dentro de lo factible) del

---

[48] Aunque inserto en la blogonovela, escrita entre 2003 y 2004, el prólogo en realidad se prepara para el rediseño de la bitácora que se hizo en enero de 2009. Disponible en <http://mujergorda.bitacoras.com/cap/prologo.php>.

blog se encuentra en la edición argentina, pero la otra es una revisión más profunda de esa misma obra. Se dan cambios notables en su paso a la página impresa que en algunos casos han sido atribuidos específicamente a una dislocación de la historia para, precisamente, su localización en el mercado español. Claudia García atribuye los cambios a esa traslación del público objetivo hasta el receptor español previsto:

> La adaptación al medio español se lleva a cabo por medio de una serie de modificaciones (sustituciones léxicas, transposiciones culturales, omisiones, variaciones en la disposición y en el contenido de la materia narrativa), entre las que destacan las re-inscripciones textuales. (2010)

García, que solo tiene en consideración la edición española sin evaluar que la mexicana es virtualmente idéntica, atribuye también muchos cambios a elementos idiosincrásicos españoles, incidiendo especialmente en lo que ella considera una visión negativa de la inmigración, como la sustitución de una mujer paraguaya en la original (la Negra Cabeza) por una guineana. García afirma que este cambio se produce para reflejar «el malestar que provoca el tema inmigratorio en el tejido social español» (2010), sustentándose también en el retrato que se hace de la mendicidad puerta a puerta que, señala, se asocia en la versión española a inmigrantes, lo que «subraya la ilegalidad y el rasgo fenotípico, identificándolos con la pobreza» (2010). Estos y otros cambios son atribuidos por García a una «voluntad editorial de evitar cuestiones socialmente sensibles» (2010). Eso justificaría *de facto* la omisión total de la novelización del blog dada su voluntad continua de transgredir la cándida imagen prototípica de la familia, considerando incluso que la inmigración y su representación en la obra es el motor principal de la misma y que estas alteraciones resultan, en la edición española, en una «complacencia [que] no sólo traiciona el sentido de tolerancia frente a la inmigración que anima el blog [...] sino que es curiosamente ambigua en un autor que es, él mismo, un inmigrante en España» (García 2010). Sin embargo, como hemos visto, Casciari nos habla de la morriña (que habitualmente conlleva nostalgia positiva y crítica en la distancia) como motivación para la blogonovela, sin que la inmigración sea su fuerza motriz: en todo caso lo sería la emigración, con la importante diferencia de perspectiva que hay entre una y otra situación.

Una lectura de la novela impresa en España muestra que, en efecto, esta fue localizada y se produjeron modificaciones que en algunos casos surgieron directamente de propuestas de la editorial:

> [Hernán Casciari] lanzó la versión multimedia de *Más respeto que soy tu madre* [el blog actual], nombre con que se editó el libro en España. No fue el único cambio, los editores le sugirieron cambiar los nombres de los seis miembros de la familia de Mirta. (*Clarín* 2008b).

El cambio de nombre nos muestra una clara voluntad por evitar el sintagma *mujer gorda* que bautizó el blog en su concepción original (y a la primera edición argentina, dada la mayor popularidad de la bitácora original en el país). En la blogonovela original cumplía con el objetivo de, mediante su espíritu transgresor, retratar paródicamente el carácter autoexplorativo del bloguero y la tradición epónima de los nombres de las bitácoras, pero su modificación no puede ser atribuible a una inferencia esencialmente españolista. Esta pérdida del título original es un claro movimiento de mercadotecnia esencial: responde a la necesidad de no ofender al público femenino que desconozca el carácter satírico de la obra, evitando que se generen prejuicios negativos ante el libro por su título, recurriendo con el nuevo nombre a la búsqueda de una empatía materna.

Entre los cambios para España, en esa misma línea, nos encontramos con que el hijo pequeño, Caio pasa a llamarse Toño; a Zacarías, el marido, ya no lo despiden de Plastivida, sino de unos astilleros, y Mirta Bertotti se transforma en Lola B., con reducción del apellido a la mera inicial, entre otros cambios en los nombres y algunos rasgos lingüísticos específicos de determinados personajes. Y, por supuesto, ya no están en Argentina, sino en España, aunque son historias coetáneas de un mundo globalizado. Lo cierto es que la vida de Mirta/Lola es prácticamente idéntica pese a que el libro impreso introduce alteraciones y, sobre todo, descartes: muchas son las cosas que se quedan en el blog y que no llegan a formar parte de la obra impresa en la edición española. Esos cambios son los relevantes en el trasvase de una plataforma a otra, pues implican alteraciones que van más allá de que los vulgarismos, los giros y expresiones sean sustituidos por otros mucho más familiares para el lector español (pese a que se mantienen italianismos en el idiolecto del abuelo Américo, llamado cariñosamente

Nonno —*abuelo* en italiano—, que en el blog empleaba el cocoliche[49]). Por lo tanto, la transfiguración en hoja impresa se divide en dos resultados diferenciados derivados de la cultura objetivo: la versión argentina mantiene esa identidad, pero para España se produce un reajuste para introducir ítems pop próximos a sus referentes históricos y culturales. Asimismo, esta alteración se revisa para México, algo que omite García.

Como decíamos anteriormente, la edición de México se diferencia de la española en unos pocos rasgos anecdóticos vinculados a la variedad dialectal y a algunos matices culturales. Una lectura atenta de estas ediciones muestra que los rasgos diferenciales son poco trascendentales y ausentes por completo en la macroestructura de la narración. La composición y contenido de los capítulos de esta edición es idéntica; no obstante, se han realizado cambios léxicos de referentes culturales, como el uso de *Papá Noel* (2005: 111) y *Santa Claus* (2006b: 114) o de expresiones populares, sobre todo las malsonantes *pánfilo* (2005: 111) y *zoquete* (2006b: 114). Los cambios registrados en la edición mexicana con respecto a la española son, en todos los casos, similares y no introducen alteraciones al significado ni orientación de la obra, pero sí la acercan al español más llano que podemos esperar de los protagonistas. Cabe preguntarse, en consecuencia, qué motiva que la edición mexicana se derive de la española y no de la argentina, que podemos presuponer como culturalmente más próxima a la realidad americana, o incluso que no se haya buscado la creación de una versión específica para México como sucedió en España, pues no parece probable un caso de eculturación ni de aculturación para defender la existencia de una edición específica peninsular.

En el blog, por su parte, nos encontramos con un uso extensivo de argentinismos propios del origen mercedino de sus personajes, aunque ese vocabulario más oscuro (e incluso el que no lo es, pero sí resulta notablemente regionalista) se ve apoyado con un sistema de pequeños

---

[49] Jerga propia de los inmigrantes argentinos y uruguayos de origen italiano en la que se combinan español e italiano y en la que destaca la fuerte combinación de lexías italianas y españolas así como el cruce de las normas morfológicas y fonéticas de ambos idiomas. Cada vez más en desuso, algunas de sus palabras y expresiones han sido asimiladas por el lunfardo. Literariamente, se integró en obras teatrales de tipo sainete siendo caricaturizado en las mismas.

textos emergentes al pasar el cursor sobre esas palabras, marcadas visualmente. Por ejemplo, el capítulo 67 <http://mujergorda.bitacoras. com/cap/000071.php> explica el significado de *motoneta* como «ciclomotor de baja cilindrada». Es un sistema similar al que se usa en sus páginas para ofrecer una pantalla emergente con información relevante sobre quién es cada personaje de la historia. Al pasar el cursor sobre el nombre de uno de los personajes aparece en pantalla un recuadro con un texto breve y una imagen fotográfica que lo describen y retratan (Escandell 2010b: 131), algo muy útil dado que cuenta con un amplio abanico de secundarios (e incluso personajes que hacen apariciones muy esporádicas) que se ve reducido en la adaptación a novela para el mercado español.

La cuestión inmigratoria tiene su principal elemento en el papel de la Negra Cabeza, personaje femenino que entra en la historia como interés sentimental del hijo menor, díscolo, bruto y de escasa sensibilidad e inteligencia, si bien al final tiene una relación con el abuelo Américo. Esta mujer es de origen guineano en la edición española y su origen no se altera en México. Por el contrario, en la edición argentina, es paraguaya. El retrato del personaje, su historia y papel en la narración es, sin embargo, compartido: si (como se desprende de las afirmaciones de García) es guineana en la edición española por una cuestión xenófoba, sería inane ignorar que sus rasgos y el trato hacia ella de los mismos personajes es el mismo en la edición argentina para con una paraguaya. Consideramos, consecuentemente, que es un recurso humorístico más en el que el referente nacional se sustituye en España para reflejar una realidad más próxima. Incluso podríamos afirmar que justifica mejor ante el lector los episodios de choque cultural, virtualmente idénticos entre la guineana y los españoles que entre la paraguaya y los mercedinos.

En el capítulo titulado «Uno que pide» asistimos en la versión española a un retrato de la mendicidad puerta a puerta que se presenta refiriéndose a esas personas como «inmigrantes que piden algo» (2005: 20-23), lo que no sucede en la argentina, donde son «gente que pide», como en el blog en el capítulo 109 <http://mujergorda.bitacoras.com/ cap/000117.php>. Sin embargo, una lectura atenta de esta versión nos lleva a ver que se da también el retrato fenotípico («el turco que vende alfombras») y que el retrato social no es, en realidad, diferenciado. La principal alteración, de hecho, se da en Carnecruda, el «mendigo oficial» (2005: 21) que proviene, en la versión española, de un país del Este sin identificar y se le describe como «un mendigo de esos que antes, en sus países, eran profesionales, y que después se les ha ido de las manos, o sus países han desaparecido del mapa» (21), un retrato próximo a la realidad europea que posteriormente da más pistas sobre el nuevo mapa político tras la caída del Telón de Acero. En la versión argentina es un mendigo local, «de esos que antes eran profesionales, y que después la vida se le fue de las manos» (también en el capítulo 109 del blog), lo que tiene sentido en el contexto cultural de la crisis de principios de milenio, el Corralito, que experimentó ese país. Los retratos externos responden, así pues, a realidades socioculturales diferentes, pero el poco tacto racial es compartido tanto por la Mirta argentina como por la Lola española sin que eso implique una demonización del inmigrante o del pobre en ninguno de los casos.

Si, como apunta García, estos cambios se motivan también en parte para evitar cuestiones sensibles en la sociedad española, deberían haberse eliminado o alterado sustancialmente los múltiples referentes sexuales que nos encontramos a lo largo de la obra. Sí se puede percibir una reducción de los episodios próximos a la violencia familiar, aunque resulta evidente la homofobia que el padre, Zacarías, proyecta sobre su hijo mayor, Nacho; un abuelo que consume estupefacientes; una hija, Sofi, ligerísima de cascos, y un hijo menor, Caio/Toño, cuya única habilidad destacable es su capacidad para realizar estatuas con sus defecaciones (lo que finalmente le reportará pingües beneficios desde el mundo del arte). Por ello, muchas omisiones y cambios parecen responder, más bien, al cambio transmediático del paso del blog a la hoja impresa, concibiendo la novela no como una traslación textual sino como una adaptación al formato libro. No es un *port* directo de un espacio a otro, sino una conversión consciente de las diferencias entre los soportes.

Un ejemplo destacado de eliminación de algunos de estos elementos lo encontramos en una serie de capítulos centrados en la hija que, en la novela española, desaparecen. Sofía, adolescente incipiente y sexualmente precoz, se gana algún que otro coscorrón de su madre por saber demasiado sobre diferentes prácticas sexuales y esta conducta se mantiene sin alteraciones de forma generalizada en toda la edición española. Lo que sí se elimina por completo es una subtrama vinculada a la adquisición de una webcam para realizar espectáculos picantes en línea, lo que gusta a Mirta por los ingresos económicos que eso supondrá, prescindiendo de prejuicios morales en oposición al rol materno que se le podrían prever[50]. Su supresión, por tanto, no puede justificarse por preocupaciones sociales o decorosas de la editorial para con el público español, sino por una preocupación por la comprensión y recepción de la obra fuera de su contexto electrónico.

Si su omisión fuera por cuestiones éticas o morales se habría suprimido del libro español el capítulo «La Sofi quiere el cincuenta por ciento»[51], en el que Caio/Toño hace un agujero para espiar a su hermana desde la habitación del abuelo mientras esta se desnuda y cobrar a otros chicos por verlo. Esto desatará las iras de la hermana al no llevarse parte de los beneficios, algo que Zacarías, el padre, soluciona mediando entre ellos y, tras un par de tortas, imponiendo un acuerdo comercial. Como la madre antes, no se escandaliza por la sexualización ni cosificación de la hija como objeto de deseo sexual. No hay, en definitiva, razones sociológicas o morales para justificar la omisión de la webcam y sí mantener este episodio. Lo que sí se da es un temor ante la tecnificación de la novela impresa, lo que se percibe claramente cuando nos damos cuenta de que todo el aparataje narrativo sustentado en las tecnologías digitales no ha llegado a entrar en la novela impresa para España.

Otras omisiones en las ediciones impresas las encontramos en el uso de estructuras y referentes extraídos de otros blogs, como en el caso de la bitácora de Bety, popular en 2003, y llamada *Las cinco del viernes* <http://lascincodelviernes.blogspot.com.es/>. En esta bitácora la autora lanzaba cinco preguntas los viernes que los lectores respondían, y Casciari lo integra en su blogonovela hasta cuatro veces[52], pero no aparece en ninguna de las ediciones impresas. Esta integración de

---

[50] Según se puede observar en los capítulos 27 <http://mujergorda.bitacoras.com/cap/000033.php>, 46 <http://mujergorda.bitacoras.com/cap/000051.php> y 47 <http://mujergorda.bitacoras.com/cap/000052.php> del blog y en la edición impresa argentina de 2009: 31-32, 44-45.

[51] Presente en España 2006: 217-220, en el capítulo 179 del blog <http://mujergorda.bitacoras.com/cap/000196.php> y en Argentina 2009: 256-259.

[52] En los capítulos 26 <http://mujergorda.bitacoras.com/cap/000032.php>, 34 <http://mujergorda.bitacoras.com/cap/000039.php>, 57 <http://mujergorda.bitacoras.com/cap/000058.php> y 72 <http://mujergorda.bitacoras.com/cap/000077.php> del blog.

usos, costumbres y referencias a otros blogs es algo habitual en la blogosfera, aunque no tendría sentido en las versiones impresas, si no se incluyeran notas aclaratorias que resultarían en un extraño aparataje paratextual para una novela de ficción destinada a ser un entretenimiento. Lo mismo sucede con las encuestas, donde se preguntaba la opinión sobre el devenir de la trama —como qué debe hacer Mirta con un potencial amante[53]—, pues la participación no solo no es posible en papel, sino que no tiene sentido en la medida en que es en diferido y no una ejecución en directo, teatral, como sucede en la blogonovela.

En cambio, se mantiene en la versión impresa española la integración de Borjamari, un chico homosexual que establece una relación sentimental breve con Nacho y que trabaja en una funeraria como maquillador[54]. Su presencia en el capítulo 89 del 27 de noviembre de 2003 se desarrolla sin variaciones relevantes en la edición argentina (2009: 74-77). Sin embargo, en la española y mexicana se observan importantes cambios, sobre todo en los diálogos en los que Casciari juega con el lenguaje propio del crítico de blogs (2005: 70-73), que se entiende solo como chiste interno de la blogosfera para crear una situación en la que Borjamari es, en efecto, un neurótico en ambos casos, pero haciendo que los referentes intertextuales no tengan un peso específico para la comprensión del personaje y la situación en la novelización. En la blogonovela, incluso fue el centro de la broma del Día de los Inocentes de 2003 con el capítulo 112 <http://mujergorda.bitacoras. com/cap/000120.php>, momento que aprovechó Casciari para exponer mediante sus personajes ficticios la realidad del propio Borjamari ante sus lectores. De manera similar, debemos tener en consideración que se introducen algunas alteraciones para que los cambios de casa que realiza la familia Bertotti en el blog (y que se corresponden con los cambios de servidor de la obra) no tengan esa referencia externa y tecnológica en la versión española, dado que la situación económica de la familia no sostiene, lejos de este contexto de hospedaje virtual, el coste económico de un cambio de domicilio que, insistimos, en la virtualidad de la red, hace referencia al hospedaje web.

---

[53] Lo que sucede en el capítulo 73 <http://mujergorda.bitacoras.com/cap/000076. php> del blog y ya hemos comentado en epígrafes anteriores por la relación entre lectores y autor.

[54] Hemos tratado la aparición de este personaje detalladamente en el apartado 4.2.3.

Un repaso somero nos muestra cómo, además de los capítulos interblogosferos a los que hacíamos referencia anteriormente, se pierde no solo la encuesta con la que Mirta quiere saber si pone o no los cuernos a su marido, sino también aspectos parablogueros como la página web del negocio que abre la familia en el capítulo 60 del blog <http:// mujergorda.bitacoras.com/cap/000062.php>, una pizzería que en la bitácora asume la función paralela de contador de visitas. La pizzería existe en la versión de papel, pero no tiene esa doble funcionalidad, pues en algunos casos estos elementos se transforman levemente, adaptándose a un convencionalismo no virtual, aunque la mayoría se pierden. Sin ir más lejos, apenas nos llega a través de la hoja impresa un diálogo sobre mensajería instantánea entre la madre y Nacho, que se ha ido de casa (2005: 136-141; 2009: 175-180).

Otra omisión que debe señalarse, y que es compartida en este caso por todas las ediciones impresas, es la desaparición de los comentarios de los lectores, algo que, por otro lado, resulta más que habitual en las adaptaciones de blog a hoja impresa, tanto si son compilaciones de artículos como obras literarias. Sin embargo, debemos tener en consideración que los comentarios son parte también de la narrativa de la blogonovela en la misma medida en que lo es el cuerpo de la misma. En el caso del blog, para conmemorar el mensaje número mil publicado por los lectores se preparó una entrada en blanco en la que Mirta utilizaba, en vez del espacio jerárquicamente reservado para el autor del blog, el democrático sistema de comentarios para presentar su texto <http:// mujergorda.bitacoras.com/cap/000112.php>.

Con casi 200 entradas, el blog (y su traslación directa al papel para Argentina) es rico en digresiones, en capítulos que se vinculan explícitamente con otros blogs y que no ayudan a progresar en la narración, algo previsible en su concepción blogonovelística, dado el fuerte carácter atomista de las creaciones en línea. En ellas se espera que se interactúe con los lectores a través de los comentarios, pero también que el carácter de baja ilación de las entradas facilite la incorporación de nuevos lectores en cualquier momento. Se trata, por tanto, de una estructura caótica donde el hilo narrativo queda en segundo plano, o incluso desaparece temporalmente, para luego retornar. Este factor se atenúa en la edición española, donde no solo desaparecen las fechas de los capítulos (que siguen siendo pequeños y en muchos casos con fuerte carácter independiente), sino que también se centra en las tramas del núcleo familiar, descubriéndose finalmente a Zacarías, el padre de familia, como el eje de la trama: la historia concluye cuando, tras los devenires con el hijo mayor, este finalmente le convierte en abuelo y se enfrenta a la anagnórisis de su nuevo rol familiar. En la edición argentina, como en el blog, esto también sucede, aunque en el cénit narrativo la historia no se cierra y se dilata un poco más, diluyéndose el efecto de culminación de haber leído una novela que se obtiene en la edición española, donde la reducción de tramas y digresiones reduce su tamaño pero concentra el núcleo de la obra.

Hay, por tanto, una doble orientación de la adaptación de la blogonovela. La primera es una conversión lo más directa posible en la que la Mirta de internet sigue siendo ella cuando se hace papel y representación teatral, e incluso —mediante el epílogo de la edición definitiva argentina al que nos hemos referido anteriormente— se nos sitúa como personaje avatárico que vive también fuera de la propia obra: el avatar debe vivir fuera del blog como parte del ejercicio creativo del género (Escandell 2011a: 314). La segunda consiste en que Mirta se transforma en Lola, un personaje que no tiene su origen en la red, sino en la propia novela y su mundo y existencia se limitan a esa misma, de donde se derivan los cambios estructurales por fusión, modificación y recolocación entera de algunos capítulos u omisión. Por ejemplo, en la blogonovela, Sofía y Mirta tienen una conversación sobre sexo en la que la madre descubre que su hija siente predilección por el *cunnilingus* y esto se produce en el capítulo 136 <http://mujergorda.bitacoras.com/cap/000147.php>, con idéntica colocación relativa en la edición argentina (2009: 161-163). En cambio, en la edición española el mismo evento sucede en los primeros compases (2005: 30-33). Del mismo modo, el capítulo «Uno que pide», del que ya hemos hablado, es el cuarto en la edición española, aunque el 109 en el blog (también con idéntica posición relativa en la edición argentina).

No consideramos que el prejuicio social, étnico o moral que se pueda dar en la sociedad española sea la clave real de las alteraciones de la obra, pues al fin y al cabo la transposición de nombres y usos lingüísticos no deja de ser puramente anecdótica. El auténtico elemento diferencial, lo que convierte a Lola en el otro lado del retrato cubista de Mirta, es que es un personaje novelístico, no blogonovelístico. La conversión, en consecuencia, se da más por evitar *temas raros* (tecnológicos) de internet que porque se imponga la línea de pensamiento española, biempensante, cargada de moralina y xenofobia. Los cambios destinados a ofrecer un ámbito más familiar para el lector español poco tienen que ver con las modificaciones estructurales o argumentales, pues estas responden a motivaciones artísticas y de traslación del texto a la hoja. Es un proceso de cambio que implica la transfiguración de la obra para hallar la correspondencia con el medio que la acoge. Solo circunstancialmente se dan los cambios nominativos y sociales referidos por García, aunque como consecuencia de ese desplazamiento se vaya de una Argentina sufriendo las consecuencias de la crisis de 2001 a una España acosada por el desempleo y la especulación: situaciones, como vemos, no tan diferenciadas.

Casciari no sustituye simplemente los nombres (operación de máxima simpleza en cualquier *software* de procesamiento de textos), sino que reinscribe a Mirta en la transfiguración de Lola como reencarnación de la blogonovela en novela, que es resultado de una reescritura casi completa del original. Como consecuencia de esta alteración, el texto está españolizado y, quizás, resultaría extraño para el público argentino, por lo que en este caso se recurre al original del blog con las modificaciones justas:

> He tratado de recortar lo menos posible el texto para que resulte fiel al original, por lo que es probable que haya pasajes donde el lector eche en falta un enlace o algún otro elemento muy común en las páginas web e imposible de trasladar al papel. (Casciari 2009: 12)

Mirta, por tanto, se mantiene viva en blog y en libro para Argentina, pero Lola es su otra cara, la novela que hubiera sido —que fue, de hecho— la creación literaria digital que, en su destino libresco español, se amolda al devenir de su circunstancia y abraza, finalmente, España para despedirse de la Argentina que le dio vida en su encarnación original.

4.4.2. De la blogonovela al papel

El caso de *Metro 2033* es singular, ya que su autor, Dmitry Glukhovsky, quiso publicarla como una novela tradicional. Se constituye como un ejemplo popular de novela que se vertió al blog, asumió elementos hipertextuales realizando una aproximación a rasgos blogonovelísticos y, de ahí, llegó finalmente a la hoja impresa. Cuando el autor envió el original a diferentes editoriales, el texto fue rechazado, por lo que se decidió a editarlo como novela por entregas en blog. Es una novela postapocalíptica que nos lleva a una visión futura de la ciudad Moscú en cuya red de metro sobreviven unos pocos humanos. Se trata de una novela con referentes *steampunk*, futurista y distópica, sin un uso del presente narrativo equiparable a la blogonovela ni con una concepción avatárica del protagonista (de hecho, se trata de un narrador heterodiegético omnisciente); es una novela en un blog que se publica por entregas. Este proceso lo expone así el propio autor:

> Me llevó tiempo y no fue fácil. *Metro 2033* se finalizó por primera vez en el 2002. Envié el borrador a seis editoriales, y muchas de ellas ni siquiera se lo leyeron. Todas rechazaron el libro. Una explicó que la novela no cuadraba con su formato habitual: el protagonista de *Metro 2033* en este primer borrador moría de repente sin completar su misión. Volviendo la vista atrás, creo que era una brillante idea.
>
> Entonces decidí publicarla por mi [sic] mismo; así que, en 2002, diseñé y puse en marcha una web dedicada a la novela, que está aún disponible aquí <http://m-e-t-r-o.boom.ru/> [no disponible]. Conseguí un par de enlaces hacia ella de foros de fans de la ciencia ficción y comencé a publicitarla. Durante los próximos dos años, hubo miles de lectores. Y comenzaron a empujarme a revivir al protagonista, Artyon [Artyom en la traducción española], y a continuar el libro. Así que lo hice. (Glukhovsky citado en Serrano 2009)

Aunque la novela nace para ser impresa y solo pasa al blog posteriormente, es a través de su publicación en ese soporte cuando adquiere popularidad. Además, son los lectores los que, a través de sus comentarios, se convierten en lectoautores al convencer a Glukhovsky de que modifique el desenlace, resucite al protagonista, y continúe con su aventura. A partir de aquí, el autor no solo expande su novela, sino que se implica en el hipermedia, componiendo una revisión de la novela para hacerla más interactiva, aprovechando los recursos digitales, convirtiéndola en una inmigrante digital de pleno derecho, perfectamente camuflada entre las creaciones nativas:

> No pude cambiar el final, y tuve que añadir 8 capítulos. Creí que podría ser una buena idea hacer que la web fuese más interactiva. Así que en

2004, subí una nueva web <http://www.m-e-t-r-o.ru/>, en la que publicaba los nuevos capítulos según los finalizaba, uno a uno, transformando al libro en una serie, un drama en Internet. Los lectores podían sugerir líneas de la trama, hacer pronósticos de la evolución de los personajes y criticarme. El libro se hizo interactivo. (Glukhovsky citado en Serrano 2009)

Es así como muta en una novela con rasgos propios de la blogonovela (o al menos de la hiperficción por entregas con elementos de construcción colectiva), a través de la influencia y respuesta inmediata de los lectores, convirtiéndola en un espectáculo en marcha. A raíz del éxito de la novela en su formato digital, las editoriales sí estuvieron dispuestas a publicarla (como ha sucedido en España), al igual que con su continuación, *Metro 2034*, publicada también primero en formato digital <http://m2034.ru/> y luego en papel.

La concepción de la blogonovela como una primera redacción se ha dado en el caso del blog en catalán *Mireia* <http://mireiagalindo. blogspot.com.es/> (2006-2007), que resultaría en el libro *Em dic Mireia (i el meu cony es diu Carlitos)* (editado por Cossetània en 2008). En este caso, Mireia Roy escribe a partir de 2006 un blog bajo el avatar de Mireia Galindo que escondía, eso sí, elementos personales de la propia autora, lo que resulta en un blog autoficcional:

> Resulta que el 21 d'abril de 2006 vaig obrir un ciberdietari a Internet (un *blog*, vaja), que és una cosa aixís com un dietari perquè s'hi escriu dia a dia i els escrits porten data, però els escrits d'un blog es diuen *posts* i tothom els pot llegar a Internet... bé, i vaig anar explicant-hi la meva vida, coses de sexe i fideuàs i política i educació. (Riu y Roy 2008: 5)

Solo tiempo después se propone la conversión del blog en una novela impresa, aunque con un proceso de adaptación que incluiría «eliminar molts posts [...] reescriure'n uns quants, i els fils argumentals s'haurien de reordenar i polir» (5-6), para reducir la extensión y las digresiones del texto resultante, lo que inició un proceso de revisión del texto que corrió a cargo de Manel Riu y la propia Mireia.

El proceso de análisis de los cambios, en efecto, muestra esos rasgos principales: reducción de las entradas, cambios en el orden de algunos capítulos para facilitar que se pueda seguir el hilo narrativo sin digresiones y revisión del texto para mejorar estilo y corregir errores tipográficos y ortográficos presentes en el original. La estructura del libro ordena los capítulos por fecha y título, y se facilita el análisis comparativo gracias a que la autora ha publicado el listado original de entradas del blog, que define como «esborrany públic de la novel.la» (Roy 2009).

En el caso de la blogonovela *Diario de una miss intelijente* se opta por publicar la historia con un prólogo firmado por el autor. El libro se llama *Diario de una miss intelijente. Crónica de un año de no reinado* y fue publicado por El Tercer Hombre en 2006. La portada indica tanto que es un blog en su origen como el nombre del autor, Arturo Vallejo. A diferencia de lo que sucedía en el blog, ejercicio de simulacro, el libro no esconde su origen como *hoax*, pero la estructura es mucho más propia de una bitácora que en, por ejemplo, *Más respeto, que soy tu madre*. Los capítulos, las entradas del blog, indican incluso la hora de publicación original y se integran los comentarios. Los visitantes son parte del libro: son lectoautores plenos a través de sus seudónimos y sus comentarios muchas veces ocupan más páginas que los breves capítulos firmados por la miss de ortografía distraída. En este caso, se respeta la ortografía de los comentarios, sin haber introducido modificaciones en los mismos, por lo que el lector no puede esperar un texto limpio. Es una traslación lo más pura posible de la bitácora al papel, donde solo la limitación física impide la integración de hipertextualidades.

Diferente es la presencia de Carolina Aguirre, autora de *Ciega a citas* <http://ciegaacitas.wordpress.com/>, en su libro homónimo (editado por Aguilar en 2008), ya que en la portada solo aparece el nombre de Lucía González... su avatar. De hecho, el texto legal del libro hace referencia también a Lucía: «© Lucía González, 2008» (6). Solo en la solapa interna, en el aparato paratextual, se nos dice que «Lucía González es el seudónimo que Carolina Aguirre eligió para escribir su blog». Hay cambios en la novela impresa con respecto al blog, una vez más en lo referente al tamaño de la publicación: la blogonovela cubre 258 días y la novela, 227. Asimismo, hubo una serie de televisión (emitida en Argentina por Canal 7) entre 2009 y 2010 que se prolongó a lo largo de 120 capítulos de una duración aproximada de 50 minutos reviviendo los 258 días del blog.

El libro introduce los capítulos, breves y atomistas como puede esperarse de una blogonovela, por la fecha, prescindiendo de títulos, que sí aparecen en la bitácora. Además, se marca una cuenta atrás: los días hasta el acontecimiento en el que la protagonista, Lucía, necesita tener novio: la boda de su hermana pequeña. Esto marca un paso del tiempo que se expresa en el libro regresivamente y que alcanza el clímax cuando se nos tacha el texto «faltan 15 días» para sustituirlo por un expresivo «no falta nada» (2008: 236).

Más prototípico resulta el caso de *Hablalo con mi abogado* (edición de Plaza & Janés en 2009), de Diego Gualda, a raíz de su anteriormente citado blog homónimo. Nació como una bitácora anónima en 2008 en las que un hombre cualquiera narra el divorcio de su matrimonio fallido así como las peripecias vitales de formar una nueva vida. El personaje avatárico se llamaba Esteban y narraba cómo fue ese divorcio y cómo fueron los primeros compases de su regreso a la soltería. En el libro se prescinde de toda cronología expresa (no se da fecha exacta, ni horario de publicación de la entrada original del blog), ni hay tampoco comentarios recogidos.

4.4.3. Blogs al papel

El paso del blog a la imprenta se ha dado también en proyectos colectivos, como en el caso de *A blog pongo por testigo*, coordinado por Juan M. Marín, con promoción mediante un blog homónimo <http://ablogpongoportestigo.blogspot.com.es/> que no ha tenido una larga trayectoria (abril-julio de 2007). El caso de este libro es singular, pues no hay una línea editorial obvia, ni a nivel temático ni cronológico. Cuenta con aportaciones de múltiples autores, por lo que en cada caso se indica el autor y fecha de publicación original, así como la dirección de cada uno de los blogs habituales de esos autores. En principio, parece tratarse de un *Reader's Digest* de blogs con la función de dar a conocer a varios autores y seleccionar lo mejor de los mismos, pero esta sensación se desinfla cuando vemos que entre la selección de contenidos hay incluso refritos de viejos correos electrónicos en cadena, como «Lo que NO es un informático» (2007: 119-122), fragmentos narrativos, humor (escrito y visual), etc. Se trata de sacar del blog fragmentos de publicaciones (más de cincuenta blogs diferentes) para pasarlos a la letra impresa en lo que parece ser una pulsión por abarcar mucho para ofrecer una muestra de la potencia comunicativa del blog, aprovechar el tirón mediático del mismo y nutrirse del carácter atomista de los mismos para presentar una selección heterogénea en la que lo más importante no parece ser qué es lo que se imprime, sino simplemente que se imprime.

Diferente es el caso de *Flor de farola* (2006) de José Antonio Millán, libro compuesto a través de la sección homónima <http://jamillan.com/flor/> de su página web personal <http://jamillan.com/> (desde 1995). En este caso nos encontramos con un libro construido sobre una recopilación de textos que el autor ha ido encontrando desperdigados por la ciudad, pegados por farolas (de ahí el nombre), en el suelo, curiosos panfletos... de manera que es en su origen una sección de la web del autor, que gira muy especialmente en torno al blog del mismo, *Libros y bitios* <http://jamillan.com/librosybitios/>(antes *El futuro de los libros*), que mantiene en activo desde 2003 y es, según los datos de *Technorati* que el propio Millán recoge en su blog, uno de los 25.000 blogs más relevantes de todo el mundo (30-11-08).

A partir de los textos seleccionados en el blog (aprovechando la posibilidad de publicar imágenes con facilidad), se compone todo un libro en el que se añaden, para la ocasión, contenidos inéditos en su formato digital, algo que —como hemos visto— no es en absoluto habitual, pues lo normal es la reducción. Como en el caso de *A blog pongo por testigo*, no estamos ante un texto narrativo homogéneo, lo que refuerza su fuerte componente atomista, pues los materiales sobre los que discurre son inconexos entre ellos, al tiempo que hay una evidente línea que vincula todo el articulado. Aquí desempeña un papel fundamental la calidad del escritor, que ha creado un texto interesante y lleno de humor —filológico—. Asimismo, el autor se aprovecha también de su profundo conocimiento del mundo digital, por lo que el texto es trasvasable al formato impreso sin perder ni un *byte* esencial de su composición original. Esto indica que había un grado de hipertextualidad bajo, aunque eso no significa necesariamente que la lectura sea más apropiada en el formato impreso, pues la ausencia en la web de límites en el tamaño de las imágenes que recopilan los textos originales que analiza Millán (presentados en formato de fotografías en el blog) permite su mejor lectura en pantalla, además de dejarnos disfrutar del color, que en algunos casos ayuda a comprender mejor qué se ve y qué había en la mente del autor de esa *flor*.

En definitiva, en este caso nos encontramos con un texto serio, de corte ensayístico, en el que se analizan otros textos —de gran singularidad—, todo ello nacido en soporte digital, pero que ha sido pasado al impreso con naturalidad y muchas menos dificultades que las obras creativas, por lo que podemos esperar que el blog —como formato de publicación de textos de no ficción, y también científicos— vaya cobrando una importancia mayor, una vez se hayan superado plenamente los prejuicios ante el mismo; del mismo modo, dada la naturaleza de esos textos en muchos de los ámbitos humanistas, su paso a la hoja impresa no parece que deba revestir grandes inconvenientes. Pese a todo, no debemos olvidar que seguirá habiendo problemas obvios en campos concretos, como en los estudios vinculados a audiovisuales. De la misma manera, cuanto más gire la creación literaria en la órbita hipermedia, más problemas asociados a la misma podrá haber en los textos críticos que no adopten el paradigma de la pantalla.

El *Diario de una madre imperfecta* (editado por Viceversa en 2010) de Isabel García-Zarza es la traslación a la hoja impresa del blog *Mi vida con hijos. Una visión irreverente de la maternidad* <http://www.mividaconhijos.com/>, que la autora mantiene desde 2008 y es parte de la revista *Yo Dona* en su versión digital integrada en la web de *El Mundo* <http://www.elmundo.es/yodona/mividaconhijos.html>. Aunque se parte del articulado del blog, el texto no ha sido vertido sin más, ya que se ha aprovechado para realizar algunas revisiones de estilo. No se incluyen los comentarios de los lectores y la mayoría de los cambios no implican una alteración sustancial, dado que se trata de artículos de carácter periodístico y divulgativo. Eso sí, aunque en el blog prima ante todo la ordenación cronológica, el libro está estructurado en siete capítulos principales definidos por la temática de los mismos, lo que aporta un criterio de ordenación más apropiado para el soporte. En el blog uno puede navegar por las categorías, que ejercen la función de catalogación temática, si bien esto no es posible en el formato impreso, por lo que se opta por dar prioridad al criterio temático sobre el cronológico.

Otra compilación de artículos originarios del blog es la que firma Vicente Verdú en *Passé composé* (editado por Alfaguara en 2008). En esta ocasión se trata de un recorrido por los artículos que se publicaron originalmente en el colectivo de blogs *El Boomeran(g)* <http://www.elboomeran.com/>, que es parte integrada de la web de *El País*. En este caso, Verdú no es el único autor del blog, que cuenta con múltiples firmas invitadas desde su fundación. De hecho, en la actualidad[55] integra las bitácoras, entre otros, de Rafael Argullol <http://www.elboomeran.com/blog/2/rafael-argullol/>, Félix de Azúa <http://www.elboomeran.com/blog/1/blog-de-felix-de-azua/>, Basilio Baltasar <http://www.elboomeran.com/blog/3/basilio-baltasar/>, Javier Fernández de Castro <http://www.elboomeran.com/blog/189/javier-fernandez-de-castro/>, Víctor Gómez Pin <http://www.elboomeran.com/blog/6/victor-gomez-pin/>, Eduardo Gil Bera <http://www.elboomeran.com/blog/661/blog-de-eduardo-gil-bera/>, Sanjuana Martínez <http://www.elboomeran.com/blog/175/sanjuana-martinez/>, Juan Pablo Meneses <http://www.elboomeran.com/blog/875/juan-pablo-meneses/>, Vicente Molina Foix <http://www.elboomeran.com/blog/79/blog-de-vicente-molina-foix/>, Julio Ortega <http://www.elboomeran.com/blog/483/julio-ortega/>, Edmundo Paz Soldán <http://www.elboomeran.com/blog/117/edmundo-paz-soldan/>, Patricio Pron <http://www.elboomeran.com/blog/539/blog-de-patricio-pron/>, Sergio Ramírez <http://www.elboomeran.com/blog/7/sergio-ramirez/>, Jorge Volpi <http://www.elboomeran.com/blog/12/jorge-volpi/>, y el citado Verdú <http://www.elboomeran.com/blog/11/vicente-verdu/>, que lleva publicando desde el año 2006. El libro, por tanto, compila una parte limitada del conjunto del sitio (que se describe como «blog literario en español» desde su cabecera); sin embargo, pese al fragmentarismo de publicar a un único autor, el nombre de ese espacio digital está presente, tanto en la portada como en la contraportada del libro.

A diferencia de lo que hemos visto en otros libros derivados de blogs, este sí conserva la fecha de publicación y está ordenado cronológicamente, pero el texto no se ha trasladado sin alteraciones al papel. Aunque algunos cambios son meramente ortotipográficos (como la sustitución del tipo de comillas empleadas), otros sí implican modificaciones en el articulado, pero no son relevantes para el conjunto general del texto ni su significado. Por ejemplo, en la entrada del 23 de octubre de 2006 titula-

---

[55] El listado se obtiene del índice de blogs del medio, disponible en <http://www.elboomeran.com/blogs/> y consultado en última revisión el 19 de agosto de 2012. A esos blogs debe sumarse la integración de artículos de bitácoras situadas estructuralmente bajo el árbol de contenidos de la propia sección de weblogs de *El País*. El listado de *El boomeran(g)* no recoge el histórico de colaboradores, ya que algunos blogs de varios autores que publicaron en el medio ya no están disponibles.

da «Las neuronas espejo» <http://www.elboomeran.com/blog-post/11/950/vicente-verdu/las-neuronas-espejo/>, los primeros párrafos en internet son los siguientes (respetamos también la ortotipografía original):

> Todo el mundo habla de las "neuronas espejo". Aquello que correspondía en especial a las mujeres y consistía en hacerse más plenamente cargo de lo que le ocurría al otro ha venido a ser una habilidad neuronal descubierta en 1992 por el científico italiano Giacomo Rizzolatti.
>
> Para saber con detalle el desarrollo del descubrimiento y los pormenores de este comportamiento neuronal acaba de aparecer un libro en la editorial Paidós titulado así *Las neuronas espejo*, firmado por el mismo Rizzolatti y Corrado Sinigaglia.
>
> Las neuronas espejo son decisivas en el mundo de la empatía emocional. Hay personas que no detectan una situación embarazosa o no son capaces de captar ("no se enteran") el estado en que se halla su vecino o su pareja, a causa de la opacidad de sus neuronas.

En el libro, el mismo artículo empieza de este modo:

> Todo el mundo habla de las «neuronas espejo». Aquello que correspondía en especial a las mujeres y consistía en hacerse más plenamente cargo de lo que le ocurría al otro ha venido a ser una habilidad neuronal descubierta en 1992 por el científico italiano Giacomo Rizzolatti.
>
> Las neuronas espejo son decisivas en el mundo de la empatía emocional. Hay personas que no detectan una situación embarazosa o no son capaces de captar («no se enteran») el estado en que se halla su vecino o su pareja, a causa de la opacidad de sus neuronas.
>
> Gentes muy inteligentes son muy tontas socialmente. No aciertan a relacionarse o a relacionarse satisfactoriamente porque no pescan cuáles son las emociones de quien se encuentra cerca de él. En los congresos, en las reuniones sociales, gentes de valor se muestran incómodas porque no acaban de introducirse en comunicación personal alguna. (Verdú 2008: 81)

Lo que ha sucedido, simplemente, radica en que el segundo párrafo del blog se ha omitido en el libro. Las causas probables incluyen el hecho de que se haga referencia a un libro publicado en otra editorial, ya que este tipo de alteraciones no son frecuentes en el paso de la bitácora al papel. Si exceptuamos este tipo de situaciones, la única pérdida con respecto al blog reside, una vez más, en que en el cuerpo del libro no se incluye el conjunto de comentarios de los lectores.

La nómina de autores colaboradores de *El boomeran(g)* expuesta anteriormente representa solo la actual, pues varios de sus viejos colaboradores han sido eliminados de ese registro desde su fundación. Este es el caso de Santiago Roncagliolo, que mantiene perfil en el medio con una ficha de autor <http://www.elboomeran.com/autor/84/santiago-roncagliolo/> pero ya no su blog. Eso no impidió que se editara en la misma colección que Verdú el libro *Jet Lag* (2007), donde se recogen los artículos que Roncagliolo publicó ahí entre 2005 y 2006. El criterio de ordenación no es cronológico, a diferencia de lo visto en el libro de Verdú, pues se opta por cuatro bloques temáticos. Pese a no respetar la ordenación cronológica, sí se indica la fecha original de cada uno de los artículos compilados.

La publicación de blogs como recopilatorios de artículos de origen periodístico o de opinión en medios de la prensa tiene otro representante en el libro *El blog de Luis Sepúlveda* (2008). En este caso, el germen está en el blog del autor en la edición chilena del periódico *Le Monde Diplomatique* <http://www.lemondediplomatique.cl/>. El blog se titula *Carne de blog. Columnas de Luis Sepúlveda* <http://www.lemondediplomatique.cl/-Luis-Sepulveda-.html>, aunque el título no llega al libro, dando relevancia absoluta al hecho de que nace de una bitácora. Cada artículo va firmado al final por el autor (aunque es él el único que aporta textos) y se indica también la fecha original de publicación; sin embargo, se omiten los comentarios de los lectores.

Como muestra de que la compilación de artículos de medios digitales en libros no ha sido, ni mucho menos, un fenómeno derivado de la popularidad de los blogs, tenemos el testimonio de *En.red.ando* (1998) de Luis Ángel Fernández Hermana, libro construido a través de los artículos publicados en la veterana web <http://www.enredando.com> [no disponible]. Los textos aparecen fechados y con título. En todos estos casos periodísticos, tanto provenientes de blogs como de webs, queda claro que se sigue el modelo de las compilaciones de artículos que son habituales desde el auge de los periódicos. El artículo de carácter más ensayista y reflexivo ha seguido el mismo camino: Antonio Lafuente firma *El carnaval de la tecnociencia* (editado por Gadir en 2007) a partir de su blog *Tecnocidanos* <http://www.madrimasd.org/blogs/tecnocidanos>, que mantiene desde 2005. Presenta, como es habitual, un articulado introducido por el título y la fecha original de publicación para dar paso a los textos originales del blog, manteniendo un criterio de ordenación cronológico dado que todas las aportaciones son temáticamente coherentes. Frente a la omisión habitual de los comentarios de los visitantes de las bitácoras (tanto en libros de ficción como de no ficción que trasladan esas plataformas digitales al libro), el caso de *El umbral de mi blog* (2009) de María José Hermida Castro es bien diferente, pues la premisa de la publicación será la relevancia de esos mismos textos de los visitantes. Los comentarios son parte del componente textual de la bitácora y van más allá del simple paratexto. Omitir esos comentarios da, en las ediciones impresas, una visión parcial de la obra, sesgada, en la que su conjunto no se puede contemplar como la realidad que debería ser. Puede haber algunos problemas para la reproducción de esos comentarios por impreso, desde el ego del autor (que no sería ya el único foco de atención) hasta las implicaciones legales vinculadas a los derechos de autor por la reproducción con fines comerciales de textos publicados bajo seudónimo en internet en un blog determinado. En este caso, la bitácora <http://frida.blogia.com/> se crea en 2005 con una vocación extimista, como la propia autora reconoce:

> Hace años, allá por diciembre del 2005, creé mi blog. Se trataba de un diario en el que cada noche escribía mis vivencias personales. Al poco tiempo otros internautas empezaron a dejar sus comentarios. Uno de ellos, cuyo pseudónimo era Ibis, llamó especialmente mi atención. Desde el principio me gustó su simpatía y su descaro; a él mi sentido del humor, algo que nos llevó a crear una atmósfera de complicidad en la que la ironía era nuestro principal vínculo de unión. (2009: 7)

La autora no llega nunca a decir abiertamente quién cree que es esa persona que se escondía tras el seudónimo de Ibis, pero el título es ya lo suficientemente explícito. Según Hermida Castro, este personaje «tenía un sello y una entidad propia de alguien célebre y con una personalidad arrebatadora. Era un conocido escritor. Su pluma lo delataba, su experiencia lo corroboraba, su carácter lo aseveraba» (7). La autoría real de esos comentarios no se discute en el blog, ni en el libro (de hecho, apenas se insinúa en realidad), un movimiento responsable por parte de autora y editora, pese a introducir la palabra *umbral* en el título: al fin y al cabo, con algo hay que captar al lector, y alguna obviedad para los despistados nunca está de más.

Todo el libro se organiza en torno a la recopilación de los comentarios vertidos por Ibis: el articulado creado por Hermida Castro queda incluso relegado a un segundo plano para dar una importancia mucho mayor al diálogo entre ella (bajo el seudónimo de Frida) y ese autor desconocido. Este cambio en el centro de atención se hace de una manera simple y efectiva: el tamaño del texto en los comentarios reproducidos es idéntico al de los artículos que los motivan; se equiparan ambos frentes, algo poco habitual en blogs (y en libros), donde el cuerpo de los comentarios tiene clara tendencia a ser de menor tamaño. Se cuelan de vez en cuando otros lectoautores, con diferentes seudónimos, que también participan en el diálogo entre ambos, aunque ejercen en la mayor parte de los casos de *actores secundarios*. Se reproduce en el libro la relación entre autor y lectores, algo factible gracias a que no hay realmente una narrativa en las entradas creadas por Hermida Castro, y es posible que el lector del libro se centre, así, en la relación que se crea entre ella e Ibis para, por supuesto, entrar en el juego de *adivinar* quién se esconde tras esa máscara. El blog, por su parte, se convirtió parcialmente en una herramienta de promoción del libro, recopilando los artículos de prensa y demás referencias al mismo, sin haber eliminado todo el articulado previo, ni sus comentarios, por lo que es tan legible en formato impreso como en digital. En la actualidad recibe nuevos contenidos con normalidad.

También en el terreno del blog personal tenemos el libro *El gato de guardia* (editado por Punto de Lectura en 2008), de Rodrigo Muñoz Avia, que reproduce los textos de la bitácora en orden cronológico, aunque aporta un segundo índice por temas al final de sus páginas (277-280), que permite una lectura alternativa si preferimos abordar la compilación por categorías. La dirección del blog —que estuvo hospedado en la editorial <http://www.puntodelectura.com/blogs/gato/> [no disponible]— no se facilita en el libro, cuya construcción visual es muy próxima a la bitácora. Cada artículo va introducido por el título y la fecha de publicación original y, al final, se nos informa de la hora exacta de publicación en el blog de cada artículo y de la categoría bajo la que fue publicado (etiquetas con las que se compila la ordenación temática propuesta en el segundo índice del libro). Afirma Muñoz Avia en la contraportada del libro que

Probablemente éste sea el libro de cuantos he publicado en el que más me desnudo. La ficción es un escudo protector que salvaguarda más o menos la intimidad del autor, pero en un blog, donde exhibes tanto tu manera de ver las cosas, es difícil no salir fielmente retratado. Este libro es un resumen estupendo de seis meses de mi vida, unas memorias mucho más auténticas que aquellas otras posibles que registraran la retahíla de acontecimientos que me han ocurrido en este periodo, y de los que, ciertamente, no he hablado demasiado en el blog. (2008)

En esa misma línea de exhibición extimista se sitúa el libro *Kahlo en el país de las dadanoias* (editado por Norma en 2009) de Marta Castro Suárez, la autora que se enmascara tras el seudónimo de Kahlo (aunque su nombre no ha sido escondido). El título hace referencia al blog <http://www.dadanoias.net/>[56], que inició en 2005. La paginación del libro —a todo color y rico en material fotográfico— es inversa: va de la última página hasta la primera, de manera que el primer número que vemos es el 149, imitando así la ordenación cronológica inversa propia de las bitácoras. Tras el articulado (que sí está ordenado de más viejo a más nuevo, siguiendo el orden de lectura de un libro: de 2005 a 2007) se presenta, como un paratexto habitual del libro, el *blogroll*, en el que la autora recoge las direcciones de una selección de bitácoras de temas diversos. Exactamente igual que en un weblog.

Los textos del libro están presentados con título y fecha e incluyen, además, uno o más comentarios de lectores. La autora publica en el blog habitualmente autorretratos y varios de estos han sido recogidos en el libro como acompañamiento a las narraciones, reforzando el carácter extimista del libro, heredero de la bitácora. Esta exposición es lógica en un caso como el que nos ocupa, pues estamos ante el blog —y el libro— de una fotógrafa que explora el diseño y la cultura visual contemporánea.

Los relatos tienen también su hueco en los libros que nacen de blogs. Como cuentos independientes que no tienen en consideración el uso del avatar ni los condicionantes específicos de la bitácora como espacio de publicación personal, se trata de cuentos en blog y no de unos blogocuentos. Un ejemplo lo aporta María Amparo Sabater con

---

[56] Marta Castro Suárez ha tenido también el blog *Ternura porno* en los alojamientos <http://unavidarosa.blogspot.com/> [no disponible] y <http://ternuraporno.net> [no disponible públicamente], así como *Motel de Moka*<http://mookamotel.blogspot.com.es/>.

su blog *Cuentos chateros* <http://cuentoschateros.wordpress.com/>, del que nació el libro *Cuentos chateros de las mil y una noches. El blog de Malvarrosa* (2009). El blog se mantuvo en activo de 2009 a 2010, aunque en 2012 se publicó una entrada comentando las novedades vitales de la autora. En el libro, por su parte, los cuentos van introducidos por el título, pero no hay referencia alguna a fecha de publicación ni tampoco de forma explícita al propio blog de la autora, más allá del título.

Como una selección de obras de diversos autores, se presenta *Ebre Blook. Relats d'aigua dolça al Serret Blog* (editado por Cossetània en 2009). Esta compilación de cuentos en catalán aporta relatos de dieciséis autores diferentes del *Serret Bloc* <http://www.serretllibres.com/autorsebrencs/> que mantiene una librería, Serret, como punto de encuentro digital para múltiples autores y lectores. No nace, por tanto, de un proyecto personal entre iguales en el sentido que han representado otros proyectos librescos anteriormente expuestos, sino de una propuesta fruto del «impuls decidit del llibreter Octavi Serret, de Vall-de-roures; el qual, amb la seua força i il.lusió constants, ha aconseguir crear encara més vincles d'unió entre el escriptors i les escriptores de les comarques ebrenques» (Aliern *et al.* 2009: 5). El blog es aquí punto de encuentro, canal de comunicación abierto entre los autores.

Con el mismo objetivo se publica *La catosfera literària 08. Primera antologia de blogs en català* (2008) coordinado por Toni Ibàñez. En esta ocasión se indica expresamente el blog que mantiene cada autor dándole incluso más importancia que al propio nombre del autor. Así, cada texto se introduce con el título del mismo y la dirección del blog del que proviene. Solo después se indica el nombre o seudónimo del autor, su año de nacimiento y unas pequeñas líneas de información biográfica. El articulado es heterogéneo, con diferentes tipos de prosa y poesía a través de cien textos provenientes de otras tantas bitácoras diferentes, siempre en catalán.

Las blogoficciones centradas en blogopersonajes famosos o imposibles —Letizia Ortiz, Jesucristo, etc.— también se han compilado en libro adoptando la forma de catálogos. Un buen ejemplo lo representa *The Lost Blogs. From Jesus to Jim Morrison* (2006), una colección de blogs seleccionados por Paul Davidson que incluye blogs imposibles creados por blogueros que encarnaban el papel de diferentes personajes históricos o famosos, como Abraham Lincoln, el Marqués de Sade o Enrique VIII, por poner unos ejemplos. El catálogo está centrado en la blogosfera anglosajona y presenta la dirección de cada blog. A cada bitácora recogida en el libro se le atribuye un tema principal que sirve como descripción de la misma, y aporta una entrada publicada en ese blog, aunque sin dar ningún tipo de fecha.

Los cuentos (o, más que eso, reflexiones y artículos) de un único autor como obra unificada plena tienen hueco también en el blog y en su paso al papel. Es el caso de *Bestiaria. Costumbres, manías y rarezas de mujeres fabulosas y reales* (editado por Aguilar en 2008) de la autora argentina Carolina Aguirre a partir de su blog *Bestiaria. Colección de relatos e imágenes de mujeres fantásticas y reales* <http://bestiaria.blogspot.com.es/>. Se trata de una serie de relatos que su autora define como

> Un glosario de los estereotipos impuros de mujeres clasificadas según sus rarezas, su forma de divorciarse, sus métodos para superar una ruptura, el arco de su nariz, la pose del dedo meñique al tomar una taza de té, su rol en la escuela secundaria, el contenido de su cartera, el grado de impaciencia para disolver un caramelo en la boca o la relación con su padre. (Aguirre 2008: 17)

El juego entre lo ficcional-literario y la reflexión pública sobre la cotidianidad de su vida es una constante en el blog que se traslada al libro. Eso sí, el libro prescinde de ordenación cronológica y de indicar las fechas. Por ejemplo, el capítulo que abre el libro, «A la hora señalada» (19-20), se publicó en el blog en agosto de 2005 <http://bestiaria.blogspot.com.es/2005/08/la-hora-sealada.html>, así que, aunque es uno de las primeras entradas de la bitácora (apenas llevaba unos meses) no es la primera. El segundo capítulo, «El cromosoma chueco» (21-24), en el blog se publica en noviembre de 2007 <http://bestiaria.blogspot.com.es/2007/11/imagenes-mujeres-cromosoma-xx-xy.html>, lo que muestra que prima la selección de entradas y su ordenación por criterios temáticos.

La poesía también ha dado el salto del blog al libro. Como formato de publicación, resulta obvio que la bitácora es apta tanto para narrativa como para teatro o poesía, por lo que no debe extrañarnos que el blog haya servido también como excusa para realizar antologías de autores jóvenes amparados bajo diversas etiquetas. Un ejemplo lo tenemos en la compilación de blogueras poetas *La manera de recogerse el pelo. Generación Blogger* (editado por Bartleby en 2010), con selección de David González. Se nos explica en el prólogo que

> Cada antólogo alberga sus razones públicas y privadas para ordenar una antología. Las compilaciones deben ser libres, partiendo del criterio personal del editor que elige autores. David González escoge a una serie de mujeres que han publicado y aún publican sus textos poéticos en la red, en los blogs. Cuadernos de bitácora donde casi a diario cuelgan un poema. Chicas que difunden su obra en internet. Que estaban al margen de los tinglados literarios. Así que, afinando un poco más y para responder a las voces críticas que han surgido antes de la publicación, podríamos afirmar que este libro es una muestra de una «generación blogger femenina». D.G. no las ha elegido únicamente porque publiquen sus poemas en los cuadernos de bitácora. Las ha seleccionado por su calidad. Por sus estilos, diferentes entre sí pero siempre rompedores. Porque son las que leyó en la red, en blogs, fanzines y revistas digitales, y, de todas ellas, éstas son las autoras que decidió convocar. (Barrueco 2010: 9)

Sin embargo, la antología hace referencia a libros para indicar el origen de los textos seleccionados, a antologías previas (incluso en varias ocasiones a libros inéditos) y no solo a las publicaciones en blog de las poetas seleccionadas, por lo que entendemos que ha debido pesar un criterio de paso al papel previo además de la publicación en la web.

4.5. INFLUENCIA DEL BLOG EN LA LITERATURA DE PAPEL

El blog deja de ser un fenómeno de internet para convertirse en un fenómeno culturalmente abierto y global cuando sale de ese terreno digital y penetra en la literatura, de forma directa (por imitación) o indirecta (por influencia), incluso cuando abandonar el terreno digital implica renunciar a su formato, hipertexualidad y capacidades hipermedia. No lo hace en solitario, pues es parte de la continuada impregnación de lo digital en lo analógico, y toda la virtualidad de internet se ha hecho cotidiana en la letra impresa como lo han ido haciendo los demás medios de comunicación y avances tecnológicos. No se trata, sin embargo, de que una imitación de chat, correo electrónico o similar aparezca en algún momento marginal en una novela, algo que lleva sucediendo desde los años noventa sin que nadie se extrañe, sino que de que la novela imite al blog.

Lorenzo Silva publica en 2008 *El blog del Inquisidor*, una novela creada directamente en formato impreso: en ningún momento se ha publicado digitalmente y no ha nacido en un blog, aunque hace del blog su bandera. El lector debe enfrentarse a una novela impresa que, sin embargo, imita al blog en todo momento, dentro de las posibilidades analógicas del mundo del papel. Silva se excluye de la autoría mediante el viejo recurso de asegurar que los textos se los ha encontrado y que él ha ejercido solamente como editor y traductor (pues refiere que parte de la comunicación era en inglés). Ni apellido ni nombre se excluyen de la portada ya que, asumiendo ese contexto como parte del pacto de ficción, la editorial lo puede exigir y su nombre es una buena marca para vender el libro. Así, Silva no puede esconder su apellido, pero busca distanciarse del papel de autor en la misma medida en que el blogonovelista se esconde tras el avatar. En el «aviso preliminar», lo primero que se presenta al lector, dice Silva:

> Aunque el azar me haya deparado la oportunidad o la obligación de publicarlo, yo no soy quien ha escrito este libro. Incluso he dudado si resultaba pertinente redactar estas líneas, y en el caso de que así fuera, si debían ir emplazadas como un prólogo, un epílogo o una mera nota a pie de página. Al final he optado por la fórmula del aviso previo porque me parece que es bueno que el lector se sitúe desde el principio, y porque buscar formas tortuosas de quitarme importancia acabaría suponiendo un pecado de vanidad mayor que comparecer aquí y de esta manera, sin más aspavientos.
>
> En honor a la verdad, mi intervención no la considero irrelevante, aun siendo insuficiente para reclamar una cuota de autoría sobre las páginas que siguen. De no ser por mí, de hecho, puede que se hubieran perdido para siempre. Lo que van a leer estuvo colgado en una bitácora de Internet (o blog) que permaneció en línea durante unas cuantas semanas del otoño de 2007. Por casualidad di con ella, su inusual contenido despertó mi curiosidad y tuve la precaución de copiarlo en el disco duro de mi ordenador. Pocos días después, el enlace dejó de funcionar y el texto se volvió inaccesible. (2008: 11-12)

De esta manera, nos hace conocedores de la recuperación de unos textos que ya se han perdido en el abismo digital en la constante sangría de páginas que sufre internet, mientras su volumen, sin embargo, no deja de crecer día a día con un ritmo creciente. Silva encauza bien al lector en el mundo del blog antes de dar paso a la novela, pero en realidad no se explica jamás qué es, en qué consiste, un weblog. Silva parece presuponer que todo el público va a saber de antemano qué es un blog, cuál es su papel en el mundo cotidiano del ciudadano digital, o bien considera que no es relevante. Esto último, sin embargo, se desecha fácilmente: por el título, por la imitación del formato y por la imitación de usos y costumbres de blogueros en los personajes que dialogan en internet en esta novela. Todo gira en torno al blog, pese a haber nacido fuera del mismo, y si Silva nos quiere convencer de que él no es el autor, dando explicaciones que solo funcionan porque el lector decide suspender su incredulidad al empezar a leer la novela, también tendría que explicarnos de qué va todo este mundo digital, a menos que, en efecto, asuma que todo el mundo lo sabe ya de antemano, al igual que se sabe qué es un correo electrónico, un SMS o un folleto publicitario.

En *El blog del Inquisidor* asistimos al diálogo que dos blogueros mantienen en internet, escondidos a su vez tras seudónimos. Una historiadora inglesa encuentra un texto literario español ambientado en un proceso inquisitorial firmado por el bloguero que se hará denominar, no muy elocuentemente, *el Inquisidor*. La historiadora descubre ese texto abandonado (como tantas obras literarias en internet) y siente la pulsión de saber más, lo que le llevará generar su espacio digital, su blog, y a buscar la respuesta del escritor, con el que contacta por mensajería instantánea:

> Hace ya dos semanas que no sé nada del Inquisidor. Aunque también podría decir que en realidad hace cinco meses, el tiempo transcurrido desde que me lo tropecé por primera vez, que no sé nada de él. Nunca vi su rostro, ni oí su voz. No podría asegurar que es un hombre, ni siquiera que exista, en la forma en que convencionalmente existen las personas. (18-19)

Se construye así una vinculación entre dos blogueros, aunque en esta ocasión será ella la que lleve la voz dominante, la que reproduzca conversaciones y sea absolutamente extimista, mientras el Inquisidor será un interrogante; incluso reproduce en su propio blog los capítulos de la obra de ese misterioso escritor de narraciones históricas. El lector se posiciona en la perspectiva de esta mujer, que pronto asume su propio seudónimo en complicidad con el Inquisidor: Teresa.

> ¿Cómo hacer para comunicarse con alguien como el Inquisidor, es decir, un tipo que abre un blog para colgar tres capítulos de una insólita novela inspirada en un olvidado episodio del siglo XVII, con la que trata de ilustrar no se sabe qué trauma personal? ¿Y con qué esperanza intentarlo, cuando el blog lleva semanas sin actualizarse y todo hace pensar que sólo ha sido un antojo pasajero? (57)

Por eso Teresa acepta el juego del Inquisidor, escritor que podría haberse frustrado por la nula respuesta de los lectores en los comentarios de su obra, salvo por un único y lamentable comentario: «shakira-lamejor dice: juer k rallada, kien sera este inkisidor y k labra pasao pa estar tan colgao» (47), lo que nos muestra una vez más que Silva es un buen conocedor de lo que afronta un autor que publica en blogs y tiene presencia en internet, y cómo la ausencia de una respuesta por parte de los lectores puede acabar precipitadamente con el ánimo del creador. En consecuencia, este puede abandonar la escritura, al menos de esa obra. Hay, por tanto, un proceso de reflexión sobre el formato, que se refleja no solo en elementos externos a la narración, sino también en cómo esta se desarrolla y cómo reaccionan e interactúan los personajes protagonistas.

Formalmente, el único rasgo propio del blog que ha trascendido lo digital para pasar a las hojas de papel es el sistema de datación sistemática: cada capítulo de la novela es una entrada del blog y se introduce con la fecha (sin año) y el título de la misma. Son, por lo general, capítulos cortos (aunque no atomistas) y los más largos se corresponden habitualmente con los que se nutren de textos externos, porque la autora ha copiado y pegado información (o un diálogo, u otro tipo de texto) en su blog ese día para ilustrar algo de lo que expone. En un formato hipertextual no figurado estaríamos, muy probablemente, ante un uso de hipervínculos a sitios externos, o incluso podría haberse utilizado el soporte digital para diseñar extractos de enciclopedias, diálogos de programas de mensajería, etc., para dotar de mayor verosimilitud al texto, publicando no texto reproducido, sino imágenes capturadas directamente de la pantalla del ordenador. Esto podría haber sucedido, aunque con las restricciones del papel, en la novela que nos ocupa, si bien Silva se muestra muy conservador en este campo.

La novela se compone de 23 artículos del blog (del 13 de noviembre al 5 de diciembre), lo que implica un nivel de actualización muy rápido del blog ficticio, un rápido progreso de la relación entre ambos protagonistas, al tiempo que vamos conociendo parte de su pasado y, sobre todo, se progresa en los misterios de la ficción histórica del Inquisidor. Sin embargo, no trascienden en las hojas otros elementos propios del blog: no se emplean recursos como crear una ficha de la autora, ni se usa ningún recurso visual o tipográfico especial, e incluso en muchos momentos la narración se distancia de lo que sería esperable en un blog supuestamente de corte extimista, para centrarse en conducir los elementos narrativos que en realidad resultan ajenos al blog, sin que por eso se debilite la influencia del formato en la novela.

En 2011, el mismo Lorenzo Silva publica *Niños feroces*, novela en la que uno de sus personajes reflexiona sobre la era digital y cómo el miedo a la página en blanco se convierte, en cierto modo, en un miedo al cajón de texto vacío, cuando un *magister* instruye al joven veinteañero que persigue una historia, una novela, inalcanzable. Una reflexión sobre la fragmentariedad, el atomismo de la digitalidad, aportada mediante la perspectiva de un *veterano* de la escritura instruyendo al neófito:

> La culpa la tiene vuestra educación, me temo —decía—. La del cole y el instituto, donde no os han hecho nunca saber lo que es un examen final, todo a sorbitos. La de la tele, que es la que educa a la población en general, y donde no hay discurso que dure más de seis minutos para que la gente no haga *zapping* y se pase al *share* de otro. Y la de Internet, vuestro medio, ese a través del que miráis al mundo y en el que os movéis como pez en el agua, donde la unidad de discurso es el post bloguero o, cada vez más, el vídeo de YouTube. En tiempo, ¿cuánto? ¿Tres minutos? ¿Dos minutos y medio? Por no hablar de la chorrada en el muro de Facebook o del bendito *tweet*. Habéis recibido un relato fragmentado de la realidad. Si queréis hacer una novela, tenéis que aprender a integrarlo. A entrelazar. Pero no como sabéis. Lo que sabéis es *vincular*: encadenar *links* en una red casual, fortuita, amorfa. Quien quiere hacer un relato largo tiene que construir un mundo. Tiene que levantar un edifico donde las interrelaciones sean sólidas, significativas, fundadas, necesarias. Tiene que hacer justo lo contrario de la gimnasia en la que están ejercitadas vuestras mentes. ¿O habría que decir atrofiadas? (ebook n. p.)

Silva, como muchos otros autores actuales, está inmerso en la ciudadanía digital y es conocedor de lo que internet ofrece, como los *pangeicos* de Mora o los *mutantes* de Ferré. Precisamente es este último quien habla de la generación de escritores que ya domina la red, tienen un blog y se han alejado del temor tecnológico para abrazar la *cibercepción* como un elemento no ajeno, sino que es ya parte de ellos mismos como internautas. Cuando Ferré habla de la literatura del post y los autores recogidos en *Mutantes. Narrativa española de última generación* (2007) para convencer al lector de que contiene «lo más nuevo, lo más innovador que se está escribiendo en este momento en España» (10) habla de la multiculturalidad supranacional en la que los autores están inmersos en el mundo actual, pero, sobre todo, de que hay una recepción normalizada de los elementos culturales pop (videojuegos, cómic, televisión...) y que «se pasan los ratos libres navegando intensamente por Internet» (11), porque es la generación de narradores «educados en la escuela de la imagen y los medios, y en la escuela de la globalización, y en la escuela del recalentamiento informativo y el enfriamiento global de las estructuras humanas de relación» (11), nutriéndose de las nuevas tecnologías, las TIC, para aplicar sus modelos narrativos, en un proceso de liberación de las ataduras culturales impuestas previamente, por lo que las obras son el resultado de «diferentes estrategias, dispositivos y perspectivas» (16), siendo el entorno virtual el más destacado de todos. Son hombres posorgánicos, cíborgs que han abrazado lo digital y, con ello, la saturación informativa, los cambios de paradigma y su influencia cultural:

> Generando narrativas interferidas de uno u otro modo por la cultura de masas circundante, a la pixelización del relato colectivo y a la digitalización de la realidad, dos de las mutaciones tecno(ideo)lógicas más importantes que afectan a la idea de realidad que estos autores y sus lectores más próximos [...] han heredado de las generaciones anteriores. (Ferré 2007: 17)

De los autores escogidos para ese recopilatorio, muchos son habituales del mundo bloguero, o tienen su página personal (lo que incluye también perfiles en redes sociales como Facebook), o participan en alguno, como Germán Sierra <http://www.germansierra.com>, Flavia Company <http://fcompany.blogspot.com.es/>, Manuel Vilas <http://manuelvilas.blogspot.com.es/>, Juan Franscico Ferré <http://juanfran

ciscoferre.blogspot.com.es/>, Agustín Fernández Mallo <http://blogs. alfaguara.com/fernandezmallo/>, Vicente Luis Mora <http://vicente luismora.blogspot.com.es/>, Javier Calvo <http://elblogdejaviercalvo. blogspot.com.es/>, Mario Cuenca <http://mariocuencasandoval.blo gia.com/>, Jorge Carrión <http://jorgecarrion.com/>. Teniendo en cuenta también los que lo han tenido, como Robert-Juan Cantavella, Inma Turbau o Jordi Costa y varios proyectos que fueron abandonados o sin contenidos, como en el caso de Carmen Velasco <http://gru poalascarmenvelasco.blogspot.com.es/>. La mayoría son blogs en alojamientos gratuitos, concebidos como herramientas de publicación y difusión, también publicidad, por supuesto, aunque no es su objetivo y, por tanto, no hospedados por editoriales o destinados a publicitar obras concretas como parte de una campaña mercadotécnica, pues son gestionados por sus propios autores.

No es de extrañar, por tanto, que internet no solo esté ya presente en su narrativa, de manera sutil, explícita, o como resultado de un profundo proceso de reflexión, como en el relato *Búsquedas*[57] de Jorge Carrión, recogido en *Mutantes* (2007: 267-274), que se construye y presenta formalmente como el resultado de una búsqueda en el archipopular buscador Google. Su estructura es atomista, fragmentada y se presenta en la página con la mayor parte de los elementos visuales que aparecen en la página del buscador al obtener unos resultados, estratificándose en capas a través de esos resultados mediante el fragmento que se extrae como destacado, y la presencia de las URL, tras buscar la cadena «Catalunya Andalucía literatura migración» (267) con un resultado irónico que Mora ya señaló: «si hoy día se hace la búsqueda con esa misma serie, en el primer lugar del listado de Google aparece la página web de Carrión [...] con el relato» (2008: 57), por lo que su propia existencia ha entrado en la realidad alterando el resultado obtenido originalmente por el motor de búsquedas booleanas: el cuento se posiciona a sí mismo en el puesto preeminente del buscador en el que se inspira. La cadena de palabras no es casual, pues resulta de una búsqueda de identidad (Carrión es de origen andaluz, aunque radicado en

---

[57] Publicado originalmente en la revista *Kiliedro* nº 6, abril 2006, <http://www. kiliedro.com/kiliedro06.carrion.htm> [desaparecido], y accesible también a través de la página del autor durante un tiempo <http://www.jorgecarrion.com/JardinViajeFuturo. html> [no disponible].

Cataluña desde hace años) que no es real, sino virtual y, a raíz de eso, Carrión compone un relato atomista y fragmentario, un *collage* en el que se cuelan definiciones del *DRAE*, fragmentos de noticias, reflexiones... que por separado son legibles, independientes, pero que se suman creando un relato con tantas capas como *resultados* ha ofrecido este Google simulado.

En el caso de Vicente Luis Mora, *Alba Cromm* (2010) se presenta como una novela que es la traslación de una revista —*Upman*— al formato libro, la impostura de un monográfico sobre una investigación en torno a la pederastia en la red, que se sostiene gracias al blog de la investigadora Alba Cromm y otros textos compilados para la publicación. Aplicando las teorías de la *pantpágina* en su novela, confluyen anuncios, fotografías y textos de diferentes *orígenes*, como fragmentos de chats o del blog de Alba Cromm (así como su diario personal), notas de prensa, etc. En estos casos, los textos aparecen introducidos por una línea que indica la procedencia y la fecha de publicación original (día, mes, año y hora en el caso de los textos de bitácora). Esto se enlaza con un blog, *Alba Cromm y la vida sin hombres* <http://albacromm. bitacoras.com/>, y sus entradas son coincidentes con las reflejadas en el libro, en contenido y fechas. Por ejemplo, en el libro se recoge la entrada del 10 de mayo de 2005 (59-60), presente igualmente en la bitácora <http://albacromm.bitacoras.com/archivos/2005/05/11/anota cion-10-mayo-2005>. Las fechas de este blog son impostadas para responder a la ficción compuesta para el libro y, en cualquier caso, forma parte de la colección de textos compilados para la revista que es la novela: ni siquiera son el eje central de la ficción. El blog es un elemento narrativo más, de la misma manera que aparecen chats, diarios personales o noticias de prensa, conformando la polifonía textual de la obra de Mora.

Esa influencia digital es patente en cada vez más autores, pero el papel del blog como referente cultural directo (más allá de *El blog del Inquisidor*) se percibe con claridad en la trilogía del *Proyecto Nocilla* de Agustín Fernández Mallo, compuesta por *Nocilla Dream* (2006), *Nocilla Experience* (2009) y *Nocilla Lab* (2009), tres obras que componen un todo y que fueron terminadas —según ha explicado el autor en varias ocasiones— antes de iniciarse su publicación. Las novelas están compuestas por capítulos muy breves que, como es habitual en el blog, resultan atomistas, esto es, independientes, hasta tal punto que es posible empezar la novela en cualquier punto y coger rápidamente el hilo de la narración, algo que es esencial en la blogonovela. Del mismo modo, la novela incorpora elementos externos —un rasgo, como apuntaba Mora, pangeico— con una narrativa de cómic que se presenta ya bien avanzada la historia de *Nocilla Lab* (2009: 130-133) con imágenes en las que se añaden textos narrativos (lo que los acerca mucho a los bocadillos del tebeo) hasta llegar a la culminación de la estética cómic en el cierre de la novela (169-178), justo después de asistir a un profundo cambio tipográfico, pues se pasa del tipo habitual a courier cuando se llega a la tercera parte (147-168), que es la más blogonovelística de la trilogía, compuesta por trozos fragmentados de semejanza extimista, haciendo de esta la más completa de las tres.

Se rompe constantemente la espacialidad y la temporalidad, con una constante presencia de lo popular, de la ausencia de la ruptura entre la alta y la baja cultura, pues ni siquiera se plantea esta distinción y ambas conviven, combinándose y cruzándose de manera continuada, porque todos estos escritores están inmersos en la cultura de masas y no son unos extraños a ella, luego los presupuestos contextuales espaciales sobre usos culturales en los que operan no son los de la vieja crítica, y entre esos referentes lleva ya unos años el blog, normalizándose ante sus ojos y también ante sus implicaciones culturales. Cuando Ferré habla de la *literatura del post* lo hace en referencia no a la presencia de internet en la vida de estos escritores, sino a la presencia de estos escritores en internet: el post es la publicación, es colgar el texto en un foro, en un blog, en la Web 2.0. Estos soportes se normalizan y hacen cotidianos, por lo que se produce el trasvase inverso tras pasar del papel a la pantalla de manera que la huella cibernética de sus actuaciones digitales se palpa con claridad creciente en la hoja impresa.

5. Conclusiones

*When a literary work interrogates the inscription technology
that produces it, it mobilizes reflexive loops between
its imaginative world and the material apparatus
embodying that creation as a physical presence.*

Katherine Hayles

La literatura digital está todavía en un proceso de maduración que, aunque bien avanzado, tiene entre sus rasgos principales la renovación continuada de formas y formatos. La consecuencia de esta situación es que las modificaciones técnicas del esqueleto digital sobre el que se sustenta la experiencia de los usuarios de la red influyen continuamente, alterando por su influencia ineludible las nuevas formas de comunicación escrita (NFCE): esto es lo que inyecta continuamente nueva energía *hebética* —juvenil— al panorama electrónico. Las plataformas, los nuevos modelos de publicación y los diferentes soportes hipermedia de la web inducen una revisión mantenida del paradigma literario digital y en ocasiones estos medios no han sido convenientemente analizados porque no han suscitado todavía el interés académico necesario para ofrecer una pluralidad de visiones amplia y completa. Más allá de esta circunstancia, y de la sensación —errónea, pues los desarrollos tecnológicos y teóricos más destacados nacen en los años sesenta— de que lo digital empieza con la gran explosión demográfica de internet que se da a finales del siglo xx (lo que limita la perspectiva global de la historia completa del hipertexto), hay una trayectoria técnica dilatada en la que la web visual, accesible y abierta, es todavía joven. Tanto el hipertexto previo a la web como las experiencias hipermedia han mantenido un contacto estable con la literatura, tanto para la creación de bibliotecas digitales como para la exploración de sendas experimentales, lo que incluye tanto literatura ergódica como complejas integraciones hipermedia que han resultado en poesía creada por programas informáticos, experiencias de recepción interactivas y otras formas literarias recogidas a lo largo de estas páginas.

Como medio en proceso de consolidación, tanto los aciertos como los errores o las omisiones que se han cometido en el campo de estudio de las Humanidades Digitales resultan todavía recientes y han sido señalados en diversos capítulos: la inconsistencia de la selección de textos en las bibliotecas digitales —y, más incluso, su precariedad inicial en cuanto al rigor textual—, el plagio, la limitada accesibilidad a internet en el contexto global y las diferentes restricciones técnicas, que van superándose gradualmente. Las inexactitudes en el ámbito, tanto técnicas —esto es, asociadas a la tecnología empleada en el mundo digital— como culturales (y con esto nos referimos en concreto a los aspectos filológicos), cimentaron la crítica neoludita, junto a la dificultad de acceso y configuración de todos los dispositivos necesarios para conectarse a internet. Debe entenderse que esta inclinación neoludita no está fundamentada en la observación y análisis del paradigma digital (que llevará a consideraciones positivas o negativas), sino en la plasmación de prejuicios o críticas que hacen de ese mismo sesgo virtud y, por tanto, no permiten el diálogo entre posiciones enfrentadas. Es frente a estas perspectivas sesgadas, en ocasiones por su propia especialización extrema, donde las Humanidades Digitales asumen el papel de intermediación entre las disciplinas de carácter técnico y las humanistas, como vía para superar la compartimentación que puede haber ayudado a fundamentar el prejuicio neoludita y que, entendemos, está siendo superado progresivamente.

En 2012, y de acuerdo a los datos aportados por los estudios estadísticos de Internet World Stats, a los que hemos recurrido en varias ocasiones, internet conforma un planeta virtual estimado de 2.267.233.744 habitantes, de los que 151.682.518 son hispanohablantes o residentes en países con el español como lengua oficial. Todos ellos son parte de una estructura rizomática en la que funcionan como nodos de entrada y salida de datos a través de sus casas, trabajos o en cualquier lugar con dispositivos móviles que usan diversas tecnologías de redes inalámbricas. La conexión es perpetua y el hombre posorgánico, el cíborg tecnodependiente, ha incorporado los recursos necesarios para que la comunicación sea la nueva gran revolución mundial: la miniaturización constante de los móviles, su integración de funciones adicionales (la cámara de fotos y vídeo, el reproductor musical...) y, sobre todo, la incorporación de pantallas cada vez más grandes, polimórficas y multifuncionales que permiten la integración también de interfaces de usuario más accesibles para facilitar su uso. Esos dispositivos nos mantienen en contacto, ya sea por los considerados tradicionales canales de voz y servicios de mensajería, o, simplemente, los percibidos como novedosos, hospedados en la web y el flujo de datos, en forma de chats u otros sistemas de mensajería textual, videoconferencias, correo electrónico, etc. La conexión es continuada e intangible: no precisa cables, ya sea por las conexiones de banda ancha de telefonía móvil o por grandes redes inalámbricas de cobertura urbana, capaces de dar servicio a núcleos completos de población. En la red, la información no cesa de ser emitida ni recibida. La llegada de información no se interrumpe en estos dispositivos gracias al uso de tecnologías *push*[1] que comunican automáticamente que nos espera un correo electrónico o que se ha actualizado un perfil de una red social a la que se está suscrito, por ejemplo. El mundo digital es parte integrada del físico y todo usuario es el creador potencial en cualquier momento de un contenido multimedia o redactor de un texto que podrá difundir escasos segundos más tarde.

Sea en un puesto estático o móvil, internet está ya en la cotidianidad de todo el mundo tecnificado en la misma medida en que lo están las ondas de televisión o radio. Era cuestión de tiempo, por tanto, que la red se abriera a no ser solamente un sistema de receptores de infor-

---

[1] Tecnología de comunicación y notificación en internet en la que una transacción de datos se inicia por el emisor de la misma, frente a la tecnología tradicional de *pull*, donde es el receptor el que inicia la transacción (por ejemplo, al pulsar en un botón de su cliente de correo electrónico para recibir mensajes). Mediante el sistema *push* la recepción de la información (por ejemplo, un correo electrónico) se realiza en el momento de emisión, pues es el emisor o el servidor central del sistema el que envía automáticamente los contenidos sin esperar a que sean solicitados por el usuario o receptor. Es el mismo tipo de tecnología que se emplea en conversaciones textuales sincrónicas como el chat o la mensajería instantánea.

mación generada por unos nodos limitados, cuyas opciones de comunicación como emisores pasaban por poco más que sustituir el teléfono tradicional o el chat. Mientras el mundo se adaptaba a la red, esta dio el paso a la Web 2.0, o social, en la que el internauta deja de ser un receptor pasivo para convertirse en activo con una proyección generalizada del procomún: supera los reductos iniciales de las salas de chat, foros o *newsletters* que habían cedido espacio a los individuos en la búsqueda de una horizontalidad en las comunicaciones. El internauta se integra en la web y en este proceso se da el paso hacia la integración definitiva de este como generador de contenidos en igualdad de condiciones, conquistando el espacio propio al romper las barreras de entrada que habían obstaculizado la penetración de la mayor parte de los individuos como entes emisores en internet. El coste de alojar los datos en un servidor, el del ancho de banda generado por las visitas, el de la dirección URL (el dominio), etc., forman un muro económico antes casi inevitable pero que hoy es solo una opción más frente a la proliferación de sistemas gratuitos y técnicamente solventes. Con igual o mayor importancia sobre los términos económicos, se ha reducido la barrera de entrada impuesta por los requisitos de conocimientos técnicos para crear y diseñar la página web (y conseguir gestionarla) o, una vez más, el coste para contratar a personas que se encarguen de ese trabajo. Todos los sistemas 2.0 se orientan, de un modo u otro, a sortear esas barreras de acceso y otorgar al internauta los recursos necesarios para crear el espacio digital que desee: un foro propio, una galería de fotografías, un perfil personal en una red social, un canal de vídeos, una emisora personal de radio, un periódico, un diario íntimo público (extimista) o la libreta virtual en la que escribir y publicar sus creaciones literarias.

La creación literaria ha dejado la exclusividad del paradigma del papel para abrazar el paradigma de la pantalla mediante renovados procesos de escritura. Estos hacen que, desde su concepción hasta que llega al producto final, todo el proceso sea binario. Los procesos de escritura actuales se centran en el ordenador y la web, un escritorio virtual que deja atrás plumas y máquinas mecanográficas: el despacho es mutable y también itinerante mientras el *scriptorium* computerizado lo sea o los contenidos estén en el vapor de la *nube* digital. Es un proceso creativo en el que los diferentes procesadores y los accesos a la red se convierten en los pilares fundamentales del espacio de redacción con independencia de si el objeto literario será, finalmente, libro impreso, digital o cualquier forma de literatura digital en web o dispositivo. De la misma manera, son formatos participativos —en la creación y en la recepción— que se desarrollan en parámetros que son empleados también en el contexto de colectivización digital.

En esa vorágine de formatos participativos en los que el nivel de jerarquía y autonomía del internauta se equipara —idealmente— al de la empresa o medio de comunicación que había colonizado casi en solitario la red (o, mejor dicho, que había devorado al amateur), se crea una polifonía, una multitud de voces que puede ser entendida como un océano de palabras (que podrán perderse para siempre en la marea o destacarse sobre las demás). Esta polifonía es interpretable desde un punto de vista más negativo, neoludita, como una saturación amorfa y descoordinada donde la democratización que se persigue en la conquista de espacios de inscripción personales de la esfera digital pierde valor precisamente por el subjetivismo de la exaltación del *yo*: el valor percibido como positivo desde una perspectiva se convierte en negativo desde la contraria. Asimismo, es un entorno que carece de regulación, de fronteras externas que subyuguen o limiten los espacios, y sin la pirámide de autoridad clásica como modelo establecido, se da prioridad a la horizontalidad, aun cuando parece que hay quienes necesitan líderes o cibergurús y quienes disfrutan de esa posición y su capacidad para generar opinión o ideología. El comportamiento gregario no puede, probablemente, eliminarse del espíritu humano, aunque los medios digitales de la Web 2.0 debilitan las estructuras de comunicación que habían favorecido las estrategias de poder de un Antiguo Régimen: ya no tienen centro ni cúspide porque no es ya un árbol de Porfirio, sino rizoma puro. El poder, ahora, está en manos de las corporaciones de la web con su capacidad para determinar qué se censura o no mientras las legislaciones de los países van por detrás a la hora de reflejar las evoluciones constantes de la hipertextualidad.

Blogs y redes sociales, que sustentan su funcionamiento en los conceptos de microblogueo y nanoblogueo, son la punta de lanza de una consolidada Web 2.0. El blog, como versátil plataforma de publicación en línea, ha dado cabida a todo tipo de sitios web, desde el espacio personal extimista —el *diario yo*— hasta el nanomedio complejo, pasando por la diatriba de cualquier tema, el ensayo y la reflexión, etc. La bitácora genera corrientes de pensamiento independientes de los grandes medios de comunicación aglutinadores que suman prensa, radio, televisión y, también, páginas web, cuando no también agencias de noticias directamente, productoras audiovisuales, etc. No obstante, también son empleados por esos mismos medios mostrando el alcance del formato más allá de la esfera percibida como amateur. Precisamente, la importancia que se le ha otorgado al blog periodístico, la estructura de nanomedios, y su integración en los grupos mediáticos tradicionales, ha devorado en buena medida el campo de estudio sobre el blog, colonizando con contundencia la teorización y análisis del mismo, dada su potencia comunicativa y sencillez formal.

Esa misma accesibilidad hizo que, mientras los sitios webs se orientaban hacia la creación de experiencias literarias hipermedia (reuniendo todo tipo de tecnologías para explorar los límites establecidos en las reglas artísticas vigentes de la poesía, el teatro y la narrativa), el blog se orientara hacia unas intenciones mucho más modestas y unos requisitos de entrada menores para sus usuarios, algo propio de su vocación plenamente 2.0. Los hipermedia son complejos, exigen un conocimiento habitualmente extenso de tecnologías avanzadas, principalmente Flash, que no están al alcance de todo el mundo: precisan —en diferentes grados— aprendizaje, un dominio de técnicas de animación, y programación, así como hospedaje y otros requisitos técnicos y económicos. En cambio, la escritura, en sí misma, sí resulta abarcable por la virtual totalidad de internautas (con mejor o peor resultado) y el blog es un formato de publicación más que apto para su divulgación. En la bitácora no hay tampoco obstáculos en el uso del hipertexto, con los hipervínculos y sus interfaces de publicación, que son tan simples como las de cualquier procesador de textos tradicional.

Cualquier persona con acceso a internet y un mínimo interés puede tener en cuestión de minutos su propio blog en funcionamiento, gratuito, sin costes, y listo para que accedan potencialmente todos los internautas del mundo (pues no hay fronteras en el mundo digital, salvo en las escasas excepciones de la censura de regímenes totalitarios o filtros parentales, y ambos impedimentos son eludibles con suma facilidad). Puede, entonces, empezar a publicar lo que quiera (siempre y cuando no sea delictivo; e incluso en este caso debería ser detectado, denunciado y clausurado posteriormente), sin ningún tipo de filtro ni condicionante externo. Solo o en grupo, pues muchos gestores de blogs permiten la autoría múltiple (necesaria especialmente en los nanomedios), el internauta es un emisor de información del tipo que desee y entre sus posibilidades la creación literaria es un campo más, una de las muchas opciones que un bloguero tiene para ofrecer contenidos a través de la plataforma.

Esto ha generado también recelos y una cierta incomprensión por parte de la crítica literaria y otros agentes culturales, no solo en lo referente a la blogosfera y las creaciones fictivas que han surgido en ella, sino —todavía— contra la literatura digital en todo su espectro. Es un proceso de transición en el que el choque de perspectivas resulta evidente y es la vía de progreso mediante la contraposición de ideas. El blog, pese a que no siempre ha sido evaluado con la seriedad y perspectiva necesarias para componer la imagen completa del mismo, es espacio de obras literarias abandonadas, fracasadas o indiscutiblemente amateurs. Asimismo, es también espacio para escritores maduros y de éxito, así como para críticos, pensadores y diferentes agentes culturales.

Incluso en esas obras descalabradas, la bitácora representa una oportunidad única para la investigación filológica, ya que nos permite ver textos en formación, a veces fracasados, de escritores que ahora son noveles —o no— pero que bien pueden convertirse en autores reconocidos. Se asiste a esa creación en directo, de la obra y del autor, mediante su evolución diaria: los cambios, giros, evoluciones técnicas, la experimentación tropológica, todo ello sin filtros editoriales ni depuraciones por terceros. Los estudios literarios pueden abordar perspectivas que hasta ahora eran más propias de autopsias que de vivisecciones: ahora la obra está viva, realmente en marcha, y cuando no llega a ser una producción viable no desaparece automáticamente en el pozo sin fondo de un cajón o una trituradora de papel. Se desvanecerá en el vapor de la *nube* cuando el autor borre la web o cuando caduque por inactividad en algún momento, quién sabe, en la calígine de la red olvidada y sin indexar, aunque hasta ese momento —y todavía entonces podrá ser encontrada posteriormente— el objeto de estudio se amplía y puede proponerse una nueva serie de respuestas a viejas preguntas: ¿qué la ha hecho fracasar?, ¿por qué su autor la ha abandonado?, ¿cuál ha sido la reacción de los lectores ante su desaparición?, ¿qué opiniones tenían esos lectores sobre la obra cuando estaba todavía creándose? Incluso un autor puede publicar una y otra vez la misma creación literaria, desde su primer borrador hasta el estado en el que considere que ha finalizado, asistiendo sus lectores de este modo a un *cómo se hizo* de la generación textual, siendo testigos excepcionales de la cosmogonía y maduración de la obra. Una visión darwinista de la literatura en evolución desde el germen hasta su culminación, paso a paso, que abre una nueva dimensión para la crítica textual genética. El propio autor puede comentar por qué ha hecho cada cosa, porque, como el bloguero, el autor literario en blog está regalando su obra al mundo, la está exponiendo públicamente para su recepción y las posibilidades e implicaciones para la creación y el estudio literario que se derivan de este camino digital apenas se están vislumbrando.

Para los escritores que apuestan por el blog, el formato les impone, sin embargo, una serie de reglas frente a la libertad radical de la pantalla en los hipermedia: el concepto mismo de qué es un blog y cómo lo perciben los receptores de la obra. La estructura cronológica del blog como ordenación primaria es un hecho prácticamente insalvable: puede disimularse, incluso en algunos casos puede falsificarse, pero los textos se mantendrán organizados por la fecha de publicación dentro del marco general de la bitácora[2]. Son factibles otras clasificaciones gracias a las etiquetas y su sistema de indexación interna; sin embargo, lo que verá un lector (pues es el orden principal del blog), es la colocación cronológica; cualquier otra vía de exploración hipertextual será decisión única del visitante, dentro de las posibilidades de navegación que el autor haya querido integrar, como un buscador, una nómina de autores o las etiquetas y categorías que se empleen para una clasificación temática de los textos publicados. El escritor debe tener en cuenta esta estructura, así como las posibilidades relativamente cerradas de configuración de la imagen en pantalla (salvables, pero que distanciarán ese blog de la *idea de blog*) a la hora de componer su bitácora. Igualmente, el blog está orientado a la participación directa y sencilla de los lectores a través del sistema de comentarios, que puede ser desde libre y abierto hasta terriblemente restrictivo o inexistente, todo ello en función, una vez más, de lo que escoja en su momento el autor, aunque es una vía de comunicación excelente entre los receptores de la obra y el responsable de la misma.

Como formato de publicación digital con rasgos distintivos propios, era una simple cuestión de tiempo que se generase un tipo de literatura concreta y específica. Era inevitable que los escritores, como

---

[2] Siempre y cuando no se apliquen complementos que alteren el funcionamiento esencial de la estructura de la plataforma.

han hecho siempre, buscaran cómo aprovechar esa plataforma explorando sus puntos fuertes y débiles para la creación de nuevos sistemas de ficción literaria. En este contexto es cuando debemos empezar a distinguir entre las obras publicadas en un blog y las generadas en el blog como elemento mismo de la obra, al igual que ha sido necesario distinguir entre una obra escrita publicada en cualquier soporte de distribución digital (para, por ejemplo, un lector electrónico) y una obra digital hipermedia. La bitácora alberga poemas, textos dramáticos y, sobre todo, narrativos, con novelas, cuentos, aforismos... Toda forma de literatura tradicional es susceptible de ser publicada sin mayores complicaciones en el blog, e incluso por su carácter atomista, independiente, algunos de estos géneros se adaptan con mayor facilidad. No son pocas tampoco las novelas por entregas que se han generado en blogs como fenómeno literario mundial, predominando las temáticas y géneros populares (asociados tantas veces a la *baja* literatura), como la fantasía, la ciencia ficción, la novela negra o la rosa. No obstante, el *yo* «es siempre un producto envasado. Es un producto que configuramos y vendemos a través de nuestras representaciones de lo que queremos que la otra gente piense sobre lo que hay dentro de nosotros» (Siegel 2008: 103) y, en consecuencia, es también un producto popular. El mismo Lee Siegel considera que «existen excepciones, pero la cultura de Internet gira en torno a la búsqueda de una pandilla o grupo y esforzarse en reproducir su estilo con un toque propio» (107).

En cualquier caso, retomando la cuestión de la literatura popular, con independencia del género, son varias las novelas que se han publicado en un blog pero que no se nutren en absoluto de la plataforma: son textos *parasitarios* en el sistema, ajenos a la *simbiosis mutualista* que se deriva de la incubación conjunta de obra y formato: una simbiogénesis en la que se da una transferencia plena de material genético en ambos sentidos, que resulta en un nuevo individuo: la blogoficción. La confusión es casi lógica: ni siquiera los autores han tenido una definición clara o una etiqueta definida, pues pocos han reflexionado sobre el concepto como lo hizo Hernán Casciari. Al ver que la etiqueta *blogonovela* empezaba a sonar entre los círculos ciberculturales se sumaron a ella con novelas en blog, asimilando la etiqueta —la denominación— aunque no la estética.

Nos encontramos así con la blogonovela como género narrativo específico de la publicación en weblogs, que tiene unos elementos concretos referentes a la estructura argumental que se derivan del origen mismo del blog. Si seguimos los preceptos de Casciari, que han sido contrastados y corroborados en estas páginas, podemos concluir que hay una serie de rasgos fundamentales. A saber: la narración debe ser en primera persona y en tiempo real, siendo el personaje protagonista el creador del blog, y *existiendo* en el mundo real, fuera de la historia, por lo que los hechos cotidianos pueden —deben— influir en el progreso de la trama. No solo eso: la existencia en el mundo real del personaje protagonista le habilita para interactuar fuera de la blogonovela con los lectores a través de los comentarios de la misma. Por último, puesto que el creador avatárico del blog es el protagonista, el autor no puede aparecer, pues no es *él* quien escribe, sino *el personaje*, esto es, el avatar. El escritor se vacía de sí mismo, como un actor, para que sea su avatar el que se comunique en la blogonovela y no dar las claves para desvelar la ficcionalidad del personaje protagonista (no en vano, la blogonovela es esencialmente epónima). Si esto sucede y se desvela el carácter ficticio, será decisión del autor prorrogar la narración hasta finalizar la historia o concluirla precipitadamente, pero lo preferible es que la máscara del avatar se retire solo cuando la obra haya sido completada.

Esto implica también que la blogonovela como tal, en el sentido más estricto, solo puede serlo mientras está generándose, pues es también un momento en el tiempo, un proceso que evoluciona líquidamente. Junto al avatar, ese personaje ficticio que supera los conceptos del seudónimo y el álter ego literario, el otro rasgo clave que hemos apuntado es la nueva concepción del tiempo narrativo que implica que el presente de la narración es el real y, por tanto, un tiempo compartido por avatar, autor, personajes y lectores, con una demora en el mismo de cero segundos. No solo se trata de intervenir el tiempo presente en el que el avatar se pone ante el teclado del ordenador, sino de que todo el tiempo de escritura debe ser compartido: el reloj no se detiene, sigue siempre, en tiempo real, sin posibilidad de retroceder ni avanzar en el calendario. Es más, el presente es palpable, por eso el avatar debe dejar que penetre en la narración la actualidad, compartiendo la cultura popular, la actualidad extrema, con los lectores, porque el personaje avatárico no puede mantenerse alejado del mundo, no está ausente de él, sino inmerso por completo en la sociedad y este es un condicionante esencial del ritmo de la trama.

Un último elemento narrativo de gran importancia y muy recomendable para asegurar el éxito de la blogonovela es que su estructura sea atomista, con un eje narrativo sencillo pero atractivo, sin com-
plejidades, que deje que la trama sea la dominante para poder captar a
los lectores que lleguen sin proponérselo a la blogonovela, dándose
de bruces con ella. Con similar importancia, aunque sin llegar a ser
considerables como exclusivos ni esenciales para hablar de una blogonovela, nos encontramos el aprovechamiento de las herramientas del
mundo digital, integrando en el blog si fuere necesario encuestas, fotografías, vídeos... combinando, por supuesto, elementos hipermedia en
la concepción mucho más hipertextual de la blogonovela. Lo hipermedia no es capital, como en otras formas de ficción digital; sin embargo, el avatar está tan inmerso en internet como en el mundo real y no
puede ser impermeable a los recursos tecnológicos que la virtualidad
digital le oferta. Esto implica también su expansión a la red social, a la
creación de contenidos externos a la obra —parablogonovelísticos—
que confluyen en ella como parte del universo avatárico.

La blogonovela se constituye como una hiperficción que no es esclava del hipermedia para justificar su existencia, al tiempo que precisa de los elementos digitales para poder existir, situándose en un muy
incómodo nivel intermedio entre los extremos de la novela tradicional y la hiperficción digital, sobre todo cuando se ve únicamente desde
fuera, sin analizar los mecanismos internos que condicionan el proceso creativo de la obra. Imposible de existir como tal sin los elementos
digitales, pero sin ser deudora ni esclava de la explotación multimedia
en el campo literario, se ha ganado (pese a lo reciente de su existencia)
recelos en ambos frentes. Es una hibridación que le otorga también un
campo de actuación con mayor libertad en el que el autor puede decidir si integra elementos no textuales, como vídeos o incluso recursos
Flash, todo bajo su propio criterio, o si, por el contrario, se limita a desarrollar un texto desnudo en el que incluso la presencia de hipervínculos podría resultar contenida.

En todo ese contexto creativo, lo que se mantiene inalterable en
cuanto a importancia es el empleo del avatar como narrador, aun cuando los recursos para la construcción de esa figura puedan ser diversos. Esto se percibe incluso en otros terrenos ficcionales de la bitácora, como el blogopersonaje. Da igual que sea imposible que Abraham
Lincoln esté escribiendo un blog, que un personaje sea un adivino que

rebosa mezquindad o que un niño burbuja nos cuente su día a día. El avatar se mantiene siempre, abarca el espacio de inscripción incluso como protagonista en la prensa y en los casos en los que no hay evolución narrativa sino atomismo completo, el avatar seguirá siendo el centro completo de la ficción.

Las blogonovelas han empleado fotografías falsas, vídeos de cualquier tipo, se han compinchado con otras bitácoras de la blogosfera, todo ello para ilustrar la cotidianidad de los personajes y reforzar la *existencia* en el mundo real del personaje avatárico. El extremo —hasta ahora— ha sido emplear a un actor para que pose en fotografías, realice vídeos que acompañan al texto sistemáticamente, y se cree toda una imagen física (aspecto, voz... una persona estática y en movimiento, vinculada temáticamente a lo que se narra en la blogonovela y, en consecuencia, no falsificable de manera continuada) para diluir por completo al autor dando paso completo al avatar. Por supuesto, Casciari es quien ha realizado tal extrema maniobra con la blogonovela *Yo y mi garrote*, aunque también ha experimentado con la utilización de fotografías localizadas por internet para hacer pequeños montajes y no dar apenas información sobre el avatar (*Juan Dámaso, vidente*), ha empleado a algún personaje público para formar el avatar a partir de hechos reales constatables fácilmente con otros de falsa intimidad (*El diario de Letizia Ortiz*) o ha compuesto una familia argentina desestructurada con fotografías encontradas por la red de una familia uruguaya que nada tiene que ver, creando perfiles concretos para cada uno de los personajes, siempre visibles con pasar el ratón por encima, como si fuesen pequeños *biopics* de personajes intrascendentes (como en el caso de *Más respeto, que soy tu madre*) siguiendo —por partida doble, de hecho— la estela de los aportes a los estudios históricos de Carlo Ginzburg y su reconstrucción de la vida de un *insignificante* molinero medieval: el retrato microcósmico de las sociedades complejas a través de la observación de quienes no cambiaron ni dirigieron la Historia.

¿Es posible, con estos condicionantes, dar el salto desde la blogonovela hasta las páginas del libro tradicional? No es extraño encontrarnos con blogonovelas publicadas en formato impreso. Sin embargo, se diluye en el proceso la mayor parte de los elementos que las hacen ser tales: para empezar, el nombre del autor es algo prácticamente inevitable en el mercado actual, donde la creación de una marca (en este caso, el nombre del autor) es parte del proceso necesario para vender, por lo que desde el mismo momento en el que el lector se enfrenta a la portada del libro sabe que hay alguien detrás que no es el personaje que está hablando en sus páginas; el avatar se resiste a convertirse en seudónimo literario, sobre todo porque este difícilmente tendrá continuidad y no ayuda a crear una marca, un nombre, que sea reconocible en otros libros por los consumidores potenciales. Igualmente, el presente compartido entre los participantes se diluye, pues el libro es en diferido, mientras el blog es en riguroso directo; y, por último, la experiencia social de la lectura no se puede llevar a cabo pues carece de sistema de comentarios, y no ha sido posible hasta ahora encontrarse con blogonovelas impresas que los incluyan, perdiéndose así parte de la textualidad, pues el lector no puede saber qué han dicho los lectores, qué les ha dicho el avatar a ellos, ni cómo, de este modo, han influido en el devenir de la historia que está leyendo.

La blogonovela se desvanece fuera del blog: existe, pero es otra cosa; se convierte en un balón desinflado con el que se puede jugar aunque no está en su estado óptimo de funcionamiento, y resulta extraño e incluso insatisfactorio dedicarle tiempo. Si el contacto de los agentes culturales que enjuician la blogonovela es mediante sus ediciones impresas, sus opiniones y teorizaciones carecen de todo fundamento, pues no se han enfrentado realmente a este género, sino a una visión proyectada desde espejos deformantes.

La blogonovela es, por tanto, un formato de creación propio, ya legitimado al contar con exponentes reconocidos internacionalmente, y con una nómina creciente de autores que han creado sus obras con el avatar como elemento conductor para componer unas narraciones que resultan frescas y próximas a los lectores inmersos en el ámbito digital. Es la forma más singular de creación que ha dado el blog, pero no la única. Almacén digital de textos e hipermedias, la bitácora responde a la pulsión extimista y a la creación, al deseo de participar en un baile de máscaras que se desborda también en los sistemas sociales de la web para ser quien no se es. Esta máscara para ocultar el *yo* tras el blog es un *hoax* que, en manos de autores literarios, crea nuevas realidades y lleva al lector a dudar incluso de su propio criterio para convencerse, crédulo, de que está leyendo algo factible, que realmente hay alguien tras la pantalla que no está tras un *scriptorium* literario, sino ante una pulsión liberadora que nace de la apertura de su vida en la red. Es un ejercicio de simulacro, de impostura performativa, que representa un paso más en la línea de confluencia del folletín y de la falsa autobiografía, que recurre a las herramientas que están a su alcance y que se convierten en el nuevo marco tropológico del escritor para crear una ficción. El blog es, entonces, un escenario en el que se interpreta un papel y el público está dispuesto a entrar en la obra, a participar en ella cogiendo la mano tendida por el escritor, sin saberlo… o sospechando que la traición será dulce cuando se confirmen las identidades, cuando las máscaras se retiren y sea el momento de saludar antes de que se baje el telón. Entonces habrá terminado la función de la blogonovela y será el momento de que la literariedad líquida se solidifique en el *post mortem* de la bitácora en internet, abandonada por lectores y autor, visitada solo por curiosos y nostálgicos; o en el disco duro de quienes la almacenen (para los arqueólogos del bit), condenada al aislamiento pero preservada en el ámbar binario; o bien en el libro, en cualquiera de su formas, como testimonio de lo que fue, antaño, blogonovela.

ÍNDICE DE ILUSTRACIONES

Bibliografía

Fuentes primarias

Aguirre, Carolina (2005-2011). *Bestiaria. Colección de relatos e imágenes de mujeres fantásticas y reales.* <http://bestiaria.blogspot.com.es/> [15-8-12].

Aguirre, Carolina (2007-2008). *Ciega a citas. 258 días para encontrar un novio normal.* <http://ciegaacitas.wordpress.com> [15-8-12].

Aguirre, Carolina (2008). *Bestiaria. Costumbres, manías y rarezas de mujeres fabulosas y reales.* Buenos Aires: Aguilar.

Aliern, Francesca *et al.* (2009). *Ebre Blook. Relats d'aigua dolça al Serret Blog.* Valls: Cossetània.

Anónimo (2008). *Keisha the Sket.* En *Facebook* <http://www.facebook.com/pages/Memoirs-of-a-Mean-Girl-from-London-Jezzies-Lo ve-Rumours-and-Tragedy/214386891913167> [no disponible]; también disponible en <http://www.facebook.com/pages/Keisha-da-sket/209723022418888> [15-8-12]. Disponible en web <http://shorty-n16.piczo.com/?g=9226635&cr=4&pc=tr>. Disponible en PDF <http://static.scribd.com/docs/fuhkco0gxekzh.swf?INITIAL_VIEW=width> [15-8-12].

Ariza, Raúl (2006-). *El alma difusa.* <http://elalmadifusa.blogspot.com> [15-8-12].

Barahona, Dorelia (coord.) (2007). *Novela colectiva «Milagros sueltos».* <http://ccecr.wordpress.com/> [15-8-12].

Bogost, Ian (2007, 16 de junio). «Bloomsday in Twitter. A performance of Wandering Rocks on Twitter, and a commentary on both.

Created with Ian McCarthy». En *Ian Bogost* <http://www.bogost. com/blog/bloomsday_on_twitter.shtml> [15-8-12].

C., S.; J., D.; y G., C. (seudónimo VERMÚS, Magdalena) (2005-2007). *Consultorio Sexual de Magdalena.* <http://consultoriosexual.blog spot.com> [15-8-12].

CARRIÓN, Jorge (2006). «Búsquedas». En J. Ortega y J. F. Ferré (eds.). *Mutantes. Narrativa española de última generación.* Córdoba: Berenice, pp. 267-274.

CASCIARI, Hernán (2003-2004). *Más respeto, que soy tu madre.* <http: //mujergorda.bitacoras.com> [15-8-12].

Casciari, Hernán (2004). *El diario de Letizia Ortiz.* <http://letizia-or tiz.blogspot.com> [15-8-12].

CASCIARI, Hernán (2005a). *Juan Dámaso, vidente.* <http://donjuan. bitacoras.com> [15-8-12].

CASCIARI, Hernán (2005b). *Más respeto, que soy tu madre.* Barcelona: Plaza & Janés DeBolsillo, 2006.

CASCIARI, Hernán (2006a). *Diario de una mujer gorda.* Argentina: DeBolsillo.

CASCIARI, Hernán (2006b). *Más respeto, que soy tu madre.* México: Grijalbo.

CASCIARI, Hernán (2006-2007). *Yo y mi garrote: Blog de Xavi L.* <http://yo-y-mi-garrote.blogspot.com> (julio-noviembre 2006) [15-8-12] y <http://blogs.elpais.com/xavi> (diciembre 2006-mayo 2007) [15-8-12].

CASCIARI, Hernán. (2005-2008). *El blog de Saúl Klikowsky* <http:// www.klikowsky.com> [10-11-09].

CASCIARI, Hernán (2009). *Más respeto, que soy tu madre.* Buenos Aires: Plaza & Janés, 4ª ed. 2011.

CASTRO SUÁREZ, Marta (2005-). *Dadanoias.net* <http://www.dada noias.net> [15-8-12].

CASTRO SUÁREZ, Marta (2009). *Kahlo en el país de las dadanoias.* Barcelona: Norma Editorial.

CHIAPPE, Doménico (2007). *Tierra de extracción.* Enem *Domenico-chiappe.com* <http://www.domenicochiappe.com/pg_d_2a.html> [15-8-12].

COOPER, Sheldon (personaje ficticio) (2009). *Sheldon Cooper.* En *Facebook* <http://www.facebook.com/pages/Sheldon-Cooper/ 23519525029> [15-8-12].

FERNÁNDEZ, Javier (2005). *Cero absoluto*. Córdoba: Berenice.

FERNÁNDEZ HERMANA, Luis Ángel (1998). *En.red.ando*. Barcelona: B.S.A.

FERNÁNDEZ MALLO, Agustín (2006). *Nocilla Dream*. Barcelona: Candaya, 6ª ed. 2008.

FERNÁNDEZ MALLO, Agustín (2008). *Nocilla Experience*. Madrid: Alfaguara, 2ª ed. 2008.

FERNÁNDEZ MALLO, Agustín (2009). *Nocilla Lab*. Madrid: Alfaguara.

FERRET, Ton (2008). *The Fugue Book* <http://www.salnitre.com/fugue/index.php?extern=0> [15-8-12].

GACHE, Belén (2004). *El diario del niño burbuja*. <http://bubbleboy.findelmundo.com.ar> [15-8-12]

GARCÍA-ZARZA, Isabel (2008-). *Mi vida con hijos*. <http://www.mividaconhijos.com> [15-8-12].

GARCÍA-ZARZA, Isabel (2010). *Diario de una madre imperfecta*. Barcelona: Viceversa.

GIBSON, William (1984). *Neuromancer*. London: Voyager, 2ª ed. 1986.

GIBSON, William (1986). *Count Zero*. New York: Ace Trade, 2006.

GLUKHOVSKY, Dmitry (2007). *Metro 2033*, trad. de Joan Josep Musarra Roca. Barcelona: Timun Mas, 2009.

GLUKHOVSKY, Dmitry (2009). *Metro 2034*, trad. de Joan Josep Musarra Roca. BarcelonaL Timun Mas, 2010.

GONZÁLEZ, David (comp.) (2010). *La manera de recogerse el pelo. Generación Blogger*. Madrid: Bartleby.

GONZÁLEZ, Lucía (seudónimo de Carolina Aguirre) (2008). *Ciega a citas. 227 días para conseguir novio*. Buenos Aires: Aguilar.

GUALDA, Diego (2008). *Hablalo con mi abogado*. <http://hablaloconmiabogado.blogspot.com> [8-9-09].

GUALDA, Diego (2009). *Hablalo con mi abogado*. Buenos Aires: Plaza & Janés.

HERMIDA CASTRO, María José (2005-). *Frida*. <http://frida.blogia.com> [15-8-12].

HERMIDA CASTRO, María José (2009). *El umbral de mi blog*. Córdoba: Séneca.

IBÀÑEZ, Toni (coord.) (2008). *La catosfera literària 08. Primera antologia de blogs en català*. Valls: Cossetània.

LAFUENTE, Antonio (2005-). *Tecnocidanos*. En *Madrimasd.org* <http://www.madrimasd.org/blogs/tecnocidanos> [15-8-12].

LAFUENTE, Antonio (2007). *El carnaval de la tecnociencia*. Madrid: Gadir.

MARÍN, Juan M. (ed.) (2007). *A blog pongo por testigo*. Barcelona: Malhivern.

MILLÁN, José Antonio (2006). *Flor de farola*. Barcelona: Melusina.

MOLINA, Aurelia *et al.* (2012). *Lazarillo de Tormes. Adaptación del Lazarillo de Tormes a twitter, por alumnos de 3º ESO del IES Concha Méndez Cuesta de Torremolinos*. En Storify <http://storify.com/Lazarilloiescmc/lazarillo-de-tormes> [15-8-12].

MUÑOZ AVIA, Rodrigo (2008). *El gato de guardia. El blog de Rodrigo Muñoz Avia*. Madrid: Punto de Lectura.

RIU, Manel y Mireia ROY (2008). *Em dic Mireia (i el meu cony es diu Carlitos)*. Valls: Cossetània.

RONCAGLIOLO, Santiago (2007). *Jet Lag*. Madrid: Alfaguara.

ROY, Mireia (2006-2007). *Mireia*. <http://quiesqui.blogspot.com.es/> [15-8-12].

SABATER, María Amparo (2009a). *Cuentos chateros de las mil y una noches. El blog de Malvarrosa*. Badajoz: @becedario.

SABATER, María Amparo (2009-). *Cuentos chateros de las mil y una noches*. <http://cuentoschateros.wordpress.com/> [15-8-12].

SEPÚLVEDA, Luis (2005-). *Carne de blog. Columnas de Luis Sepúlveda*. En *Le Monde Diplomatique Chile* <http://www.lemondediplomatique.cl/-Luis-Sepulveda-.html> [15-8-12].

SEPÚLVEDA, Luis (2008). *El blog de Luis Sepúlveda*. Santiago de Chile: Editorial Aún Creemos En Los Sueños.

SILVA, Lorenzo (2008). *El blog del Inquisidor*. Barcelona: Destino.

SILVA, Lorenzo (2011). *Niños feroces*. Barcelona: Destino. Edición ePub (iPad).

SPOLSKY, Joel (2001). *User Interface Design for Programmers*. Berkeley: Apress.

SPOLSKY, Joel (2000-). *Joel on Software* <http://www.joelonsoftware.com/> [15-8-12].

STEPHENSON, Neal (1992). *Snow Crash*. New York: Bantam Spectra, 2ª ed. 2003.

VALLEJO, Arturo (2005-2006). *Diario de una miss intelijente: Crónica de un año de no reinado*. <http://blogs.ya.com/soyunamiss/> [3-9-11].

VALLEJO, Arturo (2006a). *Diario de una miss intelijente*. Madrid: Editorial El Tercer Nombre.

VALLEJO, Arturo (2006b). *Diario de una miss intelijente pero el segundo año.* <http://soyunamiss.blogspot.com/> [15-8-12].

VERDÚ, Vicente (2006-). *Blog de Vicente Verdú.* En *El Boomeran(g)* <http://www.elboomeran.com/blog-post/11/952/vicente-verdu> [15-8-12].

VERDÚ, Vicente (2008). *Passé composé.* Madrid: Alfaguara.

WEISMAN, Jordan *et al.* (1989). *Shadowrun.* Chicago: Catalyst, 5ª ed. 2009.

WIÑAZKI, Miguel (2008). *El Señor Babel.* En *Hogueras* <http://we blogs.clarin.com/apariencias/archives/category/el_senor_babel/> [3-10-09].

ZILNIYA (2008-). *Ecologismo literario.* <http://ecologismoliterario.wor dpress.com/> [15-8-12].

Tuits

ALDERECHOYALREVÉS (CedhotArias) (2012, 31 de marzo, 6:21). «#tuitpoesía No son nuestros cuerpos, son nuestras almas las que nunca se separan, son ellas las que se anhelan, una y otra y otra vez». Tuit. <https://twitter.com/#!/CedhotArias/status/18594488 4480454656> [15-8-12].

ETXEBARRÍA, Lucía *(hoax)* * (luciaetxebarria) (2009). «No acabo de tener claro por qué encorsetar mi literatura a estos escuetísimos 140 carácteres. Lo que el Mundo se va a perder». Tuit compilado en *FavStar* <http://ja.favstar.fm/users/luciaetxebarria/status/ 2207053612> [15-8-12].

ETXEBARRÍA, Lucía *(hoax)* (luciaetxebarria) (2011). «Acabo de conocer al negro de @perezreverte. Y la verdad es que su polla no es lo que esperaba. Una decepción». Tuit compilado en *FavStar* <http://ja.favstar.fm/users/luciaetxebarria/status/25062872824> [15-8-12].

MICROPOESIA (micropoesia) (2012, 31 de marzo, 12:00). «la lengua de la tarde / los labios de la noche / el ardor de la madrugada / el sosiego

---

* Como vimos en el apartado 4.3.1. *Blogopersonajes*, no se trata de la auténtica Lucía Etxebarría, sino de una cuenta usada por una persona anónima suplantando a la escritora.

de la mañana». Tuit <https://twitter.com/#!/MicroPoesia/status/184399497554702338> [15-8-12].

POESÍAS DE ORO (poesiasdeoro) (2012, 1 de abril, 18:49). «Si lloras por haber perdido el Sol, las lágrimas te impedirán ver las Estrellas». Tuit. <https://twitter.com/#!/PoesiasDeOro/status/186495442111053824> [15-8-12].

ZÁRATE, José Luis (joseluiszarate) (2012, 31 de marzo, 17:31). «#ReglasdelGranHermanoparaescribir: si puedes recortar cada palabra recórtala. Si no nosotros lo haremos por ti». Tuit <https://twitter.com/joseluiszarate/status/186113441738653697> [15-8-12].

ZÁRATE, José Luis (joseluiszarate) (2012, 31 de marzo, 17:31). «#ReglasdelGranHermanoparaescribir: A cada acción hay una reacción. Por eso muchos nos acarician con sus páginas.». Tuit. <https://twitter.com/joseluiszarate/status/186113484826755072> [15-8-12].

ZÁRATE, José Luis (joseluiszarate) (2012, 31 de marzo, 17:31). «#ReglasdelGranHermanoparaescribir: Escribir bien no significa escribir bien. Es averiguar qué decretamos sea "bien" y dárnoslo». Tuit. <https://twitter.com/joseluiszarate/status/186113577504088065> [15-8-12].

ZÁRATE, José Luis (joseluiszarate) (2012, 31 de marzo, 17:31). «#Reglas delGranHermanoparaescribir: Eres culpable de antemano. Nuestro máximo triunfo es que el censor tenga tus manos». Tuit. <https:// twitter.com/#!/joseluiszarate/status/186113533321293825> [15-8-12].

ZÁRATE, José Luis (joseluiszarate) (2012, 31 de marzo, 17:32). «#ReglasdelGranHermanoparaescribir: Pienso, luego escribo, puede; pero Escribo, luego existo depende de nuestras armas». Tuit. <https://twitter.com/joseluiszarate/statuses/186113627009462272> [15-8-12].

ZÁRATE, José Luis (joseluiszarate) (2012, 31 de marzo, 17:34). «ccp @ albertochjimal #6ReglasdeOrwell #paraescribir #ReglasdelGranHermanoparaescribir: escribe con tinta invisible». Tuit. <https:// twitter.com/#!/joseluiszarate/status/186114165310619649> [15-8-12].

ZILNIYA (microversos) (2012, 31 de marzo, 23:46). «Si no tengo sodio, ¿no tengo Na? #dudacontablaperiodica». Tuit. <https://twitter.com/#!/microversos/status/186207902011367424> [15-8-12].

Películas, series de televisión y vídeos en línea

Canal de Xavigarrote (Hernán Casciari *et al.*: 2006-2007) <http://www.youtube.com/user/xavigarrote> [15-8-12].

El Show de Truman (*The Truman Show*, Peter Weir, 1998).

Mi querido Klikowsky (Globomedia/ETB: 2005-2008; 2010-).

Piratas del Caribe: El cofre del hombre muerto (*Pirates of the Caribbean: Dead Man's Chest*, Gore Verbinski, 2006)

Piratas del Caribe: En el fin del mundo (*Pirates of the Caribbean: At World's End*, Gore Verbinski, 2007)

Piratas del Caribe: En mareas misteriosas (*Pirates of the Caribbean: On Stranger Tides*, Rob Marshall, 2011)

Piratas del Caribe: La maldición de la Perla Negra (*Pirates of the Caribbean: The curse of the Black Pearl*, Gore Verbinski, 2003)

The Animatrix (Andy y Larry Wachowski *et al.*, 2003).

The Matrix (Andy y Larry Wachowski, 1999).

The Matrix: Reloaded (Andy y Larry Wachowski, 2003).

The Matrix: Revolutions (Andy y Larry Wachowski, 2003).

Cómics

LAMM, Spencer (ed.) (2003). *The Matrix Comics*. 2 vols. Chicago: Burlyman Entertainment.

Videojuegos

7 Studios. *Pirates of the Caribbean. The Legend of Jack Sparrow* [DVD, PlayStation 2/Windows]. EE. UU.: Ubisoft, 2006.

Amaze Entertainment. *Pirates of the Caribbean: Dead Man's Chest* [Cartucho/Tarjeta de juego/UMD, Game boy Advance/Nintendo DS/PSP]. EE. UU.: Buena Vista Games, 2006.

Capcom. *Adventures in the Magic Kingdom* [Cartucho, NES]. Japón: Capcom, 1992.

Crystal Dynamics. *Walt Disney World Quest: Magical Racing Tour* [CD/GD, PlayStation/Windows/Dreamcast]. Reino Unido: Eidos, 2000.

Disney Interactive Media Group. *Pirates of the Caribbean Online* [Online, Mac OS X/Windows]. EE. UU.: Disney Interactive, 2007.

Eurocom Entertainment Software. *Pirates of the Caribbean: At World's End* [Blu-ray/DVD/UMD, PlayStation 2/PlayStation 3/PSP/Wii/Windows/Xbox 360]. EE. UU.: Disney Interactive Studios, 2007.

Lucasfilm Games. *Habitat* [CD/Disquete, Commodore 64]. EE. UU.: Quantum Link/Fujitsu, 1986.

Monolith Productions. *The Matrix Online* [CD, Windows]. EE. UU.: Warner Bros., 2005.

Origin Systems. *Ultima IV: Quest of the Avatar* [Disquete, Amiga/Apple II/Atari/Atari ST/Commodore 64/DOS/FM Towns/MSX/NEC PC-9801]. EE. UU.: Origin Systems, 1985.

Pocket Studios. *Pirates of the Caribbean: The Curse of the Black Pearl* [Cartucho, Game Boy Advance]. EE. UU.: TDK/Disney Interactive, 2003.

Shiny Entertainment. *Enter the Matrix* [CD/DVD/GOD, GameCube/PlayStation 2/Windows/Xbox]. EE. UU.: Atari/Warner Bros., 2003.

Universidad de Illinois. *Avatar* [Online]. EE. UU.: Universidad de Illinois, 1979.

Fuentes secundarias

ABC (2012, 21 de septiembre). «La RAE incluirá "tuitear", "tuiteo", "tuit" y "tuitero" en la próxima edición del Diccionario». En *ABC.es* <http://www.abc.es/20120920/cultura/abci-tuit-tuitero-tuitear-tuiteo-201209201611.html> [22-9-12].

Acridrabbit (2001, 18 de mayo). «Is it possible that Kaycee did not exist?». En *MetaFilter* <http://www.metafilter.com/7819/Is-it-possible-that-Kaycee-did-not-exist#84429> [10-8-12].

Adorno, Theodor W. y M. Horkheimer (1944). *Dialéctica de la Ilustración*, trad. e intr. de J. J. Sánchez. Madrid: Trotta, 3.ª ed. 1998.

Adorno, Theodor W. (1951). *Minima moralia. Reflexiones desde la vida dañada*, trad. de Joaquín Chamorro Mielke. Madrid: Akal, 2006.

Alonso, Julio (2006). «Blogs y empresas». En O. I. Rojas Orduña *et al. Blogs: La conversación en Internet que está revolucionando me-*

dios, empresas, políticos y ciudadanos. Madrid: ESIC, 2ª ed. 2006, pp. 179-232.

ÁLVAREZ-BLANCO, Palmar y Toni DORCA (coords.) (2011). *Contornos de la narrativa española actual (2000-2010). Un diálogo entre creadores y críticos*. Madrid/Frankfurt: Iberoamericana/Vervuert.

AMARTINO, Mariano (2002, 4 de marzo). «WebLogs... el fenómeno». En *Denken Über* <http://www.uberbin.net/archivos/weblogs/weblogs-el-fenomeno.php> [15-8-12].

ANDREWS, Robert (2009, 20 de septiembre). «PCUK/Harris Poll: Only Five Percent Of Readers Would Pay For Online News». En *Paid Content* <http://paidcontent.co.uk/article/419-pcukharris-poll-only-five-percent-of-readers-would-pay-for-online-news/> [15-8-12].

ANIKA (2007). «Entrevista a HERNAN CASCIARI». En *Anika entre libros* <http://libros2.ciberanika.com/desktopdefault.aspx?pagina=~/paginas/entrevistas/entre196.ascx> [15-8-12].

ANNAN, Kofi (2003). «Message from United Nations Secretary-General Kofi Annan». En *ITU.int* <http://www.itu.int/wsis/annan.html> [1-8-12].

ARRANZ LAGO, David Felipe (2008). «Los tortuosos caminos de la blognovela». En D. Romero López y A. Sanz Cabrerizo (eds.). *Literaturas del texto al hipermedia*. Madrid: Anthropos, pp. 243-253.

ASENSIO, Paco (dir.) (2008). *Blogs. Conectados por el diseño*. Barcelona: Index Book.

AUGÉ, Marc (1992). *Non-places. An Introduction to Supermodernity*, trad. de John Howe. London: Verso.

AVIÓN DE PAPEL (2011, 23 de marzo). «Los 100 escritores con Twitter en español». En *Aviondepapel.tv* <http://www.aviondepapel.tv/2011/03/los-100-escritores-con-twitter-en-espanol/> [5-8-12].

BANKS, Michael A. (2008). *Blogging Heroes*. Indianapolis: Wiley Publishing.

BARLOW, Aaron (2007). *The Rise of the Blogosphere*. Westport: Praeger.

BARRUECO, José Ángel (2010). «El post es el poema». En González, David (comp.) (2010). *La manera de recogerse el pelo. Generación Blogger*. Madrid: Bartleby, pp. 7-19.

BARTHES, Roland (1972). *El grado cero de la escritura. Seguido de Nuevos ensayos críticos*. Madrid: Siglo XXI, 2005.

BAUDRILLARD, Jean (1978). *Cultura y simulacro*, trad. de Antoni Vicens y Pedro Rovira. Barcelona: Kairós, 2007.

BAUDRILLARD, Jean (1997). *La pantalla total*, trad. de Juan José del Solar. Barcelona: Anagrama, 2000.

BAUMAN, Zygmunt (2000). *Modernidad líquida*. Buenos Aires: Fondo de Cultura Económica de Argentina, 2009.

BENJAMIN, Walter (1934). *El autor como productor*, trad. de Jesús Aguirre. Madrid: Taurus, 1974.

BENJAMIN, Walter (1939). *La obra de arte en la era de su reproducción técnica*, trad. de Silvia Fehrmann. Buenos Aires: El Cuenco de Plata, 2011.

BIRKERTS, Sven (1994). *Elegía a Gutenberg. El futuro de la lectura en la era electrónica*, trad. de David Manzanares. Barcelona: Alianza, 1999.

BITÁCORAS PUNTOCOM (2009). «Informe sobre el estado de la blogosfera hispana Bitacoras.com 2009». En *Bitacoras.com* <http://bitacoras.com/informe/09> [9-8-12].

BITÁCORAS PUNTOCOM (2010). «Informe sobre el estado de la blogosfera hispana Bitacoras.com 2010». En *Bitacoras.com* <http://bitacoras.com/informe/10> [9-8-12].

BITÁCORAS PUNTOCOM (2011). «Informe sobre el estado de la blogosfera hispana Bitacoras.com 2011». En *Bitacoras.com* <http://bitacoras.com/informe/11> [9-8-12].

BORJAMARI (2003, noviembre). «Nos cuentan que...». En *Borjamari. Sólo opiniones personales*. <http://borjamari.blogspot.com/2003/11/nos-cuentan-que_20.html> [15-8-12].

BORRÀS, Laura (2008). «Lit(art)ure. La literatura en tiempos de Internet». En *Quimera*, nº 290, enero 2008, pp. 26-29.

BOURRIAUD, Nicolas (2002). *Postproduction. Culture as Screenplay: How Art Reprograms the World*. New York: Lukas & Sterling, 2005.

BREA, José Luis (1991). *Nuevas estrategias alegóricas*. Madrid: Tecnos.

BREA, José Luis (2007). *Cultura_RAM. Mutaciones de la cultura en la era de su distribución electrónica*. Barcelona: Gedisa.

BREA, José Luis (2010). *Las tres eras de la imagen. Imagen-materia, film, e-image*. Madrid: Akal.

BRONCANO, Fernando (2009). *La melancolía del ciborg*. Barcelona: Herder.

Broncano, Fernando (2012). *La estrategia del simbionte*. Salamanca: Delirio.

Carr, Nicholas (2010). *The Shallows. How the Internet is Changing the Way We Think, Read and Remember.* London: Atlantic Books.

Carroll, Jon (2001, 5 de junio). «The sad yet untrue story of Kaycee». En *San Francisco Chronicles* <http://www.sfgate.com/enter tainment/article/The-sad-yet-untrue-story-of-Kaycee-3314994. php> [10-8-12].

Casacuberta, David (2003). *Creación colectiva. En Internet el creador es el público.* Barcelona: Gedisa.

Casciari, Hernán (2005a). «El blog en la literatura. Un acercamiento estructural a la blogonovela». En *Telos. Cuadernos de comunicación, tecnología y sociedad*, n° 65, Madrid: Fundación Telefónica, pp. 95-97; en red red ese mismo texto <http://sociedadinfor macion.fundacion.telefonica.com/telos/articulocuaderno.asp@id articulo=5&rev=65.htm> [15-8-12].

Casciari, Hernán (2005b, 10 de junio). «Los bloggers muertos no van al cielo». En *Orsai* <http://editorialorsai.com/blog/post/los_ bloggers_muertos_no_van_al_cielo> [15-8-12].

Casciari, Hernán (2006). «La ficción *on line*. Un espectáculo en directo». En J. M. Cerezo (dir.). *La blogosfera hispana: pioneros de la comunicación digital.* Madrid: Omán Impresores/France Telecom, pp. 171-179.

Casciari, Hernán (2007, 31 de mayo). «Seis meses haciéndome el loco». En *Orsai*, <http://orsai.es/2007/05/seis_meses_haciendome _el_loco.php> [15-8-12].

Casciari, Hernán (2008, 17 de noviembre). «Una charla sobre la muerte de los blogs». En *Orsai* <http://editorialorsai.com/blog/post/una _charla_sobre_la_muerte_de_los_blogs> [8-8-12].

Castells, Manuel (1997). *La era de la información. La sociedad red.* Vol. 1. Madrid: Alianza Editorial, 3ª ed. 2005.

Castells, Manuel (1998). *La era de la información. El poder de la identidad.* Vol. 3. Madrid: Alianza Editorial, 1ª ed. 2003.

Castronova, Edward (2005). *Synthetic Worlds. The Business and Culture of Online Games.* Chicago: The University of Chicago Press, 2006.

Cavallo, Guglielmo y Roger Chartier (dirs.) (2011). *Historia de la lectura en el mundo occidental.* Madrid: Taurus.

CHARTIER, Roger (1997). *Las revoluciones de la cultura escrita*, trad. de Alberto Luis Bixio. Barcelona: Gedisa, 2000.

CHARTIER, Roger (2011). «Prólogo a esta edición. Libro y lectura en el mundo digital». En Guglielmo Cavallo y Roger Chartier (dirs.). *Historia de la lectura en el mundo occidental*. Madrid: Taurus.

CHIAPPE, Doménico (2011). «Novela multimedia». En *Doménicochiappe.com* <http://domenicochiappe.com/pg_d_2a.html> [15-8-12].

CHOI, You-Jeong (2006). «La literatura en el mundo virtual: los escritores y el "blog" en América Latina». En *Espéculo: Revista de Estudios Literarios*, N°. 33. <http://www.ucm.es/info/especulo/numero33/blogam.html> [15-8-12].

CLARÍN (2008a, 2 de enero). «Llega "El Señor Babel", la primera blogonovela de Miguel Wiñazki». En *Clarín.com* <http://edant.clarin.com/diario/2008/01/02/um/m-01576034.htm> [15-8-12].

CLARÍN (2008b, 5 de agosto). «Cómo se construyó "Más respeto, que soy tu madre"». En *Clarín.com* <http://edant.clarin.com/diario/2008/08/06/um/m-01730811.htm> [22-8-11].

CLEGER, Osvaldo (2010). *Narrar en la era de las blogoficciones*. Lewiston: The Edwin Meller Press.

CODINA, Lluis. (2009). «Introducción». En L. Codina, M. C. Marcos y R. Pedraza (eds.). *Web semántica y sistemas de información documental*. Gijón: Trea, pp. 9-12.

COLONNELLO, Paolo (2007). «La situación actual de las plataformas de blogs». En R. Jiménez y F. Polo (eds.). *La gran guía de los blogs 2008*. Barcelona: El Cobre, pp. 28-32.

COOPER, Robbie, Julian DIBBELL y Tracy SPAIGHT (2007). *Alter Ego. Avatars and their creators*. London: Chris Boot.

CORTÉS RICART, Marc (2009). *Nanoblogging. Los usos de las nuevas plataformas de comunicación en la red*. Barcelona: Editorial UOC.

CRITICAL ART ENSEMBLE (1998). «Plagio utópico e hipertextualidad en la cultura electrónica». En *El Paseante*, n° 27-28, pp. 36-43.

CRUZ, Juan (2009, 7 de julio). «Entrevista: Francisco Pérez González. Editor, doctor 'honoris causa'». En *El País* <http://www.elpais.com/articulo/sociedad/Jamas/hay/olvidar/libro/editor/elpepusoc/20090707elpepisoc_8/Tes> [10-8-09].

CRYSTAL, David (2002). *El lenguaje e Internet*, trad. de Pedro Tena. Madrid: Cambridge University Press.

DAILY MAIL (2009, 16 de febrero). «Soldiers banned using MySpace and Facebook... in case they breack national security». En *Daily-Mail.co.uk* <http://www.dailymail.co.uk/news/article-1146167/ Soldiers-banned-using-MySpace-Facebook--case-breach-national-security.html> [15-8-12].

DARNTON, Robert (1982). *Edición y subversión. Literatura clandestina en el Antiguo Régimen*, trad. de Laura Vidal. Madrid: Turner/Fondo de Cultura Económica, 2003.

DAVIDSON, Paul (2006). *The Lost Blogs. From Jesus to Jim Morrison*. New York: Warner Books.

DEAN, Jodi (2010). *Blog Theory. Feedback and Capture in the Circuits of Drive*. Cambridge: Polity.

DEBORD, Guy (1967). *La sociedad del espectáculo*, trad. de José Luis Pardo. Valencia: Pre-textos, 2ª ed. 2002.

DELEUZE, Gilles (1968). *La lógica del sentido*, trad. de Miguel Morey. Barcelona: Paidós, 1994.

DELEUZE, Gilles y Félix Guattari (1976). *Rizoma (introducción)*, trad. de José Vázquez Pérez. Valencia: Pre-Textos, 2010.

DERRIDA, Jacques (1999). *No escribo sin luz artificial,* trad. de Rosario Ibañes y María José Pozo. Madrid: Cuatro, 2ª ed. 2006.

DERY, Mark (1992). *Velocidad de escape. La cibercultura en el final del siglo*, trad. de Ramón Montoya Vozmediano. Madrid: Siruela, 1998.

DORFLES, Gillo (1968). *Naturaleza y artificio*, trad. de Alejandro Saderman. Barcelona: Lumen, 1972.

DUTTA, Soumitra y M. FRASER (2008). *Throwing Sheeps in the Boardroom: How Online Social Networking Will Transform Your life, Work and World.* Somerset (EE. UU.): Wiley.

ECHEVARRÍA, Ignacio (2009). «'El caso Echevarría': Recuento». En V. Tortosa (ed.). *Mercado y consumo de ideas.* Madrid: Biblioteca Nueva, pp. 337-355.

ECHEVERRÍA, Javier (1994). *Telépolis.* Barcelona: Destino.

ECHEVERRÍA, Javier (1995). *Cosmopolitas domésticos.* Barcelona: Anagrama.

ECHEVERRÍA, Javier (2003). «Cuerpo electrónico e identidad». En D. Hernández Sánchez (ed.). *Arte, cuerpo, tecnología.* Salamanca: Universidad de Salamanca, pp. 13-29.

EL MUNDO (2012, 2 de febrero). «La web de 'The New York Times' ya tiene 390.000 suscriptores». En *ElMundo.es* <http://www.elmundo.es/elmundo/2012/02/02/comunicacion/1328199711.html> [9-8-12].

El País (2006, 30 de noviembre). «El blog como tratamiento psiquiátrico». En *El País* <http://tecnologia.elpais.com/tecnologia/2006/11/30/actualidad/1164880861_850215.html> [15-8-12].

Ellul, Jacques (1981). *The Humiliation of the Word*, trad. de Joyce Main Hanks. Michigan: William B. Eeerdman Publishing, 1985.

Escandell Montiel, Daniel (2010a). «El escritor convertido en actor: el blogonovelista en su teatrillo». En *Despalabro. Ensayos de Humanidades*, IV. pp. S39-S43.

Escandell Montiel, Daniel (2010b). «The Writer Seeking Vengeance: Blognovelism and Its Relationship with Literary Critics». En S. C. Bibb y D. Escandell (eds). *Best Served Cold. Studies on Revenge*. Oxford: ID-Press, pp. 127-136.

Escandell Montiel, Daniel (2011a). «Credulidad y pacto de ficción en la *blognovela*: nuevas relaciones autor-lector en la narrativa digital». En S. Montesa (dir.). *Literatura e internet. Nuevos textos, nuevos lectores*. Málaga: Universidad de Málaga, pp. 307-317.

Escandell Montiel, Daniel (2011b). «Literatura digital para la enseñanza de español como lengua extranjera». En *Biblioteca virtual redELE*, 12, 2°semestre <http://www.educacion.gob.es/rede le/Biblioteca-Virtual/2011/memoriaMaster/2-Trimestre/escandell. html> [8-8-12].

Escandell Montiel, Daniel (2012a, 20 de enero). «iBooks Author, o el libro expandido simplificado». En *Pantallas, exploración TIC. Blog de D. Escandell en la revista Caracteres* <http://revistaca racteres.net/blogs/pantallas/2012/01/ibooks-author-o-el-libro-expandido-simplificado/> [4-8-12].

Escandell Montiel, Daniel (2012b, 14 de febrero). «¿Queremos un Spotify de los libros?». En *Pantallas, exploración TIC. Blog de D. Escandell en la revista Caracteres* <http://revistacaracte res.net/blogs/pantallas/2012/02/queremos-un-spotify-de-los-libros/>[4-8-12].

Escandell Montiel, Daniel (2012c, 24 de abril). «Avanzando hacia la creación digital: resumen de la mesa del congreso de la UPF» <http://revistacaracteres.net/blogs/pantallas/2012/04/avanzando-hacia-la-creacion-digital-resumen-de-la-mesa-del-congreso-de-la-upf/> [4-8-12].

Escandell Montiel, Daniel (2012d). «El escenario virtual de la blogoficción. Construcción avatárica en la narración digital». En J.

Ortega (ed.). *Nuevos hispanismos. Para una crítica del lenguaje dominante.* Madrid/Frankfurt: Iberoamericana/Vervuert, pp. 107-125.

ESCANDELL MONTIEL, Daniel (2012e). «La pérdida de la memoria: el presente absoluto en la blogonovela». En H. Lauge y J.C. Cruz (eds.). *La memoria novelada. Hibridación de géneros y metaficción en la novela española sobre la guerra civil y el franquismo (2000-2010).* Bern/New York: Peter Lang, pp. 247-258.

ESCOLAR, Ignacio (2005). «Hernan Casciari la lía otra vez». En *Escolar.net* <http://www.escolar.net/MT/archives/002534.html> [15-8-12].

FELDMAN, Marc (2000). «Munchausen by Internet: Detecting Factitious Illness and Crisis on the Internet». En *Southern Medical Journal*, Vol. 93, n°7, pp. 669-672. Disponible en línea en <http://demo.ort.org.il/clickit2/files/forums/920455712/634495323.pdf> [10-8-12].

FELDMAN, Marc, M. Bibby y S. D. CRITES (1998). «'Virtual' factitious disorders and Muchausen by proxy». En *Western Journal of Medicine*, junio 168 (6), pp. 537-539. Disponible en línea en <http://www.ncbi.nlm.nih.gov/pmc/articles/PMC1305082/?tool=pmcentrez> [10-8-12].

FERNÁNDEZ PORTA, Eloy (2008). *Homo Sampler. Tiempo y consumo en la Era Afterpop.* Barcelona: Anagrama.

FERRÉ, Juan Francisco (2007). «La literatura del post. Instrucciones para leer narrativa española de última generación». En J. Ortega y J. F. Ferré (eds.). *Mutantes. Narrativa española de última generación.* Córdoba: Berenice, pp. 7-21.

FERRERAS, J. I. (1972). *La novela por entregas, 1840-1900. Concentración obrera y economía editorial; estudios sobre la novela española del siglo XIX.* Madrid: Taurus.

FERRET, Ton (2008). «Prefaci». En *The Fugue Book* <http://www.salnitre.com/fugue/index.php?capitol=1> [15-8-12].

FESTA, Paul (2003, 25 de febrero). «Blogging comes to Harvard». En *CNET News* <http://news.cnet.com/2008-1082-985714.html> [15-8-12].

FLORES VIVAR, Jesús (ed.) (2008). *Blogalaxia y periodismo en la red. Estudios, análisis y reflexiones.* Madrid: Editorial Fragua.

FOUCAULT, Michel (1969). *¿Qué es un autor?*, trad. de Silvio Mattoni. Buenos Aires: Ediciones literales.

Fraguas, Antonio (2011, 8 de febrero). «Lucía Etxebarría logra el cierre de su falso perfil de Twitter». En *El País* <http://cultura.elpais.com/cultura/2011/02/08/actualidad/1297119609_850215.html> [15-8-12].

Freud, Sigmund (1924). «El "block" maravilloso». En S. Freud, *Obras completas*, Vol. III. Madrid: Biblioteca Nueva, 1973, pp. 2808-2811.

Fundación Telefónica (2012). *La Sociedad de la Información 2011*. Barcelona: Ariel.

Fundéu (s. f.). *ESTILO, Manual de estilo para los nuevos medios* <http://www.manualdeestilo.com/> [15-8-12].

Furtado, José Afonso (2007). *El papel y el píxel*. Gijón: Ediciones Trea.

Gache, Belén (2006, 24 de abril). «Acerca de los WordToys y del Diario del niño Burbuja». En *BelénGache.net* <http://findelmundo.com.ar/belengache/pfabra.htm> [3-9-11].

Galli, Ricardo (2005, 9 de julio). «Ley de Transposición de las Bitácoras». En *Antiguo y abandonado blog de Ricardo Galli :-(* <http://mnm.uib.es/gallir/posts/2005/07/09/364/> [15-6-09].

García, Claudia (2010). «Mirta Berttoti se transforma en Lola B. Reinscripciones textuales y representación social en *Más respeto que soy tu madre*, de Hernán Casciari». En *Espéculo. Revista de estudios literarios*, n° 46, Universidad Complutense de Madrid <http://www.ucm.es/info/especulo/numero46/masrespe.html> [22-8-11].

García Gómez, Juan Carlos (2005). «Bitácoras de Internet. Formación, información y ocio». En *Universidad de Murcia* <http://www.um.es/gtiweb/juancar/curri/Bitacoras_de_Internet-EyB.pdf> [20-10-09].

García Rodríguez, Javier (2009). *Mutatis Mutandis. Hacia una hermenéutica trasnsficcional de las narrativas mutantes: de Propp al afterpop (o "nocilla, qué merendilla")*. Zaragoza: Eclipsados.

Garrido, Fernando y Tíscar Lara (2008). «Perfil del blogger hispano. III Encuesta a Bloggers». En *Diálogos de la comunicación*, n° 76 enero-junio de 2008 <http://www.dialogosfelafacs.net/76/articulos/pdf/76GarridoLara.pdf> [20-6-09].

Gimeno, Manuel (dir.) (2011). *eEspaña 2011. Informe anual sobre el desarrollo de la sociedad de la información en España*. Madrid: Fundación Orange.

GINZBURG, Carlo (1976). *El queso y los gusanos. El cosmos, según un molinero del siglo XVI,* trad. de Francisco Martín y Francisco Cuartera. Barcelona: Muchnik Editores, 1981.

GÓMEZ-JURADO, Juan (2011, 28 de enero). «La piratería no existe». En *Alt1040* <http://alt1040.com/2011/01/la-pirateria-no-existe> [4-8-12].

GOOGLE (2008, 25 de julio). «We knew the web was big...». En *Google Official Blog* <http://googleblog.blogspot.com.es/2008/07/we-knew-web-was-big.html> [1-8-12].

GRACIA, Jordi y Domingo RÓDENAS (2011). *Derrota y restitución de la modernidad. 1939-2010.* Barcelona: Crítica.

GRAEBER, Dave (2012). «Of Flying Cars and the Declining Rate of Profit». En *The Baffler,* nº 19 marzo 2012. Disponible en línea en <http://thebaffler.com/past/of_flying_cars> [8-8-12].

GRAHAM, Brad L. (1999, 10 de septiembre). «Friday, September 10, 1999». En *BradLands* <http://www.bradlands.com/weblog/comments/september_10_1999/> [20-6-09].

GROYS, Boris (1992). *Sobre lo nuevo. Ensayo de una economía cultural,* trad. de Manuel Fontán del Junco. Valencia: Pre-textos, 2005.

GROYS, Boris (2000). *Bajo sospecha. Una fenomenología de los medios,* trad. de Manuel Fontán del Junco y Alejandro Martín Navarro. Valencia: Pre-textos, 2008.

GUMBRECHT, Hans Ulrich (2004). *Producción de presencia. Lo que el significado no puede transmitir,* trad. de Aldo Mazzuchelli. México: Universidad Iberoamericana, 2005.

HAFNER, Katie (2001, 31 de mayo). «A Beautiful Life, an Early Death, a Fraud Exposed». En *New York Times* <http://www.nytimes.com/2001/05/31/technology/a-beautiful-life-an-early-death-a-fraud-exposed.html?pagewanted=all&src=pm> [10-8-12].

HAMMOND, Graeme (2001, 27 de mayo). «Fooled by a web of lies». En *Sunday Herald Sun,* Australia, p. 11.

HARDT, Michael y Antonio NEGRI (2000). *Imperio.* Barcelona: Paidós, 2005.

HAYLES, Katherine (2012). *How We Think. Digital Media and Contemporary Technogenesis.* Chicago: The University of Chicago Press.

HEIDEGGER, Martin (1954). «La pregunta por la técnica». En *Conferencias y artículos,* trad. de Eustaquio Barjau. Barcelona: Ediciones del Serbal, 1994, pp. 9-37.

HERRING, Susan C. (1996). «Two Variants of an Electronic Message Schema». En S. Herring (ed.). *Computer-Mediated Communication. Linguistic, Social and Cross-Cultural Perspectives*. Amsterdam: John Benjamins Publishing Company, pp. 81-106.

HESSE, Carla (1996). «Los libros en el tiempo». En G. Nunberg (comp.). *El futuro del libro*. Barcelona: Paidós, 1998, pp. 25-40.

JENKINS, Henry (1992). *Piratas de textos. Fans, cultura participativa y televisión*. Barcelona: Paidós, 2010.

JENKINS, Henry (2006a). *Convergence culture. La cultura de la convergencia de los medios de comunicación*, trad. de Pablo Hermida Lazcano. Barcelona: Paidós, 2008.

JENKINS, Henry (2006b). *Fans, blogueros y videojuegos. La cultura de la colaboración*, trad. de Pablo Hermida Lazcano. Barcelona: Paidós, 2009.

JIMÉNEZ CANO, Rosa y Francisco POLO (eds.) (2007). *La gran guía de los blogs 2008*. Barcelona: El Cobre.

JONES, Steven. E. (2006). *Against Technology: From the Luddites to Neo-luddism*. New York: Routledge.

JUÁREZ, Verónica (2012, 19 de junio). «El éxito de la autoedición». En *Leer en pantalla* <http://leerenpantalla.com/el-exito-de-la-auto edicion/> [9-8-12].

KENNEDY, A. J. (2000). *Internet*. Barcelona: Ediciones B.

KERCKHOVE, Derrick de (1997). *Inteligencias en conexión*. Barcelona: Gedisa.

KERCKHOVE, Derrick de (2010). *The Augmented Mind*. Milano: 40kBooks. Edición Kindle.

KERNAN, Alvin (1992). *The Death of Literature*. Connecticut: Yale University Press.

KLINE, David (2005). «I Blog, Therefore I Am». En D. Kline y D. Burstein (eds.). *Blog! How the Newest Media Revolution is Changing Politics, Business and Culture*. New York: CDS Books, pp. 237-252.

KOSELLECK, Reinhart (2000). *Aceleración, prognosis y secularización*, trad. y ed. de Faustino Oncina Coves. Valencia: Pre-textos, 2003.

KOTTKE, Jason (2004, 25 de junio). «Seems that Plain Layne *is* a hoax». En *Kottke.org* <http://kottke.org/04/06/plain-layne-up date> [10-8-12].

KOTTKE, Jason (2005, 22 de febrero). «Doing kottke.org as a full-time job». En *Kottke.org* <http://www.kottke.org/05/02/kottke-micro patron> [25-10-09].

KUNDER, Maurice de (2007). *Geschatte grotte van het geïndexeerde World Wide Web*. Tilburg: Universiteit van Tilburg. Tesis doctoral.

LA NACIÓN (2005, 22 de julio). «Weblogs el día después de mañana». En *LaNación.com* <http://www.lanacion.com.ar/nota.asp?nota_id=723393> [15-8-12].

LALO (2008, 17 de noviembre). «Hablalo con mi abogado». En *eBlog* <http://www.eblog.com.ar/5062/hablalo-con-mi-abogado/> [15-8-12].

LANDOW, George P. (2006). *Hipertexto 3.0*, trad. de Antonio José Antón Fernández. Barcelona: Paidós, 2008.

LANKSHEAR, Colin y Michele KNOBEL (2003). *Nuevos alfabetismos. Su práctica cotidiana y el aprendizaje en el aula*. Morata: Madrid, 2008.

LATOUR, Bruno (1991). *Nunca fuimos modernos. Ensayo de antropología simétrica*, trad. de Víctor Goldstein. Buenos Aires: Siglo Veintiuno Editores.

LEFEBVRE, Henri (1967). *Hacia el cibernántropo. Una crítica de la tecnocracia*. Barcelona: Gedisa, 1980.

LEFEBVRE, Henri (1974). *The Production of Space*, trad. ingl. de Donald Nicholson-Smith. Hoboken: Blackwell Publishing, 2008.

LEJEUNE, Philippe (1991). «El pacto autobiográfico». En *Anthropos: Boletín de información y documentación*, nº extra 29, 1991, pp. 47-62.

LESKOVEC, Jure y Eric HORVITZ (2007). «Worldwide buzz: Planetary-scale views on an instant-messaging network». En *Microsoft Research Technical Report* <http://research.microsoft.com/en-us/um/people/horvitz/msn-paper.pdf> (15-8-12).

LESSIG, Lawrence (2004). *Free Culture: How Big Media Uses Technology and the Law to Lock Down Culture and Control Creativity*. London: Penguin; en red ese mismo texto: <http://www.free-cultu re.cc/freeculture.pdf> [4-9-09].

LIPOVETSKY, Gilles y Sébastien CHARLES (2004). *Los tiempos hipermodernos*, trad. de Antonio-Prometeo Moya. Barcelona: Anagrama, 2006.

LIPOVETSKY, Gilles y Jean SERROY (2007). *La pantalla global. Cultura mediática y cine en la era hipermoderna*, trad. de Antonio-Prometeo Moya. Barcelona: Anagrama, 2009.

Longino, Carlo (2006, 10 de enero). «So That's Why MySpace Blocked YouTube». En *Techdirt*<http://www.techdirt.com/articles/20060110/0735214.shtml> [9-8-12].

López, José Joaquín (2005, 23 de enero). «El vidente». En *Anecdotario* <http://www.anecdotario.net/el-vidente/> [15-8-12].

López García, Xosé (2008). *Ciberperiodismo en la proximidad.* Sevilla: Comunicación Social Ediciones.

Lucas, Nicolás (2012, 10 de febrero). «Facebook censura a mamás lactantes». En *El Financiero* <http://www.elfinanciero.com.mx/index.php?option=com_k2&view=item&id=4189&Itemid=26> [9-8-12].

Lyons, Gregory (2012, 11 de enero). «Facebook to Hit a Billion Users in the Summer». En *iCrossing* <http://connect.icrossing.co.uk/facebook-hit-billion-users-summer_7709> [9-8-12].

Marchán Fiz, Simón (2006). «Entre el retorno de lo real y la inmersión de lo virtual». En S. Marchán (comp.). *Real/Virtual en la estética y la teoría de las artes.* Barcelona: Paidós, pp. 29-59.

Martín Prada, Juan (2007). «La creatividad de la multitud conectada y el sentido del arte en el contexto de la Web 2.0». En *Estudios visuales*, n° 5, diciembre de 2007, pp. 65-79.

Martín Prada, Juan (2012). *Prácticas artísticas e internet en la época de las redes sociales.* Madrid: Akal.

Martínez Sánchez, José Manuel (2007). «El blog como fenómeno semiótico». En *Tonos. Revista Electrónica de Estudios Filológicos*, n° 13, julio de 2007 <http://www.um.es/tonosdigital/znum13/secciones/estudios_R_blog.htm> [15-8-12].

Massot, Josep (2009, 22 de febrero). «El consumo cultural resiste la crisis». En *La Vanguardia* <http://www.lavanguardia.es/cultura/noticias/20090222/53646139568/el-consumo-cultural-resiste-la-crisis-barcelona-random-house-mondadori-kosmopolis-martinez-tusquets-.html> [15-8-12].

McLuhan, Marshall (1962). *The Gutenberg Galaxy.* Toronto: University of Toronto Press, 13ª ed. 2008.

McLuhan, Marshall y Bruce R. Powers (1989). *The Global Village. Transformations in World Life and Media in the 21st Century.* New York: Oxford University Press, 1992.

Meadows, Mark Stephen (2008). *I, Avatar.* Berkeley: New Riders.

Medina, Miguel Ángel (2012, 31 de agosto). «Las redes sociales impiden que el PP borre el rastro de su campaña "No más IVA"». En

El País <http://politica.elpais.com/politica/2012/08/31/actualidad /1346412284_576772.html> [1-9-2012].

MILLÁN, José Antonio (2008, 30 de noviembre). «Adiós, *Futuro...* ¡Hola (de nuevo), *Libros y Bitios*!». En *Libros y Bitios* <http://ja millan.com/librosybitios/declara2.htm> [15-8-12].

MINISTERIO DE EDUCACIÓN, CULTURA Y DEPORTE (2012). *Situación actual y perspectivas del libro digital en España II. La producción española de libros digitales y su distribución y venta en la Red.* Madrid: MCU. Este mismo texto en red <http://www.mcu.es/libro/docs/ MC/Observatorio/pdf/situacion_librodigital_2.pdf> [15-8-12].

MINIWATTS MARKETING GROUP (2009, 17 de agosto). «Internet Usage Statistics. The Internet Big Picture. World Internet Usage Statistics News and World Population Stats». En *Internet World Stats* <http://www.internetworldstats.com/stats.htm> [20-10-09].

MINIWATTS MARKETING GROUP (2010, 12 de diciembre). «Internet Usage Statistics. The Internet Big Picture. World Internet Usage Statistics News and World Population Stats». En Internet World Stats <http://www.internetworldstats.com/stats.htm> [20-02-11].

MINIWATTS MARKETING GROUP (2011, 31 de diciembre). «Internet Usage Statistics. The Internet Big Picture. World Internet Usage Statistics News and World Population Stats». En Internet World Stats <http://www.internetworldstats.com/stats.htm> [4-8-12].

MONTOYA JUÁREZ, Jesús y Ángel Esteban (eds.) (2009). *Miradas oblicuas en la narrativa latinoamericana contemporánea. Límites de lo real, fronteras de lo fantástico.* Madrid/Frankfurt: Iberoamericana/ Vervuert.

MORA, Vicente Luis (2006). *Pangea.* Sevilla: Fundación José Manuel Lara.

MORA, Vicente Luis (2007). *La luz nueva.* Córdoba: Berenice.

MORA, Vicente Luis (2008). «El porvenir es parte del presente: la nueva narrativa española especies de espacios». En *HOFSTRA Hispanic Review*, nº 8/9, verano/otoño 2008, pp. 48-65.

MORENO, Víctor (2009). *La manía de leer.* Barcelona: Caballo de Troya.

MUCHNIK, Mario (2010). *Oficio editor.* Barcelona: El Aleph Editores.

NEGROPONTE, Nicholas (1995). *El mundo digital,* trad. de Marisa Abdala. Barcelona: Sine Qua Non, 2000.

NELSON, Theodor Holm (1974). *Dream Machines.* Redmond: Tempus Books, 1984.

Noguera Vivo, José Manuel (2008). *Blogs y medios*. Buenos Aires: Librosenred.

O'Reilly, Tim (2006, 10 de diciembre). «Web 2.0 Compact Definition: Trying Again». En *O'Reilly Radar* <http://radar.oreilly.com/archives/2006/12/web-20-compact.html> [20-6-09].

Oleza, Joan (2009). «El consumo de cultura en la era informacional». En V. Tortosa (ed.). *Mercado y consumo de ideas*. Madrid: Biblioteca Nueva, pp. 29-55.

Olson, David R. (1994). *El mundo sobre el papel. El impacto de la escritura y la lectura en la estructura del conocimiento*. Barcelona: Gedisa, 1998.

Orihuela, José Luis (2006). *La revolución de los blogs*. Madrid: La Esfera de los Libros.

Orihuela, José Luis (2007, 18 de enero). «Los 'weblogs' cumplen diez años de agitación». En *El País* <http://elpais.com/diario/2007/01/18/ciberpais/1169089343_850215.html> [15-8-12].

Orihuela, José Luis (2011). *Mundo Twitter*. Barcelona: Alienta Editorial.

Ortega, Felipe y Joaquín Rodríguez (2011). *El potlatch digital. Wikipedia y el triunfo del procomún y el conocimiento compartido*. Madrid: Cátedra.

Ortega, Julio (dir.) (2010). *Nuevos hispanismos interdisciplinarios y trasatlánticos*. Madrid/Frankfurt: Iberoamericana/Vervuert.

Ortega, Julio (dir.) (2012). *Nuevos hispanismos. Para una crítica del lenguaje dominante*. Madrid/Frankfurt: Iberoamericana/Vervuert.

Perniola, Mario (2009). *La sociedad del simulacro*. Madrid: Amorrortu, 2011.

Pimentel, Manuel (2007). *Manual del editor. Cómo funciona la moderna industria editorial*. Córdoba: Berenice.

Piscitelli, Alejandro (2005). *Internet, la imprenta del siglo XXI*. Barcelona: Gedisa.

Piscitelli, Alejandro (2010). «Edupunk, maestros ignorantes, educación invisible y el *Proyecto Facebook*». En A. Piscitelli, I. Adaime e I. Binder (comp.). *El Proyecto Facebook y la posuniversidad. Sistemas operativos sociales y entornos abiertos de aprendizaje*. Barcelona: Ariel.

Planelló, Jorge (2009, 30 de abril; act. 5 de mayo). «Entrevista a Soumitra Dutta». En *El Mundo* <http://www.elmundo.es/elmundo/2009/04/30/navegante/1241108904.html> [15-8-12].

POLO, Francisco (2007). «Introducción». En R. Jiménez Cano y F. Polo (eds.). *La gran guía de los blogs 2008*. Barcelona: El Cobre, pp. 15-19.

POZUELO YVANCOS, José María (2004). *Ventanas de la ficción. Narrativa hispánica, siglos XX y XXI*. Barcelona: Ediciones Península.

POZUELO YVANCOS, José Maria (dir.) (2011). *Las ideas literarias. 1214-2010*. Barcelona: Crítica.

PRIETO DE PAULA, Ángel Luis y María del Mar LANGA PIZARRO (2007). *Manual de Literatura Española actual*. Madrid: Castalia.

QUICK, William (2001, 30 de diciembre). «I propose a name...». En *Daily Pundit* [original desaparecido]. Ese mismo texto en *Web Archive* <http://web.archive.org/web/20071227073108/http://www.iw3p.com/DailyPundit/2001_12_30_dailypundit_archive.php#8315120> [30-10-09].

REPISO, L. y C. HERNÁNDEZ (2006, 8 de junio). «Miss Intelijente: "Cuando empecé el blog quería romper el 'trópic' de que las rubias somos tontas"». En *20Minutos.es* <http://www.20minutos.es/noticia/128840/0/intelijente/blog/miss/> [15-8-12].

RIVEIRO, Aitor (2009, 26 de febrero). «La democracia llega a Facebook». En *El País* <http://tecnologia.elpais.com/tecnologia/2009/02/26/actualidad/1235640481_850215.html> [15-8-12].

ROBLES, José Manuel (2009). *Ciudadanía digital. Una introducción a un nuevo concepto de ciudadano*. Barcelona: Editorial UOC.

RODRÍGUEZ, Joaquín (2008). *Edición 2.0. Sócrates en el hiperespacio*. Barcelona: Melusina.

RODRÍGUEZ DE LA FLOR, Fernando (2009). *El giro visual*. Salamanca: Delirio.

RODRÍGUEZ DE LAS HERAS, Antonio (2008). «Memoria digital y nuevas tecnologías de la edición». En V. Tortosa (ed.). *Escrituras digitales. Tecnologías de la creación de la era virtual*. Alicante: Universidad de Alicante, pp. 139-148.

RODRÍGUEZ MARCOS, Javier (2011, 1 de octubre). «Los peligros de 're-hacer' la obra literaria de Borges». En *El País* <http://cultura.elpais.com/cultura/2011/10/01/actualidad/1317420001_850215.html> [10-8-12].

ROMERO LÓPEZ, D. y A. SANZ CABRERIZO (2008). «Introducción». En D. Romero López y A. Sanz Cabrerizo (eds.). *Literaturas del texto al hipermedia*. Madrid: Anthropos, pp. 7-24.

RONCERO, Israel (2012). «La rostrificación del cuerpo abyecto en el entorno de las redes sociales». En *Revista Caracteres* Vol. 1 n° 1, pp. 86-96. También en red en <http://revistacaracteres.net/revista/vol1n1mayo2012/la-rostrificacion-del-cuerpo-abyecto-en-el-entorno-de-las-redes-sociales/> [5-8-12].

ROY, Mireia (2009). «Títols de tots el posts de l'antic blog Mireia (per ordre cronològic)». En *Mireia* <http://quiesqui.blogspot.com.es/> [15-8-12].

RUIZ, Víctor (2012, 22 de enero). «Una década de Blogalia». En *Blogalia* <http://www.blogalia.com/historias/71145> [10-8-12].

SABATER, María Amparo (2012, 11 de mayo). «Objetivo cumplido y etapa de Malvarrosa finalizada». En *Cuentos chateros* <http://cuentoschateros.wordpress.com/2012/05/11/objetivo-cumplido-y-etapa-de-malvarrosa-finalizada/> [15-8-12].

SÁEZ VACAS, Fernando (2011). «Nativos digitales, inteligencias artificiales ¿Homo digitalis?». En *Telos (Cuadernos de Comunicación e Innovación)*, 86, enero/marzo 2011 <http://sociedadinformacion.fundacion.telefonica.com/DYC/TELOS/ResultadoBsqueda TELOS/DetalleArticuloTelos_86TELOS_TRIBUNA1/seccion=1227&idioma=es_ES&id=2011012711540001&activo=6.do> [8-8-12].

SAID, Edward W. (2004). *Humanismo y crítica democrática. La responsabilidad pública de escritores e intelectuales*, trad. de Ricardo García Pérez. Barcelona: Debate, 2006.

SANZ VILLANUEVA, Santos (2010). «"Álogos": Letras en la red». En *Cuadernos Hispanoamericanos*, 723. pp. 63-67.

SCHIESEL, Seth (2007, 7 de julio). «In a Virtual Universe, Politics Turn Real» (7 de julio de 2007). En *The New York Times* <http://www.nytimes.com/2007/06/07/arts/07eve.html> [15-8-12].

SELDEN, Raman, Peter Widdowson y Peter Brooker (2008). *La teoría literaria contemporánea (4ª edición actualizada)*. Ariel: Barcelona.

SEMIOCAST (2012a, 31 de enero) «Brazil becomes 2nd country on Twitter, Japan 3rd. Netherlands most active country». En *Semiocast* <http://semiocast.com/publications/2012_01_31_Brazil_becomes_2nd_country_on_Twitter_superseds_Japan> [15-8-12].

SEMIOCAST (2012b, 31 de enero). «5,2 millions d'utilisateurs de Twitter en France. Le Brésil, deuxième pays après les États-Unis». En

Semiocast <http://semiocast.com/publications/2012_01_31_5_2_ millions_d_utilisateurs_de_twitter_en_france> [15-8-12].

SERRA, Montserrat (2012, 25 de abril). «36L Books atribueix el tanca-ment a la curta oferta de continguts digitals». En *Vilaweb.cat* <http://www.vilaweb.cat/noticia/4005699/20120425/36l-books-atribueix-tancament-curta-oferta-continguts-digitals.html> [4-8-12].

SERRANO, Alejandro (2009, 20 de abril). «Fantasymundo entrevista a Dmitri Glukhovsky por Metro 2033». En *Fantasymundo* <http://www.fantasymundo.com/articulos/1985/fantasymundo_entrevis ta_dmitri_glukhovsky_metro_2033> [15-8-12].

SHIRKY, Clay (2010). *Cognitive surplus. Creativity and Generosity in a Connected Age*. London: Allen Lane.

SHIROBARA (2001, 22 de mayo). «The Life and Death of a False War-rior». En *Kuro5hin* <http://www.kuro5hin.org/?op=displaystory; sid=2001/5/22/11120/1650> [10-8-12].

SIBILIA, Paula (2005). *El hombre postorgánico. Cuerpo, subjetividad y tecnologías digitales*. México: Fondo de Cultura Económica.

SIBILIA, Paula (2008). *La intimidad como espectáculo*. El Salvador: Fondo de Cultura Económica.

SIEGEL, Lee (2008). *El mundo a través de una pantalla. Ser humano en la era de la multitud digital*, trad. de Montserrat Vendrell. Barcelo-na: Ediciones Urano.

SIEGLER, M. G. (2010, 19 de julio). «Tumblr Is On Fire. Now Over 6 Million Users, 1.5 Billion Pageviews A Month». En *TechCrunch* <http://techcrunch.com/2010/07/19/tumblr-stats/> [9-8-12].

SIMMEL, Georg (1918). «El conflicto de la cultura moderna», trad. de Celso Sánchez Capdequí. En *Reis*, nº 89 enero-marzo 2000, pp. 315-330.

SLOTERDIJK, Peter (1999). *Normas para el parque humano*, trad. de Teresa Rocha Barco. Madrid: Siruela, 2008.

STERLING, Bruce (1995). «The Dead Media Project: A Modest Propos-al and a Public Appeal». En *Dead Media* <http://www.deadmedia. org/modest-proposal.html> [9-8-12].

STONE, Biz (2004). *Who Let the Blogs Out?* New York: St. Martin's Griffin.

STONE, Brad (2007, 6 de agosto). «"Fake Steve" Blogger Comes Clean». En *New York Times* <http://www.nytimes.com/2007/08/06/tech nology/06steve.html?_r=2&hp> [15-8-12].

STURM, Cony (2010, diciembre). «Copias de WikiLeaks se multiplican por internet». En *FayerWayer* <http://www.fayerwayer.com/2010/12/copias-de-wikileaks-se-multiplican-por-internet/> [1-9-12].

SULLÀ, Enric (2001). *Teoría de la novela. Antología de textos del siglo XX.* Barcelona: Crítica, 1ª ed. 1996.

TASCÓN, Mario y Mar ABAD (2011). *Twittergrafía. El arte de la nueva escritura.* Madrid: Catarata.

TECHNORATI (2008). «State of the Blogosphere 2008». En *Technorati. com* <http://technorati.com/blogging/state-of-the-blogosphere/> [20-6-09].

TECHNORATI (2011). «State of the Blogosphere 2011». En *Technorati. com* <http://technorati.com/social-media/article/state-of-the-blogosphere-2011-introduction/> [1-8-12].

TELECINCO (2005, 28 de julio). «El ama de casa más leída de Internet se llama Hernán Casciari». En *Informativos Telecinco.com* <http://www.informativos.telecinco.es/entrevista/casciari/mujergorda/dn_9367.htm> [4-11-09].

TISSERON, Serge (2001). *L'intimité superexposée.* Paris: Ramsay.

TOM'S HARDWARE (2012, 6 de agosto). «Facebook 8.7 Percent: 83 Million Fake Accounts». En *Tom's Hardware* <http://www.tomshardware.com/news/facebook-fake-accounts-spam-fb,16599.html> [9-8-12].

TOMAS, Maximiliano (2012, 16 de abril). «Que nadie se atreva a tocar a mi Borges: María Kodama y la industria del juicio». En *La Nación* <http://www.lanacion.com.ar/1465418-que-nadie-se-atreva-a-tocar-a-mi-borges-maria-kodama-y-la-industria-del-juicio> [10-8-12].

TORTOSA, Virgilio (2008a). «(Des)territorializaciones de lo virtual. Viejos nuevos horizontes de escritura y otros inventados». En V. Tortosa (ed.). *Escrituras digitales. Tecnologías de la creación de la era virtual.* Alicante: Universidad de Alicante, pp. 151-213.

TORTOSA, Virgilio (2008b). «Sujetos mutantes: nuevas identidades en la cultura». En D. Romero López y A. Sanz Cabrerizo (eds.). *Literaturas del texto al hipermedia.* Madrid: Anthropos, pp. 257-272.

TORTOSA, Virgilio (2009). «Un 'gusto' global». En V. Tortosa (ed.). *Mercado y consumo de ideas.* Madrid: Biblioteca Nueva, pp. 7-22.

TÖTÖSY DE ZEPETNEK, Steven (2008). «Aspectos académicos y editoriales ante el nuevo milenio tecnológico», trad. de Asunción López-

Varela. En D. Romero López y A. Sanz Cabrerizo (eds.). *Literaturas del texto al hipermedia*. Madrid: Anthropos, pp. 55-70.

TREJO, Juan (2009). «El monje que hace al hábito. Crítica literaria y medios de comunicación». En V. Tortosa (ed.). *Mercado y consumo de ideas*. Madrid: Biblioteca Nueva, pp. 372-377.

TRUJILLO, Gabriel *et al.* (2006-). *Eres lo que escribes. Eres como escribes*. <http://escribesinfaltas.blogspot.com> [20-11-09].

TURKLE, Sherry (1998). «Repensar la identidad de la comunidad virtual». En *El Paseante*, n°27-28, pp. 48-51.

UGARTE, David de (2007, 6 de abril). «Web 2.1: del yo-rey al nosotros-red». En *DeUgarte.com* <http://www.deugarte.com/web-21-del-yo-rey-al-nosotros-red> [20-6-09].

VALLAT, Anne-Marie (2009). «El papel del agente literario del siglo XXI». En V. Tortosa (ed.). *Mercado y consumo de ideas*. Madrid: Biblioteca Nueva, pp. 482-489.

VALLEJO, Arturo (2006, 1 de diciembre). «Epílogo». En *Diario de una Miss Inteliente pero el segundo año* <http://soyunamiss.blogspot.com.es/2006_12_01_archive.html> [15-8-12].

VAN DYJK, Jan y Ken HACKER (2000). «The Digital Divide as a Complex and Dynamic Phenomenon». En *50th Annual Conference of the International Communication Association, Acapulco, 1-5 June* <http://www.gw.utwente.nl/vandijk/research/digital_divide/Digital_Divide_overigen/pdf_digitaldivide_website.pdf> [20-10-09].

VARELA, Juan (2006). «Periodismo participativo: el periodismo 3.0». En O. I. Rojas Orduña *et al. Blogs: La conversación en Internet que está revolucionando medios, empresas, políticos y ciudadanos*. Madrid: ESIC, 2ª ed. 2006, pp. 77-179.

VÁZQUEZ ATOCHERO, Alfonso (2008). *Ciberantropología: Cultura 2.0*. Barcelona: UOC.

VILLANUEVA, Darío (1994). *Estructura y tiempo reducido en la novela*. Barcelona: Anthropos.

VIÑAS Piquer, David (2007). *Historia de la crítica literaria*. Barcelona: Ariel (2002).

WANG, Chunyan, Mao YE y Bernardo A. HUBERMAN (2011). «From User Comments to On-line Conversations». *HP Labs Social Computer Research*. PDF <http://www.hpl.hp.com/research/scl/papers/comments/comments.pdf> [15-5-12].

WARK, McKenzie (2007). *Gamer Theory.* Cambridge: Harvard University Press.

WARWICK, Claire (2001). «Reports of My Death Have Been Greatly Exaggerated: Scholarly Editing in the Digital New Age». En D. Fiormonte y J. Usher (eds.). *Media and the Humanities: Research and Applications.* Oxford: Oxford University Press, pp. 49-56. Este mismo texto en red <http://www.ucl.ac.uk/slais/claire-warwick/articles/edin.doc> [20-10-09]

WILSON, Fred (2006, 23 de marzo). «My favorite Business Model». En *AVC musings of a VC in NYC.* <http://avc.blogs.com/a_vc/2006/03/my_favorite_bus.html> [4-8-12].

WORTHAM, Jenna (2007, 17 de diciembre). «After 10 Years of Blogs, the Future's Brighter Than Ever». En *Wired* <http://www.wired.com/entertainment/theweb/news/2007/12/blog_anniversary> [15-8-12].

ZAFRA, Remedios (2007). «Habitaciones para mirar». En *Estudios visuales*, n°5, pp. 81-95.

ŽIŽEK, Slavoj (2005). *Lacrimae rerum. Ensayos sobre cine moderno y ciberespacio*, trad. de Ramon Vilà Vernis. Madrid: Debate, 2006.

ÍNDICE CONCEPTUAL Y ONOMÁSTICO